汉译世界学术名著丛书

俄国史教程

第二卷

〔俄〕瓦·奥·克柳切夫斯基 著

贾宗谊 张开 译

展凡 校

商務印書館

2019年·北京

В. О. Ключевский

СОЧИНЕНИЯ

ТОМ Ⅱ

КУРС РУССКОЙ ИСТОРИИ

ЧАСТЬ Ⅱ

Гос. Изд. Политической Литературы

Москва 1957г.

根据苏联国家政治书籍出版社莫斯科 1957 年版译出

汉译世界学术名著丛书
出 版 说 明

我馆历来重视移译世界各国学术名著。从 20 世纪 50 年代起，更致力于翻译出版马克思主义诞生以前的古典学术著作，同时适当介绍当代具有定评的各派代表作品。我们确信只有用人类创造的全部知识财富来丰富自己的头脑，才能够建成现代化的社会主义社会。这些书籍所蕴藏的思想财富和学术价值，为学人所熟知，毋需赘述。这些译本过去以单行本印行，难见系统，汇编为丛书，才能相得益彰，蔚为大观，既便于研读查考，又利于文化积累。为此，我们从 1981 年着手分辑刊行，至 2000 年已先后分九辑印行名著 360 余种。现继续编印第十辑。到 2004 年底出版至 400 种。今后在积累单本著作的基础上仍将陆续以名著版印行。希望海内外读书界、著译界给我们批评、建议，帮助我们把这套丛书出得更好。

商务印书馆编辑部

2003 年 10 月

目　录

第二十一讲 5

莫斯科开始统一分封的罗斯——开始提到莫斯科城——莫斯科克里姆林宫的初址——莫斯科城的地理状况及其经济优点——莫斯科城是各条通道的枢纽——莫斯科地区早期居民状况的追溯——莫斯科是大俄罗斯的人文中心——莫斯科河是过境通道——莫斯科城地理状况的政治成果——莫斯科是幼系的封邑，这种状况对莫斯科王公们的对外关系和内部活动的影响——15世纪中叶前莫斯科王公们取得的政治成就和民族成就：（一）扩大了公国的领土。（二）取得了大公的宝座。（三）这一成就的结果：遏制了鞑靼的入侵；王公们结成莫斯科联盟。（四）总主教教坛移到莫斯科，这一变化对莫斯科王公们的意义——结论

莫斯科开始统一分封的罗斯　我们[1]下面将要研究伏尔加河上游罗斯在分封时期发生的第二个过程。在我们已经探讨过的第一个过程中，弗谢沃洛德三世的后裔把这个罗斯分割成一些王公世袭领地。这些后裔中的一支开始收回这些领地，把这些分割的部分统一成一个整体。莫斯科成了通过这一途径形成的国家的中心。[1]

开始提到莫斯科城　史册上把莫斯科列入尤里·多尔戈鲁基统治的公国中出现的罗斯托夫邦的那些新兴小城中。使人感兴趣

的是,这个小城在史册上第一次被提到时说它是北苏兹达尔和南切尔尼戈夫—谢维尔斯克两边区之间的边界上的一个点。1147
6 年,尤里·多尔戈鲁基邀请自己的同盟者诺夫哥罗德—谢维尔斯克的王公斯维亚托斯拉夫·奥利戈雍奇到这里来会晤,派人去对他说:“上我这里来吧,兄弟,到莫斯科来。”[2] 这是史册上保留下来的第一次提到莫斯科的记载。看来[3*],这个小镇当时是公国的一个农村庄园,更确切地说,是苏兹达尔王公去基辅南部来回途中停歇的驿站。这个地方的经济建设大概颇为兴旺。在斯维亚托斯拉夫到达后的第二天,主人为客人举行了一次“盛宴”,并且很好地招待了他的侍从。要摆这样的排场,手边得有足够的物资储备和房舍,尽管斯维亚托斯拉夫只是带了“小批人马”来的。据史册记载,尤里·多尔戈鲁基王公1156年在涅格林河河口以下“筑起了莫斯科城”,也就是用木头做墙把自己的莫斯科河庄园围起来,把它变成了一个城市。[3a]

莫斯科克里姆林宫的初址 莫斯科克里姆林宫最初的概貌是这样的:据 И. Е. 扎别林在他写的《莫斯科城史》一书中说,当时克里姆林宫的位置在克里姆林山的西角,这个角很陡,在现在的克里姆林宫巴洛维茨大门附近伸入涅格林河河口,这两座大门的名称还保留着对当时覆盖着克里姆林山的那片针叶林的怀念。[3б] 尤里王公用墙围起来的那块地方曾是三角形的,据扎别林先生的想象,未必会有现在的克里姆林宫的一半,甚至只有它的三分之一那么大。[3*]

这个城市出现在第聂伯南部同伏尔加河上游北部的交界处。在以后的历史记载中,莫斯科也同样被作为苏兹达尔邦的边境城市。我已经讲过安德烈·博戈柳布斯基死后他的弟弟和侄子之间争吵的情况。1174 年,叔叔们战胜了侄子们,把躲避在切尔尼戈夫的妻子都从那里召回去。切尔尼戈夫王公的儿子奥烈格前去护送王公夫人;他把婶娘们送到莫斯科,自己从莫斯科回到"故乡"洛帕斯尼亚。[4] 洛帕斯尼亚是一个坐落在莫斯科以南的村子,沿谢尔普霍夫大道走有 70 俄里。可见,当时切尔尼戈夫公国的国界离苏兹达尔的莫斯科城是很近的。从那部史书的叙述中还可以看到,莫斯科另有一个更早的名字——库茨科瓦。这个名字来自当地的 7
一位世袭领主、大贵族、苏兹达尔的千人团总斯捷潘·库茨克或库奇克。他拥有一片近郊的村落[5]。顺便提一下,后来莫斯科有一块地方的名称就是纪念他的,叫作库奇科夫地区(现在的斯列坚卡大街和卢比扬卡大街)。[5]

莫斯科后来的政治命运也是同它的出现时间和地理状况紧密相关的。由于它是一个新兴的小城而且远离苏兹达尔的中心罗斯托夫和弗拉基米尔,所以它成为一个单独公国的都城比苏兹达尔的其他城市要晚,而且是被封给幼系王公的。的确,在 13 世纪的大部分时间里,没有发现哪个王公常驻在莫斯科,王公们到莫斯科来只待一个短时期,而且来的全都是那些老王公的小儿子们。最初,弗谢沃洛德家族的一个小儿子弗拉基米尔在这里待过一段时期;后来又来了另外一个弗拉基米尔,他是尤里·弗谢沃洛多维奇大公的小儿子。这个弗拉基米尔在 1237—1238 年之交的冬天巴蒂亚鞑靼人攻占莫斯科时被俘虏了。[6] 后来,莫斯科封给了雅罗斯拉夫·弗谢沃洛多维奇的一个小儿子——米哈伊尔·霍罗勃里特,在 1248 年他死后,莫斯科又多年未见有单独的王公驻在那里。

后来,到弗谢沃洛德三世的曾孙那一代,自从亚历山大·涅夫斯基死后(1263年),他的幼子达尼尔[7]驻在莫斯科,从那时起,莫斯科成了有一个王公常驻的单独公国的首城:达尼尔成了莫斯科公国家族的鼻祖。

这就是关于莫斯科的早期传闻。根据这些传闻很难想象它后来的政治命运。它的命运使北部罗斯社会的后代也觉得突然。关于莫斯科为何这样迅速地兴起并成为东北罗斯的政治中心的问题,古罗斯的社会找不到答案,它也觉得莫斯科政治地位的迅速上升是一个历史之谜。[3]许多民间传说叙述莫斯科城及其王公们的命运,其中的一个传说反映了这种看法。17世纪时记载下来的一
8 个传说,开头大概是这样的:"有人猜想,莫斯科曾经是一个朝代,但有谁知道,莫斯科曾经是个国家呢? 莫斯科河上曾经有过一些优美的村落,那是大贵族好人库奇克·斯捷潘·伊凡诺维奇的村落。"大家可以感觉到,后来用文字记载下来的这个民间传说还没有丧失有节奏的颂诗的语调。初建莫斯科的业绩之所以成为谜的原因在于:我们古代历史文物所提到的远远不是这个城市发展的最初情况,已经是莫斯科经过长期的、不为人们所注意的草创努力以后形成的明显的轮廓了。不过有些间接的材料保全下来了,这些材料说明有某些隐秘的历史力量曾经为莫斯科公国存在之初取得的成就奠定基础。[8]这些力量的作用[9]首先表现在为该城的兴起创造了经济条件,这类条件是由于罗斯向伏尔加河—奥卡河之间地区逐渐移民使莫斯科地理状况发生变化而形成起来的。[9]

莫斯科的地理状况及其优点　在向伏尔加河上游和奥卡河之间地区移民的过程中[10]可以看出有两个方向,这两个方向按地理

划分比按年代划分更加容易。看来,人们更早和更频繁地迁入的移民区是河间地区的那些主要河流的沿岸。移民的方向是沿着两条曲线:一条是从伏尔加河上游的尔热夫到尼日尼,另一条是从奥卡河中游的卡卢加到穆罗姆。在鞑靼入侵前沿这两条线密布着连绵不断的城市,其中主要的城市是古罗斯的居民点雅罗斯拉夫尔、梁赞和穆罗姆。沿第一条路线迁入的移民来自诺夫哥罗德的西北部和斯摩棱斯克的西部;沿第二条路线迁入的移民来自第聂伯河西南部和奥卡河上游南部的维亚特卡一带。在向该地区的干河流域移民以后,穿过河间地区的那些支流流域也有移民到来,尽管这里在很早以前就有像罗斯托夫和苏兹达尔这样的中心城市了。这里的很大一部分城市是在 12 世纪中叶或更早一些时候出现的。支流上城市的出现标志着:大量农村居民沿河集结,他们需要牢固的防护地。河间地区内的城市的建筑可以追溯到 12 世纪和 13 世纪,它们的地理分布情况表明,整个河间地区各条支流两岸定居的移民散居在几个地带:从西到东数起为沃洛克—拉姆斯基,维什哥 9
罗德,还可能有普罗特瓦河上的博罗夫斯克,兹韦尼戈罗德,莫斯科,克林,德米特罗夫,佩列雅斯拉夫尔,尤里耶夫·波里斯基,弗拉基米尔,博戈柳博夫,涅列赫塔,斯塔罗杜布,戈罗霍维茨等。在遍地林木和沼泽的广阔的支流地区,出现在连接两条支流的连水陆路终端的一些村镇具有重要意义,因为这里是水陆交通的枢纽。

莫斯科——枢纽 在这方面,莫斯科城的地理位置是特别有利的。莫斯科河上游的支流伊斯特拉河接近拉马河,即流入伏尔加河的绍沙河的支流。这样,莫斯科河通过拉马河的连水陆路把伏尔加河上游同奥卡河中游连接起来了。另一方面,莫斯科城是在莫斯科河转弯的地方兴建的,莫斯科河在这里转向东南,通过支流雅乌扎河紧挨克利亚济马河,从西到东的一条通道沿克利亚济马河经过莫斯科横贯这个地区。1155年,安德烈·博戈柳布斯基走这条路:从瓦祖扎河带着圣母显灵像通过克利亚济马河上的罗戈日界前往弗拉基米尔,他是从基辅附近的维什哥罗德通过第聂伯河上溯到达瓦祖扎河的。14世纪末,从莫斯科通过库奇科夫地区铺筑了一条"沃洛吉梅尔大道",有一个关于莫斯科人在1395年迎接圣母显灵像的情况的历史介绍提到了这条大道。最后,第三方面,有一条从洛帕斯尼亚经过莫斯科的大道,这条路是由基辅和切尔尼戈夫南部通往佩列雅斯拉夫尔—扎列斯基和罗斯托夫的。可见,莫斯科处在三条大路的交叉口。这种地理状况对这个城市和这个地区是有重要的经济利益的。[10]

莫斯科地区早期的居民状况　这种地理状况首先促使莫斯科地区人口较早地稠密起来。莫斯科位于西南第聂伯罗斯和东北伏尔加罗斯的交界处,在发"O"音和发"A"音[11]两种方言的分界线
10 上,[11]这是来自西南部的开拓者渡过乌格拉河到达的第一个地区。因此,他们把这里作为第一站,居留在这里的人最多。我们在古老的历代系谱传说中可以发现有关在莫斯科河地区有大量移民居留的模糊踪迹。那些历代在莫斯科定居的老贵族的家谱开头通常总是谈到他们的祖先是如何从别的地方到这里来为莫斯科王公效劳的。我们把这些家谱传说联系起来看,就可以发现一连串重要的历史事实:从13世纪末,在莫斯科城尚未对北部罗斯的命运开始起显著作用之前,穆罗姆、尼日尼、罗斯托夫、斯摩棱斯克、切尔尼戈夫,甚至基辅和沃林的一些名门望族就已从四面八方纷纷集中

到莫斯科来。譬如，著名的大贵族罗季昂就是从基辅来为尤里·达尼洛维奇大公效劳的，他成了克瓦什宁家族的祖先，他把自己的全部人马 1 700 人全都带来了，住满了一个修得很坚固而讲究的小城。贵族的侍从们也随着人潮涌向这里。历代显贵系谱的传说只反映了当时罗斯居民中总的流动情况。莫斯科由于它的地理状况就像一个中心水库一样，人民力量从罗斯国家的所有受到外敌威胁的地区汇集到这里来了。[12]

莫斯科——大俄罗斯的人文中心 莫斯科往往被称为俄罗斯欧洲部分的地理中心。如果拿俄罗斯欧洲部分现在的地域来说，这个说法无论从地理的角度看，还是从人文的角度看，都是不完全确切的。莫斯科要成为俄罗斯欧洲部分的真正中心，就得向东南方再移动一些。但是必须看一看罗斯的居民，即大俄罗斯族的民众在 13 世纪和 14 世纪的分布情况。移民运动把这部分居民集中在奥卡河和伏尔加河上游之间的地带，并被长期强制留在那里，无法从那里跑到任何别的地方去。起阻拦作用的诺夫哥罗德的移民运动，派出大批大批的掠夺者把诺夫哥罗德的边界扩展到诺夫哥罗德以东，他们吓唬和平移民，这就阻挠了居民迁往伏尔加河以北。这一时期的自由城从沃尔霍夫驱走了一批乘船掠劫的强盗， 11
因为这些强盗乘坐河船和大船沿伏尔加河上游及其北部支流大肆掠夺，从而阻挠了和平居民在外伏尔加河地区自由散居。15 世纪时，帕伊西·雅罗斯拉沃夫在他写的库别纳湖旁斯帕斯-卡缅寺院的沿革史中提到的正是 13 世纪和 14 世纪这两个时期。他写道，当时的外伏尔加河地区还没有全部入教，有许多人尚未受过洗礼。他是想说，那里的俄罗斯基督教徒很少。[13] 从东北部、东部和南部聚集到河间地区来的罗斯居民,被在那里占统治地位的非俄罗斯人、莫尔多瓦人、切列米萨人以及在外伏尔加河地区掠劫的维亚特卡人,还有鞑靼人阻拦了;罗斯居民无法向西部和西南部扩展,因为从14世纪初以来,那里出现了一个统一的立陶宛,它准备向东部罗斯进行第一次强大的攻击。可见,聚居在河间地区中部的罗斯居民长期未能从那里找到出路。莫斯科就是在罗斯居民最稠密的地区的中部,即[14]在当时大俄罗斯族散居的中心地带[14]出现的。这就是说,可以认为莫斯科是罗斯从14世纪以来的地理中心以及人文中心。各方面都保护莫斯科的这个中心地位,使它免受外敌侵袭,于是外来的侵犯便落到相邻的梁赞公国、尼热哥罗德公国、罗斯托夫公国、雅罗斯拉夫尔公国、斯摩棱斯克公国,很少能打到莫斯科。莫斯科由于有了这种掩护,便成了受到外敌进攻的地区的罗斯居民的避难所。自从鞑靼大破坏以后,[15]直到奥利格尔德1368年第一次侵犯,有一百多年时间,莫斯科也许是北部罗斯的唯一没有遭到或者很少遭到敌人蹂躏的地方;至少,在这段时期内,除了鞑靼人1293年占领过莫斯科以外,史册上没有见过它遭受了这种灾难的记载。这种在当时非常罕见的安宁,甚至使河间地区的罗斯居民从东部向西部倒流,从古老的罗斯托夫村镇移向
12 莫斯科公国的穷乡僻壤。这种转变的迹象可以在圣谢尔基·拉多涅日斯基的传记中找到。他的父亲是富有的罗斯托夫大贵族基里尔,由于随着自己的王公多次前往金帐汗国,耗资颇巨,再由于遭到鞑靼人的经常侵袭和其他一些灾祸,落得个倾家荡产,于是抛弃了一切,和其他罗斯托夫人一道,迁到莫斯科的一个偏僻宁静的小镇拉顿涅日。在那些时候,有许多人从罗斯托夫城乡各地迁到莫

斯科境内。基里尔的儿子决心放弃安宁的生活，单独住到离拉顿涅日不远的斯库德沃德山口的茂密的森林里去了，这里是从克利亚济马河通往杜布纳河、谢斯特拉河和伏尔加河的通道。圣谢尔基和他的少数几个伙伴在这里住了十五年，后来，他们的林区避难所很快大变了样：那里发现了不知从何处迁来的许多农民，他们走遍林区各地，开始在一个寺院周围定居下来，大肆砍伐林木，开拓出一些林间耕地，建设了农舍和村落，开垦了整齐的田地，"使荒地面目全非了"。这是谢尔基传记的作者、他的一位亲信在描述一次农村居民移居莫斯科的情景时以忧伤的口气添上去的一段话。看来，那次移居同他叙述的罗斯托夫人口外流不无联系。[15]这就是莫斯科地区的地理状况所产生的一个条件，这个条件促使人们纷纷到该地区定居。

莫斯科河——过境通道 莫斯科的地理状况还包含另一个条件，促使它的早期工业取得成就。我上面提到莫斯科河是伏尔河上游和奥卡河中游之间的一条水路。在古时候，这条河对商业有不小的意义。莫斯科河像一根弯曲的斜线，从西北向东南把莫斯科公国切开，其下游把莫斯科城同奥卡河流域连在一起，其上游则流向伏尔加河上游右岸支流，就像一根弓弦那样，把河间地区两条主要工商业通道构成的一个伸延的河弧的两端连接起来了。有一个现象说明了莫斯科河的这种商业意义。在很早的时候，在伏尔加河上游通往莫斯科的要冲就出现了一个贸易站——拉马河上的沃洛克（沃洛科—拉姆斯克）。这个城市是诺夫哥罗德人建筑的，是他们同奥卡河流域和伏尔加河上游地带做生意时堆放货物的地点。

13 可见,莫斯科处在两条通道的十字交叉路口,既是向东北方向移民的必经之地,又是往东南方向做生意的过境站,这种地理状况给莫斯科王公带来了重要的经济利益。他这块封地上由于人口稠密,直接税的纳税者增加了。沿莫斯科河过境贸易的发展使这个地区的工业活跃起来,使它参与了贸易往来,征收来的贸易税充实了当地王公的金库。

政治成果 莫斯科的地理状况和人文状况除了产生上面提到的经济成果以外,还产生了一系列重要的政治成果。莫斯科王公的系谱状况是同莫斯科城的地理状况紧密相连的。

莫斯科是幼系的封邑,这种状况对莫斯科王公们的意义 莫斯科是一个新兴的边区城市,一直是弗谢沃洛德家族幼系的封邑。因此,莫斯科王公无法指望能成长到按长幼顺序登上长系大公的宝座。莫斯科主公感到自己在家族中处于无权的、更确切点说是受压抑的地位,在古老的习俗和传说中也找不到可以大有作为的根据,所以无法依靠系谱关系,也无法依靠长幼顺序,而只有通过别的手段来保障自己的地位。因此,历代莫斯科主公早就制定自己独特的政策,从一开始就[16]不按习俗办事,比其他人更早更坚决地脱离公国关系中的常规而寻找新的途径,他们不因循守旧,不相信政治传说和政治礼仪。这既表现在他们同其他王公的关系上,也表现在他们对自己公国内部事务的处理上。[16]他们敏锐地观察着周围发生的事情,他们密切地窥视着,一旦有机可乘,就掠为己有。头几个莫斯科王公全都是大胆的掠夺者。无怪乎其中的一个米哈伊尔·雅罗斯拉维奇继任王公的时候,人们给他的绰号是圆圈舞蹈演员,也就是说一个到处争夺的人。他在1248年以迅雷不

及掩耳的手段进攻自己的叔父斯维亚托斯拉夫大公，并蛮不讲理
地把他从弗拉基米尔世系的宝座上推了下来。[17]据史官叙述，第一
位莫斯科王公亚历山大的后裔达尼尔也曾同样突然地进攻邻国梁
赞王公康斯坦丁，以“某种诡计”，也就是采用欺骗手段战胜了他，14
把他俘虏了，把科洛姆纳从他手中夺了过来。[18]这位达尼尔的儿子
尤里于1303年进攻了另一个邻居莫扎伊斯克王公，也把他俘虏了
过来，并占领了莫斯科河上游的莫扎伊斯克封邑，然后杀死了父亲
的俘虏康斯坦丁，占据了科洛姆纳，从此，整条莫斯科河，直到河口
为止，都属于莫斯科公国了。[19]无论谁当大公，都把莫斯科王公看
成敌人，这是因为：莫斯科的主要条件使莫斯科的王公们对古老的
概念和长幼关系产生不尊重的心理。达尼尔曾长期同大公——自
己的哥哥佩列雅斯拉夫尔公国的季米特里和戈罗杰茨公国的安德
烈进行顽强斗争。而在季米特里死后，[20]又同他的儿子、善良而无
子女的伊凡亲近起来，相处得很好，所以伊凡于1302年死后，不通
过家族亲长而把自己的封邑赠给了自己的叔叔、与他相邻的莫斯
科王公。达尼尔接受了这份遗产，不让自己的哥哥安德烈大公染
指。[21]但是，反对长幼制度的莫斯科王公是一些老奸巨猾之徒。[22]一
当环境迅速变化，他们也就改变了自己的做法。鞑靼人的大破坏
历时很久，持续了整个13世纪，使北部罗斯的国民经济陷入了惊
人的混乱状态。但从14世纪开始，这里就着手调整各种遭到破坏
的关系，国民经济也有些走上了正轨。从那时起，作为蛮横凶残的
掠夺者起家的莫斯科诸王公，成了温和的主人继续自己的事业，他
们兢兢业业地料理自己的封邑，在封邑中建立牢固的制度，从别的
公国招来一些做工的人和手艺人，从汗国买来一批一批的罗斯俘

虏,以优惠的条件让他们在自己的莫斯科荒地上开垦,建设农村和乡镇。从14世纪开始可以从莫斯科大公的一系列遗诏中看到他们进行这种经营用的房舍建筑的情况。最初的两份遗诏是第三代莫斯科王公、亚历山大家族的伊凡·卡利塔立下的。这些遗诏向我们表明,为什么到15世纪中叶在北部罗斯人们总是把莫斯科王
15 公看成是模范的主人,把莫斯科公国看成建设得最好的封邑。我们从15世纪中叶的一件文物中可以找到这种看法的根据。这是一张枯燥的从留里克开始的罗斯王公的系谱图。我们从系谱图看到:大窝弗谢沃洛德到雅罗斯拉夫,雅罗斯拉夫到勇敢的亚历山大大帝,亚历山大到达尼尔,达尼尔到伊凡·卡利塔。“伊凡·卡利塔改变了罗斯土地的面貌,肃清了盗贼。”可见北部罗斯社会认为伊凡·卡利塔是一位善于肃清自己国土上的盗贼,保障社会安全的统治者。来自另一方面的一些材料也符合这种观点。[23]我们从伊凡·卡利塔公国末期写于莫斯科的一份手稿的附录上可以看到对这位王公主持正义的赞扬:他给罗斯带来了“安居乐业的局面,进行了公正的审判”。典籍制定者帕夫洛夫认为这位王公实施了农业法以及据说是8世纪时反对崇拜偶像的帝主们制定的东罗马帝国地方警察章程和刑事章程。如果情况如此,那么可以认为,伊凡·卡利塔对于在自己的领地内安置农村居民是特别关心的。[23]可见,莫斯科封邑的领主鉴于自己在系谱中的地位,感到自己是家族中最无权的王公,于是早就为自己规定了一套做法,这套做法的依据不是古老的习俗,而是对当时各种情况的周密考虑。

15世纪中叶前莫斯科公国取得的成就 上面提到的是莫斯科公国迅速发展的最初条件。这些条件可归纳为两点:莫斯科的

地理状况和莫斯科王公的系谱状况。第一个条件带来了经济利益，使莫斯科王公获得了丰硕的物资；第二个条件向他示意应如何最有利可图地运用这些物资，帮助他制定一项独特的政策，这项政策不是以亲族的感情和对亲族的怀念为基础，而是以巧妙地利用当时的形势为基础。莫斯科王公由于拥有这样的资源和奉行这样的政策，所以在 14 世纪和 15 世纪初叶取得了一些非常重大的政治成就。列举如下。

扩大了领土 I. 莫斯科的王公们利用自己的资源，逐渐扩展 16
自己公国原先狭小的疆域。在 14 世纪初，在北部罗斯可以说没有一个比莫斯科小的封邑。它的国界甚至远远比不上现在的莫斯科省界。在这个省的城市中，德米特罗夫、克林、沃洛科拉姆斯克、莫扎伊斯克、谢尔普霍夫、科洛姆纳和维列亚当时都没有列入莫斯科封邑的版图。[24]达尼尔王公的封邑，在他夺得莫扎伊斯克和科洛姆纳之前，位于这个省的中部，沿莫斯科河中游往东向克利亚济马河上游延伸，像一个楔子似的插入德米特罗夫的、科洛姆纳的亦即梁赞的一些乡镇的中间。这个封邑中的城市，当时可能只有两个，一个是莫斯科，一个是兹韦尼戈罗德。当时的鲁扎和拉顿涅日，看来只不过是普通的乡村。这个省现有的十三个县中，当时归达尼尔王公管辖的估计可能只有四个：莫斯科县、兹维尼县、鲁扎县、包括德米特罗夫县一部分在内的鲍戈罗茨克县[24]。甚至在亚历山大·涅夫斯基族的第三代莫斯科王公伊凡·卡利塔成了大公后，莫斯科封邑的地盘也是很小的。这位王公在 1327 年写的第一个诏书中列举了他的全部世袭领地[25]。他的领地由五个或七个设县的城市组成。那就是莫斯科、科洛姆纲、莫扎伊斯克、兹维尼城、谢尔普霍夫、鲁扎和拉顿涅日——如果最后这两个乡当时也算城市的话(佩列雅斯拉夫尔当时在诏书中没有提及)。在这些县里当时有五十一个乡和不到四十个直属宫廷的村子[26]。这就是卡利塔成了大公后的整个封邑的版图。但是他掌握了丰富的物资,他利用这些物资去谋取利益。当时经营农业的条件很艰苦,于是土地占有者便出卖世袭领地。由于卖地的风气盛行,所以地价很廉。莫斯科王公手上有钱,便向私人和教会、都主教、修道院以及别的王公收买土地。伊凡·卡利塔在把别人的封邑中的许多大小村落收买过来的同时,还买来了整整三个带有郊区的封邑城市——别洛泽尔斯克,加利奇和乌格里奇,不过暂时还根据某些依附的条件留给原
17 主大公管辖。他的后代继续这样到处收买土地。后来的每份遗诏中都列举了以前的遗诏没有提到过的新收买来的乡村。在这些遗诏中,新的"经营地区"[27]都是一个接着一个突然出现的,都是用连续不断的隐秘的方法搞来的,没有看到明显的计划,大部分没有说明是如何弄到手的。季米特里·顿斯科伊设法把麦坚从斯摩棱斯克人那里弄过来了。但不知道维列亚、博罗夫斯克、谢尔普霍夫、半个沃洛科拉姆斯克、卡希拉以及散布在大公国的弗拉基米尔地区和别的一些封邑中的大概十五个村落是怎么在他以前拿过来的。[27]在卡利塔时代和他的儿子当政的时代,土地是用各别订立协商契约的办法,通常是用钱收买过来的,[28]但到后来,除了采用和平方法以外又使用了强占的手段,有时在汗国的帮助下去抢,有时自己去抢。[29]季米特里·顿斯科伊占领克利亚济马河上的斯塔罗杜布以及加利奇和德米特罗夫的时候,把那里的大公从世袭领地上赶走了。他的儿子瓦西里"贿赂"了鞑靼王公和鞑靼汗本人,用

“许多金银”收买了穆罗姆、塔鲁萨和整个下哥罗德公国的封诰，迫使这些地方的王公[30]离开他们的领地，或者又把世袭领地赐赏给他们，但以充当藩属作为条件。从 14 世纪末叶以来，在莫斯科版图的那种显然是混乱而偶然性的扩张中，可以看到某种也许是自然而然形成的计划。莫斯科王公占领莫扎伊斯克和科洛姆纳后，就把整个莫斯科河流域都囊括在内了；由于获得了莫斯科大公国地区，后来又获得了斯塔罗杜布公国，莫斯科王公就成了整个克利亚济马河流域的主人；自从顿斯科伊占据了卡卢加和梅晓拉·戈罗杰茨，他的儿子占据了科泽利斯克、利赫文、阿列克辛、塔鲁萨、穆罗姆和尼热尼，这样，整条奥卡河——从乌帕河和日兹德拉的入口处到科洛姆纳，从梅晓拉·戈罗杰茨到尼热尼都归属莫斯科王公了。这样一来，梁赞公国周围的三个方面都布满了莫斯科和弗拉基米尔的乡村，这些乡村从卡利塔起就归属莫斯科王公。同样，由于这些王公搞到了尔热夫、乌格里奇和下哥罗德公国，失明王公瓦西里搞到了罗曼诺夫，科斯特罗马又作为弗拉基米尔大公国版图的一部分而被永久占有，伏尔加河上游几乎大部分都属于莫斯 18
科了；而原来位于这里的特维尔公国和雅罗斯拉夫公国就四面都被莫斯科的领地所包围。可见，莫斯科王公首先力图弄到手的是河间地区内的和边境的主要河道。后来，又占领了别洛泽尔斯克公国和加利奇公国，这样一来，外伏尔加河上游地区就出现了归属莫斯科的广阔的渔猎场。在这里，莫斯科王公得到了有利于自己事业的很多好处。在 15 世纪上半期，沿舍克斯纳河及其支流，沿白湖和库别纳湖的河流，沿苏杭纳河上游一带辽阔的偏僻的多林地带，是被别洛泽尔斯克系谱和雅罗斯拉夫系谱的许多王公所瓜分的。贫弱的王公由于分家和鞑靼人的蹂躏而不断衰落,有时就由四个或五个王公联合起来治理一个世袭的小城,甚至治理一个普通的乡村,他们没有能力掌握大权和维持分封王公的统治局面,不知不觉地下降到局部的甚至是很小的土地占有者的地位。要使这些破落户归顺自己,莫斯科王公不需要武器,甚至用不着花钱:这些人自己找上门来为莫斯科王公效劳,并且乖乖地让出自己的世袭领地,然后又从新的君主那里把这些领地作为效劳的报酬拿了回去。例如,失明王公瓦西里就拥有扎奥泽里王公、库宾纳王公、鲍赫丘日斯基王公的世袭领地作为自己的渔猎场。

移居外伏尔加河地区 居民的迁徙大大地促进了莫斯科领土朝这个方向成功地扩张。由于莫斯科的强盛,无论从对付诺夫哥罗德方面,还是从对付鞑靼方面来说,伏尔加河上游都是比较安全的。这就使长期以来聚集到河间地区的众多的居民有可能用伏尔加的河水来浇灌那个地方辽阔的莽林。在这次移民运动中起先导作用的,从14世纪末开始就是一些中心寺院,主要是特罗伊茨基·谢尔基耶夫寺院的僧侣;他们披荆斩棘地来到了科斯特罗马和沃洛格达的丛林里,在科麦利河、奥勃诺拉河、佩利什马河、阿文加河、格鲁希查河两岸修建了寺院,这些寺院成了农民移居的据点,若干年后,这些河岸出现了不少辖有数十个村落的同名的乡村。被这些移民者作为据点的寺院的状况,同管辖它们的圣谢尔
19 盖的寺院的状况一样:周围遍布农村居民点,改变了这片莽林地带的面貌。莫斯科王公同诺夫哥罗德人共同占有沃洛格达,他作为科斯特罗马地区的统治者,并拥有大公的封号,因此有权认为这些来自莫斯科公国各处领地的移民定居的地方是自己的辖地。

莫斯科公国扩张的方法 莫斯科王公用以扩张自己公国的主要方法可以分为五种,那就是:收买、武力侵占、在汗国帮助下用外交手腕攫取、同别的分封王公签订公务条约以及从莫斯科公国原有领地移民到伏尔加河彼岸。根据失明王公瓦西里1462年左右立下的遗诏,可以看到莫斯科王公们一个半世纪以来千方百计占有别人领土的成果。在这份遗诏中第一次把弗拉基米尔大公的领地同莫斯科公国,同老的世袭领地和新的经营地不加区别地合在一起,并称之为自己的占有地区。在奥卡河和伏尔加河之间的整个地区,只有特维尔公国和雅罗斯拉夫公国的各一部分以及罗斯托夫的一半不属于莫斯科公国管辖。罗斯托夫的另一半也已被失明王公瓦西里所收买。而且,莫斯科占有的地区超出了河间的范围,向南延伸,沿奥卡河和茨纳河上游扩展;朝东北深入到维亚茨地区直至乌斯丘格,乌斯丘格到14世纪末就已属于莫斯科了。[30] 达尼尔王公所占有的土地不过500平方英里,因为整个莫斯科省不超过590平方英里。如果根据失明王公瓦西里的遗诏来计算莫斯科占有的地域,那么可以看到,它的面积至少有15 000平方英里。这就是到15世纪末莫斯科王公们在领土方面取得的成就。[31] 由于取得了这样一些成就,到失明王公瓦西里统治结束时,莫斯科公国的幅员超过了罗斯当时尚存在的任何一个大公国的幅员。

大公之位的获得 II. 莫斯科王公们运用种种手段和处心积虑的姓氏政策,到14世纪末逐渐摆脱了无权的分封王公的地位。这些王公尽管是幼系,但却富有,所以大胆地同自己的长亲争夺起
大公之位来了。他们的主要对手是其长亲特维尔王公。莫斯科王 20
公由于只凭武力而不靠法统,所以长期没有取得成就。莫斯科王

公尤里曾同自己的堂叔特维尔主公米哈伊尔争夺大公之位,并把米哈伊尔搞死在汗国,但后来他自己也在那里掉了脑袋,被米哈伊尔的儿子杀害了。[32]不过莫斯科终于取得了最后胜利,因为斗争双方拥有的条件不等。特维尔王公拥有长系权和个人的英勇,以及法律上和道义上的力量;而莫斯科王公则拥有金钱、随机应变的本领,还有物质资源和实战手段。而对当时的罗斯来说,后面这些手段比前面的手段所起的作用更大。特维尔王公始终未能理解当时的形势,在14世纪初叶仍然认为自己有能力同鞑靼人斗争。特维尔王公米哈伊尔的另一个儿子亚历山大向自己的一伙罗斯王公发出号召:"兄弟们要相互支援,不要向鞑靼人出卖自己,要同心协力抵抗鞑靼人,要保卫罗斯土地和全体东正教徒。"[33]这些话是对罗斯大公们劝说他要屈服于鞑靼人的回答,因为在1327年,有一个人忍受不了鞑靼人的欺侮,就发动整个特维尔城起来抵御鞑靼人,并捣毁了当时在特维尔城中的鞑靼使馆,然后在普斯科夫城中躲藏了起来。莫斯科王公们对形势的看法则与此不同。他们根本没有考虑去同鞑靼人作对。他们看到,以"委曲求全"的态度,也就是说用讨好和金钱来对付汗国,比用武器来对付要有利得多,所以就殷勤地侍奉汗,使汗成为实现自己意图的工具。没有哪个王公像卡利塔那样勤快地前去向汗朝觐,他在那里也备受欢迎,因为他每次都不是空着双手前去的。那里的人们知道,莫斯科王公一去,金帐汗国的大汗王、汗后和所有的王亲贵戚都可以得到"许多金银财宝"。正因为如此,在系谱中位居长亲之后的莫斯科王公居然获得了大公之位。汗授权卡利塔讨伐特维尔王公的反抗。[34]卡利塔忠贞不渝地完成了这项使命:鞑靼人在他的统率下蹂躏了特维尔公国。编年史上说："简言之，把整个罗斯国家夷为平地"，当然，没有触及莫斯科。卡利塔立此大功后得到了褒奖：1328 年获得了大公 21
之位，从此大公之位就一直由莫斯科王公世袭。

这一成就的后果 III. 莫斯科王公们获得大公之位后对罗斯产生了两个重要后果。一个可以称之为精神后果，另一个可以称之为政治后果。精神后果表现为：莫斯科封邑占有者成为大公之后，首先使罗斯居民摆脱了外敌造成的不幸而产生的沮丧和麻木的心情。莫斯科王公是自己封邑的模范建设者，善于使社会上安居乐业。他获得了大公的称号后，使罗斯东北部的其他地区也感到他奉行的政策的好处。他这样做深得人心，也就为以后的成就奠定了基础。

遏制鞑靼的入侵 编年史家指出，自从莫斯科王公从汗那里获得了大公的称号后，北部罗斯已不再像以往那样经常遭受鞑靼侵犯，获得了休养生息的机会。史家在谈到卡利塔 1328 年从汗那里载誉归来的时候说："从那里给罗斯土地带来了四十年的宁静，鞑靼人不再侵犯罗斯土地了。"[35] 这显然是 14 世纪下半期的一位见证人加的注脚。这位见证人回顾那四十年时，指出了这几十年中在北部罗斯所感到的莫斯科的统治：1328—1368 年，即立陶宛王公奥尔格尔德第一次进犯东北部罗斯的时期，被认为是这部分罗斯的居民得到休养生息的时期，他们为此而对莫斯科表示感激。在[36]这些安宁的年代中，整整两代人出生并成长起来了。[36]他们的头脑里从小就没有父辈和祖辈们的那种不由自主地害怕鞑靼人的心理，因为他们的长辈是参加过库利科沃大会战的。[36]

莫斯科王公联盟 莫斯科王公获得大公国的地位后产生的政

治后果是:莫斯科王公作为大公首先开始使北部罗斯摆脱了分封制造成的政治分裂状况。在这以前,各分封王公尽管都是亲族,但
22 却各自为政,互不合作。在亚历山大·涅夫斯基的年长的儿子季米特里和安德烈这两个大公执政时期[37],一些分封王公纷纷结成联盟,兄弟之间相互争夺,经常召开公国代表大会来解决争端。但这只是偶尔采取的暂时的办法,目的是想恢复家族和领主的团结。这些联盟的矛头是针对大公的(根据传统这个大公应当像他父亲那样团结幼系王公),它们没能保持弗谢沃洛德的家族联系,反而削弱了这种联系。[37]从卡利塔大公统治以来,在莫斯科周围形成了一个基础比较扎实的王公联盟,并由莫斯科王公亲自领导。起初,这个联盟是强制性的财政联盟。鞑靼人在征服罗斯后的初期,自己征收强加给罗斯的贡税,称为汗国出巡费。为此,在鞑靼人统治的头35年,曾经三次从汗国派遣税吏调查户籍,统计除神职人员以外的人口;但到后来,鞑靼汗把征收出巡费的任务委托给弗拉基米尔大公。[38]伊凡·达尼洛维奇成了弗拉基米尔大公后,也受到委托从许多王公那里,甚至是从所有的王公那里收集汗国贡税并把税款交给汗国。[39]这种全权成了大公手中从政治上联合分封罗斯的有力工具。莫斯科王公不想也不善于用剑来赢得别的王公,但有可能用卢布来赢得他们。这个联盟起初只是财政性的,后来有了更广泛的基础,又获得了政治意义。莫斯科王公本来只是受鞑靼汗委托征集和上缴贡税的一个普通的负责管家,后来却成了罗斯王公的全权领袖和裁判官。史家记载,卡利塔的儿子们在其父死后,于1341年去朝见乌兹别克汗,乌兹别克汗非常看重和喜爱他们,因为他很喜欢和尊重他们的父亲,并且曾经允诺,除了他们

以外不把大公国封给任何人。长子谢缅被封为大公后，汗把“附近”的所有罗斯公国都赐给他了。史家还说，谢缅在汗那里享有崇高的荣誉，所有的罗斯王公，还有梁赞王公以及罗斯托夫王公，甚至特维尔王公，都对他低声下气，唯命是从。谢缅善于利用自己有利的地位，使其他的王公感到他的这种优势，所以人们给他起了个
“骄傲者”的外号。1353 年谢缅死后，继承他的位置的弟弟伊凡从 23
汗那里除了得到大公的称号以外，还得到了对北罗斯所有王公的审判权：汗命令他们一切都要听从大公伊凡并在他那里受审，如感到委屈可向汗提出申诉。在伊凡的儿子季米特里任大公时期，以莫斯科为首的这个王公联盟更加扩大和加强了，具有了全民族的意义，已有条件变成由莫斯科对各罗斯王公的统治了。在季米特里时期，莫斯科同特维尔再度展开了斗争，特维尔王公米哈伊尔·亚历山德罗维奇到立陶宛，甚至到汗国去寻找支援。这一来，特维尔王公原先在北罗斯居民中享有的威望就丧失殆尽了。1375 年莫斯科王公进攻特维尔时，就有 19 个王公参加了他的部队。其中的许多人，如罗斯托夫王公、别洛泽尔斯克王公、斯塔罗杜布王公、弗谢沃洛德三世的所有后代都是听从莫斯科王公的新交旧友，但是其中有一些是出于爱国感而自愿投靠他的。切尔尼戈夫的斯维亚托斯拉夫世系的王公，如布良斯克王公、诺沃西耳王公、奥鲍连王公就属于这种情况。他们对特维尔王公感到气愤的是，他不止一次地要求对东正教徒干了不少坏事的立陶宛把矛头对准罗斯，甚至同罗斯深恶痛绝的马迈军队[①]勾结。还有一点，几乎整个北

① 马迈是金帐汗国的一个军事长官。——译者

部罗斯曾在莫斯科的领导下在库利科沃抵抗鞑靼军队,并在莫斯科的旗帜下率领人民第一次战胜了阿拉伯游牧民族①的侵犯。这种情况使莫斯科王公在同外敌斗争中具有作为北部罗斯的民族领袖的作用。这样一来,[40]鞑靼军队无形中成了一个建立一支反对它本身的人民政治力量的工具。[40]

都主教教坛移到莫斯科 IV. 莫斯科王公最重要的成就是:他使自己的京都成了罗斯教会的首府。取得这一成就应归功于莫斯科城的地理状况。由于鞑靼人的入侵,从12世纪中叶以来基辅古罗斯已被洗劫一空。随着居民的北迁,罗斯教会的最高牧首基辅都主教也离开了。据编年史家记述,马克西姆都主教不能忍受
24 鞑靼人的暴行,带着自己的全部唱诗教士于1299年离开基辅前往克利亚济马河上的弗拉基米尔;编年史还说,那时整个基辅城的居民都四散奔逃。[41]然而残留下来的南部罗斯教徒在这种困难的时刻比以往更加需要罗斯教会牧首的关怀。都主教便不时地从弗拉基米尔前往视察南部罗斯的主教辖区。他在南巡的途中都在莫斯科城停留。马克西姆的继任者彼得都主教,据传记记载,就曾在罗斯各个地方和城市巡游,常常来到莫斯科,并在这里长期留住。[42]这样一来,他就同伊凡·卡利塔王公结下了密切的友谊,而卡利塔[43]由于他的哥哥尤里经常离开莫斯科,所以早在尤里在世时就治理莫斯科了。彼得和卡利塔一道在莫斯科为圣母升天教堂奠基。这位圣徒也许当时根本没有想到要把都主教教坛从克利亚济

① 原文为 агарянство(阿拉伯游牧民族)。此处原书可能有误,从上文看,应为鞑靼人。——译者

马河迁到莫斯科河边来。莫斯科城是属于弗拉基米尔主教区的，自从都主教迁到克利亚济马河以后，就由大主教兼任莫斯科主教。彼得都主教到莫斯科来的时候，就成了当地王公的客人，住在自己的主教城中，住在尤里·多尔戈鲁基王公的老院子里，然后从那里迁到很快就开始建筑圣母升天教堂的地方。后来，这位大主教就意外地在这个城市里去世了（1326 年）。[43] 这个偶然情况成了给后来历任都主教的遗约。彼得的继任者费奥格诺斯特不愿住在弗拉基米尔，就迁居莫斯科新的都主教私邸，住到新建的圣母升天教堂中一个能显圣的坟墓附近。可见，莫斯科早在成为政治首都以前很久就成为罗斯的宗教首府了。

这一变化的意义 从都主教教坛远远地伸向罗斯各处的宗教生活的线索，现在有一部分通到了莫斯科，当时俄国教会拥有的物质资源也开始流向莫斯科，促使莫斯科富有起来。更重要的是都主教教坛的这次迁移对罗斯北部居民产生的精神影响。他们对莫斯科王公更加信任了，认为他的一切行动都是受到俄国教会最高圣徒的赞许的。这种影响在编年史家的叙述中可以看出来。这位 25
史家在谈到教坛从弗拉基米尔迁到莫斯科时指出：“其他王公颇感欣慰的是他们有一位都主教住在莫斯科城内。”这种精神——教会的影响在后来的文献中更为明显。都主教彼得为罗斯地区呕心沥血，他曾经长途跋涉到汗国去为自己的教徒说情，花了很多精力关心信徒。罗斯教会尊他为罗斯国家的庇护神，罗斯人在 14 世纪时就用他的名字发誓。他的同时代人、朋友、罗斯托夫大主教普罗霍尔描述过他的生平。这位传记作者简短地叙述了圣彼得是如何在莫斯科去世的，说当时伊凡·卡利塔王公没有在场，在 14 世纪末或15世纪初,圣彼得的继承人之一、塞尔维亚人基普里安以更为华丽的辞藻描述了这位圣徒的生平。这里提到他死的情况跟前面不同,圣彼得是在伊凡·卡利塔在场的时候去世的,他临终时嘱咐王公要把他们两人共同奠基的圣母升天教堂修建完成,他还郑重地暗示王公说:“儿子啊,如果你听我的话把圣母升天教堂建立起来,让我能安卧在这个城市里,那么你自己也会显得比别的王公光荣,你的子孙也会获得光荣,这个城市也会比罗斯的其他城市光荣,圣徒们也会住在这里,就可以制服恶魔的作祟,我的遗骸就可以永远安顿在这里了。”显然,这些普罗霍尔所不知道的细节,基普里安是从由于14世纪的一些事件的影响而在民间流行的传说中吸取来的。[44]俄国教会开始以赞许的态度对待曾同这位俄国教会的牧首协同共事的王公了。教会的这种赞许态度可能最有力地帮助了莫斯科王公加强他在北部罗斯的民族意义和精神意义。

帕弗努季神甫的叙述 这种赞许的迹象还可以在另一个年代较晚的文献中找到。约在15世纪中叶,一个名叫帕弗努季·鲍罗夫斯基的神甫开始在他所修建的寺院里活动,这是具有古罗斯的那种最特殊最坚强的性格的人物之一。他喜欢向他的徒弟们讲述他一生中看到和听到的东西。学生们记录了他的话,一直流传至今。譬如,圣帕弗努季讲过1427年罗斯遭到一次大瘟疫的情
26 况。[45]当时人们“长一个小疮”就会死去,也许,那是一次鼠疫。曾有一位修女昏迷过去了,当她清醒过来时,她说,她在天堂里看到了谁,在地狱里又看到了谁,她谈到了某某人的事情,人们根据这些人的生平判断,她的说法是正确的。她在天堂里看到了伊凡·达尼洛维奇·卡利塔(钱袋)大公。叙述者补充说,当时是这么称

呼他的，这是由于他喜欢救济穷人，他腰间一直挂着一个钱袋（卡利塔），把钱散发给乞丐，手能抓多少，他就给多少。这也许是因为，这位大公的同时代人给吝啬成性的大公所起的讥嘲性的这个绰号，被后代人从道义的角度加以解释了。一个乞丐第一次到大公这里来，从他那里得到了施舍；第二次来了，大公再给他施舍；乞丐仍不死心，第三次又来了，这时大公忍不住了，给了他第三次施舍以后，生气地说："拿去吧，你这双贪得无厌的眼睛！"乞丐反驳说："你自己才有一双贪得无厌的眼睛呢，你在这里称王称霸，到彼岸世界去还想称王称霸！"[46]这是通过粗鲁的形式表达的微妙的夸赞：乞丐想说的是，这位慈悲的大公想通过救济穷人来上天堂。叙述者继续说，从这里可以明显看出，这个乞丐是上帝派来故意试验大公的，他告诉大公，"一旦创业，应善于保重，谨慎从事。"这位修女在地狱里还看到了立陶宛国王维托夫特：他成了一个巨人，有一个凶恶可怕的魔鬼用钳子夹着许多烧红了的钱币往他嘴里塞，一面骂道："让你吃个饱吧，你这个千刀万剐的！"这些故事中包含的善意的幽默无疑是来自人民的。人们无须为故事叙述的年代而烦恼，也不必去追究这位修女在 1427 年根本不可能在地狱中看到维托夫特，因为他是 1430 年才死的。人民的脑子里的历史现象有自己的年表和实用意义，有自己的观念。民间传说不考虑年代而把罗斯和东正教的敌人立陶宛国王同伊凡·达尼洛维奇·卡利塔这位芸芸众生的朋友来对比，伊凡的曾孙瓦西里·季米特里耶维奇曾经顶住了那位威严的国王对东正教罗斯施加的压力。人民的思 27
想深深地感到大公的权力和教会的权力这两者是接近的[47]。他们怀着深情创造这两种权力的体现者——卡利塔和莫斯科的最高圣徒——的神话般的形象。在帕弗努季的叙述中还有一段简短的富有想象力的叙述。卡利塔有一次梦见了一座白雪皑皑的高山,雪化了,后来山也不见了。卡利塔问圣彼得这个梦是什么意思。圣徒答道:"山就是你,大公;而山上的雪就是我这个老头儿:我将比你早死[47]。"上面这些故事的教会色彩表明,教士们也参加了这些传说的创造。显然,在人民的观念中,由于罗斯最高教权的促进和祝福,莫斯科大公的政治成就被神化了。因此,这些成就尽管并非都是用光明正大的手段取得的,但都成了莫斯科大公可靠的财富。

结论 把上述的全部情节串在一起,我们可以想象到14世纪北部罗斯居民对莫斯科公国和莫斯科大公的态度:在14世纪的那些事件的影响下,他们对莫斯科公国和大公有三点的看法。(一)一直认为前任莫斯科大公是一位模范的统治者和主人,是人民安居乐业的创造者,而莫斯科公国则是民间各种关系新结构的开端,这种结构的第一个成果就是内部更加安宁,外界更为安全了。(二)一直认为前任莫斯科大公是罗斯同外敌斗争的人民领袖,认为莫斯科是人民同信奉异教的立陶宛和伊斯兰游牧民族这些十恶不赦的"生番"做斗争中旗开得胜的领导者。(三)最后,北部罗斯一直把莫斯科大公看成是俄国教会的长子,看成是罗斯牧首的亲密朋友和共事者,认为莫斯科是罗斯国家最高圣徒特别宠爱的地方,是同信奉东正教的全体罗斯人民的宗教精神利益联系在一起的。一个在150年前只不过是经常偷袭自己邻国的小强盗——莫斯科河上的分封王公,到了15世纪中叶竟变得如此了不起了。

第二十二讲 28

莫斯科诸王公的相互关系——继承制度——法律对动产和分封领地明显的一视同仁——莫斯科王公的继承制度同古罗斯法律习俗的关系——莫斯科王公的亲族和领地关系——长子继承制的加强——幼系分封王公服从长系的形式——鞑靼压迫对大公间关系的影响——莫斯科大公的权力由直系长子继承的制度的确立——莫斯科王公的家族意愿同大俄罗斯人民需求的结合——失明王公瓦西里时期莫斯科内讧的意义——莫斯科诸王公的性格

莫斯科诸王公的相互关系 我们在研究14世纪和15世纪上半期莫斯科公国历史的时候，一开始就考察了莫斯科王公们的领土占有及其政治地位和民族地位提高的情况。但这只是莫斯科取得力量的过程之一。这个过程标志着：莫斯科王公对外取得了成就，他们的领地扩大了，他们的影响越出了原先世袭领地的范围。但是，随着莫斯科公国领土的扩展和民族的壮大，莫斯科王公中获得了大公称号并且被公认为莫斯科公国家族之长的大公的政治地位也就提高了。而当莫斯科公国把罗斯国家那些被割据的部分吸收进来以后，这个实际上或表面上为长的王公也就把最高权力中的各个分散的因素集中到自己手里，于是，作为第一个过程，他把

29 莫斯科公国变成了罗斯全民族的国家;作为第二个过程的结果,本来只是封邑称号上为长的莫斯科大公也就变成了唯一的,即集权的罗斯君主。由于莫斯科的兴起并不断吞并其他的罗斯公国,莫斯科大公的地位也随之不断提高,要求自己的近亲——莫斯科分封王公服从自己。他之所以能够使他们服从,是因为莫斯科公国对外取得的成就,绝大部分归功于大公,大公除了拥有自己的莫斯科封邑以外,把弗拉基米尔大公的领地也合并过来了。第二个过程的标志是莫斯科公国对内取得了政治成就,这个过程就是我们将要研究的对象。为了更好地了解这个过程,还得要再次回顾一下莫斯科公国和其他公国占有领地的制度。

我们考察莫斯科地位提高的情况时,首先注意的是莫斯科大公的活动。但是,莫斯科大公不是唯一的莫斯科王公,而只是其中的长系。莫斯科的达尼尔家族的世袭领地并不是一个完整的领地单位,它同其他公国世系的世袭领地一样,是一批独立的分封公国。莫斯科开始统一这些公国的初期,诸王公家族中还原封不动地维持着传统的分封关系。但是,随着莫斯科的领地和对外作用的扩大,莫斯科大公及其幼系分封亲族之间的内部关系也改变了,变得有利于大公。[1] 为了研究这一变化的过程,我们首先研究一下15世纪中期前莫斯科王公家族中的继承制度,然后再分析继承领地的各王公之间的相互关系。

继承制度 就我们现在所知的莫斯科王公的许多诏书中可以看到14世纪和15世纪莫斯科大公世系中实行的继承制度。从卡利塔一直到伊凡三世,几乎每个莫斯科王公都有一份遗诏,有的王公甚至有两份或三份遗诏,所以上述时期保留下来的遗诏达16份

之多。这是研究莫斯科继承制度相当丰富的材料。这些材料本身 30
就足以说明这种继承制度的性质了。已如上述，[2*] 当时有两种继承制度：一种是根据法律或根据惯例，另一种是根据遗嘱。第一种制度有一系列条款，规定财产必须以一定的形式移交，不考虑死者的遗愿，甚至违反他的遗愿。既然莫斯科王公每次都是根据遗嘱继承的，可见并不存在这种必须遵守的惯例或做出过不符合惯例的新规定。所以，遗嘱人的意志是莫斯科公国家族中以及弗谢沃洛德后代的其他世系中实行的继承制度的法律基础。从公国就是统治公国的王公的私产这个概念出发，这一理由是完全符合分封占有制的法律实质的。既然大公是他所管辖的封邑的私有者，所以领地由谁继承也只能根据占有者的个人意愿决定。这种制度只适用于已分成封邑的莫斯科王公的世袭领地和作坊。弗拉基米尔大公的地区就不实行这种制度。这个地区根据老习惯传给继位大公，而继位大公是由汗册封的。根据莫斯科公国的遗诏成为继承人的首先是下诏人的儿子，[2] 如果没有儿子就是他的兄弟，再往下就是妻子，甚至在有儿子和兄弟的情况下也可以传给妻子一个人或妻子及女儿。[2*] 伊凡·卡利塔大公把自己的世袭领地分成四份，其中三份传给自己的三个儿子，第四份传给自己的第二个妻子和女儿；其中的一个女儿在她母亲死后也继续掌管着传给她们的共同封邑中的一部分。[3] 卡利塔的儿子谢缅大公死后无子嗣，就把自己的整个封邑都传给妻子而不给兄弟。大公的遗孀总是根据遗诏分享继承权，尽管同嗣位者并不平等。她们从立诏大公——自己的丈夫那里继承到两类领她：(一)**直辖采邑**，即完全属于她们的领地；(二)**终身食邑**，即只能享受“到死为止”，终身受用的领地。[4] 根据遗诏由大公遗孀参与继承的惯例,是分封公国领地作为占有者私产的制度的法律性质的第二个特点。在遗诏制度中由继承人分享领地的这一事实,更加明显地说明了这种分封公国的私授法权
31 性质。立诏人的世袭领地并不是全部都按照遗诏分封的,分封的情况错综复杂,其原因在于分封方法本身。莫斯科公国是由几片或几类领地组成的,这些领地由于其经济意义或历史根源不同而各有差别。季米特里·顿斯科伊大公在其遗诏中列举的类别如下:莫斯科城[5],莫斯科城郊宫廷村落,在莫斯科以外的别人封邑的宫廷村落以及弗拉基米尔大公地区内的村落,然后是其他领地、城市和乡村。这里首先是莫斯科原有的领地,最后才是后来在莫斯科以外获得的领地。每个继承人在上述各类莫斯科领地中各得一份,同样,继承人在遗嘱人的动产中也各得一份。遗位的父亲从自己的家庭什物中给每个儿子一份帽子、皮衣和有宽带的长袍,同样每个继承人通过抽签的办法在莫斯科城内和莫斯科郊区的皇村中占有一份领地,即在原有的莫斯科领地和新的经营地中也获得一份领地。因此,公国的领地是相互交错的。在分配动产、家庭什物和世袭领地时没有考虑公国的利益,这是莫斯科大公遗诏中领地分封的法律性质的第三个特点。立诏大公如此相互交错地划分自己的世袭领地,显然是从经营的角度,而不是从国家的角度考虑的;是从自己家庭的利益,而不是从社会的利益考虑的。他把自己的领地只看作是自己经营的不同项目,而不是为了公共的利益而由他治理的整个社会。甚至就其形式来看,莫斯科王公的遗诏也同当时私人的遗嘱极其相似。我们不妨翻开第二代莫斯科大公伊凡·卡利塔大约在1327年准备前往汗国时立的第一份诏书看一

看,开头是这样写的:

“敬禀圣父、圣子和圣灵,有罪在身的不忠的上帝奴仆伊凡今于前往汗国之际,诚惶诚恐肝脑涂地立下本诏,祈上帝保佑将莫斯 32
科城合封诸子,并另分封诸子份地一块。”[6]

在这个序言下面列举了封给每个儿子的城、镇、乡的清单。正如私人遗嘱必须有证人签字和教会认可一样,莫斯科大公立遗诏时通常也要有大臣在场“作为见证”,并由莫斯科都主教同署。综上所述,莫斯科王公中盛行的继承制度的基本特征可归纳为:以立诏王公的个人意志为这一制度的唯一根据;立诏王公家庭的全体成员参加分享遗产,不排除妻女;对于分配动产、不动产、家用什物以及分配领地在法律上显然是一视同仁的。

遗诏中对动产和世袭领地的规定 上述几个特征中[7*],使我们困惑难解的主要是一视同仁那一点,这是社会意识模糊的征象。但是必须审慎地来看待上述古代文件,以免对编写文件的人产生错误的理解。卡利塔本人当然懂得,管理莫斯科和莫斯科居民,跟管理自己的坛坛罐罐完全是两码事。这种看法本身是很简单的,这是任何人,甚至是14世纪的人也不会不承认的。卡利塔认为,作为占有者和作为主宰者是不同的,作为财产拥有者和作为统治者是有区别的。他认为莫斯科城附近的土地及其园地是自己的私产,他有权在这块土地上大兴土木,建设工厂和从事商业,或向这一切事业抽税。在遗诏中对这一切事情都跟衣服和器皿一样做了安排。此外,他还审理和惩处犯罪和有过失的莫斯科老百姓,审理老百姓的诉讼案,颁发老百姓必须遵守的诏书以便维护公共秩序,向他们征税以供公用,譬如征收应向汗国交纳的出巡费用。他把

33 这一切不是看作自己的私事,而是上帝派来的主宰者的事业,正如圣基里尔·别洛泽尔斯基后来写给一个莫斯科分封王公的信中所说的那样,“让自己的臣民弃恶从善”。[7a] 因此,卡利塔在自己的遗诏中根本不谈这些统治特权:这些诏书是私人的敕令,而不是国家的规章。在弗拉基米尔大公国,莫斯科王公只是治理者,他们没有把这块领地列入自己的遗诏中,而从季米特里·顿斯科伊开始,才把这个地区列为世袭统治地。根据遗诏继承的是物品和经营的产业,而不是人和结成政治联盟的团体,这些人和团体在当时与经营的产业是有区别的。总而言之,从上述遗诏来看,不能认为莫斯科王公是政治上名副其实的国君,这里有两个原因:其一是,莫斯科公国的地域被认为是其王公的世袭领地,而不是国家的领土;其二是,构成最高权力的这些王公的统治权被分散了,或与经营的产业一样,连同领地一道被收回了。不能否认这些王公拥有国家观念,但是这些观念尚未能采取适应其本身性质的形式和成为行动的手段。可见,在莫斯科王公的遗诏中对动产和不动产采取上述一视同仁的态度,与其说是表明他们的社会意识,不如说是表明他们的占有者的传统,这种传统尚未摆脱在封邑中把占有与治理混同起来的观念。

王公的继承制度和习俗 既然在 14 世纪和 15 世纪的莫斯科王公身上,甚至在大公身上,有许多潜在的国君所特有的私有者意识,那么人们会问,莫斯科王公的遗嘱中规定的继承制度同古代罗斯家庭生活中和民间交往中通行的法律习俗有什么关系呢?关于这点本来可以根据一些法律继承的事例最恰当地做出判断,但是在我们所考察那个时期的莫斯科公国的家族中没有找到这种描述得十分详尽的事例。在遗诏中既可以看到与这种习俗相似之处，也有违反这种习俗之处。王公夫人除了王公遗诏中分给她的直辖采邑以外，还可根据罗斯古代法典从自己儿子的封邑中得到一份终身领地，根据这一法典，王公的遗孀“从自己的孩子那里领到一
份”封邑，可供“终身享用”，而丈夫给她的那一份，那就完全归她本 34
人所有，她是“主人”。[76]在莫斯科王公的遗诏中从未有过在有儿子的情况下，而由兄弟参加继承的事例，这同在古代罗斯，在有直系继承人的情况下，旁系亲属一般不能参加继承一样。而在莫斯科王公的遗诏中，即使有兄弟和儿子，规定妻女也是继承人，有时还享有充分的所有权，这是违反古罗斯的习俗的。这就是说，按照莫斯科王公们的遗嘱实行的继承制，不完全符合按照法律实行的继承制。这种分歧的原因出自家族利益的考虑。同样的考虑也促使莫斯科王公们不顾严格规定的领地分封原则而把莫斯科城分给所有的儿子，各得一份，而不是只分给长子。尽管得到封地的王公总想各自为政，互不交往，父亲却希望儿子们更经常地在本族老家聚会，参谒父母的陵墓，不要忘记他们是同一父母所生。[7*]

莫斯科王公的亲族和领地关系 现在我们来考察一下，继位的王公们在他们的父亲去世从而占有父亲分封给他们的世袭领地以后相互之间的关系。可以根据莫斯科王公之间订立的条约文书来研究这种关系。从14世纪和15世纪保留到现在的这种文书有数十份。根据这些文书，每个继位王公都是所获得的封邑的全权主人，他占有这份封地，完全独立地统治这块封地，就像他父亲统治自己的世袭领地一样。大公季米特里·顿斯科伊同他的堂兄弟、谢尔普霍夫封邑的弗拉基米尔·安德烈耶维奇1388年订立的

文书中说的话可以看作是这种独立性的典型措辞:“你管你的领地,我管我的领地。”[8] 继位的王公们彼此的占有关系正是根据这样的措辞确定的。每个王公保证不干预别的大公封邑的事务,不经领主的许可不得占用别人封邑中的土地,不经该地领主的许可
35 甚至不得因“游猎”而通过该地。但是,由于规定了继承人分享王公世袭领地的上述制度和一些王公私下购置土地,结果就出现这种情况:一个王公占有另一王公领地上的一些村落。于是,这种领地就有两个占有者,一个可以称之为封邑占有者,一个可以称为私人占有者。这种村落的地位由条约文书上的条款确定,这种条款一般是这样的:“司法权和收贡权遍及水陆全境。”也就是说,这样的村落由其归属的封邑的领主审理案件,接受贡品和收缴直接土地税,而不是由私人占有者——王公享受这份权利,私人占有者——王公只满足于收缴这些村落的私人租赋。不过,这个规定也有例外:一个王公在别人的封邑中私人占有的村落只把贡品缴给当地的封邑领主,而司法权却由私人占有者行使。综上所述,每个分封王公就是自己封邑的独立自主的占有者。

但是不难理解,某一支系的分封王公既然相互之间都是近亲,所以不会成为各不相干的占有者。他们通常都是同胞兄弟或叔伯兄弟,也可能是叔侄。这种血缘关系在大公中间产生了某种不由自主的联系。出于血缘关系,他们在条约文书中通常都保证“同生死,共患难”。父亲往往把幼子托付给长子,根据父亲的遗嘱,长子就成了他弟弟们的“照管者”、监护人,而得到封邑的弟弟们就应保证尊重长兄,就像尊重父亲一样,长兄则保证照管幼弟,和睦相处,如果幼弟死亡,就要照管他们的孩子。分封王公之间的家族关系

胜过亲族关系，因此作为遗孀的母亲在大公家庭中拥有特别重要的地位。立诏人往往命令孩子们一切听从母亲，绝对不要违背她的意愿，要像尊重父亲一样尊重她。但是，可以想见，所有这些都是亲缘关系，而不是占有关系，因此，与其说是真正的政治义务，不如说是道义上的遗训，或者只是慷慨的诺言。亲缘关系把占有关系也联结起来了：寡母死后，她的终身领地分给她的儿子或孙子；婆母通常把自己的采邑传给儿媳，母亲传给儿子等等。但是这些 36
都是私相授受，并不是必须遵守的义务。当时在占有方面是否有过某种政治性质的义务关系呢？根据14世纪和15世纪前半期莫斯科王公之间的条约文书，继位王公并不因为自己年长而对幼亲始终享有永久的、绝对的政治权威，同以前一样，只要不是自己的孩子，就不封赠，也不指责。在当时，罗斯已经没有一个统一全境的大公了。随着领地分封制的发展，大公的声望也被瓜分了。当时统治北部罗斯的王公们属于不同的王公支系，其中大部分是属于苏兹达尔的弗谢沃洛德三世这一支系的。每个分立出来的王公支系都拥立一个自己的大公：特维尔王公拥立了自己的大公；罗斯托夫王公、雅罗斯拉夫王公、梁赞王公和其他支系的王公也都拥立了自己的大公。诚然，这些大公中的第一个，即长中之长，可以认为是莫斯科大公，因为从伊凡·卡利塔时起，莫斯科王公就持续地占有了大公的弗拉基米尔州。这个州在13世纪时曾是弗谢沃洛德家族的共同财产，由弗谢沃洛德家族中的长者依序管辖。但到14世纪时，由于受分封占有制原则的影响，弗拉基米尔大公国也失去了原先的家族性质。季来特里·顿斯科伊大公在1389年立的诏书中把这个公国封给自己的长子作为嫡传领地，他的孙子失明王公瓦西里则把弗拉基米尔州列入他继承的莫斯科世袭领地的版图。于是,从莫斯科王公留下来的条约文书来看,以前统一的公国占有制的最后残迹也就消失了。每个支系内的长系王公和幼系王公之间,以及各支系王公之间在占有方面经常性的政治关系也不存在了;保留下来的只有暂时性的、家族间的关系,如保证供奉母亲一生等等。季米特里·顿斯科伊在诏书中首次在自己儿子的占有问题上做了某些互相支持的规定,但这是偶然性的规定,其中排除了绝户儿子有分配死后留下的封邑的权利,绝户的封邑根据
37 寡母的意见分给死者的其他兄弟;只有长子,即大公的封邑,在他死后无子就全部传给次子,而次子的封邑则由母亲分给其余的儿子。[9] 这种暂时的、偶然的关系的产生,是出于对付外敌的需要和同汗国的关系的需要。为了对付外敌,亲族王公,通常是近亲王公,他们往往结成进攻同盟或防御同盟。在盟约中,幼系封邑王公对自己的兄长说:"你与我等,我等与你,永不分离。"长系王公未经幼系王公同意,不得另订盟约,反之亦然。长系王公和幼系王公保证有友共交,同仇敌忾。长系王公在盟约中对幼系王公说:"我若上阵,你等也须披挂上阵,我若遣你等代我出征,你等不得有违。"但是,这是独立的占有者之间根据族际的法规订立的临时协定。因此,这些条件也随着王公的更迭而改变,甚至随着王公联盟成员的每次变化,或者仅仅由于情况发生变化而改变。由于王公间的关系变化频繁,所以我们现在可以看到许多这样的盟约。失明大公瓦西里在位期间,仅同自己的堂兄弟、两位莫扎伊斯克分封王公伊凡·安德烈耶维奇和米哈伊尔·安德烈耶维奇订立的盟约就有十七个之多,这位大公同他的叔父尤里·加利茨基和叔父的儿子

斜眼瓦西里和红脸季米特里所订的盟约为数更多。王公之间的另一类占有关系是在他们依附于汗国的情况下形成的。我前面已经说过，汗国的可汗起初是通过自己的代理人从罗斯国家收纳贡品，后来发现委托罗斯大公收贡更为方便。每个大公征收本支系的分封王公交纳鞑靼的军费、出巡费，并上交汗国，卡利塔甚至受托征收别的支系主公交纳的贡品。这种优越的地位使大公得以驾驭分封王公，所以大公非常珍视这种特权，并尽量不让幼系亲属直接同汗国打交道。在王公盟约中大公的一句话表达了这种意图：大公对分封王公说，“应由我去禀告汗国，不应由你等去禀告汗国。”分 38
封王公在财政上对大公的依附，会渐渐变成政治上的依附。但是王公们十分清楚，这种关系是外力强加给他们的，他们坚信，一旦外力消除，这种关系也就消失了。正因为如此，在他们看，季米特里·顿斯科伊同谢尔普霍夫分封王公订立的上述盟约中，可以找到这样的条件：“遵从上帝的意志，依照可汗的嘱咐，朕得贡品两份，你得一份”，也就是说，大公可以扣下交纳给汗国的贡品的三分之二，而分封王公则只能扣下三分之一。[10]可见，莫斯科王公认为一旦鞑靼的统治垮台，分封王公对大公在财政上的依附也就消失了。因此，我们在分析 14 世纪和 15 世纪的盟约时，没有发现规定分封王公应该依附于大公的任何固定的政治关系。他们之间的关系既然如上所述，那么用什么方法才能使分封王公在政治上依附大公呢？这个问题的解答将会揭示莫斯科公国最高国家权力形成的过程。

盟约并不符合实际情况　对于研究 14 世纪和 15 世纪莫斯科王公之间的相互关系的人来说，他们的盟约是很不可靠的资料。

他们所规定的条件并不符合当时的实际情况。就这来说,莫斯科王公的盟约在某种意义上可以说是不符合当时的历史实际的。这些盟约中描述的公国之间的关系在某一段时间,即在实行分封制的初期——13 世纪,也许 14 世纪初,无疑是存在的,但不可能更晚。从那时以后,莫斯科开始对其他公国有着决定性的优势,这些条件很快也就不起作用了,而它们之所以仍在盟约中作为固定的措辞一再出现,乃是由于传统,由于官员们墨守成规,不善于跟上时代之故。王公们也同自己的主事一样,都有这一缺点。这对以盟约作为考据的人是危险的。这种[11]观念落后于现实的情况在王
39 公们的盟约中颇为突出。在这些盟约中,北方的王公在 14 世纪仍然使用他们南方的祖先在 11 世纪和 12 世纪规定的表达亲属之间上下关系的称谓。但是,这种称谓纯粹是官样文章。一个年迈体衰的王公,尽管是叔父,是长辈,但必须把年轻的亲属、自己的侄子然而却是大公的人称为兄长。根据亲族的等级可以衡量出力量和权力的不平等。当时还没有找到合适的称谓来表达新的关系,而这种关系又已经脱离当时流行的概念,也就是说,形成这些关系的条件与受这些关系影响的人们的意识无关。[11]

长子继承制的加强 莫斯科王公们的实际关系从季米特里·顿斯科伊起,甚至在他的父辈和祖辈时,就已经建立在另一种基础之上了。[12]在某种血缘关系的称谓的掩盖下,分封王公们已开始逐渐由独立的占有者变成自封的或真正的长辈即大公的附庸。我们已经知道,莫斯科大公越来越高居于幼系分封亲属之上。意味深长的是,大公的这种优越地位是分封制度本身的条件造成的,但后来却破坏了这个制度。我们从莫斯科王公的遗诏中可以看到,莫

斯科王公们的继承制度,是完全由立诏人个人意志确定的。但这些立诏人也逐渐制定了和使自己遵行了某些固定规则,他们把自己的世袭领地分给继承人的时候就遵循这些规则。譬如,我们从伊凡·卡利塔所立的第一份莫斯科公国的遗诏中可以看到,立遗诏的莫斯科王公有意把自己的世袭领地做不平均的分配:根据继承人的长幼顺序规定份额的大小。年长者所得遗产的份额大于年幼者。[13]在这种不平均的分封制中也可以隐约地使人想起以前曾经起过作用的那种王公之间按长幼顺序占有领地的制度。而这种情况使人回忆起一个老的传说,因为这是符合家风的:父亲死后,长子在自己的弟弟们面前就代替了父亲的位置,所以应当比他们有权势。根据莫斯科遗嘱人树立的这一习俗,年长的继承人即遗嘱人的长子,所得的父产,要大于与他一同继承的弟弟。这个超额 40
部分是“按照老办法”,即根据长子权传给他的。起初,这个超额部分的数量不大,只有少数用处不大的城市和农村,少数无关紧要的收入项目;但从季米特里·顿斯科伊的遗诏开始,按照老办法所得的超额部分的数额越来越大了。季米特里立诏把他的领地分给五个儿子,诏书中还确定了每个封邑的收入。立诏人规定在向汗国交纳的每 1 000 卢布的贡赋中,每个继承人应交多少。显然,每个继承人的贡额是根据其封邑的收入而定的。长子瓦西里大公,每 1 000 卢布应交 342 卢布,即总额的三分之一以上,而不是交五分之一。季米特里·顿斯科伊以后,长子通过老办法继承的超额部分,一代比一代增加。譬如,在失明大公瓦西里 1462 年立的诏书中,瓦西里也把自己的世袭领地分给五个儿子。他封给长子伊凡大公一人设县的城市就有 14 个之多,而且都是最好的城市,而封给其他儿子的城市,总共只有 11 个或 12 个。[14] 为了更清楚地说明这个过程,我们可以继续谈一下伊凡三世大公大约在 1504 年所立的遗诏。伊凡三世也把自己的世袭领地分给五个儿子。他封给长子瓦西里大公 66 个设县的城市,而分给其余的儿子总共只有 30 个。这位立诏人也规定了每个继承人在交纳给汗国的每千卢布贡赋中所占的比例。长子瓦西里大公应交 717 卢布,即约占总额的四分之三,比所有弟弟应交的总数还多一倍。造成这种状况的就是莫斯科遗嘱人早先树立的习俗,它破坏了继承人平分世袭领地的传统,而对长子有利。按照老办法分给的超额部分,起先为数不多[15],而到 15 世纪初[15],其数量使继承遗产的长子对弟弟们占有决
41 定性的物质优势。立诏王公没有给予长子以任何更多的政治权利,没有要他们的弟弟在政治上直接依附于长子;但由于逐步地把大量占有的财产集中在长子手里,因此长子尽管没有更多的政治权利,却有可能要自己的分封幼弟臣服自己了。这种纯粹物质上的、财产上的优势,也就为莫斯科继承长子权的大公取得政治权力奠定了基础。莫斯科大公尽管没有政治上的遗产,但通过这种世袭的实际优势,就不仅成了莫斯科封邑普通居民的君主,而且成了莫斯科诸分封王公的君主。由此可见,后来消灭了领地分封制的莫斯科大公的政治权力,正是这种制度本身的条件形成的,因为立诏王公有权任意拥有自己的领地。[16]

使幼系王公臣服的形式 在莫斯科和在特维尔,年长的继承者的地位通过老办法得到了加强[17*]的同时,分封王公中的强者力图使弱者臣服自己。这种臣服根据不同情况具有多种形式,依附程度也各不相同。最简单的形式就是分封王公根据条约为大公私

人效劳。在季米特里·顿斯科伊同堂兄弟弗拉基米尔·谢尔普霍夫斯基于1362年订立的条约中可以看到这种形式。根据这个条约,分封王公在自己的封邑中仍然是独立的,但要保证根据条约为大公效劳,不得违抗,而大公则保证根据他的效劳情况“豢养”和奖赏这位仆从。[17a] 在这里,服役的义务同仆从的封邑占有权毫无联系。另一种形式就是把分封王公收买过来,大公收买了他们的封邑,让他们使用自己的前领地,但要尽一定的劳务。卡利塔对别洛泽尔斯克王公和加利茨基王公,失明瓦西里大公对罗斯托夫王公就是这样做的:在他们的关系中,劳务产生于对占有者的依附。还有些幼系大公的处境也颇类似:大公剥夺了他们的封邑,要他们去服役,但又把夺走的封邑或部分封邑根据服役的契约还给他们作为犒赏。例如,斯塔罗杜布王公为顿斯科伊服役时,塔鲁萨王公 42
和穆罗姆王公为顿斯科伊的儿子瓦西里服役时就是这样。还有一点:大公力求从一个总的原则性要求出发使分封王公臣服自己,而分封王公之所以应臣服大公,就因为他们是分封王公,他们必须臣服大公才能保住自己的世袭领地。在特维尔大公鲍里斯·亚历山德罗维奇同维托夫特于1427年订立的条约中可以看到这一要求的最强硬的表达:特维尔的所有王公,即大公的叔叔、弟弟和侄子都必须听从大公的意志;大公可以任意犒赏任何人和惩罚任何人;如果有谁去为别的王公效劳,就剥夺他的领地。[17б] 苏兹达尔的王公们就是根据类似的条件略加修改而臣服失明大公瓦西里的。在这里,分封王公的世袭领地不是被剥夺,也不是被收买,而是分封王公自己根据条约放弃领地,然后又将领地作为大公对他们的犒赏领回。[17в] 与第二种臣服形式不同,这种对占有者的依附关系来源于劳务;它又不同于第一种形式;服役条约要有封邑作为保证,服役关系同占有关系联结在一起。在莫斯科公国中,分封王公的后两种依附形式运用得特别成功,所以失明大公瓦西里在其统治公国的晚年曾不无夸张地对诺夫哥罗德都主教说:他有权统治所有的罗斯王公。

我们已经考察了莫斯科公国及其大公在政治方面和民族方面所起作用的两个过程。一个过程扩大了这个公国的领土和外部影响,另一个过程把体现在莫斯科大公身上的最高权力的各种因素集中了起来。莫斯科王公们具有的许多有利条件使莫斯科得以更加强大的那些首要原因继续起作用,所有这些条件也就巩固了上述的成果。

鞑靼压迫的影响 首先,鞑靼人对被他们所奴役的罗斯的态度,消除了或者缓和了北部罗斯王公们给自己和自己的国家造成的许多纠葛。汗国的汗没有强迫罗斯接受汗国的任何制度,只要
43 他们交纳贡赋,他甚至对罗斯实行什么样的制度也不大了解,也很难了解那里的制度,因为从罗斯王公之间的关系中无法观察到实行的是什么样的制度。从制度上来看,上伏尔加河的弗谢沃洛德家族的王公对制度的观念大大不如他们的祖先、第聂伯的雅罗斯拉夫一家的王公。前者曾有过不稳固的长幼观念和地方义务观念;这种观念有时指导着他们的关系,使他们产生一定的权力感。13 世纪时的弗谢沃洛德家族大多数不大记得老的亲族关系和地方关系的传统,更谈不上尊重这种传统,没有亲族感和公共义务感。莫斯科王公尤里在汗国看到特维尔王公米哈伊尔的血肉模糊的尸体裸露着倒在一个帐篷旁时,简直无动于衷,丝毫看不出亲族

的感情，这甚至使鞑靼人也感到气愤。由于缺乏公共义务感，所以意识中只剩下了自卫和掠夺的本能。只有亚历山大·涅夫斯基的形象才稍稍掩盖了在罗斯统治者之间，在同胞兄弟和堂兄弟之间，在叔侄之间经常暴露出的那种野蛮残忍的、兄弟阋墙的恐怖行径。如果让他们为所欲为，他们就会把整个罗斯分割成互无联系的、永世敌对的小块封地。但是，当时北部罗斯的公国并不是有自主权的占有地，而只是向鞑靼人纳贡的“乌芦斯”①；这些公国的王公被称作是“自由沙皇”——我们当时对金帐汗的尊称——的奴仆。这个汗的权力使罗斯王公们产生要把那些小块的、相互隔离的、分散的领地连接起来的幻想。不错，在伏尔加河岸的萨莱②里要寻求权力也是枉然的。在那里，弗拉基米尔大公的宝座是买卖和交易的对象；可以花钱买到的汗国封号掩盖了各种各样无理现象。但是，被侮者并不总是立即拿起武器，而是到汗那里去寻求保护，而且这个办法往往是奏效的。只要汗大发雷霆，闹事者就不敢妄为了。汗的恩惠，也就是说他的专断，不止一次地预防和阻止了内讧的惨祸。汗的权力就像一把鞑靼的快刀，能够像斩乱麻似的解决弗谢沃洛德三世的后代在自己这块土地上搞得乱七八糟的事务。罗斯的编年史家不无理由地把那些十恶不赦的阿拉伯人称为神的笞杖，被用来开导违反教规者，要他们忏悔。莫斯科大公特别成功地使用这根笞杖来对付自己的亲族。在失明大公瓦西里统治期间，上述情况在莫斯科王公之间发生的唯一的一次内讧时尤为明 44

① 乌芦斯——古代蒙古人民族部落的联合，占有一定的土地，受汗或酋长的支配。——译者

② 萨莱——伏尔加河岸古金帐汗驻跸地。——译者

显。那次内讧是由于瓦西里的叔父尤里·加利茨基王公觊觎原应属于侄子的大公宝座而引起的。这位叔父自恃是长辈,并以其父亲季米特里·顿斯科伊的遗诏为依据,不愿承认年仅十岁的侄子为大公,便于1431年前往汗国同侄子争夺宝座。[17г] 尤里的野心一旦得逞,大公之位就会落入莫斯科公国家族的旁系之手,莫斯科整整实行了一百年的制度就会遭到破坏,就会发生无休无止的内讧。汗解开了这个疙瘩:机灵的莫斯科公国大臣弗谢沃洛日斯基讲了一番讥嘲性的奉承话,说权力来自汗的恩赐,而不是编年史家的记载,也不是来自僵死的文书(即顿斯科伊的遗诏),汗于是决定让瓦西里继承大公之位。

直系长子继承制 另一个有利条件就是新规定了一种大公权力继承制度。莫斯科公国由于获得成就而起的重要作用,全都由大公继承,他是莫斯科诸王公之长,除了自己的莫斯科封邑以外,还占有弗拉基米尔大公辖区。从伊凡·卡利塔以来的一百年间,继承大公之位的几乎都是前任大公的长子,其余的儿子在前任大公临死时通常都是不在场的。当时的情况是:莫斯科公国的权力并不传给旁系,叔父们到时候便退出舞台,而不去同自己的长侄争位。因此,在卡利塔的曾孙瓦西里·季米特里耶维奇大公去世前,由直系长子继承大公的制度没有在莫斯科王公中引起过争论,曾同莫斯科王公争执的那些旁系王公,如苏兹达尔王公、特维尔王公,都没有能够从莫斯科王公那里夺得大公之位。这种偶然现象由于不断重复,便成了先例,这种先例又以其习惯势力而变成必须遵循的要求,变成了规矩。延续数代之久的大公权力由父及子的无可争辩的递传,像史书中描述那样,成了"父名和祖名",成为把

父亲和祖父的榜样尊为金科玉律的习俗，大家又把这种世代嫡传的习俗看成是正常的制度，而不再遵循以前那种按长幼顺序继承 45
的办法了。在那次莫斯科内讧时期，这种情况也尖锐地暴露了出来。尤里死后，这场内讧由他的儿子们继续进行，弄得整个罗斯社会人心惶惶。这个社会的领导阶级——神职人员、王公、贵族和其他官吏都坚定地站在瓦西里一边。加利奇基的王公们在莫斯科被看成是外人，是掠夺者，他们在这里感到孤立，大家对他们不信任，也不友好。尤里死后，其子舍来亚卡野心勃勃，一如乃父，撕毁了同瓦西里缔结的条约，瓦西里就向宗教法庭起诉。[18]由五名主教和几名大司祭（当时尚无罗斯都主教）组成的高级神职会议在1447年向违约者发出了一份措辞严厉的敕文，主教们在敕文中阐述了罗斯应当实行的政治制度的观点。主教们坚决反对舍米亚卡的父亲觊觎大公宝座的野心，认为只有他的侄子，即前任大公的长子才有权继承这个宝座。敕文把尤里妄想非法占有大公宝座的念头比作人类始祖亚当受到撒旦①挑拨而想"与上帝平起平坐"。主教们写道："你的父亲花了很大气力，教会也被他弄得精疲力竭，但他仍然得不到大公的宝座，因为上帝不给他这个宝座，**不认为这是世俗遗风**。"可见，教会认为，唯一正确的制度是大公的直系长子继承制，而不是排辈继承制，甚至不顾历史事实而认为直系长子继承制才是世俗遗风，即罗斯国家自古以来就形成的习俗。教会承认的这个新制度为建立专制制度铺平了道路，加强了莫斯科公国家族直系长子的地位，改变和削弱了旁系幼子的地位。尽管[19*]内讧尚

① 撒旦是基督教中的恶魔。——译者

未结束,但罗斯的牧首已经宣布合法的莫斯科大公的专制是既成事实,整个罗斯社会,不论是大公还是老百姓,都必须听命于他。新任都主教约翰在 1448 年发出的就职通谕中号召王公、地主、大贵族、督军以及所有受过洗礼的“凡人”,都要虔诚地侍奉自己的君
46 主瓦西里大公,都要听命于他;如果他们不这样做而任凭舍米亚卡再度挑起内讧,就要从他们身上收回基督流出的全部的血,尘世上没有谁再能称为基督教徒,没有任何神父再来主持圣事,上帝的所有教堂都将关闭。[19a]

莫斯科王公和大俄罗斯　由于社会在内讧期间对大公权力继承新制度的大力支持,于是出现了巩固莫斯科公国的政治成就和民族成就的最重要条件。在分封王公中,一旦有人具有大公世系那样的手段和意愿并挺身而出,那么,整个北部罗斯居民的政治愿望和人民的向往就开始集中到他的周围来了。北部罗斯的居民期望出现这样的领袖,这种期待的心情在内讧中表现得十分明显。这里,莫斯科大公家族的力量同人民的需要和向往结合起来了。这些王公活动的原动力是家族的利益。他们的公国进行的对外活动也是为了这种利益。在内部,权力集中在一个人身上。而这种家族的利益受到以教会为首的北部罗斯全体居民的大力支持,人们在这里只感觉到——正如那位约翰都主教在一份敕文中所写的那样——这种利益“与我们整个正教的共同幸福一致”。[19б]他们之所以得到这种支持,是由于在王公内讧和鞑靼蹂躏的纷扰中北部罗斯不知不觉地出现了一种情况。[19в]我们知道是什么情况促使罗斯居民大批地从老第聂伯罗斯迁移到上伏尔加地区来的。在这种迁移的过程中,人民的力量分散了,表现为上伏尔加罗斯分成为许

多小块封邑。南来的移民身居异乡,处在新的条件和不习惯的环境之中,既不能恢复老传统,也无法建立新的共同秩序,只能散居于许多越分越小的封邑里。但是他们并非定居在相互隔离的封邑世界,这是与分封王公们不同之处。人民在继续迁徙,王公们自身 47
不断内讧又迫使他们迁徙,史册上明确记载着:特维尔王公同其他王公们的争执迫使百姓离开他们的公国迁移到更为安宁的地区。从 14 世纪末开始,人民大量地从河间地区越过伏尔加河北迁。移民们散居在小居民点里,在两个多世纪的时间中分散在各地活动,但他们的经济条件和法律地位是相同的,随着时间的推移,到处形成了相同类型的社会,人们互相熟悉起来,在颇大的范围内建立了某些相互关系,他们相互交往,有一定的法律准则,经济上相互交流,他们有类似的风俗,并且把附近的异族人同化了。到 15 世纪中叶,尽管政治上还是分裂的,但所有这些原先是分散和相互不联系的民族形成了一个新的民族结构。一个紧密地结合起来的民族——大俄罗斯族,就是这样由罗斯居民组合起来并且巩固下来了。这个民族的形成受到了重重阻力,但它冲破了一切障碍。在 234 年(1228—1462 年)中,北部罗斯发生了 90 次内讧,近 160 次对外战争,还经常遭到时疫、歉收,发生过无数次大火灾。内忧外患把多年悉心经营的成果丧失殆尽。在这种内外交困的情况下成长起来的这个民族,感觉到有必要在政治上把自己松散的力量集聚起来,必须建立牢固的国家组织,这样才能摆脱分封制的混乱和鞑靼的奴役。这种要求乃是莫斯科大公获得成就的一个新的、潜在的、然而是颇为重要的原因。此外,当然还有那些原先就有的基本原因,如:莫斯科城和莫斯科公国的地理位置所造成的**经济优**

势,莫斯科在这种条件下得到的教会的支持,由莫斯科王公的系谱地位所引起的、与当时的客观条件一致的行动方式。

莫斯科内讧的意义 正是由于上述种种情况,莫斯科的内讧产生了出人意料的、对北部罗斯极其重要的结局。性情温和、心地善良的瓦西里开始统治公国时,他可以说还是一个儿童,看来根本不适合于承担应由他担任的好斗角色。他不止一次地被击败、被
48 掠夺、被囚禁,最后甚至连眼睛都弄瞎了。但是,经过了十九年的斗争以后,他得到了不小的收获,远远超过了他的父亲和祖父经过长期努力才得到的一切。在他刚登上有争议的大公宝座时,莫斯科的世袭领地分成十块封邑,而到他立遗诏的时候,这个世袭领地全都在他手里了,只有一块前封邑的一半(莫扎伊斯克公国的维列亚地区)除外。此外,苏兹达尔公国也属他管辖。这个公国的主人们,有的为他效劳,有的跑到别的公国去了。梁赞的城市由莫斯科派去的总督坐镇,大诺夫哥罗德和维亚特卡都听命于他。最后,瓦西里还做了一件他父亲曾经犹豫不决的事:把大公的统治权传给自己的长子。不仅如此,而且把这个大公国辖区直接纳入自己继承来的领地的版图。失明大公瓦西里之所以取得这样的成就,是因为罗斯社会中一切有影响的、善于思考的忠贞力量都支持他,支持大公的权力由直系长子继承。瓦西里的忠臣们不让瓦西里的竞争者安宁,接连不断地对他们提出控诉、抗议,施展阴谋,为实现瓦西里的誓言承担责任,运用所拥有的全部物质手段和精神手段来保卫瓦西里。顿斯科伊的孙子的这种顺遂的处境不是他自己创造的,而是继承来的。在这种处境中,行动的目的和方式是相当明确的,力量积聚起来了,资金准备好了,工具安排停当了,于是机器不

用机械师操纵就自动运转起来了。[19*] 因为北部罗斯的居民很快感觉到莫斯科能够成为政治中心,他们可以把自己的力量聚集在这个中心周围同外敌斗争,莫斯科王公在这场斗争中可能成为人民的领袖,在分封罗斯人们的心目中和各种关系中就发生了决定分封制命运的转折:一切迄今隐而不露的大俄罗斯族的民族期待和政治期待,长期以来由于找不到牢靠的支柱而未能实现,这时却同莫斯科大公家族的努力结合起来了,把大公推上了大俄罗斯国君的宝座。[20] 这些可以说是莫斯科公国在政治上获得发展的主要因素。

莫斯科王公们的性格 人们往往认为,莫斯科王公的个人品 49
格对于莫斯科公国地位的提高具有突出的作用。[21] 我们已经概述了莫斯科公国在政治上成长的状况后,现在可以评价王公们的品格在公国历史上的作用。没有必要夸大这种作用,也没有必要把莫斯科公国的政治实力和民族实力只看成是王公们的功劳,看成是他们个人的业绩和他们才华的成果。14 世纪和 15 世纪的文物未能给我们栩栩如生地重现每位莫斯科王公的形象。在这些文物中,莫斯科历代的大公,如伊凡、谢缅、另一个伊凡、季米特里、瓦西里、另一个瓦西里,都是相当平庸的人物。对这些大公做一番观察,就很容易发现他们没有什么独特的个性,无非是同一个家族传下来的同一个模子里的人。在伊凡三世以前的所有莫斯科王公,就像两滴水一样地彼此相似,以致研究者们有时很难分辨出谁是伊凡,谁是瓦西里。虽然从他们的活动中也可以看出某些个人的特点,但这些特点只是由于王公们的年龄不同或只是由于他们所处的环境不同才产生的;这些特点无非说明某个人因所处环境不同而其活动会发生什么样的变化。对莫斯科王公的继承更迭做一番考察,就可以发现他们的形象中只有一些典型的家族遗传的特征。在研究者们看来,这些人不是活人,甚至不是画像,而只是一些模特儿,只能看到每个人的姿态,看到他们穿的衣服,而他们的面貌却不能向观众说明什么问题。

首先,莫斯科的达尼尔的后代有这样一个特点:都是一些极其平庸之辈,既不高于也不低于这种水平。大窝弗谢沃洛德这支后裔中,除了一个亚历山大·涅夫斯基外,没有什么才华出众、出类拔萃的人物。莫斯科的达尼尔的后代,从个人品格来讲,也没有什么值得称颂的人物。这些王公没有什么出色之处,没有建立什么英雄业绩,也看不出有什么崇高的品德。首先,这都是一些温和的
50 人,他们不愿意打仗,即使打起来,也往往是打输的,敌人打来了,他们只知道躲到森林里去,而从季米特里·顿斯科伊时期开始,他们就躲在莫斯科克里姆林宫的石墙里面;他们在敌人进攻的时候往往不战而逃,跑到佩列雅斯拉夫尔去,或者跑得更远,到伏尔加河去,在那里集结部队,而让教会的首领和他们的妻儿留在莫斯科守城。[22]这些王公既没有横溢的才华和非凡的英勇,也没有突出的丑行和贪婪的癖好。这使他们在很多方面成了温良端庄的典范;即使他们有多饮几杯的嗜好,也没有达到圣弗拉基米尔所说的古罗斯人的那种嗜酒如命的程度。这是一些古罗斯的平凡人物,他们与其说是一些历史人物,不如说是编年史上的标志。后来的编年史上有一段话最好不过地说明骄傲的谢缅大公身上具有的那些家族特点:"骄傲的谢缅大公之所以被称为骄傲的大公,是因为他不喜欢不公正,不喜欢叛乱,亲自惩罚所有的犯人;他饮蜜酒和葡

萄酒,但从不喝醉,而且不能容忍醉汉,他不喜欢战争,然而要军队时刻戒备着。”[23]在六代人中,[24]只有季米特里·顿斯科伊的成就远远超过他的平凡的先辈和后代。他年轻(死时才三十九岁),境遇很不平凡,从十一岁起就跨上了战马,同特维尔、立陶宛、梁赞和汗国四面作战。他在位的三十年间,烽烟四起,警号频传,特别是顿河大战一役,在他身上耀眼地闪烁出亚历山大·涅夫斯基的光辉。编年史家们怀着激情写道:“他坚毅刚勇,目光无比锐利。”与季米特里同时代的一位传记作者还指出了他的另一些美好品德:虔信上帝,尊老爱幼,还说,“他不仅重视言教,尤其重视身教。”对季米特里的描述是唯一的例外,因为这位文体高雅的艺术家一般很少描述莫斯科王公。[24]这些王公没有特别的才能,但却有许多不算高贵的、然而比较随和的品质,具有普通人通常有的许多天赋。首
先,这些王公能够和睦共处。他们恪守父辈的遗训:“同心协力”。 51
从达尼尔到瓦西里·季米特里耶维奇这四代王公统治期间,莫斯科公国也许是北部罗斯唯一没有发生内讧的公国。后来的莫斯科王公都是一些非常孝顺的儿子,他们虔诚地缅怀自己的先人,恪守父辈遗训。因此,他们中间早就有了沿袭下来的一些概念、习惯和治理公国的方法,有了家族的习俗和祖先的传说,这种传说取代了他们个人的思考,正如学校教育往往取代了我们的独立思考一样。正因为如此,莫斯科王公们行事坚定、平和、始终如一,他们行事更多的是根据古老的惯例,根据父辈的遗训,而不是根据个人的思考,因此,他们的行动是从不犹豫,不会随便改变,而且经常取得成功。这如同一个天赋不高的学生,由于记忆力强,所以回答功课往往比习惯于用自己的话回答的淘气的孩子更为果断。莫斯科王公

的活动,正像他们妻子手中的纱线一样,绕着纺锤不断地平稳转动。儿子牢牢地守住父业,量力而为地把事业推向前进。在他们那些感情平淡的遗诏中,有时也会把对父训的尊重用极为热情的措辞表达出来,奉若神明。骄傲的谢缅在留给自己的弟弟的遗诏中最后写道:“不应忘怀我们的父母,不应让我们的烛光熄灭。至嘱。”[25]莫斯科王公的这种家族的传说,这种继承政策是怎样的呢?他们是个好主人,但有点吝啬,斤斤计较。无怪乎他们中的第一位王公在一场道义上不大体面的斗争中取得了胜利以后,在后代的记忆中留下的是一个“卡利塔”即“钱袋”的绰号。这些王公在准备登基时和向他们的近臣口授诏书时,对自己的财产了如指掌,巨细不漏:一件皮袄、一群牲畜、一条金腰带、一个玉盒都不遗漏,全都写上,全都有其归宿,有人继承。他们珍惜父产,并添置新的皮袄,
52 购置新的庄园。从他们的遗诏中看,这就是他们的施政思想的目的。这些特点也有助于他们在政治上取得成就。

每个时代都有适应该时代的人物,13 世纪和 14 世纪是罗斯全面衰落的时期,是目光短浅、唯利是图、胸怀狭隘的风气盛行的时期。人们处在内忧外患之中,胆识变小了,气量变窄了,精神颓丧了,放弃了崇高的理想和向往。在 13 世纪和 14 世纪的史册中,看不到以前那种关于罗斯国家、关于必须保护罗斯的纯洁的豪言壮语了,看不到南部罗斯王公和 11—12 世纪的编年史家们念念不忘的那种宏图大略了。人们沉湎在自己的私利之中,只有在必须仰仗别人的时候才放弃私利。每当大家都不考虑共同利益,领导人只关注自己的玉盒的时候,主宰局势的通常就是那些为了私利而采取比别人更为坚决的行动的人,但这些人往往不是最有才干

的人，而是受威胁最大、最害怕共同利益受损的人。莫斯科大公们当时的状况是这样：从系谱的角度来看，他们是最无权、地位最卑微的王公，而他们的经济状况使他们有充足的财富来为自己的私利而奋斗。因此，他们比别人更善于适应当时的环境和条件，为私利而采取的行动也就更加坚决。手工业者的情况也同他们一样。手工业使人们通过自己的其他长处和意愿变得更加机智灵活了。商人买卖做得越起劲，就越不会再考虑其他利益，也就越加成功。我们要指出一点：莫斯科王公的家族性质，不是他们取得成功的根本条件，而是这些条件的产物，因为他们的家族性格没有创造出莫斯科的政治实力和民族实力。这些特性本身是[26]创造了莫斯科的实力的历史力量和历史条件所形成的，是提高莫斯科公国地位次要的、派生的原因。例如，由亲族组成的莫斯科大贵族对公国的支
持就是这种原因之一。而莫斯科大贵族是被莫斯科的有利地位吸 53
引到莫斯科来的，他们曾不止一次地使莫斯科王公摆脱危难。生活中往往出现非常离奇的局面：像安德烈·博戈柳布斯基王公那样的大人物将精力耗费在琐事上；而像莫斯科王公那样声名不著的人物，干的却是宏伟的事业[26]。

54

第二十三讲

自由城市公社——大诺夫哥罗德——它的位置；区和区段——诺夫哥罗德地区；行政区和乡——诺夫哥罗德自由地位的条件和发展——诺夫哥罗德同王公的条约关系——治理——维切及其同王公的关系——行政长官和千人长——司法制度——元老会议——地区治理制度——属城及其同首府的关系——结论

我们已经研究过领地分封制度，以及一个分封公国兴起居于其他公国之上然后并吞了所有其他公国的过程。我们现在来考察一下 15 世纪中叶莫斯科公国历史上的一个情况，当时它准备完成这个过程，把北部罗斯残存的最后一些独立的公国吞并过来。不过在[1] 这之前的几个世纪[1]，曾经是许多封邑之一、后来又把所有封邑吞并过来的莫斯科公国，并不是罗斯的唯一政治形式。与之同时存在的有两种其他形式，这两种形式的社会成分完全不同。一种是哥萨克，另一种是自由城市公社。哥萨克在 15 世纪才刚刚结合起来，自由城市公社则相反，已处于衰落时期了。为了详尽地研究罗斯社会和罗斯国家在分封时代的制度，我们将要回顾一下这些公社的历史和体制。分封时期的罗斯有三个公社：大诺夫哥罗德公社、它的“小兄弟”普斯科夫公社和它在 12 世纪建立的移民
55 罗德公社、它的“小兄弟”普斯科夫公社和它在 12 世纪建立的移民

区维亚特卡公社。我们不准备分别研究其中每个公社的历史，而是根据它们中间地位较高的诺夫哥罗德公社的经历来了解这些公社，对于自由的普斯科夫，只谈一下它的结构和传统习俗中的一些重要特点。大诺夫哥罗德是其他两个自由城市公社的始祖和典型的代表。[2]

大诺夫哥罗德的位置 大诺夫哥罗德是本邦的首府，它的政治制度同该城市的位置有密切关系。它位于沃尔霍夫河两岸，离该河发源地伊尔门湖不远。诺夫哥罗德是由数个自由居民村或小镇组成的。这些村镇起初都是独立的聚居点，后来就合并成一个大的城市公社。很久以后这个城市划分成区段的时候，还保留着诺夫哥罗德各个组成部分曾经独立存在的痕迹。

区 沃尔霍夫河把诺夫哥罗德分成两半，即两个区：右区在东岸，左区在西岸；第一区称为商业区，因为这里有主要的城市商场，做买卖的地方；第二区称为索菲亚区，这是从10世纪末诺夫哥罗德接受基督教后在这个区建起了一座圣索菲亚教堂以来就这样称呼的。两个区由一座沃尔霍夫大桥连接起来，这座桥离商业点不远，为了区别于其他的桥，称它为大桥。连接商业点的是一个广场，称为雅罗斯拉夫广场，或称王公府，因为雅罗斯拉夫在他父亲在世时担任诺夫哥罗德王公的时候曾把府邸设在这里。广场上有一个高高的平台。当时诺夫哥罗德的大臣们就站在这个平台上向参加维切的平民讲话。[3] 在平台附近有一座维切塔，塔上挂着一口维切钟，下面就是维切的办公厅。商业区由两个区段组成，北部叫木工区段，南部叫斯拉夫区段。

区段 斯拉夫区段的名称来自远古时代的一个由诺夫哥罗德

管辖的小镇斯拉夫纳,[4] 因此,整个商业区也称为斯拉夫区。城市的商业区和雅罗斯拉夫宫院都在斯拉夫区段。在索菲亚区,一跨
56 过沃尔霍夫桥,就是一座内城,周围筑有城墙,圣索菲亚教堂就建在城内。索菲亚区分成三个区段:北部的涅列夫区段;西部的扎戈罗德区段;南部的陶工区段或称柳京区段,它靠近湖边。陶工区段和木工区段这两个名字说明了古代组成诺夫哥罗德各区段的自由村的手工业的性质。无怪乎在11世纪时基辅人把诺夫哥罗德人蔑称为木匠。在环绕着所有五个区段的那些围墙和壕沟外面[5],散布着许多城郊区、自由村和寺院,它们像锁链似的环绕着诺夫哥罗德,这是城市的延伸部分。诺夫哥罗德的人口可以根据下面一点估计出来:1211年该城因遇火灾被烧毁了一部分,计有4 300户。[5]

诺夫哥罗德及其五个区段是同它毗连的一片广阔地区的政治中心。这个地区由分成两级(行政区和乡)的许多部分组成,它们的总和构成圣索菲亚州或邦。

行政区 五个行政区的划分情况如下:在诺夫哥罗德西北沃尔霍夫河与卢加河之间朝芬兰湾延伸的一块称沃季行政区,它因居民为芬兰的沃吉族或沃季族而得名;从沃尔霍夫河右岸向东北延伸远达白海这块奥涅加湖两侧地区称奥鲍涅日行政区;在姆斯塔河与洛瓦季河之间向东南延伸的地区称杰列瓦行政区;在洛瓦季河与卢加河之间向西南延伸位于舍隆河两侧的地区称舍隆行政区:在远离奥鲍涅日行政区和杰列瓦行政区向东和向南延伸的一块称别日奇行政区,这里因有别日奇村而得名,该村曾为别日奇行政区的行政中心(目前的特维尔省)。这个行政区包括目前的特维尔省的北部、雅罗斯拉夫省的西部和诺夫哥罗德省的东南角。诺

夫哥罗德州的这种行政区划分，从 15 世纪末开始在莫斯科时期的
法令文件中已经出现了，[6] 但在自由诺夫哥罗德的文物中没有记
载。据这些文物记载，诺夫哥罗德州自古以来就划分为跟行政区
的地名相同的专区；只不过这些地方不称作行政区，而称作邦，在
12 世纪时则称作郡：沃季郡、奥鲍涅日郡、别日奇郡，有的简单地 57
直称舍隆、杰列瓦。在 16 世纪末写的圣瓦尔拉阿姆·瓦日斯基的
传记中我们可以看到，在诺夫哥罗德丧失独立地位前的五十年中，
行政区的划分或与之相应的划分的痕迹是不明显的。这一传记中
说："当时（1426 年）的大诺夫格勒用拈阄儿的办法划分，称作行政
区。"后来，莫斯科大概不愿破坏当地的传统，保持了诺夫哥罗德原
有的地区划分。[6] 诺夫哥罗德州行政区划分的特点是：所有的行政
区，别日奇除外，都紧靠着诺夫哥罗德，或者像杰列瓦行政区，离诺
夫哥罗德不远，以辐射带的形状不断朝各个方向发展。譬如，奥鲍
涅日行政区的杰列维扬茨基村离诺夫哥罗德只有两俄里，而斯帕
斯基村在同一行政区内，却相距七百俄里，位于邻近白海的维戈湖
畔。据 16 世纪的书籍记载，在别日奇行政区，离诺夫哥罗德最近
的村，也有一百俄里之遥。[7] 这就使人想到：早期或者后来获得了
行政区称号的专区，是由那些邻近诺夫哥罗德的古老的领地组成，
并逐步扩展起来的。

乡 比较边远的和后来获得的领地，没有列入行政区划，而组成了一些地位特殊的乡。譬如沃洛克—拉姆斯基城、别日奇城、托尔若克城、尔热夫城、大卢基城以及它们的专区，都不属于任何行政区。这些城的地位[8] 有其特点：它们是诺夫哥罗德与别人共同占有的：前面三个城是同弗拉基米尔大公，后来又同莫斯科大公共

同占有的;后两个城则同斯摩棱斯克王公共同占有,自从斯摩棱斯克被立陶宛侵占后,又同立陶宛王公共同占有。[8] 由奥鲍涅日行政区和别日奇行政区向东北延伸的是扎沃洛奇耶乡,或称德维纳邦。这个乡之所以称为扎沃洛奇耶,是因为它位于把奥涅加河和北德维纳河流域同伏尔加河流域隔开的一条宽阔的分水岭沃洛克河的岸上。维切格达河及其支流决定了佩尔姆邦的地位。在德维纳邦和佩尔姆东北,是沿佩乔拉河两侧延伸的佩乔拉乡。在北乌拉尔山的那边则是尤格拉乡。在白海北岸则是捷列克乡或称捷列克河
58 岸。这些就是属于诺夫哥罗德的一些主要的乡,但没有列入行政区划。它们很早就被诺夫哥罗德占有了。譬如,早在11世纪,诺夫哥罗德人就越过德维纳河和佩乔拉河去收贡税;到12世纪,就来到了捷列克河岸。诺夫哥罗德的领土主要是靠军事工业移民的办法扩大的。诺夫哥罗德出现了一批批有武装的工业者,他们离开该城沿着河流到各个地方去,最经常去的地方是芬兰湾东北部,在那里设立据点,向被征服的当地土人索贡,经营林业和其他工业。

诺夫哥罗德自由地位的发展 下面谈谈诺夫哥罗德自由地位发展的条件和过程。在我国历史初期,诺夫哥罗德邦从结构上说与罗斯的其他地区十分相似。诺夫哥罗德对王公们的态度同各地区其他大城市也没有多大差别。自从早期的几个王公背弃诺夫哥罗德投靠基辅以后,诺夫哥罗德就得向基辅大公纳税了。雅罗斯拉夫死后,诺夫哥罗德邦就并入基辅大公国,大公通常把自己的儿子或近亲派到那里去进行治理,并指派一名行政长官做他的助手。在12世纪的第一个二十五年,在诺夫哥罗德的生活中,没有发现

任何能表明它与罗斯的其他一些地区不同的政治特点；只是到了后来，[9] 诺夫哥罗德人在同王公们订立条约时才根据雅罗斯拉夫一世的诏书要这些王公向大公纳贡。这是财务关系的书面决定，而其他大城市只是以口头契约规定王公们同维切的财务关系。[9] 但是，自弗拉基米尔·莫诺马赫死后，诺夫哥罗德人取得了越来越大的优势，成为诺夫哥罗德自由地位的基础。诺夫哥罗德的这种政治上独特的地位之所以得到顺利发展，是由各种不同的条件促成的。这些条件的独特的结合是罗斯任何别的地区所没有的，而且对诺夫哥罗德的命运产生影响。其中的一些条件是同这个地区的地理状况有关的，另一些条件则是由诺夫哥罗德当时所处的历 59
史环境及其对外关系产生的。现在我先谈谈地理条件。(一)诺夫哥罗德是当时罗斯边远的西北地区的政治中心。诺夫哥罗德的这种边远的地理位置，使它能够置身于罗斯各邦之外，而当时罗斯各邦是王公们及其亲兵活动的主要地方。这样，诺夫哥罗德可以免受王公及其亲兵的直接压力，使诺夫哥罗德的生活方式能够在辽阔的土地上得到更自由的发展。(二)诺夫哥罗德当时是该边区的经济中心，这里遍地森林和沼泽，耕作业过去从来未能成为国民经济的基础。最后，(三)诺夫哥罗德毗邻我国平原的主要河流，如伏尔加河、第聂伯河和西德维纳河，而沃尔霍夫河则是把它同芬兰湾和波罗的海连接起来的直通水路。由于毗邻罗斯的一些重要商路，诺夫哥罗德很早就与各方面有贸易往来。于是，工业和商业成了这个地区国民经济的基础。对外关系也成了发展诺夫哥罗德的自由地位很有利的条件。在12世纪，王公们的内讧损害了公国的威望。这就使地方自治团体更加自由地确定自己对王公们的态度。诺夫哥罗德比任何别的地区能更广泛地利用这一有利条件。诺夫哥罗德位于罗斯的边缘,从几个方面受到外敌的包围,同时它主要从事对外贸易,因此一直需要王公及其武装的亲兵来保卫自己的边界和商路。然而,正是在12世纪,王公之间的恩怨错综复杂,使王公的威信降低了,所以同以前和以后比较起来,诺夫哥罗德不像从前和后来那样需要王公及其亲兵的帮助了,因为后来诺夫哥罗德的边境上出现了两个危险的敌人,一个是利沃尼亚骑士团,一个是联合的立陶宛。而在12世纪,这两种危险都尚未出现:利沃尼亚骑士团是13世纪初建立的,而立陶宛是从这个世纪末才开始联合起来的。诺夫哥罗德根据所有这些有利的条件,确定了自己对王公们的态度,确定了自己的治理制度和社会结构,最后,也确定了自己的政治生活的性质。我们可以从这四个方面来考察这个城市的历史。

60 **自由地位的保障** 在10世纪和11世纪时,王公们还很不重视诺夫哥罗德,当时人们只对南部罗斯感兴趣。斯维亚托斯拉夫在准备第二次远征保加利亚时,把罗斯国家分封给自己的儿子们,诺夫哥罗德人也前来请求派大公常驻。据史册记载,斯维亚托斯拉夫对他们说:“有谁会到你们那里去呢?”对这个远离基辅的城市的这种蔑视,[10]是诺夫哥罗德没有成为雅罗斯拉夫的任何后代的管辖地的原因之一,而诺夫哥罗德人对于外来王公更迭频繁感到苦恼,所以一直要求能有一个常驻的王公。另一个原因是,自从雅罗斯拉夫死后,诺夫哥罗德地区没有形成一个独立的公国,而只是基辅大公国的一块属地,随着这个被认为是雅罗斯拉夫后代的共同财产的王公国的盛衰而盛衰。[10]到后来,王公们开始更多地注意这个富有的城市了。莫诺马赫死后,他的残酷统治结束了,形势帮助诺夫哥罗德取得了重要的政治优惠。由于公国内讧频繁,诺夫哥罗德王公的宝座也经常易位。诺夫哥罗德人利用这种内讧和更迭,在自己的政治制度中立下了两条重要的原则作为他们自由地位的保障:一条是选举最高行政机构,一条是同大公签订**契约**。以前诺夫哥罗德的王公经常更迭,诺夫哥罗德行政机构的人员也随之不断变动。王公是在他所任命的或基辅大公所任命的助手,即行政长官和千人长的协助下治理诺夫哥罗德的。当一位王公自愿或被迫离开这个城市的时候,他所任命的行政长官一般也就离职了,因为新的王公带来或任命自己的行政长官。而在一位王公离去另一位王公尚未来到的空缺期间,处在没有最高政府的情况下的诺夫哥罗德人,习惯于选举临时的行政长官,要求新来的王公批准他担任此职。这种做法使诺夫哥罗德形成了一个选举行政长官的惯例。这个习惯在莫诺马赫死后立即开始起了作用。据史册记载,在 1126 年,诺夫哥罗德人"把行政长官之职授予了"一个本地 61
人。[11]后来,选举行政长官成了诺夫哥罗德人十分珍视的一项固定权利。这项职务既然不是在王公的宫廷内授予,而是在维切的议事场上授予的,所以其性质本身的改变就不言而喻了。行政长官在诺夫哥罗德作为王公利益的代表者和维护者变成了在王公面前作为诺夫哥罗德利益的代表者和维护者。后来,其他一项重要职务——千人长,也由选举产生了。当地的主教在诺夫哥罗德的治理制度中起着重要作用。在 12 世纪中叶以前,他是由罗斯都主教主持的主教会议在基辅任命的,因此,要听命于大公。而从 12 世纪下半期起,诺夫哥罗德人开始从当地的神职人员中选举自己的主教,召开"全城"维切会议选出,把当选者派往基辅请都主教任命。第一个由选举产生的主教是当地一个修道院的院长阿尔卡吉,1156 年由诺夫哥罗德人选出。自从那次选举后,基辅都主教就只有任命诺夫哥罗德选出来的人的权利了。综上所述,在 12 世纪的第二个和第三个二十五年期间,诺夫哥罗德最高的行政领导是由选举产生的。与此同时,诺夫哥罗德人开始更加明确自己对王公的态度。王公们的内讧使诺夫哥罗德有可能并且习惯于在相互角逐的王公之间进行选择,并赋予当选的王公以某些义务,从而限制他的权力。王公们自己也遵守这个惯例。[12*] 在自治方面取得成就的同时,诺夫哥罗德的社会生活越来越不安宁,动乱越来越多了,诺夫哥罗德王公的地位也越来越不巩固,以致王公有时自己就放弃了对这个自行其是的城市的统治,甚至在夜间秘密地出走。12 世纪时一个王公对另一个被派去沃尔霍夫的王公说,"别去为诺夫哥罗德操心,他们有本事就让他们自己去治理吧,他们想到哪里去找王公就到哪里去找。"弗谢沃洛德三世尽管曾经蛮横地破坏了诺夫哥罗德已经实行的全部自由制度,但有时也允许他们根据自己的意志选举大公,1196 年,他和其他王公给了诺夫哥罗德自由,"他们喜欢到哪里去找王公就上哪里去找",从合乎诺夫哥罗德心意的王公支系中去找。[12a]

62 **同王公签订的条约** 在诺夫哥罗德的条约中记载着当选的王公应承担的义务,并且规定了他在治理地方中的作用。[12*] 在 12 世纪上半期有不甚明显的迹象表明,已经出现这种由王公吻十字架宣誓认可的条约。后来,在编年史家官的叙述中这些迹象越来越明显了。1209 年,诺夫哥罗德人积极帮助苏兹达尔大公弗谢沃洛德出征梁赞。弗谢沃洛德为了对此表示嘉奖，对诺夫哥罗德人说："你们应该喜爱好人，惩治坏人。"[13]史家还补充说，弗谢沃洛德给了诺夫哥罗德人"充分自由，并按照他们的意愿沿袭前任王公的各种规章礼仪"。可见，弗谢沃洛德已恢复了王公们的一些旧的规章，以保障诺夫哥罗德人的权利，并赋予这个城市对某些案件的审判权，更确切点说，是让他们有权自行处理不称心的市民。1218年，治理诺夫哥罗德的托罗佩茨王公姆斯季斯拉夫·姆斯季斯拉维奇·乌达洛伊离开了该城。接替他的是他在斯摩棱斯克的亲族斯维雅托斯拉夫·姆斯季斯拉维奇。这位王公要求更换诺夫哥罗德人选出来的行政长官特维奥基斯拉夫。这时，诺夫哥罗德人问道："这是为什么，他犯了什么罪？"王公回答说，"他没有犯罪。"于是，特维奥基斯拉夫对维切说，"我感到欣慰的是，没有给我加上罪名，而你们，弟兄们，喜欢行政长官还是喜欢王公，可以自由选择。"这时，维切对王公说，"你要撤行政长官的职，可是，你曾对我们吻十字架宣誓：没有罪名不撤行政长官的职。"[14]可见，在13世纪初叶，王公们就以吻十字架宣誓认可了诺夫哥罗德人的某些权利。没有罪名，也就是说没有经过审判不能撤诺夫哥罗德官员之职，这是在后来的条约中保障诺夫哥罗德人可以自由行事的主要条件之一。

条约文书中纪录了诺夫哥罗德人所取得的优惠条件。第一批记录诺夫哥罗德人获得的政治优惠的条约文本是从13世纪后半期流传到现在的。文本共有三个，其中包括特维尔大公雅罗斯拉夫·雅罗斯拉维奇治理诺夫哥罗德的条件。其中的两个文本一个是1266年写成的，一个是1270年写成的。[15]后来的文本把同雅罗

斯拉夫签订的这些条约中的条件加以重申,并做了某些修改和补充。我们通过这些条件可以看到诺夫哥罗德的政治制度的基础,
63 看到它保持自由地位的主要条件。诺夫哥罗德人在条约中要求王公必须吻十字架宣誓。王公的祖辈、父辈都是这样做的,他的父亲老雅罗斯拉夫也是这样做的。王公承担的一个主要的共同的义务,就是他应按照旧的习俗进行治理,应"保持诺夫哥罗德的遗风"。这就是说,雅罗斯拉夫文本中阐述的条件,不是新的规定,而是以前传下来的。条约规定:(一)王公同城市的司法行政关系,(二)城市同王公的财务关系,(三)王公同诺夫哥罗德的商务关系。

王公的管理职能和司法职能 王公在诺夫哥罗德享有最高的行政权和司法权,领导管理机关和法院,根据地方习俗和法律确定民间的私人关系,认可契约并批准各种权限。但是,所有这些司法权和行政权他不是单独一人凭个人意志行使的,而要在选举产生的诺夫哥罗德行政长官在场并征得他同意的情况下行使:"不经行政长官同意,王公不得审判案件,不得委派乡长,不得颁发文件。"担任低级职务的人无须由维切选举,而由王公任命,而且要选择诺夫哥罗德人而不能选择自己的亲信去担任。王公在征得行政长官的同意后才任命所有这些官员,委派"乡长"。王公不得不经审判就将选出的或任命的人撤职。所有这些司法权和行政权由大公直接在诺夫哥罗德行使,而不能从尼兹,即从自己的世袭领地苏兹达尔邦发号施令。"你不能从苏兹达尔邦来管辖诺夫哥罗德和委派乡长。"可见,王公的全部司法活动和行政活动都是在诺夫哥罗德代表的经常密切监督下进行的。

财务关系 诺夫哥罗德人以疑心很重的态度规定自己同王公

的财务关系，规定他的收入，力图在这方面尽可能掣肘他的行事。王公可以从那些未列入古老的诺夫哥罗德辖区版图的诺夫哥罗德各乡，诸如沃洛克、托尔若克、沃洛格达、扎沃洛切等地收取“赠礼”。此外，他前往诺夫哥罗德上任时，每经过一个驿站都从诺夫哥罗德人那里收到“赠礼”，然而在离任时就不收礼了。诺夫哥罗德人生怕扎沃洛切衰落或被侵占，尽力不让王公同这个幅员广阔的、对他们有重要意义的乡发生直接关系，并且要求在条约中规定 64
王公应让诺夫哥罗德人包收扎沃洛切的税款。如果王公自己想收这些税款，就从诺夫哥罗德派自己的税吏前往扎沃洛切，而这名税吏并不把收来的贡税直接交到尼兹，即交到苏兹达尔王公的世袭领地，而是先送往诺夫哥罗德，然后转交给王公。因此，诺夫哥罗德就有可能监督这项工作。鞑靼入侵后，诺夫哥罗德也要缴纳金帐汗出巡费和贡赋。鞑靼人把收集这种被称为“黑浪”的出巡费，即户口税和人头税的任务，交给弗拉在米尔大公，而这位大公通常是兼管诺夫哥罗德的。诺夫哥罗德人自己征收黑浪，并将其转交给大公，大公则将其送到汗国。此外，王公在诺夫哥罗德征收船舶税、过境税；从事渔业、割草、养蜂、狩猎；但是他的这些收入和各种经营都有明确规定的办法、时间和规模。根据条约，王公在诺夫哥罗德邦不得拥有与诺夫哥罗德无关的收入来源。诺夫哥罗德人千方百计地不让王公在诺夫哥罗德邦建立直接的司法和经济联系，因为这种联系一旦建立，就会使王公有可能越过选举产生的诺夫哥罗德当局而在这里牢牢地扎下根子。条约文本中专门有一条规定，禁止王公和王公夫人以及贵族和宫廷人员在诺夫哥罗德邦购买或圈划村镇，以及用人做典押，即实行人身依附。

商业关系 王公同诺夫哥罗德的商业关系也同样规定得非常明确。对内和对外贸易是这个城市的命脉。诺夫哥罗德之所以需要王公,不仅是为了保卫边境,而且为了保障它的商业利益:王公在自己的辖地应当让诺夫哥罗德的商人自由而安全地通行。王公保证让他们到自己的领地来"做客,可以不受限制",不受阻挠。前往公国的每艘诺夫哥罗德的大船和每辆货车王公可征收多少关税,都有明确规定。在诺夫哥罗德很早就出现了从西方经由海路到这里来的商人。大约[16]在12世纪中叶,维斯比城的商人就从果
65 特兰岛前来这里设立据点了,这个城市在当时是波罗的海沿岸的商业中心。果特兰人在诺夫哥罗德的商业区建筑了一个商栈以及一个斯堪的纳维亚的圣奥拉弗教堂。诺夫哥罗德人当时把圣奥拉弗教堂称为"瓦里亚格神龛"。后来,在果特兰岛上建立了商会的德国商人,也在诺夫哥罗德城的这个商业区建筑了另一个商栈,商栈中设有"德国罗帕塔"①,即圣彼得教堂。到14世纪,随着汉萨同盟的加强,在诺夫哥罗德的日耳曼人挤走了哥特人,租用了他们在诺夫哥罗德的商栈,那时,诺夫哥罗德日耳曼商业的最高领导权就由维斯比转到当时汉萨同盟的首府吕贝克。诺夫哥罗德人十分重视同波罗的海沿岸的贸易,给了这两家外来的商栈以很大的优待,然而,外国的贸易公司由于团结紧密,在经营上精打细算,所以从诺夫哥罗德捞到的好处要比诺夫哥罗德从他们那里得到的利益大得多[16]。条约的文本规定,王公要参加诺夫哥罗德同海外商人的贸易,必须通过诺夫哥罗德的经纪人;王公既无权关闭日耳曼商

① 罗帕塔意为非东正教教堂。——译者

栈，也不能派人进驻那里。可见，诺夫哥罗德的对外贸易是王公无权干预的。

条约文本是不全面的 不能[17*]认为，在上述条约文本中已将王公同诺夫哥罗德的真正关系规定得详尽无遗了。诺夫哥罗德之所以需要王公的一个主要目的，也许是最主要的目的，就是要防备外敌入侵，关于这点，在同特维尔王公雅罗斯拉夫签订的条约中只字未提，直到后来的条约中才顺便提到：一旦同日耳曼人、立陶宛人或别的国家交恶，王公必须真心诚意地帮助诺夫哥罗德。从条约来看，王公的作用是不明确的，因为他那种通过权利和义务表达出来的任务也是不明确的。在条约文本中没有直接提到王公的权利和义务，我们只能做一些推测，文本只提到权利的界限和由此而产生的义务，也就是奖励的办法，根据王公的战绩和政绩规定俸禄。[17a]俸禄条款锱铢必较，极其精细，这就是诺夫哥罗德同王公签订的条约的基本内容。[17*]不妨回顾一下王公和亲兵首脑在9世纪 66
的古罗斯商业城市中的作用。他们是被雇来守卫城市和保护其贸易的军人。分封时期的王公在诺夫哥罗德也完全起了这样的作用。王公的这种作用在普斯科夫的史书中是这样记述的：把15世纪的一位诺夫哥罗德王公称为“督军，领俸禄的王公，他应当保护和捍卫城市。”诺夫哥罗德人忠于自己交纳赋税的传统，力图通过条约保持大公作为雇佣者的作用直到自己的自由地位结束时为止。他们的父辈和祖辈是这样对待王公的，所以他们的儿孙也就不愿意或不会改弦易辙。不过，诺夫哥罗德人对分封时期的王公的这种特殊的态度，与当时的王公对诺夫哥罗德的态度是根本不同的。

大诺夫哥罗德的治理制度 下面谈谈诺夫哥罗德的行政和司法制度。这种制度是在规定了这个自由城市同王公之间的关系的情况下建立起来的。我们已经讲过,这种关系由条约规定;然而,早在12世纪,条约也已规定了罗斯其他大城市同王公的关系。可见,诺夫哥罗德在分封时期只不过是发展了罗斯早就普遍实施的那种政治关系而已。差别在于这种关系在其他地方早就废除了,而在诺夫哥罗德它却得以发展成为一个复杂的行政机构体系。在这一点上[18],它同基辅罗斯所属的各县城既有相似之处,也有不同之处。我们现在来研究一下这种制度的基础。

诺夫哥罗德是一个强大的联盟公社 诺夫哥罗德当时没有自己的常驻王公。它当时是王公家族的共同财产,由王公家族的代表按长幼顺序掌管,即由大公治理,所以实际上并不归属于任何人。它根据雇佣和俸禄的条件任意选择王公,所以历任的王公都不把它看成是自己的份地,它也不把所有的王公看作是自己的人。随着它同王公之间条约关系的建立[18],诺夫哥罗德王公逐渐从当地社会中超脱出来,失去了同它的有机联系。他和他的亲兵只是
67 作为一种外来的暂时的力量机械地加入这个社会。王公并不住在城里,他的住所称作大城。正因为如此,诺夫哥罗德的政治重心也就从王公的宫廷移到当地社会中,移到维切广场上[19]。也正因为如此,诺夫哥罗德尽管驻有王公,但在分封时期,其实是一个强大的公社。我们还可以发现,诺夫哥罗德已经有了在王公出现以前在罗斯其他大城市就已建立起来的军事制度。诺夫哥罗德建立了千人团,这是由千人长指挥的武装组织。千人团分成百人队,即城市的军队。每个百人队选出自己的百人长,它是一个特殊的团体,

享有某种程度的自治权，有自己的百人队大会，自己的维切。它在战时是新兵招募区，在平时是警察辖区。但是，百人队不是城市最小的行政单位，它分成若干街区，每个街区选出自己的街区长，也是享有自治权的特殊的地方单位。另一方面，几个百人队又组成较大的同盟，叫区段。每个城市区段由两个百人队组成。区段选出自己的首领，叫区段长，负责区段的日常事务。但是，不是由他一个人治理区段，而是由一批绅士组成管理局协助他治理。这个管理局是执行机关，在区段维切的监督下活动，区段维切拥有管理权。区段的同盟也就是大诺夫哥罗德公社。可见，诺夫哥罗德乃是由大大小小的地方公社构成的多层联合体，其中的大联合体是由小联合体组成的。

维切及其同王公的关系 所有这些结盟集体的共同意志体现在城市的总维切中。诺夫哥罗德维切的前身是城市会议，与罗斯其他大城市的城市会议完全一样。不妨认为，诺夫哥罗德由于拥有较多的政治自由，所以它的维切的形式也比较完备。但是，据诺夫哥罗德古代史书的记述，维切由于有了这种自由，所以它比别处的维切意见更为纷纭，可以更加任意行事。在城市的自由地位结束以前，维切的制度中存在着重要缺陷。维切的召集人有时是王公，而更经常的是城市的某个主要官员，如行政长官或千人长。但 68
有的时候，特别是在各派斗争期间，一般的人也可以召集维切。它不是一个常设机构，只在必要时召开。从来没有规定召开会议的固定时间。一听到维切大钟的钟声响了，大家就来开会。诺夫哥罗德人能够很清楚地分辨维切的钟声和教堂的钟声。维切通常是在广场上举行的，这个广场称为雅罗斯拉夫大院。选举诺夫哥罗德治理者的维切，通常是在索菲亚大教堂广场举行，教堂的高台上放着许多选签。[20]从人员的组成上看，维切不是一个代表机构，不是由选出的代表组成的。凡是自认为享有全权的公民，都可以到维切广场上去。维切通常是由一个大城的公民组成的，但有时，该地区的小城市的居民也可以前去参加。不过那时只有拉多加和普斯科夫这两个小城的人去参加。[21]这些人可能是在维切涉及某个属城①的问题时，由属城派往诺夫哥罗德去参加维切的代表；也可能是从属城偶然到诺夫哥罗德来而被邀请参加维切的人。1384年[22*]，奥列霍夫和科列拉两地属城的人到诺夫哥罗德来，控告诺夫哥罗德派驻他们那里的领俸者立陶宛的王公帕特里基。于是举行了两个维切，一个支持王公，另一个支持属城人。这看来是受委屈的本地人由于治理问题向管辖他们的大首府的一次申诉，而不是他们参与行使维切的立法权与司法权。应由维切讨论的问题由王公或高级官员——现任行政长官或千人长在高台上向维切提出。维切享有全部立法权，处理对外政策和内部制度中的全部问题，审判政治罪行和其他重要罪行，并作出量严重的处分：有的处以死刑，有的没收财产或驱逐出境(即古罗斯法典的抄家)。维切有权颁布新的法律，聘请或废黜王公，选举和审判城本的主要官员，处理他们同王公的争端，决定战争与和平的问题等等。[22a]王公
69 也参与维切的立法活动；不过在这里，在双重权力的范围内，在法律关系和实际关系之间很难找到一条明确的分界线。根据条约，

① 属城(пригород)，为古罗斯时属另一城市管辖的城，如彼尔姆和维亚特卡均为大诺夫哥罗德的属城。——译者

"没有诺夫哥罗德人同意",王公不得策划战争;虽然防御外患是诺夫哥罗德王公的主要职责,但是我们没有看到有关诺夫哥罗德人不经王公同意不得策划战争的规定。根据条约,不经行政长官同意王公不得授予有收入的官职:乡和食邑。然而在实际上,维切却在没有王公的参与下授予食邑。同样,王公不得将"无罪"的官员免职,如官员有罪他必须在维切上宣布,由维切对此官员实行惩戒审理。但有的时候起诉人和审判人可以变更:由维切将不称职的领食邑者提交王公审判。根据条约,不经行政长官同意王公不得下达文书,批准官员或平民的权利;但是往往可以看到,维切不通过王公就下达这种文书,文书上甚至没有王公的署名。直到诺夫哥罗德军队被打得溃不成军以后,1456 年失明大公瓦西里才迫使诺夫哥罗德人不再颁发"维切文书"。[22*]

维切的无政府性质 从维切组成本身来看,它既不可能正确地讨论问题,也不可能正确地表决问题。做出决议时往往只是用眼睛估计一下人数,更正确点说,是根据表示赞成或反对的声音大小来判断,谁的声音响亮就照谁的意见决定,而不是根据赞成的人数多少来决定。维切出现派别以后,就以殴斗的暴力方式来做出决定,胜者就被认为是多数。这是一种特殊的当庭决斗的形式,是由上帝裁判的形式,就像把被维切判罪的人从沃尔霍夫桥上扔下去这种古代的水刑的残存形式一样。有时,全城都卷入两派之间的"搏斗",于是同时召开两个维切,一个在通常举行维切的商业区,另一个在索菲亚区;但是这已成了互相殴斗的集会,而不是正常的维切了。曾经不止一次地发生过这样的情况:争吵到最后,两个维切的人相互涌向对方,在沃尔霍夫大桥上对峙,如果神职人员不及时赶到劝解，就会发生一场大厮杀。[23]沃尔霍夫桥的这种作为城市搏斗见证人的作用，有人用诗歌的形式写成传奇故事而载入
70 某些俄国史册以及一位外国人的札记中，这位外国人就是16世纪初叶曾在俄国的戈贝尔施坦男爵。据他叙述，在圣弗拉基米尔时期，诺夫哥罗德人曾把一尊雷神的偶像扔到沃尔霍夫河里，上帝因此发怒了，游到桥边，把一根棍子扔到桥上说："这是我给你们诺夫哥罗德人的纪念品。"从那时候起，诺夫哥罗德人就手持棍棒在约定的时间聚集在沃尔霍夫桥上像疯子一样打起来了。[24]

行政长官和千人长 维切的执行机关有两名由选举产生的高级官员，他们处理日常的行政和司法事务，一名是行政长官，一名是千人长。他们任职期间被称为现职官，即眼前在职的，在离开现职后，就可获得老行政长官和老千人长的称号。这两名官吏的职责颇难划分。在出征时，现职的和老的行政长官指挥诺夫哥罗德团队，千人长也同行政长官一道指挥。看来，行政长官的本职是管理城市的民政，千人长管理军事和警察。正因为如此，日耳曼人在分封时期称行政长官为总督，称千人长为公爵。两名官员都拥有不定期的执政全权：有的治理一年，有的不到一年，也有的数年。看来，不早于15世纪才规定了这两个职务的固定任期。譬如，有一个旅行家，佛兰德人，名叫吉耶伯·德拉努瓦，在15世纪初曾访问过诺夫哥罗德，他说行政长官和千人长这两名官员每年更迭。[25]有一批下级官吏协助行政长官和千人长治理城市，他们是：[26*]警务官、宣诏官、执事官、审理官和检察官。他们执行各种司法、行政和警察命令，宣布维切的决定，要求法庭审讯犯人，将犯罪情况通知法庭，进行搜查等等。行政长官和千人长可以征收拉罗(即木

犁)[26a] 土地税作为他们担任职务的报酬。

司法制度 行政长官和千人长除了处理本身的行政工作以外,还积极参加司法活动。维切在诺夫哥罗德处于自由地位的最后若干年制定和批准的诺夫哥罗德的司法文件和规章现在有一部分保留了下来,从中我们可以看到对诺夫哥罗德法院的描述。这部分文件的资料是“古风”,也就是诺夫哥罗德的司法习惯和古时的审判实践、维切的决定、同王公签订的条约。诺夫哥罗德的司法 71
制度首先大量谈到司法权的问题。司法权不是集中在某个专门机构,而是由各个执政机构分散执行;它规定各个机构所需的收入来源。诺夫哥罗德的大主教有自己的法院,大公委派的总督有自己的法院,行政长官有自己的法院,千人长也有自己的法院。各级法院的产生使司法制度更加复杂化了。根据条约文本,王公不得在没有行政长官在场的情况下进行审讯。司法文件规定行政长官要同大公委派的总督一道审讯;没有总督参加,他不能进行终审,也就是说只能进行初审。在实践中,行政长官和总督的这种合议审判制的做法是:各方的全权代表,即季翁①,各自在自己的奥德林纳②或办公室中,在有关各方选出的两名警察所长和陪审员的协助下审理他们权限内的案件,但并不做出最后决定,而是把案件提交给上级,或草拟报告,即提出最后方案;或提请复审,即提请复查;以便改判或批准季翁做出的决定。在这个有行政长官、总督和他们的季翁参加的审批或复审的法庭上,有十名陪审员在座,这些

① 季翁是古罗斯官吏的一种,为贵族的经济管理人。——译者

② 奥德林纳原意为古罗斯的寝室,此处喻住所。——译者

陪审员由每个区段各选一名贵族和平民组成。这些陪审员组成常设的审批庭,在诺夫哥罗德大主教院中的"主教室"中办公,每周三次,缺席者课以罚金。此外,司法制度之所以变得十分复杂,还因为在许多混合性案件中,各种法律规定汇合在一起,受到各方面司法权的制约。在教徒和非教徒的诉讼案中,城市的法官要会同大主教的副主持或其季翁一道审判。如果王公的人同诺夫哥罗德人发生争执,则由一名王公官员和一名诺夫哥罗德官员组成特别委员会在大城进行审讯,要是他们做不出一致的决定,则把案件上报给王公本人,王公就前来诺夫哥罗德,在行政长官的参与下进行审理。千人长看来主要是审理警察性的案件。但他兼任一个三人委
72 员会的首脑,这个委员会是在 12 世纪时出现的,属于奥波奇的圣约翰教堂的商人团的领导机构,处理商务诉讼案件。这个委员会有行政长官参加,也审理诺夫哥罗德人同在诺夫哥罗德的日耳曼商栈商人之间发生的案件。划分得如此周密的司法制度,看来牢牢地保障着法律和社会安宁。但是,司法文件中关于对掠夺、侵袭有争议的土地以及对挑动和怂恿群众去侵犯法庭的行为处以巨额罚款这一条,使人产生另一种印象:[26б] 在立法方面对维持社会秩序虽然有极为严格的规定,但并不说明社会已有了很好的秩序。[26*]

元老会议 维切是立法机构,行政长官和千人长是执行它的意志的司法行政机构。从维切本身的性质来看,它不可能正确地讨论向它提出的问题,更不可能提出问题和主动立法;它只能回答提出的问题,只能简单地回答是或否。必须有一个专门机构事先草拟立法问题,并向维切提出现成的法令草案或决议草案。诺夫哥罗德的元老会议就是这样一个起草和颁布法令的机构,德国人

称它为 Herrenrath①,普斯科夫则称它为元老团。这个自由城市的元老会议是从古代由城市的元老参加的王公大贵族杜马②发展而来的,我们知道,在基辅的圣弗拉基米尔时代就有过这种杜马。在 12 世纪时,诺夫哥罗德王公经常邀请城市的百人长和长老同自己的大臣一起商议,讨论重要问题。后来,随着王公逐渐失去同当地社会的有机联系,他和大臣们也就逐渐被排除在当地政务协商会议之外了。那时,这个元老会议的常任议长由当地的大主教担任,会议也在大主教的厅堂里举行。从那时以后,诺夫哥罗德的元老会议由王公的全权代理人和城市当局——现职行政长官和千人长、区段长和百人长组成。但是,前任行政长官和前任千人长也和现职人员一起参加会议。由于派别斗争的影响,高级官员经常更迭,所以元老会议中常有许多前任行政长官和前任千人长。正因为如此,到 15 世纪时,在诺夫哥罗德自由制度崩溃前夕,诺夫哥罗
德的元老会议成员超过了五十人。[27]除了议长以外,他们全都被称 73
为大贵族。我们已经说过,这个会议只起草和向维切提出立法问题,提出现成的法令草案,但在立法方面没有表决权;不过从诺夫哥罗德社会政治制度的性质来看,这个会议事实上具有更重要的作用。因为这个进行准备工作的会议是由诺夫哥罗德那些对全城有强大经济影响的最高阶层的代表组成,所以往往事先就已对它要提交给维切的问题做出了决定,而且在公民中宣传它自己准备的答案。在诺夫哥罗德的政治生活史上,大贵族会议的作用比通

① 意为老爷委员会。——译者

② 意为议会。——译者

常只是大贵族会议的驯服工具的维切要大得多。这是诺夫哥罗德治理制度的一种隐蔽的、然而是非常活跃的推动力。

地区治理制度 诺夫哥罗德的中央[28]治理权和司法权之所以非常复杂,是因为它受维切和大公两方面权力的牵制。在地区治理问题上存在着双重原则:集中原则和地方自治原则。诺夫哥罗德是一个掌握着最高权力的首府,统治着辽阔的领土,但它赋予境内的各个地区以颇大的自主权。由于这两种原则的相互对抗,所以地区治理同中央治理之间就出现了相当独特的关系。

行政区与区段的关系 有些不明显的迹象表明,后来列入诺夫哥罗德邦的行政区划中的那些原来的地区,在治理方面,从属于诺夫哥罗德的各个区,而这些区都有自己的管辖范围。[28]我上面提到的戈贝尔施坦男爵就曾经指出过这种情况。不过,他的述说很不明确。我现在把他的话尽可能接近原意地表达出来。在诺夫哥罗德崩溃后四十余年,戈贝尔施坦在莫斯科听说,诺夫哥罗德在处于自由地位的时期曾经拥有辽阔的幅员,分成五个区:每个区不仅把所有公共事务和私人事务都交给管辖本区的长官处理,而且每
74 个人只能在城市的这一区同本地人签订契约,不允许任何人为了任何事情去找本城的另一位长官。[29]戈贝尔施坦想说,或者是别人对他这样说:诺夫哥罗德邦所管辖的每个区,在所有事情上都去找治理城市该区的即城市区段的当局。普斯科夫邦也存在着这种同城市区段的关系。这里,原有的属城早就分属到城市的各区段中去了。1468 年,由于出现了许多新的属城,维切也决定以抽签的方式把这些属城划分给各个区段,每一区段分到两个。在有关诺夫哥罗德的文件中也有些地方提到郊区在行政上依附于城市区段

的状况。譬如,据税册记载,沃季行政区的一些近郊佃农,要向与该行政区毗邻的涅列夫区段交纳赋税。诺夫哥罗德的司法文件提到在“区段和街区”从事农业的乡民的情况:在有人对他们提出诉讼的时候,区段和街区的管事人必须把他们提交法院。[30]然而,行政区或与其相应的专区不是完整的行政单位,没有自己的地方行政中心。

属城 行政区按属城分成各个小单位,称为属城的各乡,在莫斯科时期则称为县或镇。每个乡在某一个属城设有专门的行政中心,因而区段管理机关是把各个行政区联合成一个行政整体的唯一纽带。[31]设有乡的属城,与诺夫哥罗德的区段和百人队一样,是一种地方自治单位。它的自治性表现为:它有一个属城维切。不过,这个维切是由一位行政长官领导的,这名行政长官通常由大城派去。由诺夫哥罗德任命属城行政长官,是属城在政治上依附于大城的表现形式之一。除了这种形式外,在有关普斯科夫如何成为独立城市的叙述中还可以看到另外一些形式。在14世纪中叶以前,普斯科夫是诺夫哥罗德的属城,1347年,根据同诺夫哥罗德缔结的条约获得了独立,被称为诺夫哥罗德的小兄弟。[32]根据这一条约,诺夫哥罗德人放弃了向普斯科夫委派行政长官以及把普斯 75
科夫人传到诺夫哥罗德来进行民事和宗教审讯的权利;主管普斯科夫宗教事务的诺夫哥罗德大主教[33*]指派一名普斯科夫本地人为代表到普斯科夫去主持宗教审讯。这就是说,大城的司法机关乃是属城的上级司法机关[33a],根据条约文件,如果没有王公的全权代理人和行政长官在场,百人长和伍长无论在什么地方不得进行审讯。这意味着,城市和乡村的长官,如同诺夫哥罗德行政长官和王公的总督指派的季翁一样,对案件只能进行初审,要进行终审就必须呈报诺夫哥罗德的会审法院。属城对大城的政治依附的第三种形式表现为:大城有权向属城居民征税以供自己的需要。此外,诺夫哥罗德把自己的属城分配给前来为自己效劳的王公做食邑;在战时,属城根据诺夫哥罗德的命令派出自己的民兵,有时由诺夫哥罗德的督军指挥。对违抗命令的属城,诺夫哥罗德可以对它们罚款,甚至“处决”它们,这种处决由军队执行,办法是烧毁不顺从的属城的乡和村。譬如在 1435 年,尔热夫和大卢基就曾由于拒绝向诺夫哥罗德纳贡而遭处决。尽管如此,属城对大城的各种形式的政治依附一直是十分松散的:属城有时拒绝接纳大城派来的行政长官。托尔若克就曾不止一次同诺夫哥罗德争吵,并且不顾诺夫哥罗德的反对,接受王公到托尔若克来。1397 年,整个德维纳邦刚一得到莫斯科大公瓦西里的召唤,就“投奔”到他那里,吻了他的十字架,[①]从此就脱离了诺夫哥罗德。总的来说,在诺夫哥罗德邦州一级的治理制度中,可以明显看出离心力渐占优势,这种力量使它作为政治中心的作用陷于瘫痪。

政治制度的矛盾 今天这一讲开始时我曾经说过,诺夫哥罗德国家的制度在分封时期是基辅罗斯各大城市社会生活的原则的进一步发展,而这种发展又由于各地的条件不同而更趋复杂。各
76 地都存在着政权的双重性——维切和王公,他们之间也存在着同样的条约关系。不过在诺夫哥罗德,对这种关系的阐述和规定比较详细,具有书面条约的固定的提法,治理权分散了,各种机构编

① 表示宣誓效忠。——译者

织成一个复杂的甚至紊乱的网。所有这些,无论是彼此之间的关系还是机构,矛头都指向一方,都是针对王公的,然而,没有王公自由城市就无法生存下去。王公应当保卫诺夫哥罗德,为诺夫哥罗德服务,但不能领导诺夫哥罗德,不能统治这个城市。对诺夫哥罗德来说,王公不是雇佣者就是敌人,一旦王公对诺夫哥罗德抱敌视态度,把它看成敌国,维切就向王公驻地送去最后通牒,"历数王公的全部罪责",结尾是:"你离开我们吧,我们会给自己找到王公的。"然而,由于王公在诺夫哥罗德是能够起集中作用的唯一力量,能够联合各阶层利益和地方利益并把它们引向共同目标,所以他的权力削弱后,诺夫哥罗德的社会生活中就会大量积累矛盾和产生分裂的条件。诺夫哥罗德邦的各种活跃的自发势力结合在一起,使诺夫哥罗德成了当地各自根据中央的模式建立起来大大小小的社会的一个大规模的综合体,程度不同地享有别人让给的或自己争得的权力。这个综合体内部并不稳定,只是各种外来的危险使它们机械地结合在一起。要使这个邦比较巩固,内部需要有一种精神力量。我们将在诺夫哥罗德的社会构成中去寻找这种力量。[33*]

77

第二十四讲

诺夫哥罗德社会各阶级——诺夫哥罗德大贵族及其产生——绅士——商人和平民——奴仆、农民和对分佃农——小农；阶级的产生和意义——诺夫哥罗德社会阶层划分的基础——诺夫哥罗德的政治生活——王公派系和社会派系的产生和斗争——诺夫哥罗德内讧的性质和意义——普斯科夫政治制度和生活的特点——普斯科夫政治制度和诺夫哥罗德政治制度的不同性质——诺夫哥罗德政治生活的缺陷——诺夫哥罗德自由制度崩溃的总原因——预言

我们已经研究了大诺夫哥罗德生活的政治形式[1*]，现在来谈谈它的内容，首先考察一下诺夫哥罗德社会的成分。

社会成分 诺夫哥罗德的司法文件可以看作是诺夫哥罗德司法思想的归纳，这个文件中关于宗教审判的第一条中提出了一个似乎是普遍适用的规则："对所有人都应公平审判，无论是贵族，是平民，还是伙计。"[1a]；根据同立陶宛的卡齐米尔缔结的条约，在行政长官和王公委派的总督联合审讯时也必须遵守这条规则。[1б]可以认为，这种在法律面前不分贫富贵贱一律平等的提法，表达了诺夫哥罗德社会历来沿着民主的方向发展的情况。所以，应当认为诺夫哥罗德的情况不同于同时代的那些城市，即基辅罗斯的一些

州的旧城，在那些旧城市里，社会的日常生活具有贵族绅士的特点。[1*]

在诺夫哥罗德的社会成分中，必须把城乡的各个阶级加以区 78
分。大诺夫哥罗德的居民由大贵族、绅士、商贩和平民组成。

大贵族的产生 诺夫哥罗德社会的最上层是大责族。我们知道，在罗斯国家的其他地区，大贵族集团是由为王公服务的非官方人员组成的。在诺夫哥罗德，王公及其亲兵是外来的力量，并不是当地社会原来的组成部分。诺夫哥罗德的大贵族集团，既然没有像罗斯其他地区那样有产生这个阶级的根源，那么又是如何产生的呢？回答这个问题时需要追溯一下历史：在王公出现以前，罗斯的大城市是由当地的工业界名流出身的军事长官治理的。诺夫哥罗德的大贵族也是由这个阶级组成的。在罗斯的其他地区，随着王公的出现，城市的军事工业界名流被王公的亲兵排挤出统治集团以外。在诺夫哥罗德，由于种种原因，这批名流在王公出现以后却未曾失去执政的作用。早在 11 世纪，治理诺夫哥罗德的王公，就任命当地的社会人士担任政府职务。可见，诺夫哥罗德的行政当局，早在通过选举产生以前，就已经是由本地人组成的。到 12 世纪初，通过任命土著为王公官员，在诺夫哥罗德已形成了一个有影响的阶级或一批名门望族，他们在当地社会的两个方面起着领导作用：这个阶级的成员根据王公的任命在城市中担任政府职务，而一旦王公同城市发生冲突时，这个阶级就率领本地人对抗王公。诺夫哥罗德的名流既然根据王公的任命担任在其他地区由王公自己的贵族担任的职务，所以也起了大贵族的作用，获得了大贵族的称号。弗谢沃洛德王公[2]在他向诺夫哥罗德颁布的教会章程中径直称诺夫哥罗德的百人长为“自己的干将”,而王公的干将,那就是大贵族。[2] 由此可见,诺夫哥罗德的大贵族集团的政治来源也和罗
79 斯领土的其他地区相同,这一来源就是:为王公服务,根据王公任命担任高级政府职务。当地执政贵族通过为王公服务获得了大贵族称号,甚至到了后来已经不是从王公那里,而是从地方维切获得执政权的时候,也一直保持这个称号。

绅士 在诺夫哥罗德的地方志上,当地社会阶梯上的第二个阶级,即闻人或绅士的身份是不那么明显的。[3] 可以看出,在治理方面,这个阶级更加近似当地的大贵族而不是居民的下层。这个阶级的地位多少与当地大贵族的经济地位有关。当地大贵族由维切选出来治理城市,同时也领导诺夫哥罗德邦的人民经济。他们是一些大地主和大财主,以双重身份经营[4*] 商业。巨大的地产对他们来说,与其说是作为耕地,不如说是作为商品基地:他们从这里向诺夫哥罗德的市场提供商品,如毛皮、皮革、蜂蜡、松香、溶胶、建筑用木材等,这些都是罗斯向海上出口的主要物品。诺夫哥罗德的商人是他们同外地人进行贸易的经纪人。同样,他们的资本不是用来直接买卖商品,而是用作信贷流动资金,他们贷款给商人或通过商人中的掮客进行交易。在诺夫哥罗德的地方志和传说中,当地贵族往往以资本家——贴现者的面目出现。在 13 世纪时,有人抢了一个行政长官的家,发现他家中有许多记账的“账板”,上面记着借出去的款额,钱款“不计其数”。由于这种非直接参加经商的地位,所以大约 1135 年左右,在圣约翰教堂所属的商场成立的诺夫哥罗德商会的理事会中,没有贵族的管事人的席位。绅士看来属于中等地位,在莫斯科的社会术语中叫中等居民,介于

贵族同伙计或平民之间。他们往往直接参加商业活动，在商会理事会中由千人团总代表他们和平民。中等资本家和城市常住居民、房产主，他们也就是地主，有时是很大的地主。我在上面已经提到过的骑士兰努阿写道，在诺夫哥罗德，除了大贵族以外，还有 80
一些城市居民（资产阶级）占有土地达 200 里约，①他们很富，势力很大。这里所指的只能是绅士。[4a] 自从诺夫哥罗德衰落以后，莫斯科把绅士成千上万地迁到自己的领地里来，以他们个人的土地占有情况作为他们取得社会地位的最突出的特点。不是把他们作为城市的关厢居民，而是作为拥有份地的公职人员。私人的土地占有权使他们同诺夫哥罗德的大贵族关系密切，但又不属于早就自成一派的、而且往往被维切选任为高级官吏的名门望族。尽管他们作为区段代表同大贵族一起执行司法、外交和其他行政职能。

商人 真正的买卖人阶级称为商人。他们已经更接近于城市普通人了，同城市的平民没有多大区别。他们借助于大贵族的资本进行活动，或是向贵族借款，或是在商业活动中作为大贵族的经纪人。不过，在他们本阶级内部也是不平等的。在圣约翰教堂所设的商会组成了诺夫哥罗德商人中的最高层，即一等商人。根据弗谢沃洛德王公在 1135 年左右颁布的商会会章，要成为一个“世俗商人”，要成为一个享有全权的、世袭的“伊凡商人团”的成员，必须交纳 50 个格里夫那②，以当时银子的价值来看那是很大的一笔钱。[4б] 商会拥有重要的特权；由千人团总担任主席，由两名商界

① 里约为法国旧长度单位，约等于 4.5 公里。——译者

② 10—14 世纪古罗斯货币单位，为一粗磅银锭（约合 409 克）。——译者

闻人组成的理事会管理诺夫哥罗德的一切买卖事务和商业法院，而不受行政长官和元老会议的约束。也有痕迹表明商人中存在着别的阶级和等级，它们低于伊凡商人团，这就是所谓“商界百户”。[4B] 在13世纪一个诺夫哥罗德人的遗嘱中提到了这种“商界百户”。[4*]

平民 平民是小手工业者和工人，他们从最高等级、大贵族和绅士那里获得工作和工钱。这是首城里的社会成分。在属城，至少是重要的属城，也有这样的阶级。

81 **奴仆和农民** 我们发现处在诺夫哥罗德邦的农村社会底层的，也同城市社会一样，是奴仆。这个阶级人数很多。它的发展尤其受到大贵族土地占有制和绅士土地占有制的影响。[5] 大片世袭领地主要由奴仆居住和耕作。诺夫哥罗德邦的所有自由农村居民都叫作农人；但农人中划分为两等：一等是名符其实的农人，耕种大诺夫哥罗德的公有土地；另一等是对分佃农，他们耕种私有者的土地。[6] 对分佃农这个名称是根据古代罗斯流行的土地租佃条件得来的，他们种地的报酬是分得一半庄稼。不过，在诺夫哥罗德邦，对分佃农的租地条件比较优惠：根据当地土地的优劣和农活的轻重，只缴三分之一或四分之一的实物就行了。对分佃农，与俄罗斯法典中提到的债农相似，在诺夫哥罗德邦，与罗斯公国的自由农民相比，处境较为不自由，其地位接近奴仆，但这种依附性不是历来就有的，[7] 而是在13—15世纪诺夫哥罗德自治制度最兴旺的时期规定下来的。在诺夫哥罗德同王公签订的条约中可以看出这一点。条约起初规定，王公的法官不经奴仆的主人同意不得审判奴仆。后来，由于对分佃农也加入了奴仆的行列，这一条就不大行得通了，土地占有者间接地获得了世袭领主对其农民的司法权。1270年同雅罗斯拉夫王公签订的条约规定，不能相信奴仆对其主人的告密；后来的条约把这一条扩大，适用于农人。再后，1308年同特维尔王公米哈伊尔签订的条约要求，对逃到特维尔地区去的诺夫哥罗德的对分佃农，也要像农奴一样地引渡。在莫斯科邦，对农民迁徙实施的这种限制，即使是作为个别的或地方性的措施，就现在所知，不会早于15世纪中叶。在诺夫哥罗德的法典中，出现了以书面形式规定义务的痕迹，这些义务限制农民的自由，也是当时罗斯公国所不曾见过的。法典谈到：大主教、修道院、大贵族和绅士所属的乡民村民，如果由于犯刑事罪而受到私人控告，其主人理应将其送交法院。这些人不是奴仆，但是“法典规定归属”土地 82
占有者，根据某种条件其人身是依附于他们的。[7] 由此可见，在自由诺夫哥罗德邦的农村居民，在老爷的土地上干活，对土地占有者的依附程度，要大于当时罗斯的任何其他地方。

小农 诺夫哥罗德土地占有制的另一个特点是：有一个农民私有者阶级。[8] 这个阶级不是罗斯公国普遍存在的，因为罗斯的所有农民不是在国有的土地上干活，就是在老爷们私有的土地上干活。在自由城市的各地区则与此相反，有一个农村居民阶级很像农民，但由于拥有土地所有权，这个阶级称为小农或自耕农。在诺夫哥罗德邦，这个阶级的人数看来是相当多的。据1500年编纂的诺夫哥罗德地册记载，在诺夫哥罗德县、拉多加县和奥列霍夫县，约有400户小农，共耕种土地7 000余俄亩，每个自耕农平均有耕地18俄亩左右。[9] 可见，这部分人一般说来是一些拥有小量土地的所有者。不过，小农的土地所有权具有某些特点。他们很少单独占有土地。自耕农往往根据亲族关系或条约关系结成集团,组织土地共耕社。许多人共同占有和耕种土地,有的人则单独占有,单独耕种,他们住在一起,住在一个村子里或组成特殊的村落,但通常合伙集资购置土地。单独占有是瓜分合资购置的土地的结果。有一块土地总共为84俄亩耕地,属于13名共有主。自耕农或者自己耕种自己的土地,或者将它租给对分佃农。就活计的种类和地段的大小来说,自耕农和一般农民没有差别,但他们对自己拥有的土地享有一切权利。他们这种占有土地的性质从地册中可以很明显地看出来。自耕农变卖自己的土地或向亲族购买土地,给女儿做陪嫁;甚至妇女、寡妇或姊妹,都是这种土地的共有者或占有
83 者。还有一点,普斯科夫的史书在谈到有关普斯科夫衰落的情况时,索性把自耕农的土地称为他们的“世袭领地”。[10]在自由城市公社地区的这个特殊阶级是怎样产生的呢?莫斯科史官在诺夫哥罗德衰落后于15世纪后期编纂的城市地册中还保留着产生这个阶级的痕迹。据1500年的地册记载,在奥列舍克城,除了“城里人”以外,还有29户自耕农,其中有几户是贱民。在地册中,这些自耕农与城里人是有明显区别的,甚至同贱民也是显然不同的。我们只要看一下对这个县的农民村落的描述,就可以发现,奥列舍克的这些拥有宅院的自耕农在奥列霍夫县和其他邻近的县也拥有土地。他们中有些人住在城里,把自己的土地出租给农民;另一些人只是被算作城里人,但住在自己的村落里,把自己在城里的宅院出租给“房客”(暂住户),这些房客同城市居民一道替自耕农缴纳城市赋税。有趣的是,地册把“商人的”地也同自耕农的地列在一起,列为一类。神甫的儿子偶尔也出现在自耕农的行列里,这些人的

父亲都是在城市的教会里供过职的。由此可见，农村的自耕农阶级主要是由城市居民组成的：他们不是在城市中购置了宅院的乡下人，而更多是在县里购置了土地的城里人。在诺夫哥罗德和普斯科夫邦，不像罗斯公国那样，土地所有权不是高级公职人员或统治阶级的特权，自由居民的其他阶级也有这种权利。城里人和乡下人都购置小块土地，不仅用来耕种，而且用来为工业服务：种植亚麻、啤酒花，用木料制船舷，捕鱼猎兽。但因为他们并不富有，所以结成互助组、共耕社。诺夫哥罗德和普斯科夫邦的这种共耕社在法律上有一个专门的名称：夏比奥尔（邻间）或合伙者。小农的土地也属于这种合伙占有土地的类型，他们这种集体购置和占有土地的方法也不同于贵族和绅士的方法。可见，作为诺夫哥罗德 84
邦国民经济主要杠杆的城市工业资本在这里也组成了一个罗斯公国从未有过的特殊的土地所有者阶级。

划分等级的根据　我们已经介绍了诺夫哥罗德邦的社会成分，现在要解答一个问题：上述社会阶级究竟是否存在，是否只是简单的经济状况的差别，还是从法律意义上划分的等级，是否各有各的特殊权利和义务，在自由城市的管理和生活中是否不仅起着实际作用，而且起着不是同等的法律上的作用？看来这两者都有：在诺夫哥罗德的历史上，我们发现社会的政治分类和经济分类吻合的情况很少。我担心，要对这种吻合的可能性问题做出解释是颇为困难的，甚至是难以解答的。

在研究诺夫哥罗德社会划分的基础时，首先应该注意诺夫哥罗德的政治制度和社会制度之间、政治生活形式和实际存在的社会关系之间明显的差别。它的政治生活形式带有民主的烙印：凡是具有自由社会地位的人在法律面前是人人平等的,所有自由居民在维切中都有席位和平等的投票权。但是,诺夫哥罗德的社会生活不是建筑在平等的基础之上的。在诺夫哥罗德的政治生活中,每个阶级的作用取决于它的经济地位。不同地位的人的政治威望,实际上决定于他在商业上的力量。处于社会上层的是贵族和大资本家阶级,中等资本家和绅士则依附于他们,这两个阶级也就是当地社会的政治领导人。在他们之下的是商人,是名符其实的买卖人,他们从别人那里得到资本做生意。地位更低的阶级是平民、手工业者和工人阶层,他们在经济上也依附于上等阶级。至于居住在农村的阶级,他们比居住在城市的阶级远离主要的权力和财富中心,远离商业资本,所以他们在这个邦的政治生活中的作用,比城市的平民、手工业者和工人更小,不过小农也许不在其列,
85 因为从出身来看,小农在更大程度上是属于城市社会的。可见,诺夫哥罗德的社会政治阶梯,是与各种地位的人财富不平等的状况相适应的。这种[11]相适应的情况也反映在等级—法律定义上。大贵族组成了执政阶级,在维切选举时全部垄断了所有最高级的职位。这只是一种惯例,但维切也可以从它所喜欢的其他阶级中选择行政长官。不过在当时,政治惯例取代了法律,民主的维切尊重古制,据我们所知,从来没有从商人或农人中选出过行政长官。大贵族和绅士一道从自己的人中挑选各区段的代表、法院的陪审员、行政长官和地方长官,并选出两个委员会,会同首城的代表团分别处理外交事务和内政。所有这些由习惯形成的重要的政治权利,在同王公订立的许多条约中确定下来,有一部分则在法典中确定下来了。可以设想,无论在服摇役方面还是在纳贡税方面,这两个

统治阶级都享有某些优惠和特权。它们的这种作用在私人关系上也表现出来了。同大公签订的条约和法典都规定了“审判一律平等”这条基本规则。但是商人和平民如果无法从“善人”中，即从那些大贵族或绅士中找到民事执行官，他就不能向“季翁之室”提出诉讼。商人有自己的等级结构，自己的商业法院和自己选举出来的管理机关，他们只在诺夫哥罗德，在自己的百人队里接受审判，并同更高等级的人一样享有让雇农和对分佃农耕种自己土地的特权，还有权对他们实行警察监督和参加对他们的审判。不能认为农人和对分佃农同大贵族和绅士有平等的地位。这里没有提到宗教界，因为宗教界在诺夫哥罗德，跟在罗斯各地一样，有自己明确的等级结构，自己的权利和法律。

可见，各社会阶级经济上的不平等，成了法律上不平等的基础和依据，而这两种不平等又为人民的最高权力所掩盖。这种权力从形式来着，根本不符合这种社会结构，也不符合由维切授权的高级官员的社会地位。要记住，在诺夫哥罗德历史上，这一该城生活 86
中的重要矛盾使诺夫哥罗德人遭受不幸，但这不是唯一的矛盾。

我们已经谈过了诺夫哥罗德同王公的关系、它的治理制度和社会结构、它的政治生活中的主要成分。现在来看看这种生活在各种力量共同起作用的情况下是怎样出现的，生活的过程在古代史册中提到的那些现象中是怎样反映出来的。[11]

政治生活[12]　自由城市生存的外部[13]和内部条件，使它的政治生活中的两个矛盾牢牢地扎下了根子，两个矛盾使这个城市政治生活具有独特的性质，并且与决定这个自由制度的命运不无关系。我刚才已指出了其中的一个矛盾，那就是诺夫哥罗德的政治制度同社会制度之间的不协调。另一个矛盾——诺夫哥罗德同王公的关系中的矛盾很早就开始暴露出来了。城市需要王公来防御外敌并维持内部秩序,把他找来,但有时却要用武力把他留在自己身边,同时又对他极不信任,尽量限制他的权力,使他在日常行政工作中的地位无足轻重,如果对他感到不满,就把他撵走。这些矛盾在城市的政治生活中掀起了不平常的浪潮和动乱,在古罗斯的老城市中没有哪一个城市有像诺夫哥罗德这样动乱不安的历史。[13]这里的一些政治派别老早就在进行激烈的斗争,但在不同的时期斗争的性质也各不相同。从这一点讲,可把这个城市的内部政治生活划分成两个时期。

王公派系　在14世纪前,诺夫哥罗德的王公经常更迭,相互竞争,从属于相互敌对的王公支系。在王公更迭的影响下,诺夫哥罗德形成了一些地方政治集团,这些集团由该市最富有的大贵族家族领导,支持不同的王公。诺夫哥罗德政治生活史上第一个时期的特点就是各王公派系之间的斗争。但是,这种斗争不是王公们自己挑起的,相互为敌的王公只是保护他所维护的当地重大利益的工具和旗帜。诺夫哥罗德之所以需要王公不只是为了防御外
87 敌,而且也是为了扩大和保证商业流通。诺夫哥罗德人在同王公签订的条约中,[14]坚决要求王公们不要"划界",不要在自己的土地上扣留诺夫哥罗德商人,让他们"畅行无阻",苏兹达尔王公在同诺夫哥罗德发生争执期间逮捕了在他的领地内做买卖的诺夫哥罗德商人,这样一来,诺夫哥罗德城内的被扣商人的那一派就起来迫使维切同苏兹达尔王公和解。[14]这种商业联系把诺夫哥罗德的资本家——大贵族和商人分成敌对的派别,争夺王公。那些主要同

苏兹达尔地区或斯摩棱斯克地区做交易的富商巨贾支持苏兹达尔的或斯摩棱斯克的莫诺马赫的后裔，而切尔尼戈夫的奥列格的后裔，则是那些主要同切尔尼戈夫地区或同基辅邦做交易的诺夫哥罗德的资本家所需要的，因为当时占着基辅宝座的是切尼戈夫支系的王公。[15]由此可见，14 世纪前诺夫哥罗德的历史充满着动乱，这种各派王公之间的斗争，其实就是互相角逐的诺夫哥罗德商人之间的斗争。

社会派系 从 14 世纪开始，诺夫哥罗德宝座上的王公不再经常更迭了，与此同时，诺夫哥罗德政治生活的性质也发生了变化。从当地史书的叙述中很容易发现这种变化。据 C. M. 索洛维约夫统计，自从雅罗斯拉夫一世死后到鞑靼入侵，诺夫哥罗德的史书记载该城发生过十二次骚乱，其中只有两次同王公的更迭无关，即不是由当地的各政治集团争夺某个王公所引起的。[16]自从鞑靼入侵到伊凡三世登上大公宝座，当地史书记述了二十余次骚乱，其中只有四次同王公更迭有关，都是由诺夫哥罗德各派争夺某个王公的斗争所引起的。所有其余的骚乱则出于另一种原因，而且从 14 世纪起就已明显地出现了。这就是社会上的纷争，即诺夫哥罗德社会贫困的下层阶级同富有的上层阶级之间的斗争。从那时起，诺夫哥罗德的社会就分成两个敌对的阵营，一个阵营是由“贵人”组成——这是诺夫哥罗德的编年史对当地富有的显贵的称呼，另一个阵营是由“平民”组成。这以来，在 14 世纪，诺夫哥罗德商人之 88
间的斗争逐渐为社会阶级之间的斗争所代替。这种新的斗争在城市的政治制度和经济制度中也有其根源，我上面提到的另一个矛盾在这里起了作用。市民之间财富的悬殊，在大商业城市中，特别是在实行共和制形式的大商业城市中,是很普通的现象。在诺夫哥罗德,由于存在着政治上的平等,由于实行民主体制,所以财富的不平等显得特别突出,性质也很尖锐,对下层阶级起着刺激作用。由于下层工人居民在经济上严重依附于大贵族资本家,这种作用变得更加突出了。[17]债台高筑的穷人,为了逃避债务,便铤而走险,与逃跑的奴仆结伙沿伏尔加河拦路抢劫,挑拨自己的城市同下游的王公,特别是莫斯科王公争吵。身份平等的同城人、诺夫哥罗德的平民在维切上相遇时,都痛苦地感觉到少数富有家族加在他们身上的经济压力,而根据习惯他们是应当从自己人中间选举治理者的。这就在诺夫哥罗德的下层阶级中产生了一种同上层阶级强烈对抗的情绪。当下等人需要上等人的钱和受他们的权力约束的时候,就特别痛恨上等人。在14世纪以前诺夫哥罗德社会也不止一次地出现过上层和下层之间的分裂。譬如在1255年,由于诺夫哥罗德城同亚历山大·涅夫斯基发生争吵,平民同贵人分成两个阵营,于是贵人就勾结起来镇压平民。不过这时候,平民还没有形成一个政治派别,而是受制于人但又不驯服的一个阶层,统治阶级由于这些平民不驯服而想对他们加以惩治。到后来,大贵族内部分裂了,某些富有的名门望族也出来领导诺夫哥罗德的老百姓,在政治斗争中脱离了自己原来的一伙,这时下等人才形成了政治派别。[17]

大贵族统治 从上面的情况看来,诺夫哥罗德的大贵族在这个自由城市的历史上一直是地方政治生活的领导者。正因为如
89 此,整个地方治理权随着时间的推移也就转入了少数名门显贵的手中。诺夫哥罗德的维切从他们中间选择行政长官和千人团总;

诺夫哥罗德的行政委员会中也全是他们的人，其实，为当地政治生活确定方向的正是这个委员会。从诺夫哥罗德的编年史中不难看出贵族阶级在诺夫哥罗德实行这种统治的情况。这个阶级甚至带有排他性的执政寡头的特征。在13世纪中，诺夫哥罗德维切曾经23次选举行政长官，而当选的人数则为15人。这是因为有几个行政长官曾被几次撤换而后来又当选担任此职。其中有10人是属于两支名门望族的，其中的一支来自诺夫哥罗德的大贵族来哈尔克·斯捷帕尼奇，另一支的祖先则是诺夫哥罗德的另一个大贵族米罗什库·涅兹季尼奇；这两人曾于12世纪末和13世纪初担任过诺夫哥罗德的行政长官。这两个家族一直是相互为敌的，各自领导着一个政治派别：米哈尔克这一支是索菲亚地区的领袖，诺夫哥罗德的大贵族主要集居此地；而涅兹季尼奇家族则领导着民主的商业地区。诺夫哥罗德下等人反对贵族的起义通常是在这里发生的。由此可见，诺夫哥罗德行政长官这个首要的职务在13世纪几乎一直由这两支大贵族的人担任。从12世纪末到14世纪末这两百年间，在米哈尔克这一支系中，光是当选担任行政长官的就有12人，其他重要职务更不用说也是由这个大贵族家族的成员轮 90
流担任的。所以，在诺夫哥罗德政治生活中根深蒂固的矛盾导致了这样的结果：这个自由城市的制度尽管采取民主的形式，但仍是大贵族统治的共和制，而始终不安宁的、对自己的大贵族不信任的地方社会，在实行政治自由的整个期间，都是由少数富有资本家的名门望族来掌握的。[18]

内讧　古代的[19*]诺夫哥罗德的编年史，尽管在叙述上是枯燥无味的，但却不惜笔墨有声有色地描绘这个城市“内战”的情况，并列举事实说明诺夫哥罗德政治生活中内部混乱的情节。区段和街区的自治制表现为对这个大城最高维切的蔑视。1359年,斯拉夫区段对行政长官安德烈扬·扎哈里尼奇不满,区段便无视城市的意见自行任命了另一名行政长官。斯拉夫区段的人身穿盔甲,利用他们离维切广场较近这个条件,"靠近"维切坐下,驱散了索菲亚地区没有带武器的河岸卫队,殴打了许多贵族,不但"狠揍"了他们,抢劫了他们,而且把一名贵族打死了。沃尔霍夫桥被破坏了,双方在河的两岸对峙达三日之久,后来经过神职人员的劝说他们才各自散去。但是,斯拉夫区段的许多村子被掠夺了,许多无辜的人丧生了。最后,让第三名大贵族担任行政长官,和解时的用语是:"上帝没有让魔鬼得意忘形,崇高的基督永垂不朽。"史书的描述就到此结束。[19a] 1418年的起义鲜明而有代表性地说明了大贵族居住的索菲亚地区和平民居住的商业地区之间相互仇视的状况。有一个名叫斯捷潘科的老百姓,一个小人物,在街上抓住了一名大贵族,向过路的行人高声喊道:"老爷们,帮助我整治这个恶棍吧!"于是大家把这个贵族拉到维切广场,把他揍得半死,然后把他作为一名国事犯从桥上扔下去。正好桥边有一个渔民经过,他怜惜这个大贵族,把他救到自己的小船上。大家知道了,就抄了这个渔民的家。这个幸免于人民处决的大贵族想要报仇,抓住了那个侮辱他的人。于是在雅罗斯拉夫王府召开维切,"平民"和"贵族"相互攻击。平民身穿盔甲举着旗子,抄了这个大贵族的家,抢劫了这个贵族所在的库兹莫杰米扬街区。大贵族们害怕事件越闹越大,迫使那个大贵族放掉斯捷潘科,大主教根据大贵族的请求把斯捷潘科同一名神父和那个大贵族一起送到维切去。在维切广场上的群众沉浸在政治狂热之中，他们一拥而出对权贵们进行报复，抢劫了几个大贵族街区以及设有大贵族粮仓的圣尼古拉教堂。只有权贵们的主要据点普鲁士街区幸免于难。那时，一批群众跑回自己的商业地区高呼："索菲亚地区想要抢劫我们的家。"于是全城响起了钟声，双方的人群手持武器纷纷拥向大桥，展开了一场搏斗，有人被当场打死。这时忽然雷声大作，双方十分惊恐。大主教带着一大批神职人员身穿法衣赶来，挤上桥头，站在大桥中间，向搏斗的 91
双方划十字祝福，然后又把自己的祝愿送到雅罗斯拉夫王府的现任行政长官和治理商业地区的千人长那里，双方听从了大主教的劝导，终于散开了。[19б]

内讧的意义 在这种内讧中，诺夫哥罗德维切起到了它在正常情况下没有起过的作用。通常，维切只是颁布法律，部分地过问行政和司法工作的情况，更换选举产生的不受人欢迎的行政长官。在土地诉讼案中，如果由于法官不负责任而被拖延，原告总能从维切那里找来民事执行吏，迫使法院在法律规定的限期内解决问题。而当人民怀疑或者认为选举产生的当局或者整个治理阶级有什么在他们看来是犯罪的或危险的意图或行动，那么维切便组成一个最高审判庭，其成员不是从全体人民中产生，而只从普通百姓中挑选，所以成了单一方面的审判庭，只代表以民主派的大贵族为首的平民的商业地区。因为这类行动的矛头是针对当局的，所以被认为是民变。由于对政治犯罪采取了已经过时的古老的审判形式，所以民变的无政府主义性质更为加强了，这种形式就是把罪犯从沃尔霍夫桥上扔下去，这是古老的神审和水刑的残余。这种抢劫大贵族迫使房主逃离城市的行动使人们隐约地想起古代对重罪的惩处,《罗斯法典》称这种惩罚为洗劫。当然不能把靠采取无政府主义的办法来维持的社会制度称之为巩固的制度,但是诺夫哥罗德维切认为,民变是遏制在人民看来已经威胁到人民利益的政府的唯一手段。你们可以从欧洲中世纪历史上看到,采取这种手段的不只是一个诺夫哥罗德。

诺夫哥罗德政治制度和政治生活中上述缺点的根源,不在于自由城市公社的性质,而在于那些本来也可以不存在的条件。普斯科夫的情况可以证明这一点。普斯科夫本来是诺夫哥罗德的属城,但从 14 世纪开始,它成了与诺夫哥罗德同样的自由城市,但远
92 不是诺夫哥罗德的翻版。在结束论述有关诺夫哥罗德的情况以前,顺便谈一下普斯科夫的特点。

普斯科夫 在研究自由城市的历史时,从诺夫哥罗德的历史谈到普斯科夫的历史,使人产生一种宁静的感觉,就像从乱哄哄的市场转入一条寂静的小巷一样。普斯科夫的编年史家所描述的主要是一片太平景象:物色王公,建筑教堂、城墙和塔楼,圣像显灵,发生火灾和时疫,有时由于教会审判和向神职人员征税问题而同诺夫哥罗德大主教、普斯科夫牧首发生争执。修建教堂的消息接踵而来,普斯科夫人在 19 年的时间(1370—1388 年)内建筑了 14 座石砌教堂。在普斯科夫既没有发生过在特罗茨基大教堂前的维切广场上激烈斗争的场面,没有发生过像诺夫哥罗德那样向王公寻衅的情节,也没有发生过社会对抗和派别斗争。有一次在维切上,行政长官由于治理不当而被大家揍上一顿;另一次是大家集合起来在维切上用鞭子凌辱一些反对神职人员参与承担军事费用的普斯科夫神甫,还有一次把一个没有得到普斯科夫宽恕的莫斯科

派来的地方长官从维切的高台上推了下来。不过，这种过分的做法在普斯科夫的政治历史上是罕见的。这个城市尽管在内部生活方面是平静的，但在对外关系上却战火连年不断。自从与普斯科夫邦毗邻的立陶宛统一和利沃尼亚骑士团建立以后，位于罗斯国家边陲的普斯科夫虽然它的幅员不广，从南到北，从维利卡雅河上游到纳罗瓦河，只有三百俄里宽的一个地区，但三个世纪以来一直同它们进行顽强的双边斗争，尽管诺夫哥罗德的态度是暧昧的，而且往往是公开敌对的，但普斯科夫对诺夫哥罗德来说，是一个筑有四面墙的西南方的前哨堡垒，所以它的这一斗争不仅是对诺夫哥罗德，而且是对那些世纪整个罗斯的重大历史功绩。[19B] 这场斗争由于波及的地区有限，形成了普斯科夫政治制度和生活中的主要特点。

管理制度 首先，正是由于上述条件，与诺夫哥罗德相比，普 93
斯科夫在本地区的管理和地方自治会的组成方面更为集中。同诺夫哥罗德相似，普斯科夫分成若干区段，据史册记载，这种区段共有六个，区段又分成百人队。区段之间，在军事管理方面，各分成两个属城，在 15 世纪下半期共有 12 个属城（伊兹博尔斯克、格多夫、奥斯特洛夫、奥波奇卡等）。这是一些不大的、筑有工事的居民点，其中大多数位于该地区西南角，邻近受威胁最大的同立陶宛和利沃尼亚接壤的边境，连成一个防御网。其中每个属城有一些乡，这些乡乃是不大的行政区，不像诺夫哥罗德的一些最重要的属城一样的大区。普斯科夫的属城也享有某种程度的自治权，但其战略地位比当地的一些自治中心重要，所以它无法像诺夫哥罗德某些属城一样取得独立。受同样条件的影响，普斯科夫的中央管理制度也比较一致,比较有力。普斯科夫还是属城的时候,没有建立大城的那种军事单位千人团,而在它成为自由城市后,也没有建立这样的军事单位,因此,在它的管理机构中没有千人长这样一个职务。从那时以来,或者再晚些时候,普斯科夫开始选举两名行政长官,他们同老行政长官和百人队长一道,可能还有区段长参加,组成由王公或其代表为首的执政委员会,就像诺夫哥罗德的委员会一样。此外,还组成范围更小(没有区段长参加)的审判庭,称为元老庭,同诺夫哥罗德的陪审法庭一样,在"王公的大堂上"开庭审讯。普斯科夫的属城地位,在它成为自由城市以后,还影响到它的大公的威信。在这以前,普斯科夫王公,不论是诺夫哥罗德派来的,还是普斯科夫自己请来的,都是诺夫哥罗德王公或维切的全权代表或助手。成为自由城市后也保持着这种作用,只不过把过去的关系转到普斯科夫的维切这边来了:他并不同这里的维切分享权力,而是维切雇来率领作战的亲兵的头目,他的责任是保卫这个地区,同行政长官一道执行普斯科夫的委托,领取一定的薪饷。诺
94 夫哥罗德王公的权力,如参与立法和管理,参与任免官吏的权力,没有交给普斯科夫王公,而是交给了在那里专断一切的维切,维切除了在特殊的政治性事务上享有立法权和司法权以外,还积极参与日常管理。外来入侵的危险使权力必须这样集中,而地域狭小又使权力有可能这样集中。

社会的组成 上述条件使得普斯科夫地区的地方自治制度具有严密性和完整性,这些条件的作用更鲜明地反映在普斯科夫社会的组成上。普斯科夫也有一批有影响的大贵族,由他们组成执政阶级。高级政府职务由这个阶级的各世系代代相传。在普斯科

夫的维切里，老百姓和权贵也发生尖锐的冲突。但是，普斯科夫的大贵族阶级没有蜕变为寡头政治，政治冲突没有发展成为社会对抗，没有激起派别斗争，因为人民自治中通常发生的动荡不安都会受到抑制和消弭。普斯科夫的社会关系为何朝这样的方向发展，它的政治生活为何如此温和(似乎可以这样说)，可以指出以下原因：普斯科夫邦的幅员有限，大规模的大贵族土地所有制不可能像幅员辽阔的诺夫哥罗德那样发展。因此，普斯科夫大贵族的政治势力没有找到有力的靠山来支持它的经济地位，这就遏止了执政阶级的政治野心。正因为如此，在普斯科夫看不到像诺夫哥罗德的那种各阶层严重不平等的现象，也看不到经常性的社会冲突。大贵族和其他阶级一样“遭到砍伐”，自己的土地要缴纳维切征收的军税。普斯科夫和诺夫哥罗德一样，主要从事商业，而土地占有者资本的势力同诺夫哥罗德相比，更加不如商业资本。这就使在诺夫哥罗德是尖锐对立的那些阶级在这里接近起来，据地方志记载，普斯科夫的商人被列为上等人，而且同大贵族平起平坐，高于绅士。但该城最突出的特点则在于平民，主要是农村平民的成分。在普斯科夫邦，小农和共耕者土地所有制得到发展。但这里没有 95
见到雇农制的痕迹和诺夫哥罗德的对分佃农那样的半自由农民。在这一点上，普斯科夫也许是当时罗斯的唯一例外。在普斯科夫的立法文件中可以发现特别注意**佃农**的利益，所谓佃农，就是指在私人占有的土地上干活的农民。他们是自由农人，根据一年一次的契约租得土地，可分得四分之一或二分之一的实物，并有权从一个地主转到另一个地主那里去。借贷是古代罗斯农民向私人土地占有者租地常用的普遍的办法，无论在任何地方它都使农民的人身或多或少地依附于土地占有者。普斯科夫的佃农通常也向土地占有者借款,称为分成制贷款。但是,契约义务并没有限制雇农的人身自由。根据罗斯法典,没有偿清贷款而从主人那里跑掉的债农,就成为主人可以完全支配的奴仆。依照普斯科夫法律,佃农如果不还清分成制贷款而逃跑,土地占有者可以在长官和各方面代表在场的情况下没收逃跑者留下的财物折价抵偿贷款,如果财物不足以抵偿债务,债主可以在逃亡者返回后向他索取不足之数,但不得要逃亡者承担进一步的责任。

普斯科夫法典 在普斯科夫的司法文件中或法典中,对于佃农就是这样规定的。普斯科夫维切立法的这个卓越的文献是在15世纪下半期才最终编成的。[19Г] 它的主要来源是"普斯科夫税则",是当地的司法惯例。这个文件解释起来很困难,流传到现在的这个文件孤本的全文,错误遗漏之处甚多,有的地方词句混乱,有不少在其他的古罗斯文献中见不到的土语俗词;法律中规定的情节往往叙述得过分简单,只是一些提示,在当时的人看来都是很清楚的,但现在却不大容易理解了。然而,由于内容使人感兴趣,研究工作中的困难可以得到补偿。普斯科夫法典同古罗斯的其他同类法典或法规都非常重视司法制度和诉讼程序,但同时规定了
96 大量准则和物质权利,特别是市民权利。我们可以看到关于买卖合同、雇佣和借贷契约、关于商业合营店和农业共耕社、关于家庭财产关系的许多详尽规定。在借据中通常规定了利率和赠礼的数额。贷款人如果要求提前偿还债务,他就得不到规定的利息,如果债户自愿提前偿还债款,利息就按借债的时间计算。债户只要放弃债款的抵押品,就无须偿还债款;但如果贷款人宁愿得到抵押品

而不想要债款，债户可以依法通过向宣誓法庭申诉的形式索回自己的抵押品。根据遗嘱继承了不动产作为份产，如已将其出售则必须赎回，如非法出售则失去使用权，等于犯了偷窃罪，“偷窃了自己的份产”。法典把要求有高度法制感的各种法律概念加以区别，预先规定在商业城市活跃而复杂的公民交往中可能产生的各种法律事件。在法典关于财产关系和义务关系的定义中，可以看出法典的辨别能力，它摆平了相互角逐的各方的私人利益，并在此基础上建立一种制度，这个制度不仅受法律的保护，而且受习俗的保护。因此，在一些审判证据中，它非常重视宣誓，通常让原告决定用这种方法提出诉讼：“想打官司，就自己吻十字架，或把东西放在十字架旁。”也就是说，让被告吻十字架，把争执的东西或这种东西的价款放在十字架旁。法律如此信任诉讼双方的良心，是有生活习俗本身的性质作为基础的。在普斯科夫丧失自由地位几年之后，将自己对罗斯的观察以及有关罗斯的资料集中起来的戈贝尔施坦十分赞赏普斯科夫人这种懂礼貌讲仁义的习俗。他说，普斯科夫人在做买卖时诚朴直率，不以花言巧语欺蒙买主，而是简洁明确地说明真情。[19Д]

普斯科夫和诺夫哥罗德 在普斯科夫的习俗中还有一种精神力量，它使我们在诺夫哥罗德政治生活中曾经发现的、在普斯科夫
也存在的那些矛盾缓和下来，这些矛盾的因素就是：招之即来、驱 97
之即去的王公，管理政务的、有影响的富裕的大贵族，能够压迫工人大众的商业资本和使工人大众有可能抑制资本家的人民维切。但在普斯科夫这些因素没有得到过分发展，仍保持着相互协商与和睦相处的能力，因此在政治上形成谨慎行事的态度。它表现在

社会的情绪和社会各阶级和睦的相互关系中，表现在外来的观察家在普斯科夫人的身上看到的人道的、文雅的风尚中。而在诺夫哥罗德，这种力量集中在一个阶级，即神职人员身上，他们经常郑重其事地在沃尔霍夫桥上露面，以调解的方式干预诺夫哥罗德人的争斗。这两个城市政治制度的差别，最明显地表现在两个城市的达官贵族对维切的态度上。依照普斯科夫的法典，维切根据贵族元老会议的代表——行政长官——的建议颁布新的法律，元老会议则事先对法案进行讨论。在诺夫哥罗德，《诺夫哥罗德记事》就是法律，它承认维切在市政当局和权贵们在场和同意的情况下颁布的决定，这些权贵的首脑也就是贵族元老会议。维切的决定如果不是以这种方式通过，那就是非法的，就是叛乱性法令，就是元老会议在某个文件中所说的那种暴民的行动。不过，在维切的老百姓同权贵们经常性的对抗中，不是老百姓要求同政府协商，相反，是显贵们往往施展阴谋把一部分老百姓拉过去，以便使维切的决定具有人民意志的色彩。上面这种情况发展到后来，普斯科夫的大贵族元老会议就成了一个行使立法权的机构，而诺夫哥罗德的那批以元老会议为首的贵族只不过是政治上的一个派别而已。因此，普斯科夫的政治制度可以称之为温和的、中庸的贵族政治，而诺夫哥罗德的政治制度则是虚伪的、徒有其名的民主。

诺夫哥罗德的政治弊病 诺夫哥罗德政治生活中不可调和的矛盾成了其自由制度内部瓦解的致命的原因。古代罗斯的任何其
98 他地区都没有如此有利的机会选择广泛地发展政治生活的条件。诺夫哥罗德很早就摆脱了王公政权的压力，避免了王公们内讧的

影响和波洛韦茨人[1]的掠夺，没有直接受到过鞑靼人的压迫和威胁，没有身受汗国派驻的长官的肆虐。它是一个庞大的工业地区的经济和政治中心，很早建立了活跃的商业关系，同西欧建立了密切的文化联系，几个世纪以来一直是西方同东方亚洲之间进行贸易的中介人。自由精神、进取心、受"大诺夫哥罗德君主"强盛的公社的思想影响而产生的"自由人"的政治意识——一个社会为建立巩固而公正的社会制度所必备的这些品质，即物质的和精神的手段，在古罗斯的任何地方都不曾如此密切地结合在一起。然而，大诺夫哥罗德没能有效地利用历史的命运给它的恩赐，所以各种内外条件尽管在开始结合的时候建立了城市的自由制度，但是，随着时间的推移，这些条件又重新组合起来，导致了这种制度的崩溃。让我们再次回顾一下我们上述的诺夫哥罗德的命运，扼要地谈谈潜伏在它的政治生活中的那些弊病。

社会不睦 诺夫哥罗德邦的自然条件，在早期曾使该处出现了贸易繁荣、工商业发达的局面，为居民创造了致富的大量源泉。但是，财富分配的极不平均，再加上政治上的不平等，使社会发生分化，造成了社会不睦，有产者和无产者之间、统治阶级和劳动阶级之间发生了严重的对抗。这种不睦几个世纪一直给诺夫哥罗德的生活造成的纷争，使社会上循规蹈矩或与世无争的人不去珍惜以如此高昂代价换来的城市的自由地位，出于身不由己或另求出路而去请求王公，希望他们来整顿秩序，管束那些为所欲为的维切群众和谋求私利的权贵。

① 11—13世纪南俄的一个突厥族部落。——译者

邦内不睦　政治自由曾经促使诺夫哥罗德广泛地发挥自己的社会力量,特别是在工商界发挥力量。自治的原则也是构成诺夫
99 哥罗德邦各地各界政治生活的基础。但是,由于中央不善于对待各地的各界人士,或者是对他们采取利己的态度,这种政治基础的共同性反而成了诺夫哥罗德地区邦内不睦的根源。诺夫哥罗德的那种尔虞我诈和滥用职权的现象蔓延到属城和各乡,驱使它们争取自主,而地方自治方式为此提供了可能性,诺夫哥罗德既不愿也不善于用坚实的政府纽带或可靠的全邦性利益来笼络它们。有一位编年史家在描述诺夫哥罗德官员当时滥用职权的情况时感叹地说:当时的诺夫哥罗德没有正义,没有公正的司法制度,整个地区税吏横行,弄得百姓家破人亡,哀鸿遍野,“无人不咒骂我们的长官和我们这个城市”。[19*] 诺夫哥罗德邦的一些大州早就力求脱离自己的中央,普斯科夫在14世纪就取得了完全的政治独立;遥远的诺夫哥罗德移民区维亚特卡从一开始就对诺夫哥罗德采取独立的态度;德维纳邦也不止一次地试图脱离诺夫哥罗德。在诺夫哥罗德为自己的自由地位进行决定性斗争的最后关头,不仅普斯科夫和维亚特卡,就连德维纳邦也没有给它任何支持,甚至还派了部队去帮助莫斯科同诺夫哥罗德作战。[20]

对尼兹①的依附　我们说过,诺夫哥罗德在政治上对罗斯公国保持独立,在很大程度上有助于它的自由地位取得成就。然而它在经济上却依附于尼兹,依附于中央大罗斯公国。诺夫哥罗德

① 尼兹(Низ),即下游罗斯(Низовая Русь)。在12—13世纪时,指诺夫哥罗德领土的东南部地方,即伏尔加河上游流域。14—16世纪时,指伏尔加河中游地区。——译者

要从尼兹运进粮食。这使得它需要同下游罗斯一直保持和睦关系。苏兹达尔王公一旦与诺夫哥罗德交恶，只要在托尔若克扣住驶往诺夫哥罗德的粮车，就可以很轻易地迫使它顺从。因此，诺夫哥罗德人不可能长时期地与下游罗斯的王公们为敌，据编年史叙述，否则“就没有任何粮食来源了”。在那种情况下，诺夫哥罗德物价开始上涨，饥荒临头，老百姓就纷纷起来去找贵族，迫使他们同王公媾和。1471 年，伊凡三世停止运粮以及后来诺夫哥罗德老百姓暴动这两件事，使莫斯科在舍隆取得初步胜利后又获得了全胜。但诺夫哥罗德无论在下游罗斯，还是在王公中间都不善于、也未能找 100
到真诚可靠的朋友。同王公合不来的、更确切地说同任何人都合不来的、然而是富饶的诺夫哥罗德，是能够刺激王公们胃口的一块肥肉，而诺夫哥罗德的制度却令人懊丧地阻挠着大公们去享受这块肥肉。各种各样的原因早就使罗斯公国的居民产生了对诺夫哥罗德很深的敌意。这些原因是：诺夫哥罗德独特的政治生活方式，诺夫哥罗德的“好汉们”经常征伐和到处破坏伏尔加河及其支流沿岸的下游罗斯的城市，诺夫哥罗德早就同西方信奉天主教的德国建立了频繁的、密切的贸易和文化联系，最后，也是最重要的一点，就是同立陶宛国王—倒毙者结成了同盟。正因为如此，诺夫哥罗德在伊凡三世时遭到覆灭，下游罗斯感到欣喜。他们早已把诺夫哥罗德人看成是狂妄自大的谋逆者和叛教徒。在下游罗斯的一个编年史家的眼中，诺夫哥罗德人连异教徒都不如。他写道：“异教徒从来就不信上帝，这些诺夫哥罗德人信奉基督教历时已久，到头来却开始叛教，信奉天主教了。伊凡大公进攻他们不是把他们看作基督教徒，而是看作异族人和叛教者。”[21] 当伊凡的部队在下游各州击溃了诺夫哥罗德人以后，人们自己主动成群结队地去诺夫哥罗德邦寻找战利品，据编年史家说，这使直到海边的整个地区都被掠夺一空。

军事力量薄弱 最后，[22]军事力量薄弱是诺夫哥罗德制度上的一个严重缺陷。诺夫哥罗德在早期，特别是从13世纪以来，就同来自各方的外敌作战，如同瑞典人、利沃尼亚的德意志人、立陶宛人以及罗斯诸王公，他们都是争夺诺夫哥罗德的角逐者。后来，它自己又不明智地搞坏了自己的对外关系，同自己以前的属城普斯科夫发生了争执。在这场斗争中，诺夫哥罗德建立了以千人团总为首的军事结构。主要力量是民兵，是在战争期间分批从首府、属城、乡村居民中征集组成的部队。帮助诺夫哥罗德同外敌作战
101 的有它请来的王公及其亲兵，还有由于地处边境而承受战争重担的普斯科夫。从14世纪中叶起，诺夫哥罗德的对外关系开始缓和下来，只是西部边境有时发生冲突。但是，它没有利用这上百年的和平环境来革新和加强自己原有的军事结构，相反，任凭它衰落下去，依然指望在相互角逐的王公中寻找同盟者。而到15世纪中叶，在罗斯已经没有争夺诺夫哥罗德的角逐者了，争夺者只剩下莫斯科和立陶宛。诺夫哥罗德无力防御，只好在这两个角逐者之间随机应变，两头讨好。[22]莫斯科威胁诺夫哥罗德，要取消它的自由地位。为此，诺夫哥罗德只好向立陶宛求救，但同立陶宛结盟就意味着背叛自己的信仰和自己的故土，这不仅罗斯的其他地区，就连相当大多数的诺夫哥罗德人也会有这种看法。在独立的最后几年，[23*] 诺夫哥罗德人就已痛切地感觉到自己考虑不周。200名莫斯科人在1456年的一次进军中在鲁萨附近一举消灭了5 000名

根本就不会骑马作战的诺夫哥罗德骑兵。1471 年，诺夫哥罗德同莫斯科展开决战，在已经丧失了两队步兵以后，匆匆将 4 万人左右的乌合之众，包括陶器匠、木匠和其他手工业者推上战马，驱向战场。而据史册记载，这些人有生以来就不曾骑过马，在舍隆，一支 4 500 人的莫斯科队伍就把这群乌合之众击溃了，当场打死的就有 1.2 万人左右。

自由城崩溃的总原因 诺夫哥罗德国家制度和生活结构的缺陷就是如此。但不要以为我讲述这些缺陷是要说明诺夫哥罗德崩溃的原因。指出这些缺陷对我们来说之所以重要，因为它们不是诺夫哥罗德崩溃的原因，而是该城政治结构矛盾的结果，它们证明，历史的发展有其本身的逻辑，有一定的规律。约在 15 世纪中叶，诺夫哥罗德有头脑的人已经预感到该城行将崩溃，认为灾难即将来临的原因就在于城市的内讧。诺夫哥罗德的大主教约翰在失明大公瓦西里去世前很久就劝说他不要进攻诺夫哥罗德，答应为大公的儿子伊凡向上帝祈求，使他不受汗国的约束，保持诺夫哥罗 102
德的自由。就在这时，大主教约翰突然大哭起来，说道："谁能够欺侮我们这么多的人，谁能够玷污我们城市的伟大？只有内讧才会使他们遭到凌辱，只有不睦才会使他们灭亡。"[23a] 但是，从诺夫哥罗德的遭遇看来，它之所以轻易地为莫斯科所征服，其原因在于它内讧不已，以及生活方式中的其他缺点。[23*] 诺夫哥罗德即使没有这些缺陷，它也是要崩溃的，因为决定一个自由城市的命运的不是该地的条件，而是更为普遍性的原因，更为广泛和压力更大的历史过程。我在结束关于莫斯科公国在分封时期的历史的叙述时，已经指出了这个过程。到 15 世纪中叶，大俄罗斯民族已经最后形成，它已经不满足于仅仅政治上的统一了。这个民族要为自己在东方、南方和西方的生存而奋斗。它寻找政治中心以便集结力量进行艰苦而危险的斗争。我们已经知道,莫斯科是怎样成为这样一个中心的,莫斯科诸王公的分封王朝的意图是如何同整个大俄罗斯居民的政治需要吻合的。这种吻合不仅决定了大诺夫哥罗德的命运,而且决定了到 15 世纪中叶罗斯仍然存在的其他独立政治单位的命运。消灭[24*] 地方自治单位的独立性,而不问其政治形式如何,这是全邦的共同利益所要求做出的牺牲。这时,这个邦已成为一个高度集中的、结构单一的国家,莫斯科国君就是上述要求的执行者。而诺夫哥罗德,按照其人民生活方式的传统历来就是大俄罗斯的有机组成部分,但却单独生存于大俄罗斯之外,并愿意继续这样生活下去,不与大俄罗斯同甘共苦。1477 年,诺夫哥罗德人同伊凡三世谈判时提出了一个条件:不要派他们"到下游罗斯对岸去"服役,要保卫莫斯科公国南部国土不受鞑靼人侵犯。[24]诺夫哥罗德如果有良好的政治结构,本来可以同莫斯科进行更顽强的斗争,但这场斗争的结局却不会改变:自由城市必不可免地会在莫斯科的打击下崩溃。[25]

预言 当一个强壮的机体开始衰竭的时候,它就艰难地喘气和呻吟,当一个有过悠久的历史和强大的生命力的社会联盟将要
103 覆灭的时候,它的灭亡通常是会有预兆的,或者会伴有同时代的思想家编造出他们所期望的或他们所遭遇的各种传说。我们历史上有些劫难,如诺夫哥罗德的崩溃,也出现一些这样的传说,其中有些是不无实际根据的。早在伊凡三世大公统治初期,由于可以预见到灾祸即将来临,诺夫哥罗德人感到颇为紧张,这种紧张心情表

现为，出现了一些有关这个城市即将要遭到的厄运的预言。15世纪40年代，在诺夫哥罗德属城克洛普斯克地区的一个寺院里曾有一个修道士米哈伊尔进行布道，在我们的圣历中他的名字叫作克洛普斯基。[26]1440年，当地大主教叶夫费米曾经访问过他。这位修道士对大主教说："今天莫斯科有一桩大喜事。"大主教问道："请问圣父，是什么喜事？""莫斯科大公生了一个儿子，名叫伊凡，他将会破坏诺夫哥罗德邦的传统习俗，毁灭我们的城市。"[27]在诺夫哥罗德崩溃前不久，索洛维茨寺院的创建者圣佐西马从遥远的白海的一个岛上来到诺夫哥罗德向当局申请拨发该寺院缺少的东西。[28]他曾去找过大贵族夫人马菲·鲍列茨卡娅，这位夫人是行政长官的遗孀，在诺夫哥罗德社会上颇有影响，但她没有接见这位老修士，命令奴仆将他赶走。佐西马离开那位傲慢的贵夫人家里的时候，摇摇头对同行者说："总有一天住在这个院子里的人不能再跨进这个院子，它的大门关上以后再也不会打开了，这个院子必将成为荒芜之地。"圣佐西马的传记作者后来补充说，情况果真如此。马菲后来得知诺夫哥罗德的大贵族们如何殷勤地接待了被她侮辱的那位隐士，于是改变了主意，虔诚地请求佐西马到她家里来为她祝福。佐西马同意了。马菲设宴款待了他，请来作陪的有许多贵宾，有诺夫哥罗德主要的行政长官和以马菲作为灵魂的立陶宛集团的领袖们。席间，佐西马环视了一下来宾，突然感到吃惊，默默地垂下眼睛。他再一次环视来宾，又低头望着地下。第三次仍然这样。然后俯下身子，摇摇头，流下了眼泪。随后，尽管女主人一再请求，他一口未吃。出门后，佐西马的徒弟向他在宴会上为什么举止失常。佐西马答道："我在环视大贵族的时候，发现有几个人

104 坐在那里,但没有脑袋。”这几个人是诺夫哥罗德的大贵族,后来在1471年舍隆战役后,被伊凡三世作为主要敌人砍了头。诺夫哥罗德人由于想投靠立陶宛国王,请求他派自己的家臣米哈伊尔·奥列利科维奇王公来担任总督。同莫斯科的斗争准备就绪了。属于立陶宛集团的行政长官涅米尔来到克洛普寺院去见上述尊者米哈伊尔。米哈伊尔问这位行政长官来自何方。“从岳母那里来,教父。”“孩子,你在想什么,到这里来还在想女人?”这位行政长官说:“听说,莫斯科王公夏天准备上我们这里来,可是我们有自己的王公米哈伊尔。”修道士不同意地说:“可是,孩子,不是王公,而是污泥,你赶快派使节到莫斯科去,向莫斯科王公请罪,否则他会全力进犯诺夫哥罗德,那时你们就要与他对抗,但上帝不会保佑你们,莫斯科大公将杀死你们许多人,并且把更多的人带到莫斯科去。米哈伊尔王公会离开你们到立陶宛去,也不会对你们有任何帮助。”后来的情况,果然像这位尊者所预言的那样。[29]

第二十五讲 105

俄罗斯历史第三时期中的主要现象——15世纪中叶罗斯国家状况——莫斯科大公国的疆界——莫斯科罗斯进一步联合中的变化——伊凡三世及其后裔的领土扩展——大俄罗斯的政治联合——第三时期的基本事实——这个事实的近期后果——莫斯科大公国的国外形势及其大公们的对外政策的变化——关于俄罗斯民族国家的思想及其在伊凡三世对外政策中的表现

现在，我们来研究我国历史的第三个时期。这个时期始于15世纪后半叶，更确切地说，始于伊凡三世1462年登上大公的宝座，一直延续到17世纪初(1613年)莫斯科更朝换代为止。我把这个时期称作莫斯科罗斯时代，或大俄罗斯国家时代。

主要的现象 在此以前，北部罗斯一直分裂为许多独立的地方村社，而现在则统一于一个政权之下。这个政权的体现者是莫斯科君主。他的统治得到一个新阶级——以他为中心而形成的大贵族阶级的协助。这个国家的国民经济基础仍然是耕种国家土地或私人土地的自由农民的农业劳动，但是国家的土地日益转入国家建立的一个新的军人阶级之手。与此同时，农民劳动的自由日益受到限制，代之以对服役的土地占有者的经济依附。这就是我 106

们在这个时期应当加以研究的主要现象。

首先要说明一个基本的、也可以说是中心的事实,其他一切现象都以此为出发点或以此为归宿。我们有什么根据把 15 世纪中叶作为新时期的分界线呢?从这个时期[1] 开始,罗斯国家发生了重大变化。这些变化产生于莫斯科国家和统治这个国家的莫斯科君主。这些起作用的主要力量在这个时期的 150 年中使罗斯国家处于新的状况。但是,当伊凡三世在莫斯科继承父位的时候,罗斯国家既没有拥有 16 世纪末那么疆域辽阔的莫斯科国家,也没有拥有一百年以后政治影响那么巨大的莫斯科君主。这两个因素在 1462 年尚未具备。这两个因素是在这个时期[1] 缓慢而艰难的发展过程中形成的。为了[2] 更好地理解这些因素出现的背景,必须考察一下 15 世纪中叶前后罗斯国家的政治形势。

15 世纪中叶的罗斯国家　我国平原的几乎整个北部,包括靠近芬兰湾的西北角在内,都属于自由的大诺夫哥罗德州的版图,它的西南部从利沃尼亚方面则同另一个自由的小城市普斯科夫的一小部分毗连。整个西俄罗斯(即白俄罗斯)以及部分大俄罗斯、斯摩棱斯克州,小俄罗斯以及现在的两个大俄罗斯省份(库尔斯克省和奥尔洛夫省)邻近的边疆区,甚至部分土拉省和卡卢加省,都属于立陶宛—波兰王国的版图。在土拉邦和梁赞邦的边界以外则是广阔的大草原,一直延伸到黑海、亚速海和里海的岸边。在那里,俄罗斯的农业居民未能牢牢扎根,占统治地位的是集聚在克里米亚和伏尔加河下游的鞑靼人。在伏尔加河中游和上游以东占统治地位的,起先是在 15 世纪上半叶从金帐汗国分离出来的喀山王国的鞑靼人,后来是维亚特卡人(虽然维亚特卡属于莫斯科大公管

辖,但他们却不大服从他的命令)和佩尔姆邦的各种外国人。其 107
实,这个平原的中心地带分属于大大小小的公国,其中包括莫斯科公国。

莫斯科公国 下面大致描述一下莫斯科公国的疆界。现在莫斯科省的北部,即克林县,当时还属于特维尔公国。在伏尔加河以北和东北,莫斯科公国的领土同诺夫哥罗德、罗斯托夫、雅罗斯拉夫尔等公国的领土接壤或交错,一直延伸到苏杭纳河和尤格河的汇合处。在西南部,沿着卡卢加省的乌格拉河同立陶宛交界。卡卢加位于莫斯科公国的西南边境,离莫斯科只有170俄里。奥卡河的中游介于卡卢加和科洛姆纳之间,而莫斯科公国则隔河与梁赞公国相望。奥卡河下游直到莰纳河口,以及从尼日尼到苏拉河口和维特卢加河口这一段伏尔加河,则把莫斯科公国同摩尔多瓦人和车列米斯人分开。摩尔多瓦人和车列米斯人当时处于喀山鞑靼人的统治下。这个人口密集的西南边陲是公国的重要地方、前沿堡垒,它表明公国战斗部队守卫的方向,因为这里集结着重兵。15世纪中叶莫斯科市同三个公国的边界靠近:在北部,同特维尔公国相距80俄里,在罗斯各公国中,它最敌视莫斯科;在南部一百俄里处,为了对付那个经常骚扰的敌人——鞑靼人,在奥卡河中游沿岸筑起了一道防线;在西边100俄里以外,斯摩棱斯克州的莫扎伊斯克那边就是立陶宛,它是莫斯科众敌之中的最危险的敌人。北面、西面、南面的敌军只要有一些通道,就可以打到莫斯科。我们研究15世纪中叶莫斯科的历史时,应当牢记它当时所处的不利的外部形势。

由此可见,罗斯领土分裂成许多大大小小的政治村社,它们彼此是独立的,其中莫斯科公国远不是最大的。俄罗斯人在其居民中占多数的立陶宛公国和大诺夫哥罗德州比它要大得多。内部四分五裂的罗斯领土按其外部政治形势可以分成两部分:西南的一
108 半处于联合起来的波兰和立陶宛的统治下,而东北的一半则向金帐汗国的汗缴税纳贡。这就是说,15 世纪中叶罗斯国家的形势可以归纳为两个特点:外部遭受政治奴役,内部陷于政治分裂。在这个除了维亚特卡人以外全是俄罗斯人居住的整个大平原上,没有一个村庄不受异邦人奴役[2]。

东罗斯的政治组成 伊凡三世就是在这种情况下继承其先辈——莫斯科大公的事业的。远在他以前,在 150 年间,我们就在北罗斯的历史上看到两个平行发生的过程:土地的兼并和权力的集中。莫斯科大公通过吞并其他王公的土地而逐步扩大自己世袭领地的面积,莫斯科大公通过掠夺其他诸侯的财富来逐步增加自己的物质财富。不管莫斯科取得多么大的胜利,但是当伊凡三世登上父辈的宝座时,这两个过程都还远没有彻底完成。莫斯科对罗斯各地实行的联合还没有达到这样的程度:像中央罗斯和北罗斯已经实现的那样,把一切独立的地方村社全都夺取过来。这些[3]将要被莫斯科吞并的村社按其政治结构可以分为两类:要么是自由城市(诺夫哥罗德、普斯科夫、维亚特卡),要么是公国。后者分属于两个王公谱系——切尔尼戈夫公国的老斯维亚托斯拉夫和苏兹达尔公国的弗谢沃洛德三世,它们建立了四个分封公国集团,各由一个特殊的大公来领导,它们是:梁赞公国、罗斯托夫公国、雅罗斯拉夫尔公国和特维尔公国[3]。另一方面,不论是伊凡三世,还是他的长子瓦西里,都不是莫斯科公国的唯一统治者,他们是同近亲

和分封的莫斯科王公们共同统治这个公国的，大公的权力还没有增长到足以把这些分封的王公们变为莫斯科君主的普通臣民的程度。大公比分封王公优越之处暂时还不表现在拥有的政权上，而[4]表现在物力的多寡、领地的大小和收入的多少方面。伊凡三世有四个分封的兄弟和一个分封的叔叔米哈伊尔；瓦西里三世也有四个兄弟。他们之间的关系仍然是通过条约加以确定的。我们碰到 109
的全是以前那些用语，他们重复使用着我们所熟悉的关于公国关系的那些提法，虽然它们早就同实际情况不符了。缔约双方仍然装作仿佛没有发现有什么变化，仿佛他们之间的关系一切如故，其实伊凡三世曾经虚声恫吓，要把米哈伊尔的儿子下狱，由于他的儿子逃往立陶宛而取消了这位年迈的叔叔的封邑[4]。

莫斯科联合罗斯过程中的变化　伊凡三世仍然像从前一样继续联合罗斯的领土，不过已经采取新的手法。在分封时代，莫斯科王公联合领土的办法，要么是掠夺，要么是同邻国的王公达成私人经济交易。当地的社会还没有明显地积极参加同罗斯联合的活动，虽然他们不时表现出在精神上倾向于莫斯科。从 15 世纪中叶起，当地的社会明显地直接参加这项活动。可以指出的是，并不是在所有的地方都是同一个阶级公开倾向于莫斯科的。在诺夫哥罗德，莫斯科集团主要是由平民百姓和一些领导老百姓的大贵族组成的。他们要求莫斯科大公对诺夫哥罗德专横的显贵做出裁决。而在王公的罗斯，则是高级官员阶层倾向于莫斯科，他们醉心于在富有、强大的王公那里供职。例如，远在莫斯科对特维尔给予最后一次打击以前，特维尔当地的大贵族和一般官吏就开始投靠莫斯科。当伊凡三世由于特维尔同立陶宛结盟而准备对它进行讨伐的时候,特维尔的许多大贵族和大贵族子弟开始抛弃自己的王公,成群地投奔莫斯科,甚至特维尔的两个分封王公也转而为莫斯科效忠了。当伊凡三世逼近特维尔(1485 年)时,特维尔又有一批王公和大贵族转到莫斯科营垒,成为伊凡手下的人[5]。特维尔的编年史作者把这些投奔莫斯科的人称为叛乱者,认为特维尔的陷落主要
110 应归咎于他们。另一位编年史作者认为,伊凡之所以能攻下特维尔,是由于大贵族的背叛。另一个大公国——梁赞公国也发生了同样的现象。这个公国是在伊凡的继承者统治莫斯科的时候于 1517 年归附莫斯科的。但是远在这以前,莫斯科的君主就得到梁赞的主要大贵族科罗比英的支持。科罗比英已准备要推翻自己的王公。其次,在莫斯科君主的主持下,由他的近亲和远亲在分封时代组成的王公联盟由于新的利害关系而进一步扩大和联合了,这种利害关系提高了莫斯科君主的威信。在这个根据可汗的意志发展起来的联盟中首先可以明显地看到,主要是物质的力量或偶然的临时的关系在起作用。参加联盟的王公之所以大部分臣服于莫斯科,或者是屈服于他的巨大压力和他在金帐汗国的影响,或者是出于爱国的动机。其中一些人出于这个动机而同季米特里·顿斯科伊联合起来共同反对特维尔和马迈。现在这个联盟在其内部新的联系——宗教的利益——的影响下扩大了。这种利益的影响在立陶宛所管辖的正教王公中间表现出来。1240 年鞑靼攻陷西南罗斯。从 13 世纪中叶开始,同这一部分罗斯毗连的立陶宛公国兴起。在 13 世纪和 14 世纪,立陶宛王公们逐步使西罗斯的那些分离的、衰落的公国屈从于自己。这部分罗斯及其王公们对于把它们从鞑靼的奴役下解放出来的立陶宛没有进行特别顽强的抵抗。

从那时以来，西罗斯开始在文化和政治上对立陶宛产生巨大的影
响。到 14 世纪末，立陶宛就其居民组成和生活方式而言，更像一
个罗斯公国，而不大像一个立陶宛大公国。但是在 1386 年，立陶
宛的大公雅格洛（雅科夫）娶了波兰王国的继承人雅德维加，并改
信天主教（他的母亲——特维尔公国的尤利安尼亚郡主——本来
教育他信正教的）。立陶宛和波兰两个王朝的这种联姻[6] 对国家
的统一形成了至关重要的宗教—政治纽带[6]。从那时起，在波兰—
立陶宛政府的促进下，西罗斯开始宣传天主教。在 15 世纪后半
叶，当雅格洛的儿子卡齐米尔四世统治立陶宛时，这种宣传特别加 111
强了。俄罗斯的正教团体坚决抵制天主教传教士，在[7] 西罗斯开
始了强烈的骚动，天主教徒和正教徒之间展开了“大摩擦”。西罗
斯人写道：“我们所有的正教徒想施行洗礼，为此，我们罗斯同立陶
宛不和。”在这些宗教运动的推动下，那些在立陶宛大公的温和的
统治下尚未丧失其原先独立性的西罗斯正教王公相继把莫斯科当
作自己的宗教中心。其中那些由于靠近莫斯科边界而可以同莫斯
科合并在一起的王公则接受了莫斯科为自愿臣服的分封王公拟定
的依附条件：他们成为莫斯科君主的永久的、从属的盟邦，必须为
他效忠，但可以保存宫廷和亲兵队，不仅可以继续拥有自己的领地
或新获得领地，而且可以享有行政管理权，保留特殊的管理机构。
处于这个地位的有：投降莫斯科的奥卡河上游的一些小公国的君
主、切尔尼戈夫公国圣米哈伊尔的后代、别列夫斯基家族（王公）、
诺沃西利斯基家族（王公）、沃罗登斯基家族（王公）、奥多耶夫斯基
家族（王公）等。效法他们的有弗谢沃洛德三世的后代、切尔尼戈
夫的王公、诺夫哥罗德—谢维尔斯克的王公、伊凡·安德烈耶维奇

的儿子和舍米亚卡的孙子。他们的父辈在同瓦西里·捷姆内的斗争中失败后跑到立陶宛，在那里，沿着杰斯纳河、谢米河、索日河、第聂伯河一带得到了大片领地和切尔尼戈夫、诺夫哥罗德—谢维尔斯克两个城市。某些人的父辈或祖辈曾经同其堂兄弟瓦西里·捷姆内结下了不共戴天之仇，而其子孙后代则支持正教，忘记了世仇，成了向瓦西里的儿子交贡纳税的同盟者。由此可见，由王公们组成的莫斯科联盟在不断扩大，变成了莫斯科对参加联盟的王公们的军事霸权[7]。

伊凡三世和瓦西里三世的扩张　这就是从 15 世纪中叶起莫斯科对罗斯实行领土联合出现的新现象。地方团体开始公开倒向
112 莫斯科，并推动自己的政府也这样做，或者被自己的政府推动去这样做。由于这种趋势，莫斯科对罗斯的联合具有了新的性质，速度加快了。现在，这种兼并活动不再是通过掠夺或订立协定的方式来进行，而成为一种民族的、宗教的运动。只要扼要地列举一下莫斯科在伊凡三世及其儿子瓦西里统治下所取得的领土，就可以看出对罗斯在政治上的联合过程加快到什么程度[8]。从 15 世纪中叶起，自由城市及其州和公国迅速加入莫斯科的版图。1463 年，雅罗斯拉夫尔的所有大公和分封王公都请求伊凡三世把他们纳入莫斯科的管辖范围，放弃了自己的独立性。15 世纪 70 年代，大诺夫哥罗德及其在北罗斯幅员广阔的州被征服了。1472 年，佩尔姆邦列入莫斯科君主的管辖范围。在佩尔姆邦的部分领土上（沿维切格达河一带）早在 14 世纪圣徒斯捷凡·佩尔姆统治时代就奠定了俄罗斯移民区的基础[9]。1474 年，罗斯托夫的王公们把他们掌握的那一半罗斯托夫公国的领土卖给了莫斯科；另一半在这以前已

被莫斯科弄到手。进行这项交易的结果是，罗斯托夫王公们成了莫斯科的大贵族。1485年，被伊凡三世围困的特维尔不战而降，宣誓效忠于伊凡三世[10]。1489年，彻底征服了维亚特卡。15世纪90年代，维亚泽姆的王公们、切尔尼戈夫谱系的一系列小王公、奥多耶夫家族、诺沃西耳家族、沃罗登斯基家族、麦泽茨家族以及上面提到的莫斯科逃亡者的后代、切尔尼戈夫和北方的大公们，连同自己的领地（包括斯摩棱斯克的东部和切尔尼戈夫邦、北方邦的大部分）都承认莫斯科君主为自己的最高统治者（这一点上面已经提及[11]）。先后并入莫斯科而成为伊凡继承者的公国有：普斯科夫城和州（1510年），在15世纪初被立陶宛所夺取[12]的斯摩棱斯克公国（1514年），梁赞公国（1517年）。最后，1517—1523年，切尔尼戈夫公国和北方公国被纳入莫斯科的直属领地，因为当时北方的舍米亚奇把自己的切尔尼戈夫邻邦和流放的伙伴赶出自己的领地，后来自己也被关进莫斯科的监狱[13]。在伊凡四世的统治下，在当
时的大俄罗斯的边界以外，在伏尔加河中下游和顿河及其支流的 113
草原一带被莫斯科夺取的领土我们且不说，只要说说沙皇的父辈和祖辈占领的土地，就可以看到莫斯科公国的领土扩大了多少。不算在尤格拉和沃古利奇邦的那些未设防的外乌拉尔的领地，莫斯科占有的领土就从佩乔拉和北乌拉尔山脉到涅瓦河和纳罗瓦河的河口，从伏尔加河畔的瓦西利苏尔斯克到第聂伯河畔的柳别奇。当伊凡三世登上大公的宝座时，莫斯科的领土不超过1.5万平方英里。通过伊凡三世及其儿子的扩张，其领土至少增加了4万平方英里。

基本事实 这就是莫斯科公国的地位所发生的变化。领土扩

大只是外表的、地理方面的成就，但是这却对莫斯科公国及其王公的政治地位产生了巨大的影响。重要的[14]不是新领土的数量。莫斯科认为，一项由来已久的、深刻涉及地方生活内部制度的巨大事业正在完成。当时的莫斯科政论机关、编年史以及狂信苦行的基督徒都表示了这样的情绪。编年史把大公瓦西里三世称为罗斯的最后统一者。刚才提到的那位北方的舍米亚奇是来自非捷姆内家族的、受封的最后一位莫斯科王公。当他被下狱的时候，莫斯科街道上出现了一个人，他拿着笤帚，表示祝福。有人问他为什么拿着笤帚，他回答说："政府里头不大干净，现在该是把最后的垃圾清扫出去的时候了。"[14]如果考虑到通过上述领土兼并而形成的莫斯科公国的新疆界，那就可以看到，这个公国包括了整个的民族。我们知道，在分封时代，通过在中央罗斯和北罗斯的移民，俄罗斯居民形成了新的部落，形成了新的民族——大俄罗斯。但是在15世纪中叶以前，这个民族只具有人种方面的意义，并无政治意义，它分成若干个独立的、结构互相不同的政治单位，民族的统一并没有表
114 现为政府的统一。而现在，这个民族则统一在一个政府的权力之下，拥有同一个政治形式。这赋于莫斯科公国以新的性质。在这以前，它是北罗斯若干个大的公国中的一个，而现在它成了这里唯一的一个大公国，成为一个单一民族的公国：它的边界同大俄罗斯民族的边界是一致的。以前那种吸引大俄罗斯倾向莫斯科的民族情感现在变成了政治上的联系。这是一个基本事实，我国15世纪和16世纪历史上的其他现象都是由此派生的。可以这样表述这个事实：**莫斯科联合东北罗斯领土之后，把莫斯科公国变成了大俄罗斯的民族国家**，从而使莫斯科大公具有了民族的大俄罗斯君主

的作用。如果记得我国 15 世纪和 16 世纪历史上的主要现象,那就可以看到,这个时期莫斯科国家的内外状况是由这个基本事实形成的。

莫斯科的外部形势和政治方面的变化 由于这个缘故,第一,莫斯科公国的外部形势发生了变化。在这以前,它的周围同外部敌人之间隔着其他罗斯公国或自由城市公社的领土:北方有特维尔公国,东北和东方有雅罗斯拉夫尔公国、罗斯托夫公国,在 15 世纪末以前还有下哥罗德公国,南方有梁赞公国和奥卡河上游的一些小公国,西方有斯摩棱斯克公国(在维托夫特 1404 年夺取它以前),西北有诺夫哥罗德和普斯科夫邦。从 15 世纪中叶起,所有这些外部屏障都消失了,莫斯科公国开始同不属于俄罗斯公国家族的外国直接对峙。由于莫斯科公国外部形势发生了这种变化,所以莫斯科王公的对外政策也发生了变化。现在,他们活动的领域更广泛了,他们肩负了新的任务,而这是分封时代莫斯科王公们所没有的。在这以前,莫斯科王公们的对外关系只限于自己兄弟之间,即同其他罗斯王公(大公和分封王公)之间的狭隘关系以及同
鞑靼人之间的关系。从伊凡三世起,莫斯科的政治活动的范围更 115
加广阔了:莫斯科国家同西欧国家,同波兰、立陶宛、瑞典,同条顿骑士团和利沃尼亚骑士团,同德意志等国的皇帝保持着复杂的外交关系。

民族国家的思想 随着外交领域的扩大,对外政策的纲领也发生了变化。这种变化[15]同这个时期莫斯科社会中出现的主张建立民族国家的思想是联系在一起的。这种思想要求我们给予更多的注意,而过去我们却不大注意在我国古代史形成方面思想所起

的直接作用。意识到,或者更确切地说,感觉到罗斯国家的民族统一性,这并不是15、16世纪才有的事,早在11、12世纪基辅罗斯时代就是如此了。在结束对那些时代罗斯国家的政治制度的研究时,我指出了这个感觉,甚至试图指出它的一些特点。我说,当时这一点不是表现在意识到人民的性质和历史使命,而是表现在认为罗斯国家是**共同的祖国**(第十二讲)。分封时代的动乱不安对此产生了多大影响,那就很难说了。但是,这种思想无疑是在人民中间酝酿成熟的,而宗教等方面的联系则起了推波助澜的作用。俄罗斯民族分裂为西南和东北两部分;东北俄罗斯民族又分为一些分封公国;再加上外族的奴役——这些不利因素未必会促使人们明确地认识到民族的统一性,但是却有助于促使或支持人们模糊地要求这种统一性。关于这个思想在莫斯科公国取得胜利的过程中起了多大的作用,我们已经阐述过了。不过,我指的不是这种要求,而是指主张建立民族国家的思想,指人们希望在民族的基础上实现政治统一。随着大俄罗斯统一于莫斯科政权之下,这个思想应运而生,并且首先由莫斯科政界加紧进行研究。这个思想不能不对莫斯科公国的生活进程产生影响,它究竟以什么形式表现出来,在多大程度上符合实际情况,对此做一番研究,是饶有兴趣的。
116 可以明显看出的是,第一,它是在莫斯科大公的对外关系发生变化的压力下产生的。因此,首先传播这个思想的是伊凡时代的莫斯科外交官,然后从王宫和克里姆林宫的枢密厅进一步渗入莫斯科社会各界。以前,莫斯科大公同其罗斯邻邦的冲突只涉及莫斯科人、特维尔人和梁赞人的地方利益和感情,使他们彼此对立。莫斯科曾经同特维尔和梁赞交战。而现在与罗斯交战的则是波兰、瑞典、德意志。以前莫斯科打仗，是罗斯王公之间的互相残杀，而现在则是两个民族间的战争。莫斯科同异族邻邦之间的关系对整个大俄罗斯民族具有同等的意义。莫斯科的这些对外关系不是使各地的大俄罗斯人分离，而是使他们接近起来，因为他们意识到他们有着共同的利益和共同的危险，因而使他们产生这样的看法：莫斯科是共同的前哨，可以维护共同的利益和注视共同的危险，这对莫斯科人、对特维尔人、对整个俄罗斯人都是休戚与共的。莫斯科的对外活动促使民族性和民族国家的思想增强，这个思想必然对莫斯科大公们的社会意识打上自己的烙印，他们在处理自己的事务时也考虑家族的利益了。但是，在莫斯科清除分封的王公时地方上社会各阶层的漠然无动于衷或者默然同情、宗教界上层人士的公开赞助、莫斯科同奴役人民势力的加紧斗争——所有这一切都使莫斯科的土地兼并者的利己活动带有民族事业、爱国功勋的性质。他们的土地扩张同大俄罗斯的疆界不谋而合，因而不知不觉地使他们把自己王朝的利益同民族的福利融合为一，使他们表现得像一个为信仰和民族的利益而斗争的战士。莫斯科的君主把整个大俄罗斯纳入自己的分封世袭领地以后不得不捍卫全民族的利益，开始提出这样的要求：罗斯国家的所有土地都必须纳入这个世袭领地。统一起来的大俄罗斯产生了民族国家的思想，但并没有确定疆界。它的疆界在当时每时每刻都是变动不定的，随着莫斯科武力的胜利，随着大俄罗斯移民运动的发展而不断向前推进。

民族国家的思想在伊凡三世政策中的表现 自从伊凡三世[15] 117
以来，这个思想开始越来越多地表现在莫斯科的外交文件中。现在列举一些例子，这些例子也许并非是最能说明问题的。伊凡三世两次同其邻邦立陶宛的大公亚历山大(卡齐米尔四世的儿子)打仗。这两次战事的起因相同,都是因为切尔尼戈夫邦的小王公投奔莫斯科而引起的。第一次战争是在卡齐米尔于1492年逝世后立即爆发的,于1494年结束。虽然亚历山大娶了伊凡的女儿,但也未能阻止第二次战争(1500—1503年)的爆发,这是由于立陶宛的王公投奔莫斯科的事件又多起来的缘故。在敌对双方之间进行调停的是教皇和匈牙利国王弗拉基斯拉夫(亚历山德罗夫的长兄)派驻莫斯科的大使。与此同时(1501年),在另一个兄弟扬·阿利勃列赫特死后,立陶宛的亚历山大被挑选担任了波兰的国王。大使在莫斯科申诉说,莫斯科的君主夺取了立陶宛的世袭领地,而他是没有这种权利的。莫斯科政府驳斥说:"匈牙利和立陶宛的国王宣布,他们为自己的世袭领地不惜与我们一战。但是他们把什么地方称作自己的世袭领地呢?是罗斯王公向我们交税纳贡的那些城乡呢,还是我们的人从立陶宛那里夺取的那些城乡?教皇谅必知道,弗拉基斯拉夫国王和亚历山大国王分别从自己的祖辈那里继承了波兰王国和立陶宛的土地,而罗斯国家则是从我们先人手中继承下来的,自古以来就是我们的世袭领地。教皇应当使他们明白事理,国王们最好不要为自己的世袭领地而必欲与我们一战。"按照这种外交逻辑,被宣布为莫斯科君主的世袭领地的是整个罗斯国家,而不仅仅是大俄罗斯的那一半土地。1503年莫斯科同亚历山大缔结停战协定的时候,莫斯科重申了这个声明。当时立陶宛的大公向莫斯科王公申诉说,莫斯科王公没有把其从立陶宛夺取的土地归还给他,他说,他(亚历山大)舍不得自己的世袭领地。伊凡驳道:"难道我就舍得自己的世袭领地、立陶宛那边的俄罗斯土地——基辅、斯摩棱斯克等城市?”在[16]1503 年和平谈判期间,莫斯科的大贵族代表伊凡三世向波兰—立陶宛大使坚决宣称: 118
“现在不仅我们的世袭领地、城市和乡村属于我们,而且从我们祖辈那里继承下来的、自古以来的所有俄罗斯土地都是我们的世袭领地。”与此同时,伊凡三世在克里米亚宣称:只要莫斯科王公没有收回自己的世袭领地——立陶宛那边的全部俄罗斯土地,那么莫斯科同立陶宛之间就无持久和平可言;暂时的休战只是为了喘息休整,以利再战[16]。关于俄罗斯土地应该在政治上统一起来这一思想现在从历史的记忆变成了政治要求,莫斯科急忙广为宣布这是自己不可剥夺的权利[17]。

对波兰作战 这就是上述基本事实产生的两个直接后果。由于莫斯科王公新夺取了许多领土,(一)莫斯科王公的外部形势发生了变化;(二)莫斯科对外政策的课题复杂了。现在,由于大俄罗斯形成了统一的政治实体,关于整个俄罗斯土地在政治上统一起来的问题就提上了日程。这个问题使罗斯和波兰这两个斯拉夫邻邦世世代代斗争不已。只要[18]列举一下伊凡三世及其两个最近的继承人在位期间莫斯科同波兰和立陶宛历年的征战情况就可以表明,他在克里米亚发表的声明做出了多么悲惨的历史预言:他自己在位期间发生了两次战争,他儿子瓦西里在位期间发生了两次战争,在瓦西里的遗孀叶莲娜统治时期发生了一次战争,在伊凡四世统治时期同条顿发生了一次战争,接着同波兰发生了一次持续时间很长的战争(更确切地说,是两次战争,这两次战争占去了他统治时期的二十年左右)。在九十年中(1492—1582 年),至少有四十年是同立陶宛和波兰做斗争的[18]。

119

第二十六讲

第三时期基本事实的内部后果——莫斯科君主政治意识的提高——索非娅·巴列奥洛格及其在莫斯科的意义——新的封号——新的系谱和弗拉基米尔·莫诺马赫加冕登基的传说——王公政权神授的思想——世袭领地和国家——在两种统治形式之间动摇不定——王位继承程序——王公权力的扩大——分封制的落后和害处——伊凡三世及其继承人对分封制犹豫不决——莫斯科君主最高权力的组成情况——莫斯科各界对君主的看法发生变化——结论

我已指出了这个时期的基本事实所产生的近期外部后果。但是,这一事实对莫斯科政治生活的比较隐蔽的方面、对[1*]一些政治概念和内部政治关系也起着作用。因而对这种作用需要特别加以注意。

政治意识的提高 上述事实对莫斯科君主和大俄罗斯社会的政治意识产生了显著的影响[1a]。但是,不管莫斯科君主所处的新地位如何强烈地被感觉到,我们当然不能指望它立即在莫斯科政府人士的头脑中相应地引起一系列新的明确的政治概念[1*]。我们在当时的任何文献中都没有找到直接地、完整地反映了由于情况
120 的变化而在人们头脑里产生的新概念[2]。当时的政治家不习惯于

以抽象的理论指导自己的行动,也不习惯于根据新的事实迅速采取新的主张。新的[3] 主张形成得很慢,在很长的时期内只是一种模糊的思想或动摇不定的情绪。为了理解处于这种状态的人,就必须探索一下人们心理的比较简单原始的表现,观察一下他们生活的外表细节,看看他们的衣着和他们周围的环境,因为衣着影响他们的仪容,而环境则决定他们的举止。所有这些细节反映了他们的思想感情,不过他们还没有明确意识到这种思想感情,还没有成熟到采取比较理性的形式[3]。莫斯科的国家政权意识到自己处于新的地位,但还没有明确认识到自己的新的作用,因此在国内外探索着同这种地位相适应的形式,而在找到了这种形式以后,便借此明确自己的新的作用[4]。伊凡三世的公国所采取的某些外交形式和新的宫廷仪礼在这方面是具有重要的历史价值的。

索非娅·巴列奥洛格 伊凡婚配两次。他的第一个妻子是他的邻邦——特维尔王公的妹妹玛丽娅·鲍丽索夫娜。她在 1467 年去世后,伊凡在较远的地方找了一个出身更高贵的妻子。拜占庭最后一个皇帝的侄女的孤女索非娅·福米尼奇娜·巴列奥洛格当时侨居罗马。自佛罗伦萨合并以来,希腊人在俄罗斯东正教人的心目中地位大降;索非娅居住在一个令人可疑的宗教社团里,离令人憎恨的教皇十分近;尽管如此,伊凡三世还是克服了自己心中对宗教的憎恶,于 1472 年致函公主,请她从意大利来,同她结了婚。这位公主当时以才智绝伦闻名于欧洲,她把自己的罕见的才干带到了莫斯科,在那里取得了举足轻重的地位[5]。16 世纪的大贵族们把自那时以来在莫斯科宫廷中出现的一些他们所不喜欢的改革都归咎于她。在伊凡继承人的时代,曾两度作为德皇的大使

出使莫斯科的格尔别尔什泰因男爵对莫斯科的生活进行了仔细的
121 观察,他听到了大贵族们的议论,他在日记中对索非娅做了这样的描写:这是一个非常狡猾的女人,对王公有很大的影响,许多事情都是王公根据她的授意做的。伊凡三世下决心摆脱鞑靼人的枷锁,据认为也是受了她的影响[6]。在[7*]大贵族们的议论中很难区分哪些是出于不怀好意的怀疑之词或夸大之言。索非娅只能对她所珍视的、也为莫斯科所理解和重视的那些方面施加影响。她把拜占庭宫廷的传说和习俗带到了这里,她为自己的高贵出身而感到骄傲,又因嫁给一个向鞑靼人称臣纳贡者而颇为惆怅。她不喜欢莫斯科宫廷的简朴和缺乏仪礼,用伊凡三世的孙子的话来说,甚至伊凡三世也不得不倾听那些执拗的大贵族们的“许多责骂和非难的话”[7a]。然而,如果莫斯科没有她,伊凡三世一人是不想改变同莫斯科君主的新地位如此不相适应的所有这些旧制度的。索非娅和随同她来的、见过拜占庭和罗马世面的希腊人可以提供一些宝贵的意见,指导如何进行适当的改革。她对莫斯科宫廷的环境装饰和幕后生活、对宫廷的勾心斗角和人与人之间的关系不能不产生影响,但对政治事务,她只能采取暗示的方法,附和伊凡的一些隐秘的或模糊的想法。下面这种思想是特别可以理解的:她这位公主嫁给莫斯科以后,就使莫斯科的君主们成为拜占庭皇帝的继承者,同时也继承了这些皇帝所保持的东正教东方的一切利益[7*]。因此,索非娅在莫斯科受到了重视,而索非娅自己重视的与其说是莫斯科王公夫人的地位,倒不如说是拜占庭公主的地位。在特罗伊茨基-谢尔基耶夫寺院保存的这位王公夫人亲手刺绣的寿衣上绣着她自己的名字。这件寿衣是 1498 年绣成的。那时她出嫁已经二十六年了，看来她似乎该忘记自己处女的时代和以前拜占庭的封号，可是她在寿衣的落款上仍然称自己是“皇室公主”，而没有称自己是莫斯科王公夫人[8]。这[9]不是没有原因的，索非娅作为公主在莫斯科享有接见外国使节的权利。由此可见，伊凡和索非娅的结合具有政治上的意义，它向全世界表明：这位公主作为已经衰 122
亡的拜占庭家族的继承者把这个家族的统治权转移到了莫斯科这个新的皇室，在这里她同丈夫分享统治权[9]。

新的封号 伊凡意识到自己处于新的地位，而且有一个出身显赫的、拜占庭皇帝后裔的妻子，于是觉得克里姆林宫这个环境太狭小而且不甚堂皇，虽然他的先人曾世世代代在这里居住。在公主离开意大利之后，伊凡又从那里聘请了一些能工巧匠，建造了新的圣母升天大教堂、多棱宫和新的石结构的宫殿取代了以前的木结构宫殿[10]。与此同时，在克里姆林宫的宫廷内部实行了复杂、严格的礼仪，使莫斯科的宫廷生活变得十分死板拘泥。正像在克里姆林宫的臣仆中间表现的那样，伊凡在对外关系中也表现得更加趾高气扬，特别是自从在鞑靼人的帮助下摆脱了在罗斯东北部持续二百五十年(1238—1480 年)之久的金帐汗国的奴役后尤其是如此。从那时起，在莫斯科政府的公文中，特别是在外交文件中出现了新的更富有官腔的语言，形成了华而不实的辞藻，这是分封时代莫斯科的主事们所不熟悉的。顺便说一句，还立即为人们刚刚接受的政治概念和趋势寻找适当的新封号，如同莫斯科君主时代的公文中所做的那样。这是一个完整的政治纲领，与其说它标志着实际地位，倒不如说它标志着所谋求的地位。作为其基础的是莫斯科政府人士从当前的形势中所形成的两个概念。这两个概念都是政治性要求,一个概念是:莫斯科君主是全罗斯国土的民族的统治者;另一个概念是:他在政治上和宗教上是拜占庭皇帝的继承者[11]。俄罗斯的许多领土仍然留在立陶宛和波兰的疆域内,但是在同西方的王室(包括立陶宛的王室)打交道时,伊凡三世第一次勇敢地对欧洲政界使用了“**全罗斯的君主**”这一自命不凡的称号,
123 而以前只是在内部交往中,在国内官府的文件中使用这一称号。1494 年的条约甚至迫使立陶宛政府正式承认这一称号。在莫斯科摆脱鞑靼人的奴役以后,伊凡三世在同不那么重要的外国统治者,例如同条顿的头目打交道时,称自己是**全罗斯的沙皇**。大家知道,царь(沙皇)这个字是拉丁字 *цесарь* 的南斯拉夫语和俄语的缩写,古代的写法是 *цьсарь*。这个字的另一种拼法是 кесарь,德语是 Kaiser。在伊凡三世时代,有时在伊凡四世时代,国内官府的文件中沙皇这个称号有时同意义相似的 *самодержеч*(专制君主)混同使用,这是拜占庭皇帝称号 αύιοχραιωρ 的斯拉夫语译名。在古罗斯,这两个词的含义同它们后来的含义是不一样的,它们不是意味着在国内拥有无限权力的君主,而是意味着不受任何外部势力支配的、不向任何人交纳贡税的统治者。在当时的政治语言中,这两个词同 *вассал*(藩臣)的含义是截然对立的[12]。在遭受鞑靼人的奴役以前,罗斯的文献[13]有时把罗斯王公们也称为沙皇,以示尊敬,并无政治含义。一直到 15 世纪中叶为止,古罗斯大都把拜占庭皇帝和金帐汗国的汗以及一些比较著名的独立的统治者称作沙皇。伊凡三世只是在不向金帐汗国称臣纳贡以后,才采取这个称号。摆脱了它的奴役,就消除了这方面的一个政治障碍,而同索非娅的结婚则为此提供了历史根据:伊凡三世现在可以认为自己像拜占

庭的皇帝一样是世界上现存的唯一独立的东正教君主,是曾经受金帐汗国奴役的罗斯的最高统治者[13]。有了这个高贵的新称号以后,伊凡认为在以后的政府文件中不宜只用俄文简单地称他为大公、君主伊凡,而应当用教会行文的形式称他为“神授的全罗斯的君主伊凡”。如历史所表明的那样,在这个称号之前还有一大串地名,这表明了莫斯科国家的新疆界:“全罗斯的君主以及弗拉基米 124
尔、莫斯科、诺夫哥罗德、普斯科夫、特维尔、佩尔姆、尤格拉、保加尔等邦的王公”[14]。这位莫斯科君主感到自己不论就政治力量来说,还是就东正教渊源和姻亲关系来说,都是拜占庭皇帝家族的继承者,因此,他用具体形式表明了他同这个朝代的关系:从15世纪末起,在他的印章上出现了拜占庭的国徽——双头鹰[15]。

留里克系谱 当时人们不是以概念思维,而是以形象、象征、典仪和传说来进行思维,也就是说,思想不是通过逻辑推理形成,而是根据象征性的东西或者所提供的事实形成的。人们为这些事实[16*]在历史中寻找根据,人们研究历史不是为了解释目前的现象,而是用以论证当前的利益,找出例子来为自己的要求辩解。16世纪初,莫斯科的政治家还很少同拜占庭联姻,他们很想在血缘关系上同世界上的最高权力象征——罗马结亲。在那个时代的莫斯科编年史上罗斯王公们有了新的系谱,直接同罗马皇帝有了血缘关系。大概是在16世纪初出现了这样的传说:普天下的统治者、罗马君主奥古斯都,当他精力衰竭的时候,把天下分给了兄弟和亲戚,并把自己的弟弟普鲁士安置在维斯拉河(现在叫涅曼河①)的

① 原文疑有误,维斯拉河不是涅曼河。——译者

沿岸,直到如今这块地方仍然按照他的名字叫作普鲁士,"普鲁士以后的第十四支系就是留里克大君"。莫斯科的外交当局实际运用了这个传说:沙皇伊凡的大臣们1563年在同波兰的使节会谈时为了给伊凡的沙皇称号找根据,按照编年史的记载援引了莫斯科留里克家族的系谱[16a]。

关于弗拉基米尔·莫诺马赫的传说 人们想用拜占庭的历史和传统思想来阐明这一点。弗拉基米尔·莫诺马赫是拜占庭皇帝康斯坦丁·莫诺马赫的女儿之子。康斯坦丁·莫诺马赫在其孙子在基辅登基五十多年前就去世了。在伊凡雷帝时代编纂的莫斯科编年史中这样写道:弗拉基米尔·莫诺马赫在基辅获得大公地位
125 以后,派遣自己的大将到查列格勒同希腊的康斯坦丁·莫诺马赫沙皇本人作战。康斯坦丁·莫诺马赫为了结束这场战争派遣希腊都主教携带用活树做成的十字架、他自己的王冠、罗马君主奥古斯都用以寻欢作乐的宝石酒杯和金链前往基辅议和。都主教以自己沙皇的名义请求基辅王公开恩,以便"整个东正教在我国和你们大罗斯伟大专制君主的共同统治下"平安相处。弗拉基米尔戴上了这顶王冠,自称为莫诺马赫,受到了大罗斯沙皇的册封。这个传说最后说:"这样,弗拉基米尔的所有王公都戴上了沙皇的王冠。"[16б]这个传说是伊凡四世于1547年加冕登基时出现的,当时在对外关系中以及在内部公文中庄严地采用了沙皇和专制君主这样的称号。这种称号最初出现于伊凡三世时代,那时只是试用,只在一些文件、主要是外交文件中采用。这个传说的基本思想是:莫斯科君主在宗教和政治上继承了拜占庭君主的事业,他们的意义就在于在弗拉基米尔·莫诺马赫时代确立了希腊和俄罗斯沙皇——专制

君主对所有正教徒的共同统治。因此，伊凡四世认为必须由以君斯坦丁堡的都主教为首的希腊主教们以宗教文件正式确认沙皇的称号，1547 年在克里姆林宫通过的莫斯科文件即具有了整个宗教界文件的意义。饶有趣味的是，在东方主教的这个文件中还把弗拉基米尔·莫诺马赫受沙皇册封的传说写进去了。14 世纪的拜占庭文件说，如拜占庭的主教所提到的那样，俄罗斯大公得到了普世的统治者希腊君主宫廷御前大臣的官职，而失明大公瓦西里在致拜占庭皇帝的一封信里自称是"皇上圣域的圣徒"[16B]。根据莫斯科 15—16 世纪的说法，普世统治者的这个御前大臣和圣徒变成了他的助手，以后又变成了他的继承者。莫斯科的政治思想界在三代人的时间里根据这些思想来试验自己的力量。这些思想也渗透俄国的思想界。普斯科夫寺院的一个修士菲洛费伊的下列说法 126
并非仅仅是他个人的看法：他曾给伊凡雷帝的父亲写信说，所有的基督徒都聚集在他的旗帜下，普天之下只有他是东正教的君主，而莫斯科是第三个罗马，最后一个罗马[16*]。

君权神授的思想 上述细节并非全都是同等重要的，不过仍然是很有趣的，因为它们象征着当时的政治思想，反映了莫斯科政界在新形势下开始加紧研究政治思想。莫斯科政界用新的称号和礼仪为自己的政权装潢门面，特别是用系谱和考古学方面的传说来阐述自己的过去，这反映了它的政治意识方面的成就。莫斯科感到自己已经壮大起来了，因此寻找历史的甚至神学的根据来肯定自己的力量。这一切导致人们试图探讨最高权力的本质、它的依据、它的产生过程和使命。莫斯科君主鉴于自己处于新的地位，认为以前的那种关于权力来源的说法，即从父辈和祖辈手中继承的说法已经不够了。现在他想为自己的权力寻找更加崇高的根据,摆脱关于权力来源世上的法权概念。君权神授的思想甚至对伊凡三世的祖先也并不陌生,但是,当有机会这样做的时候,他们之中的任何人也没有像伊凡三世本人那样如此坚决地表达这个思想。1486年有一个名叫波佩尔的德意志骑士在欧洲一些不大著名的边远地区旅行,不知怎么竟到了莫斯科[17]。不大为人所知的莫斯科国家的雄伟壮观的首都使他颇为惊讶,认为这在政治上和地理上是一个新发现。天主教的西方多半只知道有一个波兰—立陶宛罗斯,许多人甚至根本不知道莫斯科罗斯的存在。波佩尔回国以后禀报德皇腓特烈三世,在波兰—立陶宛罗斯那边还有另一个罗斯,叫莫斯科罗斯,它既不附属于波兰,也不附属于鞑靼,它的
127 君主也许比波兰国王更强大、更富有。德皇对这个意想不到的消息感到惊奇,于是派遣波佩尔去莫斯科要求伊凡把他的一个女儿许配给德皇的侄儿,德皇将授予莫斯科王公以国王称号,作为回报。伊凡对此表示感谢,令特使回报说:"你说要授予我以国王地位,我们由于神的旨意自我们的始祖起就已在自己的国土上当了君主。像我们的祖先一样,我们也是从神那里得到这样的旨意的。我们向神祈祷:让我们和我们的子孙后代像我们现在是本国的君主一样,永远世代相传下去。以前我们没有向任何人领受这样的旨意,现在也不想领受这样的旨意。"[19]像[20*]祖辈一样,伊凡沙皇在同波兰—立陶宛的使节谈话时抱怨西基兹蒙德-奥古斯都国王不承认他的称号及权利。他说,这些权利是神赐予的,不需要得到任何人的承认[20a]。

世袭领地与国家 这就是莫斯科通过多方面的努力在政治意

识方面取得的进步。大俄罗斯的联合使人们产生这样的想法：把整个罗斯统一在一个政权下，使这个政权不仅具有全俄罗斯的意义，而且具有全世界的意义。但是用什么名义把大俄罗斯联合起来，并且还想把整个罗斯联合起来呢？伊凡三世不断声称，整个俄罗斯的土地都是他的世袭领地；他的继承人也重复这一点。这就是说，统一起来的大俄罗斯所形成的新联盟仍然是一个老的政治形式，伊凡三世对世袭领地的理解显然同其分封时代的祖先对这个形式的理解并无不同。但是社会联盟有自己的特性，它要求有与之相适应的政治形式。在分封时代的世袭领地上，自由民是按照临时签订的条约附属于大公的，这种条约随时可以撕毁，因此大公只拥有土地及其财产。整个民族居住的国家则成了他们的祖国，在一个政权下统一起来的这个国家不再是当权者的世袭领地。莫斯科声称为了国家的发端，要像拥有整个民族一样拥有整个罗斯国家，但它却想作为世袭领地而占有它，享有分封特权。这便构 128
成了伊凡三世及其继承人在这个取得明显成就的统一事业中的内在矛盾。在莫斯科大公中，伊凡三世第一个公开宣布整个罗斯国家都是他的世袭领地，但他似乎也感觉到这一矛盾，因而寻求解决的方法，力求把自己世袭领地的权力同变化了的形势的要求协调起来[20*]。鉴于自己是整个东正教人民的君主，他意识到了——尽管是模糊地意识到——自己（神派来的人民幸福的保护者）所肩负的新责任。这种意识有一次曾浮现在他的脑际，不过我们是间接地知道这一点的。1491 年，伊凡根据条约命令自己的分封兄弟出兵帮助克里米亚的同盟者缅格利-基列伊汗，乌格里奇的分封王公安德烈没有服从命令，拒绝出兵，莫斯科起初保持沉默，当王公安德烈到首都的时候,还热情接待了他,但是后来突然把他逮捕下狱。都主教为他向大公求情。可是伊凡拒绝释放他。伊凡说,这个王公以前曾多次想谋害他。伊凡还说:“这还算不了什么。但是当我死后,他将在我的后代手中谋求大公的地位。即使他达不到目的,也会使我的儿子们气愤,他们会同室操戈,于是鞑靼人会乘机进攻俄罗斯的土地,烧杀掳掠,再次要求我们称臣纳贡。基督徒会像过去一样流血。我的心血成果就会付之东流。你们将再次成为鞑靼人的奴隶。”塔季谢夫在他的编年史中是这样叙述的,但他没有指出这位大公的话的出处[21]。无论如何[22],自从莫斯科联合罗斯取得成功以来,在伊凡三世、他的长子和孙子的头脑中就产生了思想矛盾:究竟是做一个世袭大领主,还是做一个君主;做一个专制的主人,还是做一个最高政权的代表者。他们在两种原则或两种秩序之间摇摆着,这一点在解决这种联合所提出的重要问题——权力继承办法及其规模和形式中反映出来。一百多年来联合起来的大俄罗斯的政治进程由于这种摇摆而遭到中断,国家受到很深的灾难,联合者的朝代趋于毁灭。

129 **王位继承办法** 我们已经知道,远在伊凡以前,莫斯科王公家族已经事实上(而不是法律上)确立了直系亲属继承大公权力的办法。这一切取决于客观条件和汗的意志。而客观条件和汗的意志一般总是有利于这种做法的,因而形成了一种习惯:从季米特里·顿斯科伊起,大公的地位不仅为莫斯科所垄断,而且成为莫斯科大公长子的特权。在争取确立这个制度的斗争中付出了重大代价的失明大公瓦西里想出了一个办法来巩固这个制度,在自己生前就任命长子伊凡为共同执政的大公。伊凡效法其父的榜样,把他的第一个妻子生的长子任命为自己的共同执政者。但是这位共同执政者不幸早死，留下了一个儿子，叫季米特里，但当时索菲娅也有一个正在成长的儿子，叫瓦西里。于是在伊凡三世那里就形成了两条由上至下、同样有效的继位办法：一是长房的代表（孙子），一是二房的代表（儿子），而孙子比儿子低一辈。大臣们由于不喜欢索菲娅而一致拥戴孙子。索菲娅及其子在宫内展开了卑鄙的阴谋活动，伊凡很生气，便决定任命孙子为共同统治者和继承人。但他不只是简单地宣布一下自己的意图，不久前的惯例是先宣布为共同统治者，再任命为继承人，他要举行隆重的宗教仪式授予自己选定的继承人以大公地位。从拜占庭的加冕仪礼中选择了适当的仪式，并补充以这个场合所需要的细则，制订了授予季米特里·伊凡诺维奇以大公地位的“典礼仪式”，当时描述这件事的手稿传到了我们后代[22]。加冕典礼于1498年在圣母升天大教堂举行[23]。爷爷大公给孙子大公戴上皇冠，披上披肩，围上宽大的翻领。在加冕时，都主教转向爷爷，称他是“光荣的沙皇”。这个庄严隆重的时刻使莫斯科大公感到有必要回顾历史，引经据典，为按照直系亲属系统传位的新制度找根据[24]。伊凡对都主教说：“主教神甫！由于神的旨意，我们的古风从我们的祖先（即大公们）开始相传至今。我
们的父辈——大公们把大公地位授予长子。我是伊凡一世的长 130
子，他生前即授我以大公地位。但由于神的旨意，我的儿子伊凡不幸亡故。他留下了第一个儿子季米特里。我现在把弗拉基米尔、莫斯科、诺夫哥罗德大公的地位授予他，在我生前和死后永远如此。神甫，望你祝福他获得大公地位。”[25]按照[26*]这些字的直接含义，伊凡决定在任命继承人的时候坚持严格的直系亲属系统。为

这种继位制度而举行的宗教加冕仪式在当时可以说是颁布根本法。由于过分扩大了的丹尼洛维奇世袭领地变成了莫斯科国家，尤其需要这样一种居于一切继承法之上的根本法。国家之所以不同于世袭领地,就在于世袭领主的意志要让位于国家的法律。但是伊凡自己破坏了他的庄严决定。索菲娅扭转了局面:被加冕的孙子遭到贬谪和监禁,而她的儿子则得了宠,获得了大公地位,成了“专制君主”。伊凡在另一个场合曾经说过这样的话:“难道我不宠爱自己的孙子和儿子？我想把大公的地位授予谁,就授予谁。”[26a]这完全是一个刚愎自用的世袭领主的口气,而不像一个颁布第一部法典的君主。在瓦西里和尤里之间订立的规章中也反映了君主可以在直系亲属中任意选择继承人的思想。瓦西里和尤里是伊凡三世的年长的儿子,他们是在伊凡三世生前根据他的意志订立这个规章的。规章规定:父亲可以把大公的地位授予他所喜欢的儿子,不管他们的长幼。伊凡三世给他的继承人开了一个坏的先例,令人可悲的是,他们始终不变地效尤,即一只手树立一个人,另一只手又把他毁掉,直到断送他们创建的国家为止[26*]。

大公权力的扩大 在确定最高权力的规模和形式方面也可以明显地看到这种动摇不定的现象。在政治思想方面加紧进行工作的结果不仅导致围绕大公及其称号更加摆阔气、讲排场,而且产生
131 了一些副作用。最高权力的新的意义逐渐明确起来,这不仅反映在宫廷内部的礼仪上,而且反映在国家法权上。我们知道,从14世纪上半叶起莫斯科大公就逐步加强了这种趋势:在继承世袭领地方面,年长的继承人比年纪较轻的分封王公具有优先权。伊凡三世在自己的遗嘱中把这种做法空前地扩大了:继承大公地位的

长子一人得到了六十座城市和县，即整片土地和城市及郊区，而他的四个分封弟弟总共只得到不过三十座城市，而且大部分是无关紧要的城市[27]。因此，现在莫斯科大公比所有分封的兄弟加在一起还要富有，还要强大。伊凡三世的祖辈实际上就采取过这个手段，用以保证年长继承人的政治优势。不过，伊凡三世也有重要的革新创造，在这方面深深渗透莫斯科国家意识的国家思想起了作用。他在遗嘱中不仅加强了继承大公地位的长子的物质方面的优势，而且使他在政治方面也比年纪较轻的分封兄弟享有更大特权。从这个意义上说，伊凡的遗嘱可以说是我们的国家法权史上的第一个法令。我们从中可以看到他试图确定最高权力的构成。大公比分封兄弟多得到的政治特权，列举如下：(一)以前，继承遗产的所有王公按一定比例共同掌管莫斯科市，共同征收关税、直接税和间接税。而伊凡三世的遗嘱则规定：首都税务的重要项目、贸易关税、商业税捐全归大公一人，然后由大公每年从中分给分封兄弟每人各一百卢布(按现在的币值计算不少于一万卢布)。(二)以前，分封王公可以在首都各自的辖区及其近郊村镇就一切事务行使司法权。而伊凡三世的遗嘱则规定：在整个首都及分封兄弟所管辖的郊区，重要刑事案件的审判权全归大公。(三)以前，大公和分封王公都可以铸造自己的货币。在我们的古币收藏馆，我们可以找 132
到14世纪和15世纪分封时代钱币的样品。而伊凡三世的遗嘱则规定：只有莫斯科大公有权铸造货币。(四)以前，根据分封统治制度，分封王公可以在遗嘱中自行处理自己的世袭领地[28]。季米特里·顿斯科伊第一次对这个权利做了某些限制，他在自己的遗嘱中规定：分封王公逝世时无子者，不得把自己的封邑遗赠任何人。

其封邑在他去世后由其母分给在世的兄弟[29]。伊凡三世的遗嘱则完全有利于大公:无人继承的封邑悉归大公。大公遗孀为维持生计分得的部分封邑仍归她所有,直到她逝世为止;而在她逝世以后,亦归大公所有[30]。

分封制的害处 由此可见,伊凡三世的遗嘱只是从一个方面,即从对分封王公的关系方面确定了大公的最高权力。以前,大公只是在领地的规模、财产的数量方面比自己的分封亲属优越,而现在则把大部分政治权力集中于一身。伊凡三世的继承人登上大公宝座的时候,比伊凡本人更像一个君主。在他统治的前半期,分封[31*]兄弟还可以对大公有所制约,而后来他们在他的面前则变得毫无力量,没有任何权利。他们陷于贫困,境况一天不如一天,在自己的封邑内横征暴敛,仍然感到度日维艰,无力给鞑靼人缴纳贡款,不断向别人借钱,有时甚至借两个卢布买盐,付不起利息,死时债台高筑,把还债之事委托大公,而把自己的封邑移交大公作抵。他们的遗嘱对他们的经济情况做了如此的描述。大公瓦西里的分封兄弟的处境尤其悲惨。他们有时甚至考虑投奔立陶宛,当他们的意图被发觉以后,他们通过都主教、修道士、莫斯科的大贵族向大公苦苦哀求宽恕,称自己为大公、自己的"君主"的奴仆。不论在
133 伊凡的统治下,还是在瓦西里的统治下,莫斯科对他们都是不客气的。他们知道,只要有人检举他们不服从命令和谋反,甚至只要有这方面的嫌疑,他们就会被莫斯科下狱。然而这两个大公正式承认分封制,他们按老的条件同分封王公订立规章,把他们当作独立的统治者,只要求他们随时随地都不要背弃大公,不同任何人签订条约,绝不要背着大公行事,不要为他们的儿子和侄子谋求大公地

位。这实际上仍然是以个人的义务代替法律。这些分封王公本身没有什么危险性，他们由于自己在政治上、道义上的弱点连自己的封邑也管理不好，用大公瓦西里对自己分封兄弟的评语来说，他们不是治国之才，但是在当时的形势下，在当时的社会结构下，他们也并非是无害的。关于分封的传说记忆犹新，只要时机适当，那些弱小的分封王公便头脑发昏。即使不是由于本性，至少也是由于所处的地位，分封王公总是生有反骨，他们在宫廷内部纠合一帮人，耍阴谋诡计。在莫斯科克里姆林宫，他们随时都可能闹事，人们最怕他们逃往国外，逃往立陶宛。其实，如果他们逃往国外，那倒是最好的办法，国家可以借此摆脱这些无用的老古董，正如同失明大公瓦西里通过这个办法摆脱了他的最凶恶的敌人莫扎伊斯克和舍米亚奇王公那样。分封制已经同实际情况不适应了，但在表面上仍假惺惺地予以承认，这给国家生活带来了虚伪性，妨碍莫斯科君主明确自己的地位和贯彻国家的基本原则之一——最高权力的统一和完整性。伊凡三世由于他父亲和他自己的悲惨经验而不得不忧心忡忡地考虑建立这样的权力。莫斯科的使节以他的名义在维尔诺对他的女儿立陶宛大公夫人说："我听说，在立陶宛，由于君主太多而秩序混乱。你也知道，我父亲在世时我国也秩序混乱，而父亲逝世以后，我同兄弟们秩序井然。我希望你记取这个教训，否则，后悔莫及。"[31a]

莫斯科君主们犹豫不决 莫斯科君主比较容易接受专制统治 134
的思想，但却不容易掌握一统统治的思想。我们很快会看到，庄严接受沙皇和专制君主称号的伊凡四世在同库尔勃斯基王公论战的过程中加紧研究专制统治的新观点，这种观点是古俄罗斯所不熟悉的。但他也未能摆脱分封的习惯[31*]。他在1572年的遗嘱中立长子伊凡为继承人,把整个俄罗斯的疆域遗赠与他,但同时也从全国各地的城市中(苏兹达尔、科斯特罗马、沃洛科拉姆斯克、科泽利斯克、姆增斯克等)选择一部分封邑遗赠次子费奥多尔。事实上,这个封邑并不是独立的公国。它的统治者也不像以前的分封王公那样是自治的君主,他在一切方面听命于沙皇,他的封邑受其长兄这个唯一的君主的最高权力的管辖,是俄罗斯这个唯一不可分割的王国的组成部分。遗嘱宣称:"吾儿费奥多尔的封邑归他(长子伊凡沙皇)管辖,属于伟大的国家。"[32]遗嘱人的心里显然考虑到最高权力和国家领土的不可分割性。这个遗嘱在我国法权史上第一次明确地提出了分封王公是君主的臣仆这一概念[33]。父亲以[34]最坚决的措辞要求次子无条件地服从长兄,命令他在任何事情上都不要顶嘴,听长兄的话,按长兄的意志办事,直至流血牺牲,甚至受到长兄的委屈,也不要反抗,不要辩解,而是要必恭必敬,请他息怒。一句话,分封王公只不过是君主的臣仆而已。但是问题在于分封王公称号的本身,而不在于他在多大程度上按照父亲的遗嘱服从君主。因为遗嘱实际上没有什么意义。当伊凡雷帝的长子逝世时,次子继位。而父亲去世不久前出生的王子季米特里被封了一个小小的领地乌格里奇。但是父亲尚未瞑目,这个还在襁褓之
135 中的分封王公就已经播下了内讧的种子,经过长期酝酿,终于成为巨大的灾难,几乎使莫斯科丹尼洛维奇家族苦心经营三百年的全部成果付之东流。由此可见,直到克里姆林宫朝代结束为止,都未能摆脱这样的思想:皇室中的每一个成员都应当有一块封邑,不管规模多么小,权力多么微不足道,但仍然要有自己的一块封邑。甚

至像伊凡雷帝这样一位勇敢的思想家和改革家也依然忠于世代相传的莫斯科的逻辑和政治——不彻底的逻辑和不彻底的政治。

综上所述，可以看出到这个时期结束为止莫斯科国家最高权力的大致情况。

最高权力的组成 由于各种条件的巧合，奥卡河和伏尔加河之间的地带的一个不大的封邑得以把当时的大俄罗斯民族扩大到整个地区。这种顺利的扩大使这个封邑的统治者逐渐打开了眼界，对自己和对自己的权力有了新的看法，设法使这种权力同日益改善的地位相适应。各种教育材料：基督教的观点、拜占庭的传说、当地人的历史回忆和从以往的事件中得出的教训，以及对未来的抱负都被动用来形成莫斯科的政治思想。从这些材料中形成了相当复杂、但又不十分明确的最高权力的形象，它明显地有三个特点：君权神授；在宗教和历史上同已覆灭的拜占庭的联系，以此为基础形成普世的正教；在大公弗拉基米尔·莫诺马赫直接传下来的继承权的基础上形成的全俄罗斯民族意识。但是这些特点被列入权力的组成中，而不是从权力的历史内容中发展起来的。这个内容构成莫斯科君主对罗斯土地的世袭权，罗斯土地现在属于他，将来也属于他。这个权力有三个内容：不受外力干涉的世袭全权，这表现在采用沙皇和自主君主的称号上；按照遗嘱由直系亲属继位的继承权，继承人由遗嘱人在直系亲属中物色；王国权力和领土 136
的不可分割性，分封王公的领地受沙皇管辖。这些内容是以世袭领地为基础的，但只要排除其世袭的糟粕，赋予立法的形式，是可以作为国家制度的基础的。其中的后两条使世袭领地的范围大大扩大，以致不再是世袭领地而变成了国家[34]。

社会各界对君主的看法　上面我们列举了基本事实及其后果，这些后果一方面表现在莫斯科国家的外部形势和对外政策上，另一方面表现在莫斯科君主的政治意识及其最高权力的组成上。但是这一事实也表现在莫斯科社会各界对自己君主的态度上。在15世纪末以前，分封时代的这种关系是很单纯的，还看不到后来对莫斯科君主的那种个人迷信式的敬畏之情。1480年，在阿赫马可汗入侵时，带兵在奥卡河御敌的伊凡三世离开军队，返回莫斯科，首都陷于惊慌之中，市民预计鞑靼人会围城，把自己的财物搬进了克里姆林宫。据编年史记载，当市民看到大公回来时，他们向他抱怨说："君主啊，你在和平时期治理我们，白白地向我们征收了许多苛捐杂税，而现在你自己却不向可汗纳贡，惹恼了他，你把我们出卖给鞑靼人了。"[35]罗斯托夫年迈的大主教瓦西安用更加严厉的言辞指责大公，他说："对他说话是白费唇舌。"他把大公称作"逃兵"、"胆小鬼"，并扬言，要向他讨还基督徒由于抵抗鞑靼人而流洒的热血[36]。我们再列举一则伊凡的继承人当大公时的逸事。在那个时期还保存着先前那种臣民和君主之间的纯朴关系。当时莫斯科根据人们的告密怀疑君主的弟弟、季米特里分封王公尤里图谋不轨，决定等他来到莫斯科时就把他抓起来。尤里听到这个消息，便向沃洛科拉姆斯克寺院院长约瑟夫申诉，说莫斯科听信谰言，恳
137 求院长去莫斯科在大公面前给他说说情。约瑟夫劝这位分封王公不要同大公对立："顺从天意，听命大公。"尤里回答说："我听你的劝告，不再反对君主，准备委曲求全，死而无怨，但愿你能去见见他。"约瑟夫派寺院的两个长老去见大公。瓦西里没有遵守一般的礼节，既没有同这两人打招呼，也没有问候寺院院长，他怒气冲冲

地问使者:"你们来干什么,有何贵干?"于是其中的一个长老开始教训大公:"君主不应不了解事情的原委就如此发怒,而应该好好询问一下,平心静气地听听。"大公难为情地站起来,笑着说:"请原谅,长老,我是开玩笑。"接着,他脱帽向两位长老施礼,并问候寺院院长。当谈到正事的时候,大公尊重约瑟夫的求情,同自己的弟弟和解了[37]。这是1515年以前发生的事,1515年约瑟夫逝世,可见在16世纪初臣民同自己的君主还保持着纯朴的关系。但是这种作风同最后一些封邑一起很快消失了。在伊凡三世时代,更不用说在瓦西里时代了,最高权力是神圣不可冒犯的,莫斯科君主同其臣民之间划了一道鸿沟。在瓦西里时代曾经目睹莫斯科情况的德皇大使格尔别尔什泰因这样写道:这位大公完成了他的父亲所开创的事业,他对臣民的权力几乎超过了世上所有的君主。他还说,莫斯科人谈到大公时说:君主的意志就是神的意志,君主是神的意志的执行者。当问莫斯科人:他们是否有什么不了解的或者怀疑的事情时,他们斩钉截铁地回答,"我们不知道有这样的事,我们只知道神和君主。"据格尔别尔什泰因说,他们甚至把自己的君主尊称为神的仆人和侍者,用莫斯科宫廷的语言来形容这种崇高的关系[38]。由此可见,到瓦西里的继承人伊凡四世的时代,莫斯科已经有了一整套政治概念,后来莫斯科罗斯长期沿用这些概念。

结论 在追述我们今天研究的这些现象时,不能认为在失明 138
大公瓦西里逝世以后的150年对莫斯科君主的政治思想和权力没有起什么作用。全罗斯国家的政治联合、莫斯科君主的民族意义、神授予他以捍卫人民幸福的权力——这些思想连同为确定统一的、不可分割的最高权力的组成而做的最初尝试,应当认为是当时莫斯科知识界的重大成就。如果这些成就不是伴之以相应的社会制度和国家制度的改革的话,那么它们的意义将只不过是历史上的概念而已。至于进行了哪些社会制度、国家制度的改革,我们将在下面加以研究[39]。

第二十七讲

莫斯科的大贵族——从 15 世纪中叶起大贵族组成的变化——大贵族家族系谱的条件和规则——新组成的大贵族的政治情绪——莫斯科大贵族成为一个阶级——门第制——门第制的渊源——门第制的简单计算办法和复杂计算办法——在立法方面对门第制的限制——门第制的思想——门第制形成为制度——门第制对大贵族阶级作为政治保证的意义——它在这方面的缺陷

内部关系　这个时期的基本事实是莫斯科公国变成了大俄罗斯国家，在研究其政治后果时，我指出了这一事实对莫斯科君主和大俄罗斯社会的政治思想所产生的作用。这一事实使莫斯科君主对自己的权力有了新的看法，使大俄罗斯人民对自己的君主也有了新的看法。莫斯科君主感到自己俨然是全民族的统治者，因而不论在自己的心目中，还是在人民的心目中，他的形象大大高大起来了。这一事实使人们产生了新的政治概念，同时也形成了新的政治关系。大俄罗斯的政治联合使联合起来的俄罗斯社会各阶级的地位和互相间的关系发生了深刻的变化，首先是使大贵族这个上层阶级的组成和情绪发生了深刻的变化。而这个阶级的组成和情绪的变化使其对君主的关系有了改变，这种改变同社会上其他阶级对君主关系的改变是不同的。

140 **大贵族的组成** 为了理解这种变化,有必要回顾一下分封时代莫斯科大贵族的地位。当时莫斯科就吸引了许多显要的大贵族,而北罗斯的其他公国的宫廷则未能做到这一点。从13世纪末开始,各地的达官贵人纷纷齐集莫斯科河的两岸,他们有的来自毗连的北方公国,有的来自边远的俄罗斯南方、切尔尼戈夫、基辅,有的甚至来自沃林,有的来自外国——德国西部和鞑靼的东南部,有的来自克里米亚,甚至来自金帐汗国。由于达官贵人的大批涌入,15世纪中叶莫斯科大公就拥有许多名门贵族。根据昔日莫斯科大贵族的系谱,这种望族有四十家之多。其中最著名的有:科什金家族、莫罗佐夫家族、布图林家族、切里亚德宁家族、维利亚明诺夫家族、沃隆佐夫家族、霍夫林家族、戈洛文家族、萨布罗夫家族等。在这些贵族同大公的关系中还保留着12世纪王公时代的大贵族那种作风,即根据协议偶尔自愿地为王公出谋划策,助一臂之力。从15世纪中叶起,莫斯科大贵族的组成发生了深刻的变化。16世纪大贵族的家谱揭示了这种变化。根据这些家谱,到16世纪末,为莫斯科供职的世袭名门达二百家之多。除了伊凡三世以前在莫斯科定居的名门望族以外,我们发现,从15世纪中叶起有一百五十多家望族加入莫斯科大贵族之列。这些贵族的来源是很复杂的。看一看他们的老家谱,使人觉得简直像俄罗斯人种博物馆的目录。他们来自俄罗斯平原各地和边疆,代表着五花八门的种族,既有俄罗斯人、德国人、希腊人、立陶宛人,甚至还有鞑靼人和芬兰人。更重要的是,新的大贵族中的绝大多数人来自有王公封号的家族。自从伊凡三世以来,随着莫斯科对罗斯兼并的加强,许多王公抛弃原来的大公和分封王公职位而在莫斯科供职。从那时

起,越来越多的大公在莫斯科政府各部门担任职务,有的在国家杜
马当议员,有的在衙门任法官或大臣,有的在地方当总督,有的在 141
部队当督军。担任公职的王公虽然没有完全压倒未任公职的莫斯科老贵族,但却也使之相形见绌。这些王公除少数例外以外,大多数是留里克家族和立陶宛的格季明家族的后代。继他们之后,罗斯托夫、雅罗斯拉夫尔和梁赞的大贵族也相继来到莫斯科。

家族系谱 来自各地的如此复杂的人种和社会成分是不能很快地融为一体的。莫斯科的新的大贵族等级森严,大贵族家族的上下尊卑不是协商而定,而是按官职的高低确定的。尊卑之分决定于各种条件。在莫斯科,这样的思想占了上风:王公的地位之所以应当高于大贵族,正是因为他是王公。尽管他只是不久前才为莫斯科君主服务,而大贵族的许多前辈却早已在莫斯科供职。由此可见,供职的久远反而成了家庭出身的牺牲品。这是第一个条件。但并不是所有的王公在莫斯科的官阶上处于同等地位:以前大公的后代的地位高一些,以前分封王公的后代的地位则低一些。平科夫家族的大公的地位始终高于自己的近亲库尔勃斯基家族和普罗佐洛夫斯基家族的王公,因为前者出身于雅罗斯拉夫斯基家族的大公,而后两人出身于雅罗斯拉夫斯基家族的分封王公。由此可见,王公们在莫斯科的职位的高下决定于他们转而投身莫斯科时的地位的尊卑。这是第二个条件。由于贯彻第二个条件,这就抵消了第一个条件,使一些王公的地位低于一般贵族。许多分封王公在投身莫斯科以前就丧失了自己的封邑。他们投身莫斯科以前是为其他宫廷(大公或分封王公)服务的。他们作为身份较低的大公的臣仆,在莫斯科的地位也比当地老贵族低一头,因为这些

老贵族是为所有王公中身份最高的莫斯科大公服务的,莫斯科大公是最老的弗拉基米尔地区的统治者。由此[1] 产生了第三个条
142 件:在投身莫斯科以前已不再当权执政的王公,像从其他公国投身莫斯科的大贵族一样,他们在莫斯科的地位的高下决定于他们投奔莫斯科以前所效忠的王公的地位。根据这些条件确定了有称号的公职人员和无称号的公职人员在莫斯科论资排辈的规则。在莫斯科的官阶中,当权执政的王公的地位决定于他的官职,一般贵族和供职的王公的地位决定于他们所服务的宫廷的地位。因此,(一)大公后代的地位高于分封王公的后代,(二)分封王公的当权的后代的地位高于大贵族,(三)莫斯科大公的贵族的地位高于供职的大公和分封的大贵族[1]。由于这种做法,莫斯科新的大贵族分成几个官阶。以前罗斯和立陶宛大公的后代属于上层,其中包括雅罗斯拉夫尔的平科夫家族的王公,苏兹达尔的舒伊斯基家族的王公,罗斯托夫家族的长辈大公,立陶宛的别尔斯基、姆斯季斯拉夫斯基和帕特里克耶夫等家族的王公(戈利琴家族和库拉金家族的王公来自这些家族)[2]。没有称号的莫斯科旧的大贵族属于这个阶层的只有扎哈里英家族,它是莫斯科老贵族科什金家族的一支。第二个阶层由这样一些家族的著名分封王公的后代组成:特维尔的米库林斯基家族,雅罗斯拉夫的库尔勃斯基家族,切尔尼戈夫的沃罗登斯基、奥多耶夫斯基和别列夫斯基等家族,梁赞的普隆斯基家族。此外还有莫斯科旧的大贵族中的这样一些望族:维利亚明诺夫家族、达维多夫家族、布图尔林家族、切里亚德宁家族等。属于第三个阶层和第三个阶层以下的有:莫斯科的次要[3] 贵族和小分封王公的后代以及来自特维尔、罗斯托夫等公国的大贵族。而

且，我们可以看到：根据莫斯科上层官僚阶层中形成的关系，可以比较容易地确定各个人和各个家族的相对地位，而确切地划分阶层则要困难些[3]。

政治情绪 新组成的莫斯科大贵族开始具有新的政治情绪。
领导这个大贵族阶级的最重要的显贵来自以前的大公和分封王 143
公。不要以为随着大公国和分封公国的消失，北罗斯存在的分封制也随之立即消失。不是这样。在莫斯科君主的专制统治下，这个制度还在长期起作用。北罗斯的政治联合起初只表现在莫斯科最高权力的统一上，并没有立即对地方的行政机构加以彻底改组，在地方上，分封制的残余仍然相当顽固地保持着。莫斯科君主的权力[4] 并不是把分封制的权力取而代之，而是凌驾于它之上。新的国家制度是建立在以前的制度之上的，它不是摧毁旧制度，而是形成一系列新的更高级的机构和关系。甚至特维尔、罗斯托夫、下诺夫哥罗德等地的最高地方行政机关也没有取消，而只是迁移到莫斯科，继续单独存在，并没有同莫斯科的中央机关合并[4]。分封王公也是这样，他们不再是自己封邑的独立的统治者，一般只是作为世袭领主，有时是很大的世袭领主，往往甚至享有部分以前的行政权力，根据老的地方惯例和法律行使司法、行政权，保留封邑的军队，有时甚至正式自称为分封王公，而不是供职王公[5]。在伊凡雷帝时代，在实行沙皇特辖制以前，在高级显贵中也有领主，他们拥有广大的世袭领地，在那里实行着绝对的统治，甚至不向沙皇禀报工作。由于这个缘故，王公们从分封王公甚至大公的地位转而向莫斯科称臣以后，并不是急剧的改变，不会丧失他以前拥有的一切。在莫斯科君主的宫廷克里姆林宫里，他们处于其先人所不熟悉的新环境中，但是在自己家里，在自己的宫廷臣仆中间，在自己的世袭领地上，他们仍然感到自己是以前关系的纽带，保持着以前的概念和习惯[6]。另一方面，有称号的大贵族在莫斯科机关中占据了所有的高位，统率着莫斯科的部队，治理着莫斯科国家的各州。
144 往往有这样的情况：以前执政的王公作为莫斯科君主的总督继续治理着自己的公国。所有这一切帮助新的有称号的莫斯科大贵族、大公和分封王公的后代对自己有了新的看法，这种看法是无称号的莫斯科老辈大贵族所没有的[7]。无称号的莫斯科老辈大贵族是根据协定称臣供职的自由的、可进可退的王公，而有称号的莫斯科新的大贵族则认为自己是天生的国家的全权统治者。以前的大公和分封王公的后代在统一了的北罗斯领导着一切，他们在莫斯科继续认为自己像其当权执政的祖辈一样，是罗斯土地的主人。所不同的只是：其祖辈散居各个封邑，因而是分散地、单独地治理着罗斯国土的各个部分，而现在聚居莫斯科的后代则开始共同地治理整个国土。16 世纪有称号的大贵族是这样看待自己当权执政的：认为这个权不是莫斯科君主恩赐的，而是从祖辈继承下来的，是被事态的发展推上台的，与这个君主无关。莫斯科君主自己也对他们持这个观点，因而没有触动他们的分封制度。甚至不喜欢名门大贵族的伊凡雷帝的父亲也承认他们的执政继承权，在他逝世以前向他们发出的通谕中称自己的近臣是本土的“永恒大贵族”[8]。新的、有称号的大贵族看到自己在莫斯科克里姆林宫周围的聚集，认为自己是继承先人事业的、理所当然的、得到公认的罗斯土地的统治者，莫斯科则是一个集合点，他们可以继续从这里治理罗斯的国家，只不过不像他们先人那样分散地、单独地统治，而是共同地、整体地治理一切事务和整个国土。这就是说，在莫斯科的新的大贵族中，分封时代遗留下来的世袭制度并没有中止，只不过是加以改造而已。现在，由于以前当权执政的王公的后代聚集在莫斯科，他们从父辈手中继承下来的政权就从单独的、个人的、地方性的政权变成了集体的、阶层的、全国性的政权。由此可见，新组成的莫斯科大贵族对自己的政治地位有了新的看法，这是分封时代的大贵族所没有的。他们的政治情绪就是按这种观点形成的。

门第制 这样[9]，我们在研究 15 世纪和 16 世纪莫斯科国家的 145
社会结构时，还碰到了这个时期基本情况的另一个后果。大俄罗斯民族国家的形成作为大贵族阶级进行统治的一种理论对大贵族的思想产生了影响。这个理论的基本内容可以表述如下：莫斯科君主要求曾经一度统治部分国土的世袭名门的后代共同合作来治理在他的政权下统一起来的俄罗斯疆域。大俄罗斯的联合使莫斯科大公成为全国性的民族君主，给聚集在他的旗帜下的地方统治者灌输了全国统治阶级的思想。大贵族阶级对自己地位的这种看法并不仅仅表现为政治上的要求，而且还形成了一整套供职制度，在我国历史上称作门第制。在研究这个制度以前，我先说明一下莫斯科贵族阶级的含义。

作为一个阶级的大贵族 我使用这个词的含义不同于 16 世纪莫斯科官方语言所具有的那种含义。当时这个词指的不是社会阶级，而是大贵族的高级官员。所谓大贵族阶级，乃是正式向人表明：他们享有大贵族地位。我所说的大贵族阶级是狭义的，是指那个时期莫斯科国家的许多文武官员阶级的上层。为了弄清楚这个阶层的组成,可以把官方的一本家谱作为基础。这本家谱按辈分的顺序叙述了最重要的官员的系谱,名叫《君主家谱》,是在伊凡雷帝时代编辑的。在解决莫斯科官员的系谱争端时以这本书为依据。这本家谱中列举的家族被称作世袭大贵族,我们把这种世袭大贵族称作莫斯科大贵族,可以看出这个大贵族阶级有两个条件或标志。列入这个家系的大贵族需具备以下条件:在接近于形成这个阶层的 16 世纪初以前,他们的家族中要有人在莫斯科当大贵
146 族、侍臣和其他高级官员。后来,为了使自己的家族不脱离这个阶层,其成员必须在首都供职,在中央、地方和军界任高级职务[9]。

下面谈谈门第制的主要内容。门第制就其本意来说应当是指 15 世纪和 16 世纪莫斯科国家中世系大贵族之间形成的那种官位等级制。

门第制的渊源 为了[10]理解古代莫斯科门第制这种错综复杂的现象,必须摆脱现在关于公职人员的某些概念,说得更清楚一些,就是不要把那时担任政府职务的条件同现在的条件做对比。现在,人们被任命担任某个部门的职务时,是依据他们能否胜任工作的条件而同别人发生平等关系或上下级关系的。而能否胜任则决定于一个人的能力、学历和资历,即工龄长短和完成任务的情况,总而言之,纯属个人品质,其他考虑充其量也只能是次要的和不公开的。无论如何,被任命的人之间的职务关系在他们被任命的时候就已经确定了,而依据便是首长对该职务所需要的个人品质做出的评价。16 世纪莫斯科公职人员担任高级职务时并不考虑他们的个人品质,而是考虑他们各自家族的官爵和每个人在其家族系谱中的地位。奥多耶夫斯基家族的王公在官府中的地位总

是高于布图尔林家族的人，这便是这两个家族之间的等级关系。但是布图尔林家族中的长辈可以在地位上接近于奥多耶夫斯基家族的晚辈王公，甚至同后者平起平坐，并根据这一点改变彼此之间的等级关系。这就是说，每一个家族和这个家族中的每一个人在同其他家族和其他人的关系中都保持着一定的、固定不变的地位，他们的官位必须相应保持一致，因此，上述地位是不受其任命的影响的。同事之间的等级关系不是由上司在任命他们时确定的，而 147
是由任职人员的家族地位事先确定的。在一个家族内部和同其他家族的关系中人们彼此之间的世袭地位称作门第制渊源。这种地位是由祖先遗留下来的，成为家族所有成员的世袭特权[10]。

门第制的简单计算办法 我再说一遍，所谓门第制渊源就是担任公职的个人和家族同其他担任公职的个人和家族的关系中保持的世袭地位[11]。人们制定了一种确定家世渊源的特别方法，精确得像数学一样。每个人的家世渊源都计算出来了。这种计算有一整套办法，可以称作门第制的数学。家世渊源有两重意义，它指出一个人同亲属的关系和同非亲属的关系，根据这一点，任官等级也有两种计算办法：简单的计算办法，即按照家谱（也叫“阶梯”）来计算；双重计算办法，即按照家谱和等级来计算。我们[12]已经熟悉家谱了。所谓等级是指担任宫廷内部、中央和地方的高级职务：大臣、总督、市长、督军等。在相当于现在的国防部或总参谋部的官厅中实行了这一规定，并载入编年史中。据米柳科夫说，1556 年制订了官府等级，这是一部从 1475 年开始在以后八十年一直贯彻执行的官方等级书[12]。按家谱计算的办法确定了人们同其亲属的系谱关系。这种[13*]计算办法是从古代俄罗斯家庭成员之间的关系中抄袭下来的。所谓古代俄罗斯家庭是指由父亲和已婚儿子组成的家庭或在一起生活的亲兄弟及其家属组成的家庭。这种复杂的家庭的成员严格遵守长幼辈分,例如餐桌的座次按长幼辈分排列。试以由亲兄弟及其子女组成的家庭为例:首座属于作为家长的长兄,其次的两个座位属于他的两个弟弟,第四个座位属于他的
148 长子。如果家长有第三个弟弟,那么这个弟弟的座次既不能先于也不能后于大侄子,而是平起平坐。这种辈分通常大概按出生的次序来分:第四个弟弟出生的时间通常跟长兄的第一个儿子出生的时间差不多,因此属于第二代,即儿辈,而三个年长的兄弟属于第一代,即父辈。这种次序的排列可以说明门第制计算办法的基本规则。按照这种计算办法,父亲的长子居第四位,这中间为父亲的两个年长弟弟留出了两个位置[13a]。除此以外的弟弟,其座次都后于长兄的长子,这就是说,亲兄弟的座次也按长幼次序安排。根据这两个规则,产生了第三个规则:兄弟中的老四、即三叔同长兄的长子属于同辈。这个规则可以用这样一句话表述:"长兄的大儿子论辈分等于第四个(包括父亲)叔叔。"这就是说,他们不应坐在一起,而应当另坐一桌,或坐在对面。这些规则的一个总原则是:亲属中的每个人的家世渊源决定于他同共同的祖先的远近。这种远近的距离是用座次这个特殊的计算单位来衡量的。门第制这个叫法就是这么产生的。由于门第制把系谱同职务联系起来,地位也有了双重意义,即系谱的意义和职务的意义。从系谱的这个角度来说,所谓地位的高下是指家族中每个成员在按照同始祖相距的远近而区分长幼次序的阶梯中所处的地位。同始祖相距的远近是根据他们同始祖相隔的世代来计算的。最初关于职务方面的地

位的概念显然是在大贵族们按职务和系谱方面的尊卑长幼次序排座次的时候形成的。但是后来这个概念扩大运用到一切职务关系和政府官职上。我们现在所说的“寻找位置”就是由此来的[13*]。担任官府某职的同宗人员和异宗人员之间的系谱距离应当同这些职务之间的等级距离相一致。为此,每一个范畴的职务关系、每一
个官府、国家杜马中的地位、行政职务、市长以及督军的职务也都 149
按尊卑长幼次序排列,形成为等级阶梯。我们举一个例子,说明督军们的尊卑次序是如何排列的。莫斯科军(大军或小军)在出征时通常有五个团或支队。这五个团是:大团、右手团、先头团、警卫团(即先锋队和后卫队)和左手团。每个团有一个或数个将领,视该团的组成情况,即有多少连而定。这些督军分别称为大将(或第一督军)、副将(或第二督军)、第三督军,等等。这些督军的地位按照尊卑次序排列如下:大团的第一督军居首位,右手团的第一督军居第二位,先头团和警卫团是两个平行的团,它们的第一督军居第三位,左手团的第一督军居第四位,大团的第二督军居第五位,右手团的第二督军居第六位,如此类推[14]。如果两个亲属同时担任一个军的督军,按照系谱属于长辈的那个人比属于晚辈的那个人高两级的话,那么在任命长辈担任大团的第一督军的同时,必须任命晚辈担任警卫团或先头团的第一督军,既不能高于此,也不能低于此。如果再高一级,任命他为右手团的第一督军的话,那么那位长辈亲戚就会禀报:如此提升他的晚辈亲戚,会有损于他的荣誉,同宗的人和异宗的人认为同他平起平坐,就会开始瞧不起他、侮辱他,觉得比他高一头,因为本来比他低两级的人现在只比他低一级了。如果比此低一级,任命晚辈为左手团的第一督军的话,他也会

觉得不光彩,认为他的职务同自己的亲戚不相当,有损于他的面子,亲戚会在他的面前去争取一级。我举这个例子,是要说明:系谱中的辈分必须同官府中的等级相一致。

复杂的计算办法 确定异宗人员之间的等级关系的计算办法比这更复杂一些。如果两个不同家族的成员担任官府职务,必须
150 共事,一人管辖另一人的话,他们为了检查这种任命是否得当,便根据父辈的职务计算他们之间的差距,通常把直系亲属和旁系亲属的父辈职务作为根据。为此,他们找出吏部档案,寻找过去这种任命的先例,说明他们的祖先也担任过这种职务,一起共事。碰到这种情况,他们便计算他们祖辈职务之间的等级差距。他们把这个等级差距作为基础来计算两族之间的职务关系和应享的荣誉。确定了家族的等级关系以后,两个共事的亲戚便拿了家谱,找出两家曾经共事的祖先,各自算一算自己同祖先相隔多少世代。如果这两个同事发现他们同各自祖先相距的世代差不多,那么他们便可以像自己的祖先那样担任同样的职务,保持同样的等级。如果其中的一人比另一人离自己的祖先更远一些,那么他的地位也应比自己同事的地位低一些。假定说这两个同事的祖先是奥多耶夫斯基王公和布图尔林,前者当过大团的第一督军,后者当过左手团的第一督军,那么奥多耶夫斯基同布图尔林在家族荣誉上的关系犹如父子关系,也就是说,两人相差两代,因为左手团的第一督军居第四位,正如同长子同父亲的关系。根据等级确定了[15*]家族之间的总的职务关系以后,还要按照家谱确定每个人在家族系谱中的地位。如果奥多耶夫斯基大公的后代同自己的祖先相差六代,而布图尔林的后代同其祖先相差五代的话,那么在任命奥多耶夫

斯基王公的后代担任大团第一督军时，不能任命布图尔林的后代当左手团的第一督军，因为布图尔林应当升一级。在各家族按照等级确定任官职务这一固定不变的原则中，还实行了计算世代辈分的可以变通的办法，用以确定每个人在家族系谱中的地位[15а]。
由此可见，确定同宗人的职务关系的是家谱，而确定异宗人的关系 151
的则是等级，把家谱和等级结合起来，用以确定各种不同家族人员之间的关系[15б]。

立法方面的限制 我认为，以上所述的门第制的计算办法足以使人明白，门第制使官吏的任命复杂化。特别是在确定督军的地位方面，吏部的主事很难制订一个挑选人员的办法，把各种系谱关系和等级关系都考虑到，把不同家族的各种要求协调起来。在任命督军时几乎都免不了由于地位的计算而发生争吵，抱怨“破坏了家世渊源”。下述情况使这种混乱进一步扩大：年轻的名门服役贵族与督军争夺地位，他们被派到参谋部，到督军那里去工作或委以特别重任。这方面的困难使得必须在立法上对门第制加以限制。因此，1550 年在都主教的参加下，君主和大贵族杜马决定：军事将领的某些职务不在门第制的计算之列，是无“等级地位”的。例如，他们决定：右手团的第一督军（他本来比大团的第二督军高三级）以后不再计算等级地位，而先头团和警卫团的第一督军则不低于右手团的督军。在不甚有名望的督军指挥下的有名服役贵族在进一步提升而成为督军时也不计算等级地位。或在宫廷内部的典礼上，有时军事将领的所有任命都被列为无等级地位[15В]。

门第制的思想 门第的计算产生了门第制的思想，这种思想是完全保守的和贵族式的[15*]。贵族的子孙后代必须像头几代人那样安排职务,为君主效忠[16]。各家族之间的关系一经确定,不应再改变。父辈和祖辈曾经在官府供职,子孙后代便应当永远如此。152 由此可见,门第制确定的不是像封建制那样由家族继承官位,而是继承家族之间的官位等级关系。这可以说明政府职务在门第制方面的重要性。职务决不意味着:它同家世的关系犹如算术同代数的关系,即具体的偶然性。奥多耶夫斯基王公[17]准备担负任何职务,唯一的条件是,同他共事的布图尔林必须低于他的地位。往往有这样的情况:同一个人在进军中相继担任了较低的职务,但这不是这个人的职务的降低,而是取决于他同其他团的督军的等级关系[17]。全部问题不在于职务,而在于人们之间的地位等级关系。由此可见,职务在等级中的重要性完全不像现在那样。今天,人们在政府中的地位决定于他的职务,即他掌握多大的权力和由此而来的责任。在门第制时代,人们在系谱中所占的地位表明他应获得怎样的职务。今天,有句谚语说得好,地位使人光彩。而那时的人们则认为,人的身份使职位光彩。

门第制的形成 奥多耶夫斯基家族的王公[18*]的地位之所以比布图尔林家族和莫斯科其他旧的大贵族的家族高,是由于我所提到的莫斯科大贵族等级的一个规则,因为这些大贵族是15世纪末直接从自己的封邑来到莫斯科的。莫斯科的门第制把这些规则实际运用于莫斯科公职人员的职务关系上,因此可以大致确定门第制形成的时间。远在分封时代,在莫斯科宫廷和其他王公的宫廷里就可以看到门第制的成分,就有了尊卑上下的思想,就有了按尊卑辈分安排职务和座次的现象,要求他们在王公的桌子旁就座时像他们父辈那样各就各位,要求事事必须有先例可援。在分封

时代，自由的公职人员不受拘束，他们的职务是不固定的。在王公 153
的宫廷里，他们的地位是根据同王公临时签订的个人合同确定的。只有当大贵族们各就其位，安排好地位和职务，新来的著名人物才能同王公建立牢固的关系，吃得开，取得比许多老的公职人员更高的地位，打破以前形成的名次。1408 年，立陶宛王公格季明的孙子帕特里克伊大公到莫斯科供职[18a]。他的儿子尤里在莫斯科成了戈利琴家族和库拉金家族的王公的始祖。尤里“走了红运”，取得了比莫斯科许多大贵族更高的地位，因为莫斯科大公把自己的妹妹嫁给了他，因而要求莫斯科的大贵族给他以高位。尤里的长兄是费奥多尔·霍凡斯基。在尤里结婚时，他“被请来了”，座位排在莫斯科的老辈大贵族费奥多尔·萨布尔之上。萨布尔的祖先是在卡利塔时代到莫斯科供职的。霍凡斯基王公对萨布尔说：“请坐在我弟弟尤里王公的座次之上。”萨布尔表示反对说：“令弟有个福神（即他的妻子），而你却没有。”他便坐在霍凡斯基座位的上方[18б]。通过裙带关系可以取得高位，这种风气后来在莫斯科停止了，因为大批王公涌进莫斯科供职，不像以前那样只是个别人到莫斯科。在这种情况下，以前那种由王公同新来的臣仆签订个人协定的做法不得不代之以一般的法典，用以评价公职人员的品质。不过，只是在莫斯科，门第制才形成为一整套制度。它形成的时期大概就是大批显贵涌入莫斯科之际，即伊凡三世及其儿子瓦西里当大公之时。在这个时期，门第制的两个基础开始形成了：个人协定被代之以法典；形成了许多家族，它们之间存在着任官等级的关系[18*]。从这个时期起，聚集在莫斯科的大贵族家族彼此壁垒森严。因此，祖先的家谱一般都超不出伊凡三世当大公的时期。他们的子孙后代在16、17世纪的门第制纠纷中便援引他们的官职作为自己在家谱系统中和门第制中提出要求的根据。莫斯科的显要家族是门第制、链条中的主要环节,但其中大部分家族在伊凡三世时代之前还没有列入莫斯科家谱。

154 **门第制的政治意义** 下面我们谈谈门第制对莫斯科大贵族阶级具有什么政治意义。它使大贵族的任官等级取决于他们祖先的官位,也就是说,一个人或一个家族的政治地位既不取决于君主个人的意见,也不取决于公职人员个人的功勋或成就。祖先是什么地位,子孙后代也永远处于那种地位。不论是君主的恩典,不论是个人为国家建树的功勋,不论个人多么有才干,都不应改变这个命中注定的、从祖先传下来的等级地位。争夺官位[19*]变得不可能了,因为每个人的官位预先就定好了,它不是争取来的,也不是靠自己的功勋赢得的,而是继承下来的。一个人的官位不是他个人的事业,也不是他个人的利益。他的官位的升降关系着整个家族,因此每个人在官位等级方面的高升都会提高所有亲戚的地位,而官位等级的贬降则会降低他们的地位。每一个家族都是作为一个整体同别的家族在官位方面发生冲突的。家族的联系使亲戚之间在官位方面团结一致,共同负责,共同保证家族的荣誉,因此,个人的关系要服从家族的关系,为了家族的利益而不惜牺牲道德[19a]。1598年,列普宁-奥鲍连斯基根据家谱在出征中占据的地位低于伊凡·西茨基王公,按照他的职务地位,他本来不必这样做,但他没有向沙皇禀报他对西茨基的不满,因为他同西茨基是"连襟和好朋友"。然而他的所有亲属都对这件事不满。诺戈特科夫-奥鲍连斯基王公"代表奥鲍连斯基家族的所有王公",向沙皇禀报了列普宁王公因同伊凡王公友好而做的事，由于列普宁诡秘地不禀报此事，奥鲍连斯基家族的所有王公都遭到了其他家族的非难和陷害。沙皇处理了这件事，他认为列普宁是由于彼此友好而同伊凡·西茨基共事的，因此责任完全在伊凡王公身上，即他一人在伊凡及其亲属面前降低了地位，而奥鲍连斯基家族的所有王公是无愧于祖辈的[19*]。由此可见，门第制具有防御的性质。达官贵人借此可以抵挡上面君主的专横，又可以防备下面的阴谋诡计，防备个别野心勃勃的人不安于从祖辈继承下来的地位而想上升。因此，大贵族 155
们十分重视门第。他们在 17 世纪曾经说过这样的话：我们的父辈不惜为地位而死。可以杀死大贵族，可以革他们的职，剥夺他们的财产，但是却不能迫使他们在官府或君主的座席上处于低于他们父辈的地位。这就是说[20]，由于亲属的地位而使自己的活动领域受到限制的门第制从军政人员中挑选出了一个阶级（最高当局不得不主要从这个阶级中物色担任政府职务的人士），从而使这个阶级获得了政治权利，更确切地说，获得参加行政管理，即参加最高权力活动的政治特权[20]。这样，门第制就使贵族成了统治阶级，即贵族阶级。当局对门第制就持这样的观点，就是说，承认大贵族是大贵族阶级。现在举这样的一个例子，说明人们认为门第制是支持或保证大贵族政治地位的手段。1616 年，非名门贵族出身，但却功勋卓著的沃尔康斯基禀报君主说，按照他的**功勋**，他的地位低于戈洛文是不适当的。戈洛文针锋相对地对君主抱怨说，沃尔康斯基王公及其亲属玷污了他，侮辱了他，恳求君主“为他撑腰”。按照君主的圣旨，杜马的大贵族审理了这个案件，并做出判决，把这个王公下狱，并对他说，他不是出自世袭名门，根据圣旨，出身贫贱的人不得同出身名门的人争夺世袭地位;至于沃尔康斯基的功绩,“君主是赏赐领地和财帛,而不是赏赐世袭地位”[21]。由此可见,君主可以使自己的臣仆富有起来,但不能提高他的世袭地位,因为世袭地位来自祖先,子孙后代只能继承原位,像祖先生前那样,不能有所增损。由此可见,当来自各地的、由五花八门的成分组成的莫斯科大贵族形成一个完整的统治阶级的时候,它就成了独特的贵族阶级。

门第制的缺陷　门第制的两个缺陷给大贵族阶级的地位打上
156 了自己独特的烙印[22*]。门第制规定了担任政府职务的人选资格,它对最高权力做了周密的限制,规定了应当选择什么样的人来执行其意志。最高权力机关本来应当物色有才干的、听话的臣仆,可是,门第制给它提供的是贵族出身的、往往无才能的、不听话的人。根据出身和祖先的职务来判断一个人的任职是否得当,那就意味着使政府的职务服从于风俗习惯。这种风俗习惯植根于私人生活的道德和观念,而在公共法权方面则是反政府的。这种风俗习惯就是门第制。只要国家政权没有理解自己的真正任务,没有在出身寒微的阶级中找到合适的供职人选,那么它就只能容忍这种制度。彼得大帝是用完全的国家观点来看待门第制的,认为“把它尊崇为法律是十分严酷和有害的”[22a]。由此可见,门第制每时每刻都使君主心里对大贵族感到烦恼。不过,这个制度虽然造成了敌意,但并没有增加大贵族阶级的力量,倒是削弱了它的力量,因为它即使不是这个阶级的唯一的政治支柱,也是它的主要政治支柱。这个制度把亲属纠合在贵族家族的重要团体里,但同时又拆散了自己的家族。斤斤计较地争夺地位的结果使他们互相勾心斗角、忌妒和仇视。对宗族荣誉的狭隘感情使得大家对社会的利益甚至对阶层的利益淡薄了,从而在道德上和政治上使整个阶层遭到破坏。这就是说,门第制既有害于国家,也有害于十分珍视这个制度的大贵族阶级。

下面我们将探讨一下,取得了这个十分可靠的支柱的莫斯科大贵族阶级的政治结构从 15 世纪末起同君主建立了怎样的关系[22*]。

第二十八讲

新组成的大贵族阶级同君主的关系——在分封时代莫斯科大贵族同王公的关系——从伊凡三世起这些关系发生的变化——冲突——不和睦的原因不明——别尔先同马克西姆·格列克的交谈——大贵族的统治——伊凡沙皇同库尔勃斯基王公的通信——库尔勃斯基王公的看法——沙皇的反驳——通信的性质——产生不和的朝代背景

我们看到，由于大俄罗斯的政治联合，莫斯科大贵族阶级的组成和情绪发生了变化。分封时代莫斯科君主和大贵族阶级之间存在的那种友好关系不可避免地会由于这种变化而发生变化。

分封时代贵族同王公的关系 这种关系的变化是形成莫斯科君主的权力和新的大贵族阶级的那个过程的必然产物。在分封时代，大贵族去莫斯科工作，是为了谋得一官半职。主子获得成功，臣仆的好处也随之增加，双方的利益是一致的。因此，在整个14世纪，莫斯科大贵族协调地帮助君主处理外交事务，热心地协助他治理国内事务。在那个时期留下的莫斯科的文物中鲜明地表现了双方之间的这种密切而诚恳的关系。骄傲的谢缅大公在遗嘱中给弟弟们留下的临终之言是："你们在一切方面都要听从我们的父亲、阿列克谢君主和老贵族的话，这些老辈大贵族希望我们的父亲和我们康泰幸福。”[1] 同时代人写的季米特里·顿斯科伊大公的传记更加亲切地表现了这种关系，顿斯科伊是由于大贵族的扶持才当上大公的。这位大公对子女们说：“你们要爱戴大贵族，在他们的职务中给他们以应有的尊敬，干什么事情都要征得他们的同意。”他接着用充满感情的言辞提到大贵族，谈到他同他们一起处理内外事务，谈到他们为巩固大公地位出了力，开始使敌人害怕俄罗斯。季米特里还对这些大贵族说：“我爱戴和尊敬你们所有的人，与你们同欢乐、共悲戚，我不是把你们叫作贵族，而是称作我们土地上的王公。”[2]

关系的变化 这种融洽的关系从15世纪末起开始遭到破坏。新的有称号的大贵族去莫斯科不是为了重新谋得一官半职，其中大部分人痛心地抱怨丧失了独立自主的封邑的好处。莫斯科新的大贵族待在莫斯科完全是出于客观需要、迫不得已，他们并不爱他们供职的这个新地方。双方利益不一致，在政治感情上又更加格格不入，尽管这种感情出自同一渊源。同样的客观条件既把莫斯科大公推上拥有广泛权力的全国君主的高位，又赋予他一个统治阶级，这个阶级有着抱负不凡的政治野心和对最高权力起约束作用的阶层组织。有称号的大贵族感到自己在莫斯科克里姆林宫周围已经纠集起了自己的力量，因而自视甚高，这是分封时代的莫斯科大贵族所不敢奢望的。莫斯科大公则感到自己是统一起来的大罗斯的君主，因而很难同大贵族继续保持以前那种关系而把他们视为按照合同自由任免的臣仆，根本不能容忍他们想重新分权的欲望[3]。大俄罗斯的统一既使得莫斯科的最高当局更加不能容忍别人，更加固执，也使得莫斯科的大贵族更加野心勃勃，更加骄

159 傲[3]。由此可见,同样一个历史条件破坏了这两股政治势力的利益的一致,而利益的矛盾则破坏了他们之间的融洽关系。由此产生了莫斯科君主和大贵族阶级之间的一系列冲突。这些冲突使当时单调呆板的莫斯科宫廷生活具有了戏剧性,给人以这样的印象:莫斯科君主同不顺从的大贵族阶级进行着政治斗争。而且不论从斗争的手法来说,还是从斗争的动机来说,这种斗争都是十分独特的。大贵族在坚持提出自己的要求时,并没有公开反对君主,也没有动武,甚至没有在政治上采取不协调一致的反对立场。这些冲突通常是通过宫廷内部的勾心斗角、贬官失宠等方式获得解决的。采取这种斗争方式的原因有时是很难分辨的。这[4]是宫廷内部的倾轧,往往是悄悄进行的政治斗争,而不是公开的政治斗争;是哑剧,而不是话剧[4]。

冲突 这种冲突有两次表现得特别强烈。这两次冲突的起因是一样的,都是由于王位继承问题而产生的。我们知道,伊凡三世起初确定孙子季来特里为继承人,给他加冕而成为大公,可是后来又取消他的资格,确定第二个妻子生的儿子瓦西里为继承人。在这场宫内斗争中,大贵族们支持孙子,反对儿子,因为他们不喜欢儿子的母亲,不喜欢她带来的拜占庭观点,而干瘦矮小的老大臣们都站在瓦西里一边[5]。这次冲突发展到了双方磨拳擦掌的程度,在宫内高声争吵,大贵族们的激烈反对简直有点像造反。至少瓦西里的儿子伊凡沙皇后来曾经抱怨说,站在他父亲一边的大贵族同他父亲的侄子季米特里一起"曾经考虑处死许多人",甚至对他的当君主的爷爷"也说了许多骂人的话"。但是,当时的情况究竟怎样,贵族要达到什么目的,详细情形仍然不十分明了。只是在季米特里加冕(1499 年)一年以后莫斯科的一些显赫的贵族由于采取反对瓦西里的立场而遭了殃:谢苗·里亚波洛夫斯基-斯塔罗杜布 160
斯基王公被斩首,他的支持者帕特里克耶夫王公及其儿子瓦西里(后来成为有名的长老斜眼瓦西安)被迫当了修士。在瓦西里当大公时也进行过这种不声不响的宫廷斗争,有许多人被免职罢官。这位大公对大贵族采取不信任态度是可以理解的,因为他们本来不希望他当君主,他们对他当权执政是勉强容忍的。顺便说一句,第一流贵族霍尔姆斯基不知由于什么原因被下狱,霍尔姆斯基娶了大公的妹妹,他的父亲当时还是特维尔封邑的统治者。而第二流的大贵族杜马成员别尔先·别克列米舍夫由于出言不慎,说了大公及其母亲的坏话而被斩首[6]。但是在伊凡雷帝时代宫廷倾轧特别厉害,起因还是由于王位继承问题。1552 年年末或 1553 年年初在夺取喀山王国以后不久,伊凡沙皇病得很厉害,他命令大贵族向其刚刚出生的儿子季米特里王子宣誓效忠。许多第一流贵族拒绝宣誓,或者勉强宣誓。他们说,他们不想"丢下老的,效忠小的",也就是说,他们想效忠于沙皇的表兄弟、斯塔里查分封王公弗拉基米尔·安德烈耶维奇,他们想在沙皇死后扶植他当沙皇[7]。这些冲突促使沙皇十分仇视大贵族,几年以后导致双方彻底决裂,对大贵族进行了残酷的镇压,有的贬官,有的处决。

不和的原因不明 这些冲突持续了三代人的时间。所有这些冲突的起因是可以看得出来的,但是彼此仇视的双方是出于什么动机,则任何一方也没有充分加以说明。伊凡三世对大贵族的桀骜不驯是暗中抱怨的。在继承问题解决以后不久往波兰派遣使节时,伊凡对他们做了这样的指示:"你们之间要融洽相处,要节饮,

不要酗酒,在一切方面都要自重,不要像谢苗·里亚波洛夫斯基王
161 公同伊凡·尤里耶维奇(帕特里克耶夫)的儿子瓦西里王公那样彼此看不起。”[8] 在瓦西里当大公时期,持反对立场的显要贵族的情绪和要求表现得比较明显。当时的一个文献流传到了今天,揭示了贵族方面的情绪。这个文献就是关于刚刚提到的大贵族杜马成员伊凡·尼基季奇·别尔先·别克列米舍夫案件的审讯的片断(1525 年)[9]。别尔先决不是第一流贵族,但他固执,毫不妥协。这时,在莫斯科居住着从阿陀斯山请来的长老马克西姆·格列克,以便把《详解赞美诗集》从希腊文翻译过来。这是一位阅历丰富的饱学之士,他熟悉天主教的西方及其科学,曾在巴黎、佛罗伦萨和威尼斯留过学。莫斯科显贵中有许多好奇的人被他所吸引,他们找他交谈并“就书籍和帝都的风俗习惯”进行辩论,因此莫斯科近郊西蒙诺夫修道院中马克西姆的单人居室简直好像成了学术俱乐部[10]。有趣的是,马克西姆的常客全是那些持反对立场的显贵,其中包括上面提到的那个失宠贵族的表侄安德烈·霍尔姆斯基王公[11]和贵族图奇科夫的儿子 B. M. 图奇科夫,据伊凡雷帝说,图奇科夫对伊凡三世咒骂得最厉害。但是马克西姆最亲近的客人和交谈者是伊凡·尼基季奇·别尔先,他常常同他面对面地长时间交谈。别尔先此时已失宠,同宫廷疏远。伊凡·尼基季奇有个外号,叫“刺头”,果然名不虚传,有一次大贵族杜马就有关斯摩棱斯克的问题进行讨论时他激烈地反对君主。大公很生气,把他赶出了杜马,对他说:“滚吧,你这个贱货,我不需要你。”[12] 在同马克西姆交谈时,别尔先发泄了自己的愤懑情绪,他的情绪反映了当时大贵族的政治思想。我们把他们交谈的内容概述如下。这是一个难得的

机会，可以借此听听16世纪莫斯科政治方面的私房话。

别尔先同马克西姆·格列克的谈话 这位失宠的官员当然是很生气的。他对莫斯科国家处处感到不满，既对人不满，也对制度不满。“谈到这里的人他说道，现在的人无真理。”他最不满意的是自己的君主，甚至在一个外国人的面前他也不想掩饰自己的不满情绪[13]。

别尔先对马克西姆长老说：“现在帝都的沙皇是个没良心的 162
人，是个压迫者，倒霉的时候到了，我们怎么同他相处啊？”

马克西姆说：“不错，你们的沙皇是个渎神的人，不过他并不干涉教会的事务。”

别尔先说：“虽然我们的沙皇是个渎神的人，但即使如此，你仍然有上帝。”

好像是为了证明莫斯科已经没有上帝似的，这位失宠的官员向马克西姆抱怨莫斯科都主教，说他为了讨好君主而不履行高级神职人员的职责去为失宠的人说情。别尔先突然发泄自己的悲观情绪，对马克西姆大声说道：

“马克西姆先生，如果我们把你从圣山上拉下来，对我们会有什么好处呢？”

马克西姆生气地回答说：“我是只身一人，从我身上会捞到什么好处呢？”

别尔先表示不同意，他说：“不然，你是一个聪明睿智的人，是可以给我们带来好处的。我们可以向你请教：君主应当怎样治理国土，对人们应当如何奖惩，都主教应当怎样行动。”

马克西姆说：“你们有书，有自己的章程，可以自行办理。”

别尔先想说的是,我们的君主在治理自己的国家时不征求别人的好意见,不听取别人的好意见,因而把国家治理得不能令人满意[13]。瓦西里大公表现得最“高傲”、“不听取意见”,因而使别尔先最伤心。他对瓦西里的父亲伊凡三世还是很谦恭的,据他说,伊凡三世为人善良,对人和气,因此,处处得到上帝的帮助;他喜欢“会见”,喜欢听取反对自己的意见。别尔先抱怨说:“可是现在的君主不是这样,他看不起人、固执己见,不喜欢反对自己的意见,谁顶撞他,他就对谁发脾气。”[14]

可见别尔先对君主是非常不满的。但是这种不满情绪带有保守性质。莫斯科的旧秩序开始动摇已经有一段时期了,而动摇这种秩序的是君主本人——这一点特别使别尔先不满。在这方面,他提出了一整套保守主义的政治原则。

163 他对马克西姆说:“你知道——我们从聪明睿智的人那里也听到这样的意见——哪个国家改变自己的风俗习惯,哪个国家就长久不了。现在的大公改变了我们这里的老的风俗习惯,我们会有什么好处呢?”

马克西姆表示反对说:如果人们破坏上帝的戒律,那么上帝是要惩罚他们的。至于国家的风俗习惯,君主是可以根据客观情况和国家的利益而加以改变的。

别尔先反对说:“虽然如此,但最好还是保持老的风俗习惯,重视人民,尊敬长者。而现在的君主却关起门来,无恶不作。”

罗斯国家当时之所以内外交困,别尔先认为就是由于改变了风俗习惯。别尔先认为,在放弃老风俗习惯、背叛古风方面的罪魁祸首是大公的母亲。

他对马克西姆说:“自从希腊人来到我们这里,我们的国家就被扰乱了。在此以前,我们的罗斯是平静安宁的。自从大公的母亲索菲娅大公夫人和你们希腊人来到这里以后,我们这里便动荡不安,就像在你们君主统治下,帝都发生的情况那样。”

马克西姆·格列克认为自己有责任为自己的同胞辩护,他表示反对说:

“索菲娅大公夫人具有双重名门身份:她的父亲出身于帝都的皇室,母亲出自意大利的显贵之家。”

“先生!不管她出身多么高贵,反正她给我们带来的是动荡不安,”别尔先用这句话结束了这次谈话[15]。

由此可见,如果说别尔先准确地表达了同时代的持不同政见的贵族的观点的话,那么这些贵族所不满的是:原先的治国之方遭到破坏;君主对贵族不信任;他让少数亲信组成特别亲密的核心,与大贵族杜马并列,事先讨论甚至决定本应交给大贵族杜马处理的国家大事。别尔先并不为大贵族要求什么新的权利,只不过是坚决维护被君主破坏的老制度而已。他是一个反君主的、保守的 164
反对派,因为他反对君主实行的变革。

大贵族的统治 在瓦西里逝世以后,由于他的年幼的儿子需要长期的监护,政权长期落在大贵族手里。现在他们可以按照自己的方式治理国家,实现自己的政治理想,据此改造国家制度。但他们并不想建立什么新的国家制度。大贵族分成了两派,一派是舒伊斯基家族的王公,另一派是别尔斯基家族的王公。两派发生了一场激烈的内讧,起因是个人的或家族的利益,而不是为了国家的制度。在统治者叶莲娜1538年逝世以后的十年间,这种内讧一直持续不断,贵族的政治地位在这十年中不仅没有提高,在俄罗斯公众的心目中他们的政治威信反而降低了。大家都看到,如果没有一位强有力的人物约束大贵族阶级,它会造成很大的混乱。大贵族阶级这次同君主发生不和的原因也没有讲清楚。

沙皇同库尔勃斯基的通信 在伊凡雷帝当沙皇期间,双方又发生了冲突,现在他们有机会更加清楚地阐述自己的政治观点,并解释彼此交恶的原因。大贵族王公库尔勃斯基是伊凡沙皇所喜爱的人,他跟沙皇同岁,曾经是喀山战役和利沃尼亚战役的英雄。1564 年他率领莫斯科军团在利沃尼亚作战,在一次战斗中战败了,他害怕沙皇由于这次战败或者由于他同阵亡的西尔维斯特尔和阿达舍夫的联系而感到愤怒,便投奔波兰国王,撇下了在杰尔普特(他是那里的督军)的妻子和年幼的儿子。后来,他积极地参加了波兰对沙皇和俄罗斯发动的战争[16]。这位逃跑的大贵族不想默然不语地同自己的君主分手,他从立陶宛的异国土地上给伊凡写了一封措辞激烈的、“气他的”信,谴责他对大贵族的态度太残酷了。伊凡沙皇正像他的同时代人所说的那样,是一位“善于言辞的辩才”,他不想欠这位叛逃者的文债,便给他写了一封长信进行辩解。库尔勃斯基把这封信称作是“大许诺言、哗众取宠”的信。在1564—1579 年期间,他们先后通了几次信,中间间隔的时间很长。
165 库尔勃斯基王公总共写了四封信,伊凡沙皇写了两封信[17]。但是他的第一封信占了他的全部通信的篇幅的一半以上(据乌斯特里亚洛夫说,所有的信总共 100 页,第一封信占了 62 页)。此外,库尔勃斯基还在立陶宛写了谴责性的《莫斯科大公(即伊凡沙皇)史》,在这部著作中他也表达了大贵族阶级的政治观点。由此可见，双方好像在向对方表白自己，还可以认为，他们充分地、开诚布公地陈述其政治观点，也就是揭示双方不和的原因。但是在双方花了很大劲头，费尽心机进行的这场论战中对不和的原因并没有做出直接的、明确的回答，并没有消除读者的疑问。库尔勃斯基王公的信主要是充满了个人的或者阶层的谴责和政治抱怨。在《莫斯科大公史》中，他谈了一些泛泛的政治观点和历史看法。

库尔勃斯基的看法 他写的[18]伊凡沙皇的历史是从痛苦的沉思开始的。“我多次苦苦思索这样一个问题：沙皇原先多么善良、多么好，为了祖国不惜牺牲自己的健康，在同基督的敌人的斗争中不辞艰辛苦难，放弃一切可以享受的荣誉，这样一个沙皇后来怎么会干出种种坏事？我多次含着眼泪，叹息着，对这个问题默不作声，我不想做出回答。最后，我终于不得不对所发生的事说些什么，从而对常常出现的这些问题做出答复。如果首先要对制度问题谈谈看法的话，那么我就必须充分谈一谈下述情况：俄罗斯的王公们本来是非常好的，是魔鬼给他们播下了邪恶的种子，特别是通过他们的邪恶而妖艳的妻子来这样做，就像以色列君主那里的情况一样，首先是从异族人那里汲取了一套做法。”这就是说，对莫斯科不久以前的情况，库尔勃斯基跟别尔先持相同的看法，认为罪恶的根子在索菲娅公主身上，继她之后是异邦人叶莲娜·格林斯卡娅，她是沙皇的母亲。曾经非常好的俄罗斯王公家族堕落成为莫斯科家族，“你们这个家族好久以来就是残忍无情的”，库尔勃斯基在写给沙皇的信中这样说道。他在《莫斯科大公史》中写道：“莫斯科大公的习惯早就是喝人的血、吃人的肉，毁掉他们贫穷的被诅咒的世袭领地，贪得无厌。”[18]库尔勃斯基的一些政治观点[19*]颇类似

166 原则和理论。他认为只有这样的国家制度才是正常的:它不是建立在个人行使专制权力的基础之上,而是建立在大贵族杜马参与治国的基础之上;为了使国家的事务得到顺利妥善的处理,君主必须征求大贵族的意见。沙皇应当是首脑,必须爱戴自己的睿智的顾问,把他们"当作自己的手足"——库尔勃斯基就是这样来表述沙皇对大贵族应当采取的正确态度的。他的《莫斯科大公史》是以如下思想为基础的:大贵族杜马应起良好的作用,只有沙皇周围有一批善良正直的顾问,他才能实行英明有方的领导[19a]。君主不应仅仅同出身高贵的正直的议员共商国是,库尔勃斯基王公还认为应当让人民参与国事,他认为必须建立缙绅会议,这样做是有益处的。他在《莫斯科大公史》中提出了这样一个政治原则:"如果沙皇受到全国的尊敬,但上帝没有赋予他什么天赋,那么他就不仅应当从议员那里谋求善良有益的忠告,而且应当从民众那里谋求这样的忠告,因为精神的力量不是产生于财富的多少和权力的大小,而是产生于心灵的正直。"[19б] 库尔勃斯基所说的"民众"可能只是指人民会议,即从全国各地的各个阶层中召请来的人们共商国是的会议,他不会是指同个别人的密谈。库尔勃斯基的政治观点几乎全部介绍于此。这位王公主张贵族、杜马参与政事,主张缙绅会议参与治国。但他所憧憬的是过去的事,他的理想提得晚了。不论是大贵族杜马参与政事,还是缙绅会议参与治国,当时已经算不上什么理想,不是什么政治梦想,因为大贵族杜马和缙绅会议当时已成为政治现实,大贵族杜马早就有了,缙绅会议不久以前也有了。这两个组织都是事实,我们的这位政论家是很清楚的。俄罗斯的和莫斯科的君主历来考虑各种事务,同大贵族一起立法。1550 年建立了第一个缙绅会议，库尔勃斯基应该是记得这件事的，当时沙皇曾向“民众”，即向老百姓呼吁，请他们提出忠告。由此可见，库尔 167
勃斯基只是维护现存的东西。他的政治纲领并没有超越现有的国家制度的范畴。他既没有为大贵族要求新的权利，也没有要求为他们旧的权利做出新的保证，根本没有要求改变现存的政体[19B]。在这方面，他只是比他的先行者别尔先·别克列米舍夫走得稍远一点。他强烈谴责莫斯科过去的做法，但是比这更好的做法他又想不出来[19*]。

沙皇的反驳 现在我们听听另一方的意见。伊凡沙皇[20]写信时不那么心平气和，也不那么流畅。他由于生气，百感交集，思绪纷乱，无法平心静气地、条理分明地陈述意见。偶然出现的新词汇往往使他离题，忘记了主要思想，没有把已经开始的话讲完。因此，在这场激烈的论战中很难掌握他的基本思想和趋向。感情激动时，他的言辞便灼灼炙人。沙皇写道：“你的来信收到。披阅再三。你的舌下有毒液吧。你的信表面上充满了甜言蜜语，骨子里却是苦艾。你作为一个基督徒，难道习惯于这样侍奉信奉基督的君主？你在信的开头说，要使反对东正教、坏了良心的人醒悟过来。你像我青年时代的魔鬼一样，在动摇我的信仰，在窃取上帝赐与我的权柄。”这种反对意见是沙皇的信的基调。让大贵族窃取沙皇的权力，这种思想最使沙皇生气。他反对的并不是库尔勃斯基王公的个别提法，而是反对库尔勃斯基所维护的大贵族阶级的整个政治思维方式。沙皇对他写道：“你在杂乱无章的信中只谈到一件事，不管如何花言巧语，你谈的只是你所喜爱的一个思想：让奴隶撇开主人掌权。”其实库尔勃斯基的信中根本没有谈这一点。沙皇还说:“把王国掌握在自己手里,不让奴隶掌权,这是坏了良心吗? 不愿意给自己的奴隶当奴隶,这是违反理智吗? 受奴隶的支配,难道是东正教的教旨吗?”奴隶、奴隶,除了奴隶外,没有别的好说。库尔勃斯基对沙皇谈的是有卓识的议员、大臣会议,而沙皇根
168 本不承认什么议员,对他来说不存在什么大臣会议,而只有在宫廷为他服务的人,即宫廷奴仆。他只知道,“国土是靠神的恩赐、靠我们父母的祝福、靠我们这些君主治理,而不是靠法官、军官、战略家和伊巴季之流①等等治理的。”[20] 沙皇的整个政治思想可以归结为一点,即专制政权。对沙皇来说,专制不仅是正常的、超乎现存的国家制度之上,而且在我们历史上自古以来就是如此[21]。“我们的专制制度始于圣弗拉基米尔。我们在王国的土地上诞生成长。我们掌握的是自己的土地,而不是从他人手中掠夺的。俄罗斯的专制君主从一开始就亲自治理王国,而不是由大贵族显要们治理的。”伊凡沙皇[22]是第一个在罗斯提出关于专制的这种看法的人,因为古代罗斯没有这种观点,不曾把内部政治关系同专制思想联系起来,认为专制君主只是不受外力左右的统治者。伊凡沙皇首次注意到最高权力的内部方面,深刻地提出自己的新观点。他通过自己第一封冗长的信阐述了这个思想,据他自己说,在许多地方反复地提到了同一个字眼。用他自己的话来说:“这边和那边,这里和那里。”他的全部政治思想可以归结为这样一个理想,即做一个既不受“牧师”支配、也不受“奴隶”管束的专制君主。“不亲自处

① 伊巴季(Ипатий),教会人士,1593 年起任弗拉季米尔–沃伦斯基主教,1599 年起任基辅都主教。——译者

理政务，怎么能做一个专制君主呢？”多头政治是荒诞的[22]。伊凡认为这种专制政权是神授的，不仅赋予它以政治使命，而且赋予它以宗教的和道德的使命：“努力使人们认识真理和光明，承认上帝是唯一的真理，无比荣耀，上帝赐与他们以君主；不要再内讧，不要刚愎自用，因为这会毁掉王国；如果不服从沙皇，则内讧永无休止之日。”[23]这就要求专制君主具有许多品质，以适应这种崇高的使命[24]。他应当小心谨慎，既不要十分残暴，也不要无原则的温顺，
应当惩罚暴徒强盗，既要仁慈，又要凶狠，对好人仁慈，对坏人凶 169
狠，否则，他就不配当沙皇。“沙皇的威严不是施之于好事，而是用于对付坏事。做好事，你就不必害怕权威，而做坏事，那就应当害怕了，因为沙皇手持宝剑是有用场的，是用于惩罚坏人，鼓励好人的。”在彼得大帝以前，还从来没有人用抽象的理论把最高权力的使命阐述得如此明确，至少是没有阐述得如此有力。但是当实际行使专制权力时，这些崇高的政治思想就付之东流了[24]。伊凡沙皇的专制政权的整个原则可以归结为下面这句简单的话：“贱民之生死悉操吾手”[25]。要得出这样一个公式，不需花多少脑筋。分封时代的王公没有什么崇高的专制理论，也得出了这样一个结论，甚至言语都是相同的：“予王公也，孰生孰死，悉操吾手。”在伊凡沙皇时代，世袭领主战胜了君主，这在他的祖辈，是从来没有过的事。

通信的性质 伊凡沙皇的政治纲领就是这样。专制政权的思想阐述得如此鲜明、生动，但是他没有把它发展为明确的政治体制，因而没有产生实际结果。沙皇在任何地方也没有说过，他的政治理想同现行的政治体制是否相适应，是否需要新的政治体制。例如，是否只要改变一下政治准则和习惯，他的专制政权就可以同

现存的大贵族阶级并行不悖;或者需要建立全新的政体。可以感觉到的是,沙皇对大贵族阶级感到很头痛。但是大贵族阶级并没有直接反对专制制度,因为当时莫斯科的人们认为,专制制度是从圣弗拉基米尔传下来的。大贵族承认莫斯科君主的专制政权,因为它是历史上形成的。他们只是坚持让历史上形成的其他政治力量,即贵族阶级也参与国事,认为这样做有好处;甚至要求第三种政治力量——缙绅阶层出来帮助这两种力量。沙皇责骂大贵族,甚至任性地咒骂西尔维斯特尔是“无知的牧师”,骂阿达舍夫是“狗”,这是很不公正的,结果伊凡自食恶果,因为他的这种做法反
170 而使这些不属于大贵族阶级的人得到了不应有的权力,使他们成了横行一时的人。这次争吵是出于什么原因呢?双方都维护现行制度。我们觉得[26],他们好像彼此不完全了解,某种误解使双方分裂。这种误解就是:在他们的通信中互相冲突的不是两种政治思维方式,而是两种政治情绪。他们彼此不是论战,而是说服对方。库尔勃斯基干脆把沙皇的信称作说教。他开玩笑说,他不是神甫,认为自己不配拉长耳朵听沙皇的教诲。他们坚持己见,不肯虚心听取对方意见。“你为什么申斥我们——你的忠实的臣仆?”库尔勃斯基问道。沙皇回答说:“不对,俄罗斯的专制君主从一开始就是亲自治理国家,而不是由大贵族和显贵们治理。”这种最简单的方式就可以表明这些著名通信的实质。双方不大理解对方的意思,也不大理解自己的真正地位,一直争论到预言未来,互相预言对方要完蛋。在 1579 年的信中,库尔勃斯基提醒沙皇注意索尔及其皇室的覆灭。他说:“别毁了自己和自己的皇室……基督徒流洒的鲜血很快会使整个皇室灭亡。”库尔勃斯基把自己的家族说成是

优秀的家族,受到上帝特别的恩典。他要用他制造的困难来刺伤沙皇的眼睛,把“以色列的强者”,波戈丹的督军们统统杀死和赶跑,只留下出身贫贱的“大兵们”,他们不仅害怕敌人的出现,甚至也害怕风吹树叶沙沙作响。但是,沙皇不顾这些,还是以威胁做了答复,这个回答是具有历史意义的:“即便你们是亚伯拉罕的子孙,亚伯拉罕家族的人也是要做一番事业的。也许上帝是用石头造成亚伯拉罕的吧。”这番话写于 1564 年,当时沙皇正考虑做一番豪迈的事业,即造就一个新的统治阶级,用以取代他所憎恨的大贵族阶级。

产生不和的朝代背景 由此可见,争论的双方都不满意对方,都不满意自己所生活甚至自己所领导的那个国家制度。但是双方都想不出另外一个符合自己愿望的制度,因为他们所希望的一切 171
都已经实行了或者试验了。他们争论不休,彼此交恶,这种不和的真正原因不是国家制度问题。他们之所以对政治阐述己见,互相谴责,只不过是为自己的不满找根据而已。其实,这种不满是出于别的缘故。我们知道,这种不和有两次表现得特别厉害,而起因相同,都是由于王位继承问题。君主要立一个人,而大贵族则希望立另一个人。可见双方的争端不是政治性的,而是同朝代有关。问题的实质不是如何治理国家,而是由谁治理国家。双方表现了分封制时代的习惯,而这种习惯已被事态的发展所打破。过去,大贵族可以挑选自己的王公,从一个公国转到另一个公国;而现在,离开莫斯科便无处可去,或不适宜于这样做,因为大贵族只在机会适当时才从一些王位继承人中挑选自己满意的人。他们以没有王位继承法来为自己的要求辩解。在这方面,莫斯科君主的做法也给他们火上加油。他一方面意识到自己是整个罗斯的全国性君主,另一方面内心里仍然以分封时代的世袭领主自居,既不想把临终以前处理世袭领地的权力拱手让给任何人,也不想用立法来限制自己的意志,因为"朕想把公国让与谁,即让与谁。"触及国家制度的一般性问题,君主倒不在乎,而如果外人干预他的这种意志,他则最为敏感。双方的不信任和反感便是由此产生的。但是当口头或书面表达这种感情,涉及一般性问题时,便暴露了现行的国家制度是自相矛盾的,部分地反映了彼此对立的利益,因而双方都不完全满意。伊凡沙皇想通过建立沙皇特辖区来摆脱这种不愉快的处境,也暴露了这种矛盾[26]。

第二十九讲 172

设立沙皇特辖区的客观条件——沙皇异乎寻常地离开莫斯科以及他寄给首都的信函——沙皇的返回——关于沙皇特辖区的敕令——沙皇在亚历山大罗夫村的生活——沙皇特辖区同贵族辖区的关系——沙皇特辖区的使命——莫斯科国家制度中的矛盾——考虑用服役贵族代替大贵族——沙皇特辖区没有作用——同时代人对沙皇特辖区的看法[1]

设立沙皇特辖区的客观条件 下面我就谈谈产生这种倒霉的沙皇特辖区的客观条件。

伊凡沙皇刚刚脱离少年时代，还不满二十岁，就以他这个年纪罕有的干劲开始抓权了。根据沙皇的一些聪明的指导者、大贵族（他们分裂成为敌对的小集团）中的都主教马卡里和神甫西尔维斯特尔的指教，在沙皇周围集聚了一些善良能干的顾问，库尔勃斯基王公把这个顾问班子称作“选拔的人民会议”，它在大贵族杜马中显然掌握实际的领导权，处于领导核心地位[2]。沙皇依靠这些亲信开始治理国家。1550 年开始执政活动，除了对外采取大胆行动外，对内实行广泛的、周密的改革。1550 年建立了第一个缙绅会议，讨论如何治理地方事务，并决定改革和修订伊凡三世的法典以及拟定新的更好的立法程序。1551 年建立了大宗教会议，沙皇向 173

它提出宗教改革的广泛计划,以便整顿人民的宗教和道德面貌。1552年征服了喀山王国,此后立即制定关于地方行政机构的复杂计划,打算用这些新的地方行政机构取代现行的有食邑的贵族制,这就是地方自治机构。1558年发动利沃尼亚战争,目的是打通走向波罗的海的道路,同西欧建立直接的联系,利用它的丰富多彩的文化。在所有这些重要的措施中,伊凡都得到他的合作者的帮助。这些合作者集合在同沙皇关系特别亲近的两个人的周围,这两个人就是西尔维斯特尔神甫和上诉衙门大臣阿列克谢·阿达舍夫。阿达舍夫的官职相当于帝俄的御前大臣,负责承办禀呈皇上的呈文。后来沙皇对他的精选顾问冷淡起来,原因是多方面的,一部分原因是家务方面的误解,另一部分原因是不同意他们的政治观点[3]。他们对皇后的亲戚扎哈里英家族不满[4],结果西尔维斯特尔和阿达舍夫被赶出宫廷。在这种情况下阿纳斯塔西娅于1560年逝世,沙皇认为她是由于宫内不和忧伤而死的。在遭此家庭不幸十八年以后伊凡致函库尔勃斯基,痛心地问道:"你为什么使我失去自己的妻子?如果我的爱妻不死,大贵族被处决的事是不会发生的。"最后[4],作为沙皇最亲近的、最有才干的合作者的库尔勃斯基的叛逃造成了彻底的决裂[5]。忧虑不安的[6]和孤独的伊凡沙皇失去了精神的平衡。意志薄弱的人处于孤立无援境地时往往失去精神平衡[6]。

沙皇离开莫斯科以及他写回的信函 由于沙皇心情如此不佳,莫斯科克里姆林宫发生了一件奇怪的、前所未有的事。1564年年底,许多达官显贵齐集克里姆林宫[7]。沙皇对任何人也没有说自己的意图,他同全家大小和一些宫内侍者准备出远门,携带了家具、神像、十字架、衣服和全部家私，离开了首都。显然，这不是通常的朝圣，也不是皇上游乐，而是完全的迁居。莫斯科人都迷惑不解，猜不透主子的意图。沙皇在亚历山大罗夫村（即现在的亚历山大罗夫，它是弗拉基米尔省的一个县城）卸下行李，定居于此。沙皇离开首都一个月以后从这里往莫斯科写了两封信。他在一封信中谈到，大贵族欺君年幼，擅理朝政，无法无天。他把其君主的怒火倾泻在所有教士、大贵族、文武官员的身上，谴责他们不关心君主、国家和东正教，不抵御敌人，反而自己排挤基督徒，盗窃君主的财物和土地，而牧师则包庇罪犯，维护他们，在君主面前为他们求情。信中说，沙皇尽管“皇恩浩荡”，也不能容忍这些变化，所以离别自己的王国，定居于上帝指示的某地[8]。这有点像退位，用以考验一下自己在人民中间的权威。沙皇向莫斯科的老百姓、商人和所有纳税的人写了另一封信，派人在广场上当众宣读。沙皇在信中写道，他们可以确信，皇上对他们没有怒气。听了这封信，一切都瘫痪了，首都的一切正常活动一下子都停止了，商店关门，衙门无人，人们不再歌唱。全市哗然，人心惶惶，纷纷要求都主教、主教和大贵族前往亚历山大罗夫村恳请皇上不要抛弃国家。老百姓大喊大叫，要求君主回来保卫他们，搞掉那些狼心狗肺的恶人，他们不拥护那些叛国欺君的人和恶棍，他们要杀死这些坏蛋。 174

沙皇返回　由高级教士、大贵族和官员们组成的、以诺夫哥罗德的大主教皮缅为首的代表团以及许多商人和其他各界人士前往亚历山大罗夫村恳求君主按照圣意，想怎么治理国家，就怎么治理国家[9]。沙皇接受民意，同意重返都城，“重新掌权治国”，并答应以后宣布治国的条件。过了一段时间，沙皇于 1565 年 2 月隆重地重

返首都,召开了由大贵族和高级宗教人士参加的国务会议。沙皇
175 面容憔悴,人们几乎认不得他了:他那原先炯炯有神的灰色小眼睛现在黯然无神,他那原先总是活泼和蔼的面庞现在瘦削了,眼神显得孤僻,原先浓密的头发和胡须,现在只剩下稀稀拉拉的几根了[10]。显然,沙皇隐居的两个月是在心情恶劣的情况下度过的,不知道他的此举会落得什么下场。在国务会议上,他提出了重新掌权的条件。这些条件是:叛国欺君者、不服从命令者或贬官或处决,其财产没收充公,神职人员、大贵族、文武官员都得服从君命,不得干扰。沙皇简直是向国务会议要求让他实行警察专政,这可以说是君主同人民达成的一项条约[11]。

关于沙皇特辖制的敕令 为了惩治叛国欺君者和不服从命令者,沙皇建议设立沙皇特辖区[12]。这是沙皇给自己设立的特殊的宫廷,其中包括特殊的大贵族、特殊的管事、司库、文书、官吏、侍者等人员,有一整套宫内班子。有一位编年史作者[13]特别强调"特殊的宫廷"这个提法,强调沙皇把这个宫的一切都算作自己的"特殊财产"。他从官员中挑选了1 000人派往沙皇特辖区。这个特辖区位于首都白城外的工商区,在现在的林荫道外。拨归这个区的有普列奇斯坚卡、西夫采夫—弗拉热克、阿尔巴特、左尼斯茨克等街道以及一些城郊,一直延伸到诺沃杰维奇寺院[13]。以前在这些街道和城郊居住的官吏迁入莫斯科工商区的其他街道。为了维持这个宫廷,为了自己以及皇子伊凡和费奥多尔的生活,他从自己的国家拨出了20个城市及县和一些乡,把那里的土地分给沙皇特辖区的人员,而以前的土地所有者则被迁出了自己的世袭领地,在非直辖区的县另行分配土地。有1.2万名迁居者和他们的家属在冬

季步行离开了他们被剥夺的家园到新分给他们的边远荒凉的地方去[14]。由国家划拨的沙皇特辖区[15]不是完整的地区，而是由城、镇、乡组成的，有些甚至是分散各地的城市的一部分，主要是中部和北部的一些县(维亚兹马、科泽利斯克、苏兹达尔、加利奇、沃洛格达、 176
老鲁萨、卡尔戈波尔等；后来诺夫哥罗德的商业区也划归沙皇特辖区)。“自己的莫斯科国家”，即[15]隶属于莫斯科君主的其他全部地区，包括其军队、法院和行政部门由沙皇交给奉命参加地方自治会的大贵族管理；地方自治会的一切事务，也由这些贵族处理，这一半国家叫作**贵族管辖区**。处于贵族管辖区的一切中央政府机关“仍像以前那样行事”，地方上的一切重要事务都请示治理贵族管辖区的地方大贵族杜马，只有军事方面的和最重要的地方事务才禀报君主。这样，整个国家就分成了两部分：贵族管辖区和沙皇特辖区。贵族杜马领导贵族管辖区，而沙皇特辖区则由沙皇亲自领导，他当然也不[16]放弃对地方贵族杜马[16]的最高领导权。至于外出巡视费用，沙皇则作为处理地方事务的旅差费向贵族管辖区征收10万卢布(按现在的币值计算约为600万卢布)。“关于沙皇特辖区的圣旨”没有传到现在，以上这些内容是古代编年史叙述的[17]。这个圣旨大概是在亚历山大罗夫村事先拟定的，在莫斯科国务会议上宣读[17]。沙皇利用他得到的权力，在会议的第二天马上采取行动，对叛国欺君者或贬官或处死，首先拿叛逃的库尔勃斯基王公的最积极的支持者开刀。在一天之内就有六个显要的大贵族被斩首，第七个被处以刺刑[18]。

在亚历山大罗夫村的生活 开始了[19]建立沙皇特辖区。作为沙皇特辖区的第一个居民，沙皇首先摆脱父辈和祖辈传下来的君

主生活必须遵循的仪礼准则,离开继承下来的克里姆林宫,迁往他命令在阿尔巴特和尼基茨克之间的沙皇特辖区某地修建的新行
177 宫,并同时命令特辖区的大贵族在亚历山大罗夫村建筑供他将来居住的宫殿以及管理特辖区事务的政府大楼。他自己很快迁居那里,只是在"不重要的时刻"到莫斯科走走。于是在密林深处出现了新的深宅大院,这里成了沙皇特辖区的首府,宫殿连绵,围着高墙,有护城河环绕,街道通衢,岗哨密布。在这个宫廷里,沙皇仿造了寺院,挑选了三百名死心塌地的沙皇特辖军,结成一伙,沙皇自任修道院院长,Aф. 威雅泽姆斯基王公担任高级神职。沙皇用修士的幌子来掩盖这帮强盗的面貌。他为他们制定了公共生活准则,而自己则带着王子们天天早上爬上钟楼敲钟,叫人们做晨祷。他在教堂唱诗班席上读经唱诗,深深磕头,以致他的前额不断有瘀血。众人在寺院公共餐厅嘻嘻哈哈进午餐以后,沙皇走向读经台宣读神甫关于斋戒节欲的箴言,然后独自吃午饭。午饭以后,他喜欢谈谈法律,打个盹,或到刑讯室看拷打嫌疑犯[19]。

沙皇特辖区和贵族管辖区 在沙皇如此举动的情况下,一眼便看出,所谓沙皇特辖区是一个没有什么政治意义的制度。事实上,沙皇在诏书中把所有的大贵族称为叛国欺君者和盗窃国家土地者,只不过是要终止这些叛国者和盗窃者对该地区的治理权而已。不过[20*]特辖区也有它的意义,只不过是太可悲了。应当把领土和目的分开。16 世纪"沙皇特辖区"一词已经过时不用了,那时的莫斯科编年史代之以"特殊宫廷"。这个词不是伊凡沙皇想出来的,而是从老的分封时代的言语中借用的。在分封时代,用这个词称呼那些特殊的领地,主要是指拨归孀居的王公夫人使用的领地,

用以区别于供王公生前生活之用的领地。伊凡沙皇的特辖区是宫廷的经济和行政单位，负责管理维持皇宫生活的土地。在以后的一段时期，即在18世纪末也出现过类似的制度，那时保罗皇帝于1797年4月5日颁布了关于皇室的一道法令，规定“从国家领地中拨出一些特殊的不动产”，包括四十六万多名男性农奴，“列入国 178
家开支，作为皇室村镇”，定名为分封村镇[20a]。唯一的区别是，沙皇特辖区实行进一步的吞并，几乎囊括了整个国家的一半领土，而保罗皇帝分封地区所占有的人数只有当时整个帝国人口的三十八分之一[20*]。伊凡沙皇把他建立的沙皇特辖区看作是自己的私人领地，看作是特殊的宫廷，看作是他从国家版图中划拨出来的分封地。他打算在自己死后把贵族管辖区交给当沙皇的长子，把沙皇特辖区交给当分封王公的次子。据说，领导贵族管辖区的是受洗礼的鞑靼人、被俘的喀山王叶季格尔-西麦昂。后来，在1574年伊凡沙皇为另一个鞑靼人卡西莫夫汗萨英-布拉特(受洗礼以后的名字叫西麦昂·别克布拉托维奇)加冕，授予他**全罗斯**大公君主的称号[21]。用现代的言语来说，就是伊凡沙皇任命两个西麦昂为贵族管辖区大贵族杜马主席。西麦昂·别克布拉托维奇统治王国两年，后来被流放到特维尔。所有的政府官厅都把这个西麦昂当作不折不扣的全俄罗斯沙皇，用他的名义下达命令，而伊凡自己则仅仅保留王公君主这个谦逊的称号(甚至不是大公，不是全罗斯王公，而仅仅是**莫斯科**王公)，作为普通大贵族向西麦昂鞠躬，在给西麦昂的呈文里把自己称作莫斯科王公伊凡·瓦西里耶夫，和妻子儿女一起向沙皇叩禀[22]。可以这样认为，这并不完全是政治戏剧。沙皇伊凡宁可当分封制的莫斯科王公，也不当领导贵族管辖区的全罗斯君主。伊凡当特殊的、沙皇特辖区的莫斯科王公,就等于承认,所有其余的罗斯国家构成了由以前的领主、大公和分封王公的子孙后代组成的议会机构,从中组成了参加贵族管辖区贵族杜马的莫斯科高级贵族。后来伊凡把沙皇特辖区改名为宫廷,把特辖区的贵族和服役人员改称为宫廷大贵族和宫廷服务人员。沙皇的特辖区[23]有自己的杜马和自己的贵族。管理特辖区的是特殊的部
179 门,它们同以往地方上的管理部门是一样的。全国性的,即帝国的事务由贵族管辖区的大贵族杜马负责处理,并禀报沙皇。至于其他问题,沙皇则交给贵族管辖区的大贵族和特辖区大贵族审议处理。“自己的大贵族”则做出总的裁决[23]。

沙皇特辖区的使命 但是,人们要问,为什么要恢复或者仿照分封制呢?沙皇建立这个名称古老、形式陈旧的制度,表明它担负着一项前所未有的任务:沙皇特辖区具有政治避难所的意义,沙皇想到那里躲避叛逆的大贵族。他认为他应当防备大贵族,这个想法逐渐萦绕他的心头,而现在则更加难以忘怀。沙皇在1572年前后写的遗嘱中煞有介事地说自己是一个被驱赶的人、一个流浪者。他写道:“我的许多胡作非为引起天怒人怨,大贵族恃财傲物,把我驱赶,我流浪全国各地。”[24]人们说他曾认真地计划逃往英国。由此可见,沙皇特辖区这个制度是要保障沙皇个人的安全。现行的莫斯科国家制度中还没有一个特殊的机构能够完成它所具有的政治目的。这个政治目的就是:镇压俄罗斯土地上潜伏的叛乱,主要是在大贵族中间酝酿的叛乱。沙皇特辖区负有对付叛国事件的高级警察的使命。为特辖区建立了有一千人的警卫队,后来扩充为六千人,这是监视国内叛乱的一支部队[25]。马柳塔·斯库拉托夫

(即格里哥里·雅科夫列维奇·普列谢也夫-别利斯基,他是都主教阿列克西的亲戚)简直成了这支部队的负责人,而沙皇则要求神职人员、大贵族和全国给他以实行警察专政的权力来对付这种叛乱。作为特辖区的特殊警察,他们有自己独特的服装:他们的马鞍上有狗头和扫帚的标志,这就是意味着,他们的任务是要搜寻和消灭叛乱,对那些反君乱国的恶人要狠狠地咬他们[26*]。这支部队从头到脚穿黑色的衣裳,骑的是乌黑的马,马具也是黑色的,因此当时的人们把他们叫作“黢黑的一团”,说他们“像黑夜一样黢黑”。180
这有点像苦行僧,像神仙一样既要脱离人世,又要同人世做斗争,要抵制世上的各种诱惑。接纳参加这支部队的仪式也是神秘莫测、隆重非凡的。库尔勃斯基王公在《沙皇伊凡史》中写道,沙皇从俄罗斯各地纠集了许多“下流的、恶毒的人”,要他们庄严宣誓不仅不同朋友和兄弟来往,而且也不同父母来往,只为沙皇一人效劳,强迫他们为此亲吻十字架,表示不变心[26a]。我们还记得,我曾提到过沙皇在亚历山大罗夫村为自己精选的那一帮人规定的寺院生活[26*]。

国家制度中的矛盾 沙皇特辖区的产生经过和使命就是如此。虽然解释了它的产生经过和使命,但要理解它的政治意义仍然是相当困难的。比较容易看到它是如何产生的,为什么会产生。但要弄清楚沙皇是怎么产生设立这种制度的想法的,则比较困难。因为沙皇特辖区并没有解决当时摆在日程上的政治问题,并没有消除由此而产生的困难。那时的困难是君主和大贵族之间的冲突造成的。产生这种冲突的根源不是这两支政治力量互相矛盾的政治愿望,而是莫斯科国家政治制度本身的矛盾。君主和大贵族在政治理想方面、在国家制度的结构方面并没有不可调和的矛盾,他们之间的意见分歧发生在现行国家制度的不合理方面,他们都不知道如何解决这个矛盾。16 世纪莫斯科国家的实际情况到底如何呢? 当时是君主专制,但是有贵族参政,即有政府工作人员参加。那时没有[27]确定最高权力范围的政治立法,但是有一个统治阶级和这个政权承认的贵族组织[27]。这个政权同排挤它的另一支政治力量是共同地、同时地,甚至肩并肩地成长起来的。由此可
181 见,这个政权的性质同它用以行使权力的政治手段的性质是不一致的。大贵族[28]认为自己是全罗斯君主的强有力的顾问,而当时这个君主则坚持分封世袭领地的观点,他根据古罗斯的法权,认为他们是君主的臣仆,是为宫廷效劳的[28]。他们双方处于很不自然的关系中,当这种关系开始形成的时候,他们没有注意到这一点,而当他们觉察到这一点时,他们已无能为力了。后来双方意识到处境不妙,但又不知道出路何在。没有大贵族所习惯了的君主的权力,大贵族是无法自处、是无法维持国家秩序的,而没有大贵族的协助,君主也治理不了疆界扩大了的王国[29]。双方既不能容忍对方,又不能没有对方。由于双方合不来,又不能闹翻了,他们便想分而治之,各搞各的,不要搞在一起。沙皇特辖区便是解决困难之方。

考虑用服役贵族代替大贵族 不过,这种解决办法并没有消除困难。困难就在于:大贵族作为统治阶级的政治地位对君主是不适当的,因为大贵族是排挤君主的。要摆脱这个困难,有两条道路:要么不让大贵族当统治阶级,代之以别的比较顺从听话的统治工具;要么把它一分为二,吸收大贵族中最可靠的人到宫廷来,共

理国事，像伊凡在掌权的初期所做的那样[30]。第一个办法他不能很快采取，第二个办法他不会或者不想采取。在[31]同亲近的外国人谈话时，沙皇无意中承认他打算改变整个治国制度，甚至消灭重臣。但是改革体制的思想只限于把国家分为贵族管辖区和沙皇特辖区，至于消灭大贵族，只不过是激动时的气话而已，因为很难把一个同他的阶层有着千丝万缕联系的整个阶级从社会上分出来，加以消灭[31]。而且沙皇也不能很快建立另一个统治阶级来取代大贵族阶级。这种变革需要时间，需要一个适应过程，统治阶级需要适应当局，而社会也需要适应统治阶级。不过，毫无疑问，沙皇是 182
考虑过这样的变革，他在沙皇特辖区也为此做了准备。由于大贵族治国无方，他从幼年时起就有了这样的思想[32*]。这个思想促使他接近阿达舍夫。用沙皇自己的话来说，沙皇把他"从垃圾中"拣了起来，同大贵族一起促使他直接为沙皇效劳。这样，阿达舍夫就成了特辖军的原型。伊凡在当权执政的初期就有机会了解后来在特辖军中流行的思维方式。在1537年，或者在这一年前后，有个名叫伊凡·佩列斯维特夫的人从立陶宛来到莫斯科，他说自己属于在库利科沃战场立战功的英雄、修士出身的佩列斯维托夫的家族。这个移民是一个冒险的雇佣兵，曾在波兰的雇佣军中服役，为波兰、匈牙利、捷克的三个国王效过劳。他在莫斯科失去了大批人，丧失了他服役挣得的"财产"，在1548年或1549年向沙皇递交了长篇呈文。这是一篇激烈的政治性论文，它反对大贵族，为"军人"，即普通军役贵族说话，他本人就是这样的一个军人。他警告沙皇不要受他所亲近的人的诱惑，而没有这些人，他简直"一刻也活不下去"。普天之下还没有另一个这样的沙皇，但愿上帝使他不要受“重臣的诱惑”。沙皇身边的重臣愁眉不展,终于宣誓造反了。沙皇“为了王国而发动”内战。他在城乡各地任命了自己的官员。基督徒流洒的鲜血和眼泪使他们发财致富了,也变得慵懒了。谁以重臣资格接近沙皇,而不是以自己的战功或其他美德接近沙皇,那么他就是一个以妖术惑人的异端分子。谁夺去了沙皇的幸福和智慧,就应当把他烧死。作者认为马赫麦特苏丹建立的制度堪称楷模,他把统治者抬得高高的,“把他捧上了天”。他认为,要忠实地为君主效劳,自己就不能计较荣誉。君主应当恰当地从全国征税收贡,充实国库,使军人欢心,接近他们,在各方面信任他们[32а]。作者好像事先为特辖军找根据似的,说这个做法对出身寒微的军人有利。佩列斯维托夫的思想倾向不能不引起沙皇的共鸣。他给
183 一个特辖军人员瓦休克·格里亚兹诺依写道:“由于我们的罪过(我们必须隐瞒这一点),我们的大贵族教唆我们背叛自己的父亲。我们接近你们这些临时工作人员,希望你们效劳和提供真相。”[32б]特辖区的这些临时工作人员都是出身贫贱的、普通宫廷服役贵族的后代,他们应当像用石头做成的亚伯拉罕后代那样效劳,如同沙皇给库尔勃斯基王公写的信中所说的那样。由此可以看出,按照伊凡沙皇的想法,服役贵族应当取代大贵族,以特辖军的形式充当统治阶级。我们看到,在17世纪末完成了这种取代过程,不过采取的形式有所不同,不那么遭人反对罢了[32*]。

沙皇特辖区没有作用　无论如何,不管采取哪一种办法,都要触及整个阶级的政治地位,而不只是触及个别人。沙皇则采取了完全相反的做法:他疑心整个大贵族阶级可能造反,便对可疑分子下手,各个击破,但却让这个阶级继续领导地方政权。由于没有可

能摧毁他认为不适当的政治制度,便开始消灭个别嫌疑分子或者他所憎恨的人。没有用特辖军[33]取代大贵族,而是用它来对付大贵族。特辖军的使命使它不能成为统治者,而只能成为刽子手[33]。沙皇特辖区之所以在政治上没有什么作用,原因就在于此。特辖区是由于制度引起的冲突(而不是个人引起的冲突)而产生的,但它的矛头却是针对个人,而不是针对制度。从这个意义上可以说,特辖区并没有解决摆在日程上的问题。它[34]只能使沙皇对大贵族的地位以及他自己的地位[34]做不正确的理解。它在很大程度上是沙皇过分害怕的产物。沙皇伊凡用它来对付可怕的叛乱,好像大贵族正在酝酿这种可能消灭整个皇室的叛乱似的[35]。但是[36]实际上果真有这么严重的危险吗?且不说沙皇特辖区,莫斯科把罗斯联合起来而直接或间接造成的条件就已经动摇了大贵族的政治力量。大贵族供职自由的主要条件是可以合法地自由迁徙,但到伊凡沙皇的时代,这种可能性已经没有了,除了立陶宛以外,已无处可去。唯一剩下来的斯塔里茨分封王公弗拉基米尔也受条约的约
束,不得接纳从沙皇那里来的王公、大贵族和任何人。大贵族的供 184
职原先是自愿的,现在则成为义务性的、强迫的。门第制使这个阶级没有能力采取协调一致的联合行动。在伊凡三世及其孙子时代用新的世袭领地替换了老的王公的世袭领地,从而把极重要的供职王公的工作地点重新调整了,把奥多耶夫斯基家族、沃罗登斯基家族、麦泽茨基家族的王公们从他们可以同莫斯科的外部敌人勾结的危险地区调往他们陌生的、同当地人没有任何联系的克利亚济马河或伏尔加河上游的某地。显要的大贵族仍然统治着外地,但是他们的统治只会引起人民群众的憎恨。例如,大贵族不论在

政府机构中、人民中,甚至本阶层的组织中都没有牢固的基础,沙皇比大贵族自己更清楚这一点。存在着严重的危险,可能重复1553年的事件,当时许多大贵族不愿宣誓效忠于身患重病的沙皇的尚在襁褓之中的儿子,而拥戴皇后的叔叔、分封的弗拉基米尔为沙皇。垂危的沙皇对表示愿意效忠的大贵族说,一旦他逝世,他认为自己家族的命运便操在这位当沙皇的叔叔手中。这就是东方专制国家互相争权的王子的命运。伊凡沙皇的祖辈、莫斯科王公们正是如此对付阻挡他们道路的亲属的。伊凡沙皇也是如此对付自己的叔伯兄弟弗拉基米尔的。1553年的事件没有重演。不过,沙皇特辖区并没有防止这种危险,而是加剧了这种危险。在1553年,许多大贵族站在皇后的一边,防止了朝代的崩溃。如果在1568年沙皇逝世的话,他的直接继承人未必能有足够的支持者,因为沙皇特辖区的设立使得大贵族们出于保卫自己的需要本能地团结起来了。

同时代人对沙皇特辖区的看法 如果没有这种危险的话,大贵族的造反充其量也不过是企图逃往立陶宛而已。同时代人并没有谈到大贵族阴谋叛乱[36]。如果大贵族真的要叛乱的话,沙皇本
185 来应当采取另外一种做法:他应当把打击的矛头专门指向大贵族,然而他的打击对象不光是大贵族,甚至主要不是大贵族。库尔勃斯基在《莫斯科大公史》中列举了伊凡镇压的人数,总共超过了四百人。同时代的外国人估计甚至达一万人[37]。伊凡沙皇在处决人以后,出于信仰,把被处决的人的名字载入追荐亡人名簿,散发到各寺院追悼亡者,并附追悼费。这些追荐亡人名簿是颇有趣的纪念物。其中有些名簿记载的死者增加到四千人。不过在这些蒙难

者名册中大贵族的名字是不多的，多半是一些被群众打死的、并没有参与大贵族叛乱的宫廷内侍、法院书记、照料猎犬的人、男女修道士。“这都是一些基督徒，男女老幼都有，他们的名字，请读者诸君纪念吧！”每当一批人被群众打死，便有人如此悲伤地朗读亡者的名字。最后[38]，轮到了特辖军：沙皇喜欢的、最亲近的特辖军人——威雅泽姆斯基王公和巴斯曼诺夫父子死亡了。同时代人总是以低沉悲愤的声调谈到沙皇特辖区在人们的思想中造成的混乱，人们对这样的内部震动是不习惯的。他们认为沙皇特辖区搞得社会大乱。他们写道，沙皇制造了内讧，在同一个城市唆使一批人反对另一批人，把一部分人叫作特辖区人、叫作自己人，把另一部分人叫作贵族管辖区人，让自己的一部分人对另一部分人为非作歹，随便杀人，掠夺他们的房子。于是人们对沙皇感到愤恨和憎恶，结果造成许多流血事件，死了许多人。有一位观察敏锐的同时代人认为沙皇特辖区是沙皇玩弄的令人不可思议的政治把戏：用斧子把自己的整个国家劈为两半，这使所有的人都迷惑不解，这简直是以人为儿戏，自己起来反对自己。沙皇企图在贵族管辖区当君主，而在沙皇特辖区仍然当世袭领主、分封王公。同时代人不能理解这种政治两面性，但是他们知道，特辖区虽然杜绝了叛乱，却造成了无政府状态；虽然保护了君主，却动摇了国家的基础。它本来是要防止想象中的叛乱，不料却反而为真正的叛乱做了准备。被我援引的那位观察家认为，他著书时的动乱时代同沙皇特辖区是有直接联系的。他认为：“沙皇制造了全国的大分裂。我认为， 186
这种分裂是现在全国不和的根源。”[38]沙皇的这种做法可能不是政治上周密考虑的结果，而是政治上失误的结果。沙皇同大贵族发生了冲突,在1553年生病以后,特别是在库尔勃斯基叛逃以后,完全失去了对大贵族的信任,惊慌失措,把危险看得太大了:“有人要谋害我。”于是,关于国家制度的问题变成了保卫他个人安全的问题。他由于过分恐惧,便闭着眼睛,不分敌友,乱砍乱杀起来。这就是说,在政治冲突的方向方面,他的个性是要负很多责任的,因此,这一点在我国历史上也具有一定的意义。

第三十讲 187

伊凡雷帝介绍

童年 伊凡沙皇生于1530年。他天生聪明颖悟、善于思索、多少有点爱嘲笑人，他是大俄罗斯的、莫斯科的十分有才智的人。但是，他童年时代的客观环境伤害了他的智慧，使之未能得到正常健康的发展。伊凡早年失去双亲，四岁丧父，八岁丧母。他的童年是在外人的圈子中度过的。丧亲之痛、被遗弃和孤独之感在他幼小的心灵上打下了深深的烙印，终生难忘。一有机会，他总是说："我没有得到过双亲的爱抚。"[1] 因此，胆怯成为他性格的基本特点。像一切在外人手中长大的、没有严父的监督、没有慈母的爱护的人一样，伊凡年幼就学会了察颜观色，看风使舵。这使得他多疑，以致后来发展为不相信人。他童年时代没有得到温暖，周围的人对他冷淡，漠不关心。他后来在写给库尔勃斯基王公的信中追述道，他和弟弟尤里在童年时代备受排挤，遭到穷人般的对待，吃得不好，穿得很坏，不能随便玩，人们强迫他们做力不胜任的事情。在外出或接待外国使节这类庄严隆重的场合下，他享受到了沙皇的阔气排场，人们对他卑躬屈膝；在平常，人们则对他毫不客气，有 188
时很放肆，有时还戏弄他。他们常常同弟弟尤里在已故的父亲的卧室里玩耍，占统治地位的大贵族 И. В. 舒伊斯基王公当着他们的面躺在长凳子上,胳膊肘顶着他们的父亲、已故君主的床,把脚放在上面,对两个孩子既没有父亲般的爱抚,也没有对统治者的照顾[2]。二十五年以后伊凡忆及这段往事,仍然痛心疾首,从而使人觉得,他童年时是多么时常生气。人们把他当成君主一样地向他献媚,又把他当成孩子似地侮辱他,在他童年的环境中,他却不能马上流露出烦恼、发脾气、生气的情绪[3]。他必须克制自已、忍气吞声、眼泪往肚里流,这样就慢慢形成了他容易发脾气、对人暗中怀恨、咬牙切齿而不外露的性格[3]。而且他在童年曾经受过惊吓。1542年,当别尔斯基家族的王公们当权执政时,舒伊斯基王公的支持者夜间对政敌的后台约阿萨弗都主教发动了突然袭击。这位当权者藏到了大公的宫内。叛乱者打碎了都主教的窗子,追到宫内搜捕他,拂晓时吵吵嚷嚷地闯进了年幼君主的卧室,吵醒了他,使他受到惊吓。

大贵族统治的影响 贵族独断专行的残暴统治搞得国无宁日,伊凡就是在这样的气氛中长大的,这是他得到的第一个政治印象。他们的所作所为使他由胆怯进一步变成神经质的胆颤心惊,后来又发展为过分夸大危险的倾向,形成了所谓目瞪口呆的恐怖感。由于伊凡始终处于不安和猜疑之中,他早年就习惯于认为周围的人都是敌人,养成了郁悒的性格,觉得左右净是要阴谋诡计的人,他们企图从各方面包围他。这使他不得不经常提心吊胆。他每时每刻都习惯地认为,说不定敌人会从什么地方冒出来,扑向他。他有一种最强烈的自我保卫本能。他的整个聪明智慧都用来培养了这种粗暴的感情。

189 **早慧和早熟** 像一切早年就开始为生存而斗争的人一样,伊凡迅速成长起来,成为一个早熟的人。刚刚脱离少年期,才不过十七岁到二十岁左右,他就聪颖过人,考虑了大量问题,提出了成熟的看法,甚至连他的祖先没有想到的问题,他都考虑到了,因而使周围的人大为惊讶。1546年,他才十六岁,据编年史记载,他在做孩子们的游戏时,突然向大贵族们谈到结婚问题,而且说得如此深思熟虑,做了周密的政治考虑,以至于大贵族们惊讶得流出了眼泪。他们想,沙皇这么年轻,就想得这么多,同谁也没有商量,把一切暗藏在自己心里。早年独自冥思苦想的习惯破坏了伊凡的思想,使他养成了病态的敏感和容易激动。伊凡[4] 从小时候起就失去了心理的平衡,不善于控制情绪,不能在必要时分散怒气,用一种感情克制另一种感情,他年轻时代就养成了感情用事[4]。不论他考虑什么问题,他总是带有感情成分。在这种自我暗示下,他的头脑发热,往往想出一些大胆豪迈的计划;他的语言变得慷慨激昂,能言善辩;当他开口讲话,或下笔为文时,便像铁匠锤子底下的热铁,火花四溅,犀利的言辞、尖刻的讽刺、巧妙的措辞遣句,不时迸发出来。伊凡是16世纪莫斯科最优秀的演说家和作家之一,因为他是当时的一个最激愤的莫斯科人。在他情绪激动时写出的一些文章中,他不是以理服人,而是以感情感染人。令人折服的是他的激昂的言辞、敏捷的思路、巧妙的辩才、聪颖的思维,但这只是没有热度的磷光,这不是灵感,而是头脑发热,是神经质的发作,是艺术上的激情。读一读[5] 沙皇给库尔勃斯基王公的信,人们感到惊讶的是,作者的感情是多么变化多端:一会儿是宽宏大量、追悔前愆、披沥衷曲,一会儿又是嬉笑怒骂、讽刺挖苦[5],一会儿理直气壮,一会儿又变得心力交瘁,机智颖悟之气概全消,连普通常识也没有

190 了。在智力衰竭、情绪消沉时,他只能干一些没有任何想象力的事情。这类人迅速灰心丧气,情绪不振时,往往玩弄花招,干出一些坏事。看来,伊凡在建立沙皇特辖区的那些年代里也是这么干的。伊凡在国务活动方面做的一些事情只能用心理状态不稳定,一会儿情绪高昂,一会儿又变得十分低沉来加以解释[6]。伊凡做出了或者设想了许多好事、聪明的事甚至伟大的事,但更多的是干了许多令同时代人和子孙后代感到可怖和讨厌的事。由于疑心有人叛乱而血洗诺夫哥罗德,在莫斯科大批杀人,屠杀儿子和菲利普都主教,纵容特辖军在莫斯科和亚历山大罗夫村胡作非为——每当读到这些记载时,不禁令人认为伊凡是个天生的衣冠禽兽。

精神状态不稳定 但是他毕竟不是禽兽。由于[7*]天性或者教育,他没有获得稳定的精神状态,在生活中碰到一点点困难,他往往朝坏处想,每时每刻他都会大发雷霆,哪怕是极小的不愉快的事情,他也不能容忍。1577 年,在被征服的利沃尼亚城市科肯加乌津的街头,他同一位牧师就他所喜欢的神学问题谈得津津有味,但是当这位牧师不慎把路德同圣徒保罗相比时,伊凡差一点下令砍了他的脑袋,他用马鞭子抽打牧师的头,愤然说:“你同路德见鬼去吧!”便疾驰而去。[7a]还有一次,波斯给伊凡送来一头象,这头象不肯给他下跪,他便命令杀了象。他内在的高尚秉性不多。他容易接受坏的印象,而不易接受好的印象。他属于这样的不善良的人之列:喜欢挑别人的弱点和毛病,而看不到人家的才能或好的品质。他同任何人会晤,首先把对方当作敌人。要取得他的信任,比什么都困难。为此,必须时时刻刻使这种人感到:人们热爱、尊重、无限忠于他。谁能使伊凡相信这一点,他就能得到伊凡充分的信

任。那时伊凡就显露出这样的性格：使这些人经常紧张的情绪放 191
松。这是一种爱恋[7][6]。他特别热爱第一个妻子，含情脉脉，不同寻常。他同西尔维斯特尔和阿达舍夫的关系，以及后来同马柳塔·斯库拉托夫的关系也是无拘束的。在伊凡的遗嘱中生动地表现了这种既爱护人、又不轻易相信人的性格。他训导自己的孩子说："既要热爱人，又要提防着他们。"这种性格的两重性使他的精神状态不稳定，人们之间的关系首先使他惴惴不安、使他发怒，而不是使他思考问题[7][*]。但是当他心境平静、摆脱了外界令人烦恼的印象，独自一人沉思冥想的时候，他又陷入哀伤的心境，只有在生活中饱经忧患和失望的人才会如此。看来，最无人情味、最充满官样文章气味的莫过于古代的这位莫斯科大公的遗嘱和在继承人中间分配动产和不动产的清单了。伊凡沙皇在这份死板的文件中也保持了他的伤感性格。在这份遗嘱中他首先冠冕堂皇地大谈神学，接着便倾诉衷肠："我的体力不支，精神颓丧，身心交瘁日形严重，没有任何医生能治我的病。我不希求安慰我的人，但愿有人与我同悲，勿以怨报德、以恨报爱。"读着这些缠绵悱恻的句子，不由得认为这位沙皇是一位可怜的受苦受难者。然而就是这位受苦受难者在此两年前，不做任何调查，单凭怀疑就无辜地、残忍无情地洗劫了古代的一座大城市和整个地区，就连鞑靼人也从来没有这样蹂躏过俄罗斯的城市。就在[8]这种凶残的时刻，他还故作慈悲之态，假惺惺地挤几点鳄鱼的眼泪。在大屠杀的高潮中，他走进莫斯科的圣母升天大教堂。菲利普都主教迎接了他，这位都主教准备根据都主教的职责为要被处决的不幸者求情。沙皇勉强抑制住怒火说："住嘴。我只对你说一句话：住嘴，神甫，住嘴，为我们祝福

192 吧。”菲利普说:“如果我们不说话,就会使你的心灵犯罪,带来死亡。”沙皇悲伤地说:“亲爱的人啊,反对我吧,让我遭罪吧,沙皇的意图与你何干!”[8]

有人说[9]:伊凡沙皇的这些气质只能是供心理学家,而不是供精神病学家研究的有趣材料,因为从历史的角度来看,很容易把道德上的放荡说成是心理上的病态,并且以此为借口使这个所谓有精神病的人不负历史责任[9]。遗憾的是,只有客观环境才能说明沙皇的这些气质,这要比心理学的奇谈怪论所提供的解释重要得多。而心理学的奇谈怪论在人间是很多的,而在俄罗斯这样的环境中尤其充斥这种现象,因为伊凡是沙皇。他的个人性格的特点特别影响着他的政治思维方式,而他的政治思维方式又对他的政治行动方式产生强有力的、有害的影响,毁了他的人格。

关于权力的早期思想　伊凡早年就开始不安地考虑他是莫斯科和整个罗斯的君主,而且考虑得很多。本来,年纪那么轻,是不应该有这么多的考虑的,大贵族统治的丑闻使他经常考虑这方面的问题,使他惴惴不安,非常激动。大贵族们气他,侮辱他,把他拖出皇宫,扬言要杀死他所喜爱的那些人,年幼的君主哭泣和祈求,他们置之不理,他们当着他的面说一些不尊敬他父亲的话,说那位已故君主的坏话。但是大家承认这位皇太子是合法的君主。他没有听到任何人暗示他的统治权会受到怀疑和争议。周围所有的人对伊凡讲话的时候,都称他为伟大的君主。每逢碰到使他不安或使他生气的事情,他总是不由得想到这一点,高兴地想到自己进行统治的资格是自卫的政治手段。人们教伊凡读书识字,正像以往教他的祖辈读书识字一样,古罗斯人都要读书识字,人们强迫他读

日课经和圣诗集，不断重复以前读过的那些东西。这些书中的格 193
言是死记硬背的，终生铭记不忘。看来，伊凡在年幼时代即开始背诵日课经和圣诗集。在这些书里，他读到了关于沙皇和王国、关于君权神授、关于不正直的顾问、关于不听这些顾问的建议的好君主等等内容。自从伊凡开始理解自己的孤苦无助的地位和考虑自己同周围人的关系以来，这些格言就深深引起他的注意。他是按照自己的方式理解圣经上的这些格言的，结合自己的情况，应用于自己的处境。这些格言对生活中的冲突在他头脑里引起的问题做出了他所希望的直接回答，为这些冲突在他思想里引起的极度不满情绪提供了道德上的根据。不难理解，伊凡在研究圣经方面很快就取得了成绩，用主观的臆测来解释经典著作，在自己变化无常的愤激情绪的支配下研究和理解上帝的语言。从那时起，书籍成了他喜爱的东西。他读完圣诗集，又读其他著作，当时俄罗斯读书界流传的一些书，他都取来反复阅读。他是 16 世纪莫斯科最博学多识的人。无怪乎同时代人称他为“才华出众的演说家”。他喜欢谈论神学方面的问题，在餐桌上尤其话不绝口。据编年史说，他对神学方面的著作特别记得多。1570 年，有一次[10]他在皇宫举行了隆重的辩论会，在波兰大使馆人员、大贵族和神职人员的参加下，同波兰大使馆的牧师、福音会会员捷克人罗基塔辩论信仰问题。他在冗长的发言中批驳了这位新教神学者的学说，要他“自由地、大胆地”、不要有任何顾虑地答辩。伊凡细心地、耐心地聆听了牧师的答辩，后来写了长篇驳斥文章，这篇文章流传到了今天。沙皇的批驳文章，文笔流畅，生动的词句处处跃然纸上。他的思路并不总是逻辑严密，有时碰到难点，也含糊其词，离题太远，不过有时却表

现出了他的惊人的辩才。他引用经典著作,并不总是切题的,但可以看出来,作者不仅对圣经和先人的著作博闻强记,而且对翻译过
194 来的希腊历史著作也读得很多。这些希腊历史著作当时是俄罗斯人的通史教科书[10]。他特别注意阅读的主要是神学方面的著作。在这些著作中,他处处可以找到符合他的情绪的、扣动他的心弦的思想和形象。他反复阅读他所喜爱的段落,牢牢铭记在心。像现今一些学者的著作一样,伊凡下笔为文时也喜欢引经据典,不管是否切题。在伊凡写给库尔勃斯基王公的第一封信中,他多处引经据典,有时甚至整段地援引古代先知或使徒的话,往往毫无必要地窜改圣经的原文。这倒不是由于作者下笔不慎,而显然是由于伊凡是靠自己的记忆写的[11]。

关于权力的思想 由此可见,早在青少年时代,伊凡的头脑里就在考虑政治问题,而他的莫斯科祖先不论在儿提时代的游戏中,还是在成年时代的认真考虑中,都没有涉及这方面的问题。看来,这项工作是悄悄进行的,没有让周围的人知道。他们长期以来不知道这位惶惶不安的年轻君主在考虑什么问题;如果他们知道真情的话,他们大概会不赞成他那么拼命地读书的。因此,当1546年16岁的伊凡突然同贵族们谈及他打算结婚时,他们大惊失色。伊凡说,在结婚以前,他想要了解一下祖先们的风俗习惯,看看他的祖先们——沙皇、大公、他的亲戚弗拉基米尔·弗谢沃洛多维奇·莫诺马赫是如何登位当大公的。编年史作者写道,被君主的意想不到的思想弄得不知所措的贵族们感到惊讶的是,君主这么年轻,就要了解祖先的风俗习惯。伊凡摆脱大贵族监护的第一个计划是采用沙皇称号,举行隆重的宗教仪式加冕登极。沙皇的政治思想

是秘密形成的，周围的人一点也不知道，他的复杂的性格也是秘密塑造成的。不过，根据他的著作，可以相当准确地描绘出他在政治上自学成才的过程。他给库尔勃斯基王公的信，一半是关于沙皇权力的政治论文，一半是批驳贵族阶级及其政治要求的论战性文 195
章。随便浏览一下他的第一封长得吓人的信，人们不禁惊讶于它的内容杂乱无章，无所不包，作者精心搜集的经典材料充斥于这封絮絮不休的长信中。著作的篇名、作者的名字和例子，无所不有啊！从圣经和神甫的著作中或摘用片言只语，或成段地引用；旧约先知摩西、大卫、伊赛亚的话，新约学者瓦西里大帝、格里戈里·纳西盎的、雄辩家约翰的话，或成章地引用，或引用一些句子；还引用了古典神话和诗史中的形象宙斯、阿波罗、安特诺耳、埃涅阿斯；信中还出现了圣经中的一些名字耶稣·纳文、格杰昂、阿维麦莱克斯、耶法伊；还从犹太、罗马、拜占庭的历史中引用了一些无联系的事件，甚至从西欧人民的历史中引用了一些事件；还出现了中世纪汪达尔人、哥特人、萨尔马特人、法兰西人的名字；还不时从俄罗斯的编年史中引用一些东西。这些五花八门的材料杂乱无章地堆集在一起，并无明显的逻辑联系，有时还有时代错误。随着作者的思维和想象力的奔放变化，这些材料时隐时现在读者面前。这些学术大杂烩（恕我用这样的字眼）还被点缀以神学上的或政治上的格言；冷嘲热讽、挖苦揶揄的俏皮话不时冒出来。翻阅一下这封信，人们不禁会认为：作者的头脑里乱糟糟地塞满了各种东西。无怪乎库尔勃斯基王公把伊凡的信称之为乱弹琴，其中除了正经的引文外，还谈到妇女的无袖衬衣和被褥。但是更仔细地读读这封用引语、思维、回忆和抒情写成的奔放不羁的长信，就可以毫不费力地看到有一个主导思想像红线一样贯穿于这封表面上好像杂乱无章的作品中。作者从童年时代熟记的他所喜爱的圣经故事和历史逸事都是回答一个问题的,都是谈沙皇权力、君权神授、国家制度、君主同大臣和黎民的关系、不和与无政府状态会造成毁灭性后果等等。“若非神授,即无政权。故最高政权,人人皆应服从之。否
196 则,必遭灾难。”伊凡反复吟诵他所喜爱的段落,不断沉思玩味,不知不觉地逐渐形成了一个理想的世界,就像先知摩西登上仙山一样,进入这个世界,摆脱了尘世的烦恼和忧虑。他很喜欢旧约中的先知和上帝的使者摩西、索尔、大卫、所罗门的伟大形象。这些形象如同镜子,他努力从中看到自己的面目,看到自己的沙皇形象,从中看到自己的光彩的影子,把他们的光辉伟大的回光返照到自己身上。可以理解,他自我欣赏起来,他在这个反映中看到了自己的光彩和伟大,他的祖先、普通的莫斯科王公是没有这样的体会的。在莫斯科的君主中,伊凡四世第一个按照圣经的意义来看待沙皇的作用,活生生地觉察到自己是上帝的使者。这对他来说是一项政治启示,从那时起,作为沙皇的他就成了顶礼膜拜的对象。他自认为自己是圣者,他打算为政治上的自我神化而制定一整套神学,即关于沙皇权力的学说。在谈判议和期间,他以高高在上的口气,用他那一贯尖酸刻薄的笔法对他的敌人斯捷凡·巴托里写道:“朕乃谦逊之约翰,系全罗斯之沙皇与大公,此乃天意也,非出自多谋不轨之芸芸众生之意。”并用他的神授君权来刺激他。

实际制定权力思想时的缺点 但是,尽管沙皇殚思极虑,只不过就沙皇权力制定了一种单纯的理论,并没有获得理论所要求的实际结果。而国家制度和政治纲领方面的理论仍然没有制定出

来。由于他慑于想象中的恐怖和敌人，反而忽略了国家生活中的实际任务和要求，未能把自己的抽象理论应用于当地具体历史情况之中。由于没有实际内容，他关于最高权力的崇高理论便成了随心所欲、一意孤行的东西，歪曲成了发泄个人怒火、横行霸道的手段。因此，摆在日程上的关于国家制度的实际问题始终没有得 197
到解决。正如我们所看到的，沙皇在年轻时代即开始执政，在自己所挑选的顾问的襄助下对内对外实行了大胆的政策。其目的是：一方面打通走向波罗的海的通道，同西欧国家直接发展贸易和文化关系；另一方面，整顿国内立法，成立区域政权，建立地方缙绅会议，要求他们不仅参与地方司法行政事务，而且参与中央政权的活动。地方缙绅会议最初成立于 1550 年，它不断发展，作为正常的机构，成为政权的一部分。它加强了用地方君主取代分封世袭领主的思想，但是沙皇没有搞好同顾问们的关系。由于他多疑，对权力过分敏感，他把人家的正直的好主意当作侵犯他的最高权力，把不赞同他的设想看成是谋反叛国的表现。他疏远了善良的顾问，片面地专注于自己的政治思想，到处怀疑有人阴谋叛乱，随便挑起了君主同贵族的关系这个老问题。这个问题，他是解决不了的，因为本来不应旧事重提。问题的实质[12]在于历史上形成的矛盾，在于大贵族的政治地位和政治情绪同莫斯科君主的政权性质和政治觉悟发生了矛盾。16 世纪的莫斯科人是无法解决这个问题的。因此，本应当暂时搁置这个问题，用明智的政策缓和引起这个问题的矛盾，而沙皇却想一举解决问题，从而激化了矛盾。他的单方面的政治思想使问题突出起来，就如同把论点提交学术讨论会一样，从原则上说是对的，但实际上行不通[12]。他急不可耐地一头钻进关于最高权力的抽象理论中,认为他不能像父辈祖辈那样靠贵族的协助来治理国家,而要用另一种办法治国。至于另一种办法是什么,他本人也不了然。他把关于体制的政治问题变成了同人们的激烈斗争,变成了不分青红皂白的、毫无益处的大屠杀。他的沙
198 皇特辖区在社会上造成大混乱。他发展到残杀自己的儿子,从而为他的朝代的覆亡准备了条件。与此同时,顺利执行的对外政策和国内改革也由于内部矛盾不断激化而功败垂成,陷于瓦解。亲身经历过他的统治的同时代人对他有不同的看法,这是可以理解的[13*]。例如,有一位同时代人描写了在安娜斯塔西娅皇后逝世以前沙皇的光辉业绩之后,接着写道:“可是后来,像从四面八方吹来的可怕风暴一样,搅乱了他的平静的善良心境。我不知道他那足智多谋的头脑是怎么变得凶残起来,他成了自己国家的造反者。”[13a]另一位同时代人在谈及这位残暴的沙皇时说:这是“一位才智出众的君主,博学多识,能言善辩,为了祖国敢作敢为。对上帝给予他的奴隶,他是残忍的。他对流血死亡是无情的。许多大大小小的民族在他的统治下被毁灭;许多城市被他掳掠。他对自己的奴隶还干了许多坏事。但是这位伊凡沙皇也干了不少好事。他热爱自己的战士,为了他们的需要不惜慷慨解囊”。[13б13*]

伊凡沙皇的意义 由此可见,根据伊凡沙皇的思想和行动,根据他的活动所引起的轩然大波来看,他在我国历史上的积极意义决不像人们所想象的那么大。伊凡雷帝是想得多,做得少;对同时代人的思想情绪有较大的影响,而对当时的国家制度则影响不大。如果没有伊凡,莫斯科国家的生活也会像在他以前和在他以后那样发展;不过,没有他,事态的发展会比有他更容易些、更稳当些,

当时一些极重要的问题的解决也许不致产生他所造成的那些震荡。他的统治[14]所造成的消极影响显得更重要些[14]。伊凡沙皇是出色的作家，甚至是敏捷的政治思想家，但他不是一位合格的国务活动家。他思想片面、自私自利、生性多疑，再加上他容易激动，从而使得他做事无方、没有政治远见、对实际情况不敏感。他顺利地 199
继承了先人奠定的完善的国家制度，而他则不知不觉地动摇了这个制度的基础[15]。卡拉姆津[16]也许有点夸大，他认为伊凡的统治最初相当不错，而最后结果则不好，同蒙古人的枷锁和分封时代的灾难差不多。这位沙皇的敌意和专横牺牲了自己，牺牲了自己的朝代和国家的幸福[16]。可以把他比作旧约中的瞎眼大力士：他为消灭敌人，把房顶上坐着敌人的大厦搞垮了，结果连自己也压在下面[17]。

200

第三十一讲

分封社会的组成——莫斯科服役等级的组成——服役人员——非服役人员：拥有土地的市民、职员、士兵——外国人——服役等级的家族组成——服役等级——军事服役的人数——国家的外部形势——西北部的战争——同克里米亚和诺加伊人的战争——保卫东北边境——河岸服役——防御线——警卫和民兵制——艰巨的斗争——服役等级的经济体制和军事体制问题以及领地制度

我们已经研究了新组成的莫斯科大贵族阶级在同君主的关系中和在政权机构中所占的地位。但是大贵族阶级的政治意义并不限于它在政府中的活动。大贵族不仅是高级官员、政府的顾问和合作者，而且是君主的战友。就军事方面的意义来说，大贵族阶级仅仅是15世纪和16世纪莫斯科国家形成的人数众多的军事服役阶级的上层。作为参加政府的阶层，大贵族从这个阶级分离出来了，但他们又作为军事服役阶级参加进去，成为它的参谋部和最高司令部。现在我们探讨一下这个军事服役阶级的组成和地位，把大贵族看成是它的组成部分。

201 **分封社会的组成**　那几个世纪莫斯科国家军事服役阶级的组成是很复杂的。为了弄清楚它的组成，必须提一下分封王公时代

的社会组成。我们知道，分封王公时代不存在国籍问题[1]，因为当时流行的是合同制，封邑的自由居民同王公是在互利的基础上按照合同建立关系的[1]。那时的社会是根据各个人为分封王公服务的性质分成等级的：一部分人为王公服军役，叫作大贵族和自由官员；另一部分人在王公的宫廷服务，是他的宫廷人员，叫作宫廷官员；最后是第三部分人，他们租王公的土地（城里的或乡间的），交纳租金，叫作纳租人，即平民或纳租农民。这三个基本阶级：以大贵族为首的自由官员、宫廷官员和城乡劳役人组成分封公国的自由公民社会。奴仆作为不自由的人，从法律意义上说不是一个社会阶级。以高级神职人员为首的各种等级的教会人士占有特殊地位，这[2] 不是一个独特的阶级，而是一个同世俗社会平行的宗教人员社会，它有自己的行政机关和法院，有自己的特权。组成这个社会的阶级：教会大贵族和官员、教会土地上的农民等等，同世俗社会的阶级是一样的[2]。

官宦阶级的组成 分封社会的各个阶层或整体地加入莫斯科国家的官宦阶级，或为这个阶级的组成做出自己的贡献。其核心是在分封时代莫斯科王公宫廷工作的大贵族和自由官员[3]。现在，合同关系被依法为国家义务服役制所取代。从15世纪中叶起，莫斯科宫廷的人员组成，即军职人员的组成增加了新的成分。他们是：（一）归附莫斯科宫廷的大公和分封王公的后代；（二）以前的大公和分封王公的贵族和自由官员同其主人一道转而效忠莫斯科。202
这两类人员整个地加入了这个阶级，不过有时候他们仍然保持着自己的地方特点，甚至在16世纪的文献中还写有这样的字样：罗斯托夫王公、斯塔罗杜布王公、特维尔宫廷等等。

除了这些军役人员,即自由官员外,参加这个阶级的还有由于出身而属于不自由的官员和非军役人员。他们是:(一)大部分属于以前的宫廷人员甚至还有为大公和分封王公服务的不自由官员、在大公宫廷管理家务的各种官员和工匠、粮食管理员、财务人员、杂务员、书记、饲马员、猎犬饲养员、园艺人员等等。大约从15世纪中叶起,这些宫廷人员从莫斯科君主那里获得同军役人员一样的土地,同军役人员处于同一等级,在君主土地上服劳役。

(二)以前分封时代的大贵族都有自己的宫廷武装人员,主人率领他们出征。莫斯科政府有时挑选这些习惯于军务的大贵族仆人为国家效劳,分给他们一些土地,要他们同其他军役人员一起在土地上服劳役。例如,在征服大诺夫哥罗德以后,莫斯科从王公和大贵族的宫廷里带走了四十七家这样的人户,把他们安置到沃季行政区,他们后来成为当地服役贵族的一部分。

非军役人员　(三)不服军役的纳税人社会同神职人员一起也对莫斯科军事服役阶级的构成做出了贡献。纳税人和神职人员以不同的方式进入这个阶级。(a)从15世纪中叶起确立了这样的制度:所有个人土地所有者都必须在君主的土地上服军役。莫斯科政府在征服了诺夫哥罗德、普斯科夫和维亚特卡这些自由城市以后,在那里发现了一些拥有土地的市民、大贵族,平民,把他们作为土地拥有者安排了服役,一部分人留在原地,另一部分人迁到莫斯科国家的中央县城,在那里给他们分配了世袭领地或服役领地。
203 我[5]已经谈到过诺夫哥罗德人向莫斯科管辖区大批迁徙的事。1488年有七千多人迁到这里。对其中许多人的做法大概像对次年迁到莫斯科管辖区的诺夫哥罗德大贵族、平民和商人(按编年史

记载，他们的人数逾千）一样，在莫斯科、弗拉基米尔、穆罗姆、罗斯
托夫等中央县城给他们分配了服役领地。为了取代他们而向诺夫
哥罗德派出了大贵族官员，关于这一点我就要谈到。在征服了普
斯科夫和维亚特卡以后，也进行了这种迁移。所以有大批从自由
城市来的拥有土地的市民加入奥卡河中下游、阿列克辛、博罗夫斯
克、穆罗姆等的服役贵族行列[5]。(б)随着官府和文牍事务的复杂
化，主事阶级也扩大了。他们主要来自神职人员阶层或城市平民
百姓中的读书人。库尔勃斯基王公就怀着大贵族的烦恼写道：他
那个时代的大多数莫斯科司书是来自“神甫阶层和平民百姓”，他
们是莫斯科君主的最忠实的仆人。这些主事由于自己在官府服役
而得到了或者购置了自己的世袭领地和服役领地，根据一般的规
定，他们作为土地拥有者必须服兵役，拥有雇佣兵或农奴兵。他们
的儿子往往不再在官府工作，由于拥有世袭领地，同其他服役人员
一样亲自服兵役。(b)固定服役人员根据祖传继承下来的义务必
须服兵役，除了他们以外，莫斯科政府还需要兵力抵御外侮，在战
争期间从城乡纳税阶级中征召兵员。不亲自服兵役的教会的和世
俗的土地拥有者、高级神职人员、寺院修士、在宫廷服务的大贵族、
遗孀等如果不能按时雇到志愿兵，就从自己的土地上派出相应数
目的武装人员出征。在城乡的纳税居民和非纳税居民中有时候也
从一些家户征召兵员，“从父子中征召儿子，从兄弟中征召弟弟，从
叔侄中征召侄子”。在同草原毗连的南方城市、特别是在顿河一带 204
居住的哥萨克，政府也要他们服兵役。所有这些人提供了丰富的
兵源，政府可以根据需要从中征兵，用这些人补充祖传的固定军
人。例如，1585 年叶皮凡县一下子授与 289 名顿河哥萨克以大贵

族子弟的称号,这是外省服役贵族的最低阶层。他们在那里获得了份地[6]。最后,17世纪中叶的官员科托希欣在谈到莫斯科国家时追述道,在古代,当国家同邻国发生战争时,莫斯科政府从各种官吏中、甚至从奴仆和农民中征召兵员,其中许多人由于服兵役和由于“能忍耐”而摆脱奴仆和农民地位,从政府获得了小块土地,成为世袭土地或服役土地占有者,从而加入了大贵族子弟的行列[7]。就是这些各地的各种力量从社会各个阶级中给莫斯科军事服役阶级的组成增添了战斗力。

异族人 像在分封时代一样,这个阶段也不断有外国人前来当兵,他们来自鞑靼军队,来自波兰,特别是来自立陶宛。莫斯科政府有时大批接纳来自外国的服役人员。在[8]伊凡雷帝的父亲瓦西里的时代,有大批西罗斯人同格林斯基王公一道离开立陶宛,整个地迁居穆罗姆县,被称作“格林斯基的人”,或简单地称作“立陶宛人”。1535年,在叶莲娜统治的时代,也有三百家立陶宛人携带妻子和儿女投奔莫斯科君主。在从伊凡雷帝时代保留下来的外省服役贵族的名单中,除了有科洛姆纳等县的服役领主以外,还有“新来的立陶宛人”。从鞑靼那里迁来的人尤其多。失明大公瓦西里被哥萨克俘虏归来以后,哥萨克王子卡西姆同一批鞑靼人一起前来效忠于他。在15世纪中叶前后,这些鞑靼人被分配以奥卡河上的麦谢拉戈罗杰茨和县城,在这个城市周围的二百俄里范围内,在异教徒麦谢拉人和莫尔多瓦人中间安置了卡西姆的亲兵队。从那时起,这个城市开始以这位王子的名字命名。在伊凡雷帝时代,在伏尔加河上的罗曼诺夫城周围也安置了许多鞑靼贵族,这个城市的收入被用来维持这些移民。许多鞑靼人成为俄罗斯的地主,

接受了洗礼,同俄罗斯的服役人员打成一片。在17世纪初的外省 205
名单中,我们在莫斯科、博罗夫斯克、卡卢加等县中发现了数以百计的新接受洗礼的鞑靼人:图尔恰尼诺夫的儿子伊凡·萨尔坦诺夫、列赞诺夫的儿子费奥多尔·杰夫列特科津等等。他们的父名表明,他们的父辈在那里成了地主和世袭领主,但在16世纪还是伊斯兰教徒。从那时保留下来的一篇呈文在一定程度上可以说明鞑靼人同俄罗斯服役人员的融合过程。1589年,新接受洗礼的迁入户鞑靼人基列伊卡向君主禀报说,他从克里米亚来到顿河上的哥萨克人这里,在这里同哥萨克人一道为君主服务了十五年,同哥萨克人一起向克里米亚人作战,后来从顿河来到普季夫里,五年前在这里结婚,他希望君主开恩,赏赐他的家庭在普季夫里为免税户,免除他的贡税,让他可以同普季夫里的免税户一道为沙皇效劳。

军事服役人员的民族组成 莫斯科军事服役人员的民族构成是十分复杂的[8]。要确定这些成分之间的人数比例是相当困难的。传到我们今天的有一本官方家谱集,它是索菲娅公主当权时代废除门第制以后在莫斯科老家谱和许多家族的官员提交给吏部的各代家谱的基础上编写成的。在这部所谓《显贵集》中列举了930户军事服役人员,他们可以说构成了莫斯科军事服役人员的主体,即以后被称为世袭服役贵族的那个阶层[9]。《显贵集》没有提供足够的材料来按照祖先的社会出身确定各个家族之间的人数比例,不过它毕竟提供了一些资料,可以大致了解一下这个阶级中各个家族的种族来源,这些资料当然是不充分的、并不总是准确的。根
据这些资料的计算,俄罗斯(即大俄罗斯)家族占33%,来自波 206

兰—立陶宛的家族,即在很大程度上属于西俄罗斯的家族占24%,来自德意志、即西欧的贵族占25%,来自鞑靼和东方的家族占17%,还有1%来历不明。

官职等级 服役人员的社会出身和民族各不相同,因而使得15世纪和16世纪的莫斯科服役人员的成分非常复杂。随着时间的推移,这些来源复杂的服役人员在同一权利和义务的帮助下逐渐融合为一个等级,而这个等级的权利和义务在同样的教育、同样的概念、道德和利益的促进下又把这个等级团结为一个紧密的、一致的居民阶层。这个叫作服役贵族的阶层长期以来一直是俄罗斯社会的主导力量,给这个社会打上了自己影响的深深烙印。但是在16世纪还没有任何这类现象,谈及那时的军事服役人员时,还说不上已经形成为一个紧密的一致的等级。这个阶级的复杂成分也反映在它的组织结构上。到16世纪末,它的各个阶层构成服役官职等级,军职人员"按照祖传身份和战功"区分尊卑上下,构成若干等级。这些等级包括三类平行的官员[10]。从上到下分别为:(一)杜马官员——大贵族、侍臣和杜马贵族。(二)莫斯科(即首都)官员——御前大臣、宫内杂务侍臣和莫斯科服役贵族。(三)城、县或外省官员——民选贵族、宫廷大贵族子弟和城市贵族子弟[11]。民选贵族[12]是最富裕的和功绩卓著的贵族,是从县级贵族子弟(并非每个县都是如此)中挑选的。他们轮流被征召到莫斯科工作一段时间,完成首都的下列任务:充当县级团队的低级军官;当君主亲自出征时,同莫斯科官员一起参加沙皇警卫团。他们是从城市官员升为首都官员的中间阶梯[12]。以上所述的16世纪军阶颇类似于后来的官级表,但是两者的不同之处是:我们现在的官衔

是按照合法的手续，通过职业培训、教育培养以及随后的个人工作
表现而获得的，可是在古代的莫斯科国家，官职的获得不是看个人 207
表现，而是主要“靠祖先的身份”，看其父辈和祖辈的官位，看其家谱。因此，当时的官职在很大程度上是继承性的。名门贵族的子弟一般是从莫斯科服役贵族、校级军官甚至御前大臣、团长等开始仕途的，由此逐步上升。非名门的城市大贵族子弟可以升到莫斯科服役贵族的地位，但很少升得更高些。这就是说，名门贵族的子弟是从非名门贵族的子弟很难达到的官位开始仕途的。

军事服役阶级的人数 16 世纪末，当莫斯科军事服役阶级完成其征募工作时，它究竟共有多少人，这是很难确定的[13]。1588—1589 年驻莫斯科的英国大使弗莱彻估计每年获得薪饷、固定服役的军人达 10 万，但是他没有指出临时招募出征，完成使命后即解散回家的人数众多的城市大贵族子弟的数目。弗莱彻也没有谈到服役的外国人——喀山的鞑靼人、车列米西人和莫尔多瓦人；比弗莱彻稍晚一点的马尔热列特估计他们约有 2.8 万人。根据 1563 年波洛茨克远征的吏部名册，沙皇率领出征这个城市的部队有 3 万多战斗人员。但是吏都名册没有把同服役地主和世袭领主一道出征的武装宫廷人员计算在内，因此，攻战波洛茨克的部队的花名册实际上即使不增加两倍，至少也要增加一倍。同时代人把它的人数估计为 28 万，甚至 40 万，这显然是夸大了。1581 年，当巴托里用不到 3 万人的军队包围普斯科夫，而戈利琴王公在诺夫哥罗德拥有 4 万人的时候，据编年史记载，沙皇在斯塔里查附近则集结了 30 万人。除此以外还应该再加上保卫波洛茨克、索科尔、大卢基(这些在此前不久为巴托里所征服的城市)和其他一些城市的千

千万万人,其中大部分在夺取这些城市时牺牲了。法国大尉马尔热列特列举了莫斯科部队的各种组成部分,他说,总人数多得令人难以置信[13]。

208 **国家的外部形势** 在招募人数如此多的军事服役阶级的同时,莫斯科国家的社会结构发生了深刻的变化。这种招募及其后果是同莫斯科国家的领土扩张紧密联系在一起的,我们已经研究过的那个时代的现象就是由此产生的。国家的新疆界使它同罗斯的外部异族敌人——瑞典人、立陶宛人、波兰人、鞑靼人直接毗连。这种形势使国家的处境类似于一个三面受到敌人包围的武装阵营。它不得不在两条漫长的、弯曲的边境线上同敌人做斗争,即西北部的欧洲边境和东南部的面向亚洲的边境。西北部的斗争有时暂时休战,而当时在东南部的斗争则一分钟也没有停止。在16世纪,不断征战已成为国家的家常便饭。在伊凡雷帝的父亲当权时代观察莫斯科形势的格尔别尔什泰因[14]有这样的印象:对莫斯科来说,战争是常事,而和平则是少有的事。

在西北部的战争 在欧洲战线上,同瑞典和利沃尼亚争夺波罗的海东海岸,同立陶宛和波兰争夺西罗斯。1492—1595年同瑞典发生了三次战争,同立陶宛、波兰和利沃尼亚发生了七次战争。这些战争至少耗费了50年的时间,因此,这103年在西部平均是一年战争,一年休息。

在东南部 在亚洲方面进行了精疲力竭的不断斗争。在这里没有和平,没有休战,没有正规的战争,而是双方进行着永无休止的阴谋暗算活动[14]。我们已经熟悉的弗莱彻写道,莫斯科每年同克里米亚的鞑靼人、诺盖人和东方其他异族人进行着斗争。金帐

汗国[15]在 15 世纪已经瓦解，16 世纪初则彻底崩溃了。在它的废墟
上建立起了新的鞑靼巢穴：喀山王国、阿斯特拉罕王国、克里米亚
汗国，诺盖人则啸聚于伏尔加河彼岸、亚速海和黑海沿岸、库班和
第聂伯之间的地带。在征服喀山和阿斯特拉罕后，给莫斯科造成
最大麻烦的是克里米亚同土耳其人的联系。土耳其人是 1475 年 209
征服克里米亚的，从而结束了热那亚人的统治。热那亚人曾经控
制过卡法（菲奥多西亚）、苏达克—苏罗日和克里米亚沿岸的其他
一些殖民地。克里米亚有辽阔的漠漠草原做屏障，有彼列科普横
断地峡使其与大陆隔开，有 6 俄里的宽而深的壕沟，壕沟穿过一条
筑有高大围墙的狭窄的地峡，因而这里成为从陆上难以攻破的强
盗巢穴。利特文·米哈隆曾描述过 16 世纪中叶的鞑靼人、立陶宛
人和莫斯科人，他认为克里米亚拥有不到 3 万人的骑兵，不过鞑靼
人的无数游牧屯随时可以支援他们。这些鞑靼人在从乌拉尔直到
多瑙河下游的位于庞廷山脉和里海附近的一片片辽阔草原上过游
牧生活。在 1571、1572 两年中，克里米亚汗率领 12 万大军两次进
攻莫斯科。克里米亚汗国是一大帮强盗，为袭击波兰、立陶宛和莫
斯科做了很好的准备。它的主要生计就是靠袭击别国。弗莱彻写
道，克里米亚鞑靼人通常每年侵犯莫斯科国家一两次，有时在三一
节前后，常常是在收获的季节进行的，这时比较容易抓到散布在田
间的人。但是往往也在冬季发动进攻，因为这时冰冻了，便于穿越
河流和沼泽地带。16 世纪初，莫斯科国家和克里米亚之间的南部
草原开始迅速延伸到奥卡河上的老梁赞和顿河的支流贝斯特拉亚
索斯纳河上的叶列茨以南。鞑靼人手持弓箭、弯曲的马刀和刀子，
有时也拿着长矛，骑着矮小、但很强壮和有耐力的草原骏马，不带

粮草,只带少量的干米或干酪和马肉,便轻而易举地穿过了这个广袤的草原,几乎跑完了上千俄里的荒无人烟的路程。他们由于经常举行袭击,非常熟悉这个草原,适应了它的特点,察看了最方便的道路,制定了非常恰当的草原袭击战术。他们避开河流的渡口,沿着分水岭选择进路。他们走向莫斯科的主要道路是穆拉夫斯基路。这条路从佩列科普开始到土拉为止,介于第聂伯和北顿涅茨这两个盆地的上游河流之间。鞑靼人为了不让莫斯科草原侦察队觉察到自己的行动,便在沟壑山谷潜行,夜间不点灯火,朝各个方
210 向派出机敏的侦察兵。所以他们总是神不知鬼不觉地偷偷到了俄罗斯的边境,造成可怕的破坏。他们以密集的队形向纵深一百俄里的村落袭击,然后返回,展开队形,沿途洗劫一切,边走边掠夺和放火,把人、畜、贵重东西和携带方便的东西掳掠一空。这是每年照例进行的袭击。鞑靼人对罗斯进行的是突然袭击,用弗莱彻的话来说,他们数百人或数千人一伙,成群结队地涌向边界,像野鹅一样奔向有猎物的地方。他们的主要猎获物是俘虏,他们特别喜欢男女小孩。为此,他们携带着皮绳,以便捆缚俘虏,甚至还带有大筐子,以便装运俘获来的孩子。这些俘虏被卖到土耳其和其他国家。贩卖奴隶的主要市场是卡法。在那里经常有从波兰、立陶宛和莫斯科俘虏来的数以万计的男女。他们在这里被装进船舰,运往君士坦丁堡、安纳托利亚以及欧、亚、非三大洲的其他地方。16 世纪在黑海和地中海沿岸的城市可以碰到不少奴婢,她们哼着波兰或俄罗斯的摇篮曲,摇晃着主人的孩子。在整个克里米亚,所有的女仆都是俘虏来的。来自莫斯科的俘虏由于善于逃跑,在克里米亚的市场上比波兰和立陶宛的俘虏便宜。卖主用绳子捆着这

些活商品的脖子，十个一群地带入市场，高声叫卖道：这是要卖的奴隶，是刚刚从立陶宛和波兰弄来的（而不是从莫斯科弄来的）最新鲜的、最质朴和老实的奴隶。俘虏涌进克里米亚的数目很大，据米哈隆说，有一个兑换银钱的犹太商人坐在通往克里米亚的地峡的唯一出入口，看着从波兰、立陶宛和莫斯科运来的无穷无尽的俘虏，问米哈隆：在那些国家还有没有人了。

河岸服役　导致波兰—立陶宛和莫斯科分裂的各自的考虑和误解、这些国家的政府目光短浅以及它们无视本国人民的利益，这一切妨碍这些国家对草原上的强盗展开协调一致的斗争。莫斯科 211
国家竭尽一切力量，想出各种办法来保卫南方的边界。其中的第一个措施就是河岸服役：每年春天动员大批人力到奥卡河河岸[15]。16世纪的吏部名册清楚地表明了国家南部边界的惴惴不安的生活和政府为了保卫南部边界而做的努力。早春时节，吏部的工作是很紧张的。主事们把通知书发往中央各县和边区各县，命令征集服役人、城市贵族和大贵族子弟，为他们确定集合地点和集合日期。集合日期一般为三月二十五日，即报喜节。特使按照名单把兵员征齐以后，便同他们一起为君主服役。逃避服役者，一经查获，以鞭笞惩罚。城市贵族和大贵族子弟参加出征，需自带“人、马和武器”，战马、武装宫廷人员和武器均规定了数量。从莫斯科派出的督军在集合地点清查人数以后，如果得到从草原传来的报警消息，便将兵员集合起来，分成[16]五个团。大团把守谢尔普霍夫，右手团把守卡卢加，左手团保卫卡希拉，先锋团保卫科洛姆纳，警卫团保卫阿列克辛。此外，还建立了第六团，即快速前哨马队，以便进行侦察活动。如果得到进一步的警报，这些团便按照一定的队形从奥卡河出发,推进到草原边界。这样,每年有六万五千人拿起武器[16]。如果草原平安无事,这些团便在原地有时驻守到深秋,直到雨季到来,道路泥泞,他们便解除了防御外部敌人的任务。

防御线 另一种[17*]防御的办法是在边境的危险地段建立防御线,使鞑靼人无法在莫斯科国家的兵团齐集以前闯进国内。这些防御线当时叫作界线,它们是由许多城堡和大小尖柱城堡组成的,围有壕沟、土堤、拒马,并杂堆一些从禁伐林中砍的大树,所有这一切都是为了阻挡草原骑贼的前进。在东南方向有一条最古老、最靠近莫斯科的防线,它以下诺夫哥罗德为起点,沿着奥卡河
212 通向谢尔普霍夫,然后蜿蜒向南再往土拉,延伸到科泽尔斯克。在这条防线的前面,在无森林的中间地带还有一条由壕沟、土堤、尖柱城堡和加固的大门组成的鹿砦,它绵延四百俄里,从梁赞附近的奥卡河开始,经过维涅夫、土拉、奥多耶夫、利赫文,抵达科泽利斯克附近的日兹德拉河。第二条防御线是在伊凡雷帝统治时建立起来的,它从苏拉河上的阿拉蒂尔市开始,把捷姆尼科夫、沙茨克、里亚日斯克、丹科夫、诺沃西耳、奥廖尔连接在一起,继续向西南方[17а]延伸到诺夫哥罗德—谢尔维斯克,然后急转弯[17б]向雷里斯克和普季夫里走去,在它的前面凡可以设置鹿砦等物的地方都设有鹿砦、壕沟和尖柱城堡。16世纪初,在费奥多尔沙皇的统治下出现了第三条防御线,这条防线是非常支离破碎的,更准确地说,这是三排逐渐深入草原的城市:科罗米、利弗内和叶列茨;库尔斯克、奥斯科尔和沃罗涅日;别尔哥罗德和瓦卢伊基,后面这两个城市在现在的库尔斯克省和沃罗涅日省的南部。在1600年建成鲍里索夫市以后,加强了的乌克兰城市的防线推进到北顿涅茨河的中游,又过了

大约十五年,这条防线继续向南推进,从奥卡河上游和季哈亚索斯纳河直至边界,全程五六百俄里,在这条防线的不远处就是鞑靼人的游牧屯。这些城市和城堡的原始土著居民是由军人、哥萨克人、射手、大贵族子弟、各种服役的人组成的,但是附近城市的一般居民也加入了他们的行列。关于传奇般的库尔斯克圣母像的古代传说在一定程度上表明了建设这些乌克兰城市和向这里移民的情况。库尔斯克以及利弗内和沃罗涅日属于第三防御线,属于来自草原的所谓"波兰"城市之列。库尔斯克是在古代城市的基础上产生的,早在 11 世纪就有了这个城市,并且遐迩闻名。在拔都入侵时,它被毁为废墟。从那时以来,整个地区长期荒芜,被大片森林所覆盖,野兽出没,野蜂乱飞,吸引了雷里斯克和其他边疆城市的猎人。虽然 15 世纪在库尔斯克这个小城不远的地方出现了传奇般的圣母像,吸引了不少朝圣者,但是由于鞑靼人的袭击,人们不敢在这里长期定居。最后,关于在荒野的小茅屋中出现了圣母像的传说传到了费奥多尔沙皇的耳中,他便于 1597 年下令在这个荒 213
废了三百五十年的小城市重建新城。人们听说这个地方处处是宝,庄稼、珍兽和蜂蜜到处都有,于是姆塔斯克、奥廖尔和其他边区城市的人们纷纷涌向库尔斯克和它的县,并在那里定居。

哨所和村镇服役制 在加强防御线的同时,还建立了哨所和村镇服役制,这是第三个极为重要的防御措施。这个制度建立于 1571 年左右,为了整顿这个制度,设立了一个由大贵族沃罗登斯基王公担任主席的特别委员会,制定了这种服役的章程。在第二防御线和部分第三防御线的前沿城市中,向各个方向建立了哨所和哥萨克村镇,分别由两个、四个或四个以上的骑兵、大贵族子弟和哥萨克组成,负责监视诺盖和克里米亚鞑靼人在草原上的动静,“以便君主边区的军人不打无准备之仗”。监视点离城市有四五天的路程。在1571年以前,有七十三个这样的哨所,它们组成十二个联防网,从苏拉河延伸到谢伊姆河,然后折向沃尔斯克拉河和北顿涅茨河。哨所之间的距离为一日的路程,更多的是只有半日的路程,以便经常互通消息。哨所分近距离和远距离两种,它们的名称按照派出的城市名称命名。靠近奥卡河的,按照倒数的顺序,分别有:杰季洛夫斯克哨所、叶皮凡哨所、姆增斯克哨所和诺沃西耳哨所;它们的左边有:麦谢拉哨所、沙茨克哨所、里亚日斯克哨所;右边有:奥尔洛夫斯克哨所和卡拉切夫斯克哨所;往南进一步深入草原的有:索先斯克哨所(沿贝斯特拉亚索斯纳河一带);从叶列茨和利弗内派出的有:顿河哨所、雷里斯克哨所、普季夫里哨所,最后还有一些最远的哨所,即顿涅茨克哨所。哨兵必须骑在马上坚守岗位,不能随便行走,主要是监视鞑靼人进攻时偷渡的浅河滩。与此同时,由两人组成的村民巡逻队巡视长六俄里、距离监视点的左
214 右分别为十五俄里和十俄里的专管地区。村民看到鞑靼人的活动情况以后,立即报告附近的城市,并放过鞑靼人,继续巡逻,侦察敌人通过的道路,根据马匹留下的蹄印的深度,估计敌人的人数。哨兵和村民制定了一整套传递草原消息的办法。大尉马尔热列特说,哨兵通常停在孤零零的草原大树旁,其中一人爬上树梢监视敌情,其他人则喂马。哨兵看到草原的路上有尘土飞扬,便骑上准备好的马,奔向另一棵瞭望树。那棵树上的哨兵一看到奔来的人,便立即奔向第三棵瞭望树,如此类推。这样,关于敌情的消息相当快地就可以传到边区城市和莫斯科。

艰巨的斗争 由此可见,草原处处设防,来抵御侵犯的强盗。16世纪年复一年数以千计的边境居民为国捐躯,数以万计的优秀子弟保卫南方边境,以便使中央地区的居民不致被敌人俘虏,财产不致遭到破坏。如果设想一下,人们花费多少时间,在物质和精神上付出了多大的代价来同狡猾的草原强盗进行单调的、艰巨的、劳民伤财的斗争,那么就无需再问,当西欧在工业、贸易、公共住宅、科学和艺术方面取得成就时,东欧的人究竟在干些什么。

关于服役阶级的结构的问题 服役阶级的经济和军事结构是同外部斗争的条件和国内现有的经济力量相适应的[17*]。始终存在的外部危险使莫斯科政府不得不保持人数众多的武装力量。随着这支力量的壮大,越来越迫切地要求解决这样一个问题:如何维持如此众多的兵力。在分封时代,王公宫内的人数不多的军人的维持费是由三个主要来源提供的。这就是:(一)薪俸[18];(二)世袭
领地,军人的存在有助于王公取得世袭领地;(三)食邑,服役人员 215
担任一定的政府职务所得到的收入。在15、16世纪,分封时代的这些财源已经不足以在经济上满足日益扩大的服役阶级的需求。迫切需要开辟新的财源。但是莫斯科统一北罗斯,并没有产生新的财源,人民的福利并没有显著的提高,工商业也没有取得重大成就。自然经济仍然占统治地位。罗斯的顺利联合使莫斯科君主获得了一个新的资本,即广大的土地,不管是荒地,还是有农民居住的土地。他只能动用这个资本,来保证服役阶级的需要。从[19]另一方面讲,莫斯科国家与之做斗争的敌人(特别是鞑靼人)的特点要求迅速动员兵力,随时在边境迎击来犯之敌。因此,自然而然地产生这样的想法:根据防务需要的大小,把服役人员分散到

人口稠密的内地或人口稀少的边区,从而把土地拥有者变成一道抵御草原强盗的活屏障。莫斯科国家得到的广大的土地对此是大有用场的[19]。由此可见,莫斯科政府手中掌握的土地成了在经济上满足兵役需要的手段。服役人员占有土地成了人民防务的基础。人民防务同土地占有的结合产生了领地制[20]。这个制度在15世纪中叶开始的俄罗斯社会制度史上是莫斯科国家领土扩大所产生的第二个根本性事实,如果考虑到加紧征集人数众多的服役阶级是第一个事实的话。在我国历史上,有一些事实在国家制度和社会生活的形成方面具有重大意义,服役领地制就是其中的一个。下面我们就研究这个问题。

第三十二讲 216

服役领地占有制——对服役领地制起源的看法——服役领地占有制的起源——服役领地制——它的规章——服役领地薪俸和金钱薪俸——赏以服役领地——生活费

服役领地占有制 所谓服役领地[1]占有制是指 15 世纪和 16 世纪莫斯科国家确立的义务兵占有土地的制度。这个制度的基础是服役领地。莫斯科罗斯的服役领地是指君主或教会根据服务条件拨给供职人员占有，作为服务的报酬和服务的经费的那块公家土地或教会土地。像服务本身一样，这种占有是暂时的，通常不是终生的。服役领地占有和世袭领地是不同的，前者是有条件的、个人的和暂时的，后者则是占有者的完全的、世袭的地产。

对服役领地制起源的看法 服役领地占有制的产生和发展是研究方面最困难的、在俄国法权和国家制度史上意义最重大的问题之一。我们的法学史家对这个问题做了很多研究，这是可以理解的[2*]。根据他们的意见，可以得出两个比较权威的看法。涅沃林在他的《俄罗斯民法史》中认为，这种有条件的土地占有和它的规章制度是到 15 世纪中叶伊凡三世当王公时才出现的。他认为， 217
领地权利的基础只是在这位大公当权执政时才确立起来，当时使用了服役领地这个词，从这个基础出发在发展服役领地制度方面，他认为可能有希腊的影响和拜占庭国家法权的影响,这些影响是伊凡三世同希腊公主结婚而带进莫斯科国家生活的。涅沃林说:“至少领地这个词是按照希腊文 τοπιον 构成的,拜占庭帝国用这个词称呼领地,当时政府根据战功把领地授与个人,父亲根据同样的条件把领地传给儿子。”[2a] 但是领地这个词的形容词,远在索菲娅公主来到罗斯以前,在古罗斯语中就有。1454 年,在约纳都主教的通告中就把分封王公叫作服役领地王公,以区别于大公[2б]。因此,很难说俄语中的领地一词和它的概念是抄袭拜占庭的语言和它的法权制度的。另一位历史学家格拉多夫斯基把这个问题说得更复杂了。他认为,服役领地占有制是以最高的土地占有者为前提的,对他来说,土地是不可剥夺的财产。在我国历史的第一阶段中,罗斯国家生活还不可能形成最高土地占有者的思想,因为当时的罗斯王公被认为是君主,而不是土地占有者。关于大公是最高土地占有者的概念只是在蒙古人占领的时期才产生的。罗斯王公作为可汗政权的代表在自己的封邑享有可汗在其管辖的领域中所享有的那些权利。后来,罗斯王公从可汗那里完全继承了这些国家法权。这种继承动摇了私有制的基础[2в]。但是格拉多夫斯基,像涅沃林一样,在解释领地制的起源时,实际上谈的是服役领地权利的起源,即有条件地占有土地的思想的起源。但是法权和在此基础上产生的社会关系制度是两个完全不同的历史概念。我不想引导读者去评论关于法权起源这一有争议的问题的是非,只想使大家注意说明这个制度发展情况的事实[2*]。

218 **服役领地占有制的起源** 正如莫斯科国家中的一切事物一样,服役领地占有制也是产生于分封时代。它最初起源于莫斯科大公经营的土地。为了解释这种土地占有制的起源，还是追述一下分封王公时代的社会结构吧。我们知道，在分封王公的宫内有两类仆人：（一）自由仆人，即军人；（二）宫内仆人，即宫内侍从。自由仆人是王公的战斗部队，是根据合同为他服务的。他们承担的义务不扩及世袭领地，自由仆人的服务关系同土地关系完全无干。自由仆人可以离开他所服务的王公而去为另一个王公效劳，并不丧失其对离开的公国的世袭领地拥有的占有权。分封时代的王公的合同明确规定了自由仆人的服务关系和土地关系的区别。例如，在 1341 年卡利塔的儿子的合同中，几个弟弟对长兄谢缅说："大贵族和自由仆人有行动自由，他们离开我们到你处，或者离开你到我们这里，都不得对他们进行报复。"[3] 这就是说，自由仆人离开一个兄弟的宫廷，去为另一个兄弟服务，被离开的兄弟不得对这个仆人进行报复。由此可见，自由服务同土地占有不联系在一起。宫内仆人是从事大公的家务的。这种服务通常同土地占有联系在一起。宫内仆人包括粮食管理员、杂务人员、宫内各种管理人员、猎犬饲养员、饲马员、园艺工、养蜂员和其他各种工匠。他们同从事军役的自由仆人大不相同。王公在合同中保证不要他们像平民（即农民）一样从事军役。宫内仆人中有一部分是自由的，另一部分则是王公的奴仆。由于这两类人的效劳，以及为了让他们安心工作，大公给他们一些土地。谢尔普霍夫分封王公弗拉基米尔·安德烈耶维奇 1410 年在遗嘱中谈到了这些仆人同王公在土地方
面的关系。这位王公谈的是宫内仆人，他们分得了供自己使用的 219
土地。他说，养蜂员、园艺工、猎犬饲养员中有人不想在这些土地上生活的，"可以不要土地，另谋出路，伊凡王公不需要他们的儿

子,因为对他们没有全权,而他们儿子的土地则要交给伊凡王公”。主人对之没有全权的人是自由仆人,而不是完全的奴仆。弗拉基米尔王公的遗嘱想要说明的是,对这两类宫内仆人(不论是自由仆人,还是奴仆)来说,享用王公的土地是同为王公的经济效劳密切联系在一起的。甚至自由仆人,根据自己的宫内义务,也不是享受全部权利的,例如,他们对土地只拥有部分所有权,而不能像世袭领地那样占有这些土地。在弗拉基米尔的这份遗嘱中,我们还读到这样的条件:“我的粮食管理员不是买来的,我买的是村庄,我的儿子不需要粮食管理员,我的儿子需要的是他们的村庄,因为将来的封邑包括这些村庄。”[4] 这就是说,粮食管理员是自由人,他们为王公服务,就买了公国境内的村庄,即归自己所有,但这种所有权是不完全的:如果购买者不为大公服务的话,那么尽管他们有人身自由,他们也丧失了他们购买的村庄。古俄罗斯的法律准则并不剥夺他们的人身自由,而只是限制他们的土地占有权。由此可见,在分封王公宫内从事的各种不同的工作分别以不同的方式报酬。这是自由仆人和宫内仆人在工作上的区别之一。自由仆人由于自己的服役而从王公那里得到官位,即收入优厚的行政职务和司法职务[5]。根据王公的合同规定,这个仆人即被承认为自由仆人,“可以享受食邑”。而宫内仆人则不能担任这种收入优厚的职务。对他们工作的报偿是根据服务条件分给一块土地和根据同样条件购买土地的权利。从15世纪下半叶起,在莫斯科联合北罗斯以后,服役阶级的结构发生了重大变化。第一,仍然从事军役的自由仆人的工作不再是自愿的,而成为义务性的,他们不再有权不为莫斯
220 科王公效劳而转赴封邑工作,更不能离开罗斯国境。与此同时,对

不再是自愿性的军事人员的工作的报酬，莫斯科君主则是根据不同于世袭权利的特别权利分给他们一些土地。这些土地起初不称作服役领地，但是对这些土地的占有仍然有一些特点。这种特点特别明确地表现在失明王公瓦西里1462年的遗嘱的一段话中。这位大公在同舍米亚卡做斗争时有一位最卖命的战斗人员，名叫费多尔·巴先诺克。大公的母亲索菲娅·维托芙娜把自己在科洛姆纳县的两个村子赠予了巴先诺克，让自己的儿子在她死后自行处置这两个村子。她的儿子在遗嘱中谈到了巴先诺克的两个村子。他说：在巴先诺克死后，村子的牲畜归他的妻子[6]。这就是说，赠予自由仆人的村子只是在他生前归他所有，这是服役领地占有制的迹象之一，而这个迹象是重要的。最后，第三，在分封时代同自由服役（即军事工作）有明显区别的宫内服役从15世纪中叶起开始同前者混同起来，两种服役没有区别了。像以前的自由仆人一样，宫内仆人也同样被称作莫斯科君主的服役人员，同自由仆人一道参加远征。政府把公地交与两类仆人使用，完全是根据14世纪宫内仆人获得公地的同一种权利，唯有依据的条件是军事服役的条件，而宫内仆人以前是不服军役的。在服役关系和仆人占有土地方面一发生这些变化，土地占有就具有了领地性质。根据以前的自由仆人和宫内仆人的宫内服役和军事服役来分给土地，便在15世纪和16世纪获得了服役领地制的名称。

服役领地制 我再说一遍，可见服役领地占有是从分封王公时代的宫内仆人对土地的占有发展起来的，它同后者不同的地方在于：它不仅取决于宫内服役，而且取决于军事服役。从15世纪中叶起，这一区别变得明显起来。只是到了这个时期，服役领地才

具有了宫内服役和军事服役的保证手段的作用[8]，于是这两类服役
221 合而为一，丧失了法律上的区别[8]。从这时起产生了这样的法律思想：认为服役领地这块土地是要保证公职人员(军事人员或宫内人员)无区别地为国家服役。从这时起，即从15世纪下半叶起，领地占有形成为复杂的完整制度，制定了把土地安排和分给地主占有的细则。这些规则是必要的，因为政府加紧征集人数众多的武装力量，开始用分配土地的办法来维持军队。在15世纪下半叶就可以看到一些迹象，表明政府加紧有计划地把公地分给地主占有。1500年编制的诺夫哥罗德邦沃季行政区的人口调查册传到了我们手里。根据这个调查册，这个行政区的两个县拉多加和奥列霍夫有106个莫斯科服役领主，在他们的土地上约有3 000户，有农民和宫内人员4 000人。这些数字表明，莫斯科是多么快地安置了服役人员，在征服诺夫哥罗德以后的二十年中，在国家的西北边陲、在诺夫哥罗德邦，莫斯科的服役领地占有制获得了多么巨大的发展。根据这个调查册，在沃季行政区的上述县中几乎有一半以上的耕地掌握在从莫斯科中央罗斯来的服役领主手中[9]。在国家的一些中央县中也可以看到大力发展服役领地占有制的迹象。16世纪初期保存下来的一些地界证书，把莫斯科及其附近各县区分了开来。根据这些县的界线，地界证书除指出世袭领主外，还指出了许多小领主，他们是：主事、猎犬饲养员、饲马员，总之，就是宫内仆人，14世纪王公由于这些仆人的服务而拨给他们一些土地使用。16世纪的服役人员有时被同时分给大批土地。这方面的一个最著名的例子发生在1550年。当时为了满足宫内各种服役工作的需要，政府从各县的城市贵族和大贵族子弟中挑选了1 000

名比较合格的服役人员。由于他们的工作同首都联系在一起，他们需要在莫斯科郊区拥有世袭领地或服役领地以供经济之需。从 222
各县挑选来首都工作的这 1 000 人，由政府在莫斯科及其附近各县分给服役领地。除这些人外，还有许多在莫斯科附近没有领地的高级官员、大贵族和侍臣。领地的大小不一，根据服役领主的官职而定，大贵族和侍臣在每块领地中各得耕地 200 切季①（三块领地中共得耕地 300 俄亩②）；服役贵族和城市大贵族子弟分为若干等级，在每块领地中分别得耕地 200、150 和 100 切季。由此可见，那一年有 1 078 名各种官职的服役人员一下子分得了 176 775 俄亩耕地[10]。在征服喀山以后不久，政府整顿了服役领地占有制和土地劳务，制定了服役人员名册，根据他们的领地规模和薪俸的多寡把他们分为若干等级。从那时以来，薪俸同军事服役时间的长短保持了恰当的比例关系[11]。1556 年左右制定的这些名单的片断传到了今天。在这些名单上写着每个服役人员的名字，标明他有多少世袭领地和服役领地，他必须派多少宫内人员去服务，有何种武器，他的薪俸有多少[12]。从那时以来，服役领地占有制成为复杂完整的制度，有着准确固定的规章。下面我就概括地叙述一下 17 世纪初这个制度的基本情况。

服役领地制的规章 土地分配和服役人员的一切土地关系是由专门的中央机构——服役领地衙门管理的，正如他们的军事服役关系是由吏部管理一样，当时这两种关系是区分开的[14a]。服役

① 切季（четверть，четь），俄国古时土地面积单位，1 切季等于 1.5 俄亩。——译者

② 俄亩（десятина），俄国古时土地面积单位，为 2 400 平方俄丈。——译者

人员在服役地点占有土地,有时也在占有土地的地点参加工作。这样就可以理解领地一词的含义了,不管这个词的来源如何。看来,现在的人和古代的人都是如此理解这个词的。服役工作使服役人员或居住首都,或居住某一地区。因此,服役人员分为两类。第一类是在莫斯科服役的高级官员,以及从各城挑选来的人,关于
223 这一点我们已经谈过了。第二类是在各城市服役的低级官员,城市和县城的贵族和大贵族子弟。莫斯科的官员除了在较远的县城拥有领地和世袭领地外,还应当依法在莫斯科附近分得土地[14б]。城市贵族和大贵族子弟主要是在服役地点分得领地,他们在那里保卫国家,形成当地的拥有土地的民团[14в]。服役人员的服役义务不仅落在他的领地上,而且落在世袭领地上,因此,服役不是根据地点而定的,而是根据土地而定的。在 16 世纪中叶,准确地确定了根据土地提供服役的标准,这就是说,服兵役的担子是根据服役人员的土地而定的。根据 1555 年 9 月 20 日的法律,每 100 切季好耕地应当出一人带着一匹马和全副盔甲参加征战,如果是远征的话,则应带两匹马。领地和世袭领地拥有的耕地超过 100 切季的土地所有者亲自参加出征,如不亲自出征,则提供同耕地相适应的武装宫内人员。服役领地的薪俸按照服役人员的家谱和他的服役水平来确定,因此是很复杂的。不过,对于刚刚开始工作的新手,通常不一下子发给全部薪俸,只发给一部分,以后再补发。因此,薪俸和补助地是不同的。这两种金额的大小是由不同的条件决定的。薪俸同官职成正比:服役人员的官位越高,他的领地薪俸就越多。补助地是根据世袭领地的规模和官员的工龄决定的。补助地同世袭领地的规模成反比:服役人员的世袭领地的规模越大,

他的领地补助地就越小。因为领地实际上取代了世袭领地。最后，除薪俸和补助地以外，还有工龄和服役优良附加地[14Г]。所有这些条件可以概括地表述如下：薪俸取决于官位，补助地取决于世袭领地和工龄，对薪俸和补助地的附加地取决于服役的数量和质量[14*]。

服役领地薪俸 服役领地制度的一般特点就是如此。更详细地了解，我们发现这样的材料：官位高的人、大贵族、侍臣、杜马贵 224
族获得服役领地 800[15] 至 2 000 切季（1 200 至 3 000 俄亩），御前大臣和莫斯科贵族获得 500 至 1 000 切季（750 至 1 500 俄亩）。在米哈伊尔统治下有这样一条法律：对御前大臣、宫内杂务侍臣和莫斯科贵族发的领地薪俸不得超过 1 000 切季。外省贵族和贵族子弟的薪俸更复杂了，根据官职、工龄、某个县的公职人员密度和可供分配的土地储备量而定。例如，根据 1577 年人口调查册的记载，科洛姆纳县的最低薪俸是 100 切季，最高薪俸是 400 切季。我们知道，100 切季是一个衡量标准，以此作为一个单位来衡量服役人员的服役。如果根据这本人口调查册来计算科洛姆纳县服役人员的平均薪俸的话，那就是 289 俄亩耕地。但是在里亚日斯克县的平均薪俸则降低到 166 俄亩，因为那个县的服役人员的密度更大。不过领地薪俸在经济上的意义是有限的甚至是虚假的，因为拨给他的领地同实际数目相差很多。根据 1577 年科洛姆纳人口调查册，名单上的第一名是一位大贵族子弟，他的服务最优良，规定给他 400 切季耕地的最高薪俸，但实际上在属于他的科洛姆纳领地中只有 20 切季真正的耕地，其余的 229 切季是“休耕地和长满树木的土地”。由于土地占有者缺乏资金、工具和人手，耕地撂荒，甚至杂草丛生,长满树木,但是在确定领地薪俸和计算领地薪俸同补助地的比例关系时,这些地列入耕地分内。暂时撇开我们所研究的这个时期,以便更具体地看看薪俸和补助地之间的区别吧。根据 1622 年别列夫县的人口调查册,那里有 25 名**挑选的**人,他们属于这个县的服役人员的最高等级。他们是该县最殷实和认真可靠的服役人员,得到了最高的领地薪俸和补助地。据这份调查册记载,别列夫县的精选出来的贵族的薪俸确定为 500 至 850 切季耕地。给这些贵族的薪俸耕地共达 1.7 万切季(2.55 万俄亩),而作
225 为补助地他们真正掌握的只有 4 133 切季(6 200 俄亩)。这就是说,补助地只占薪俸的 23%。再以同别列夫县属于同一个经济地带的两个县的人口调查册为例,看一看在地理和经济条件类似或相同的条件下,领地补助地是多么不同。城市大贵族子弟作为补助地的平均领地份额:别列夫县是 150 俄亩,叶列茨县是 123 俄亩,姆增斯克县大约是 68 俄亩。最后,从这些县的人口调查册中可以看出世袭领地占有情况同领地占有情况之间的比例关系,至少在奥卡河上游的县份中是如此:别列夫县的世袭领地在整个城市服役人员的土地占有中占 24%,在姆增斯克县占 17%,在叶列茨县占0.6%,而在库尔斯克县甚至只占 0.14%。可是在科洛姆纳县,如果除去科洛姆纳人和其他城市的大贵族子弟,只根据大多数人的情况来看的话,按照 1577 年的税册,世袭领地占所有城市公职人员占有土地的 39%,其中不包括当地教会机构和首都高级官员拥有的土地。由此可见,越往南深入草原,世袭领地占有制就越让位于服役领地占有制。在研究国家南部和中央各县的社会结构和经济关系时,记住这个结论,可以向我们解释许多事情。

金钱薪俸 除领地薪俸以外，通常还有一定比例的金钱薪俸。格尔别尔什泰因已经谈到服役人员的金钱薪俸，他所涉及的是伊凡雷帝的父亲的时代。这种取代服役领地薪俸的做法也许还要早些，在伊凡雷帝祖父的时代就有了。金钱薪俸的多少所依据的条件同于服役领地薪俸，因此这两者之间大概有一定的关系。根据16世纪的文献很难弄清楚这种关系，但是到17世纪这种关系就变得明显了。至少在那个时期的服役人员名单中发现有这样的话：某人“应给予领地薪俸，而不要给予金钱薪俸”。当时确立了这样的规章：根据领地薪俸增加金钱薪俸：“金钱附加金同领地附加金一并发给。”[15] 17世纪下半叶的官吏科托希欣说，金钱薪俸按照 226
每五切季领地薪俸折合一卢布的标准发给[16]。而且[17*]根据文献可以看出，这个比例当时并不是始终不变的。像领地薪俸一样，金钱薪俸也不是始终同实际获得的数额一致的，它是同服役的性质和具体情况联系在一起的。官位高的、始终在首都服役的或者每年被动员的人每年获得他们应得的全部金钱薪俸。据1550年的法典说，在格尔别尔什泰因那个时代，城市大贵族子弟隔两年、三年或四年才获得金钱薪俸。17世纪初的一份莫斯科文献说，城市大贵族子弟如果没有服役，隔五年甚至五年以上才能得到金钱薪俸[17a]。总之，当需要激励服役人员，使他们做好出征准备时，才向他们发给金钱薪俸，作为对领地收入的补充。如果军役任务减轻，金钱薪俸减半发给。如果服役人员担任了有收入的职务，或者不再服军役，则不再发给。调查册在谈到领取年薪的高级服役人员时说，他们“从金库领取薪俸”，谈到低级城市服役人员时，则说他们“从城市领取薪俸”。所谓金库，是指财务衙门，服役人员的经费由它们分摊。有下列财务衙门:乌斯丘格、加利奇、弗拉基米尔、科斯特罗马、诺夫哥罗德等财务衙门。当需要城市大贵族子弟做好被动员的准备时,他们从城市获得薪俸。

赏赐领地 早在16世纪,贵族的服役就成为本等级的世袭的义务。根据1550年法典,只有被君主免除服役的大贵族子弟及其尚未服役的儿子们才能摆脱这种义务[17б]。当时规定了由父亲把这种服役义务传给儿子的办法。在领地和世袭领地服役的地主把自己的儿子抚养到成年,使他们做好服役的准备[17*]。16世纪的贵族通常是从十五岁开始服役。在这以前,他被认为是“未成年人”。
227 开始服役并被列入服役名单以后,他即成为新贵。于是,根据他初期的服役情况,他被赏以领地,根据以后的成绩,又被酬以新贵金钱薪俸,此外,还发给附加金,直到这个新贵成为真正的服役人员,领取完全的金钱薪俸。对新贵有两方面的报偿:分家和顶替。当父亲还有精力服役的时候,参加服役的长子另立门户,同父亲分开,给他们以特别的领地;当父亲衰老时,参加服役的一个次子可以顶替父亲,获得领地,当父亲去世时,他可以继承田地以及服役的义务[18]。通常当父亲在世时,他就可以顶替父亲参加出征,“从父亲的领地服役”。有时几个儿子共同占有父亲的领地,每人分一份。

生活费 赏赐领地的主要规则就是如此。以后又制定了保证服役人员家属生活的办法。当服役人员死去的时候,在16世纪有时就把他的领地留给未成年的孤儿,如果没有成年的儿子的话;如果有成年的儿子,那么在父亲死后他就继承父亲的领地和照料年幼的弟妹。但是还从领地中拨出一定的份额,作为死者的遗孀和女儿的生活费。如果遗孀逝世、改嫁或出家当修女，女儿满十五岁可以出嫁时，则不在此例。1556年做出了这样的规定："女儿超过十五岁者，不得拥有领地。"如果这时姑娘在服役人员中找到了未婚夫，她可以向他要求给予生活费。由此可见，在服役人员的家庭中，所有的子女都可以做出贡献：儿子达到应征年龄可以骑马保卫祖国，女儿可以结婚，培养保卫国家的后备力量。生活费的多寡取决于领主的死因。如果他是在家里自然死亡，遗孀可以得到他的领地的10%，女儿得到5%，如果他是战死沙场，这些生活费增加一倍[19]。

服役领地制度的主要内容就是如此。下面研究它的效果。

228 # 第三十三讲

服役领地制度的近期后果——一、服役领地原则对世袭领地占有制的影响。16 世纪世袭领地的动用——二、服役领地制度是人为地发展土地私人占有制的手段——三、县级贵族集团的形成——四、服役的、占有土地的无产阶级的出现——五、领地占有制对城市的不利影响——六、服役领地占有制对农民命运的影响[1]

我已经叙述了 17 世纪初期[2] 的那种服役领地制度的基本内容[2]。服役人员占有土地的这种制度的发展产生了各种重大的后果，这些后果不仅在古代罗斯、而且在近代罗斯的国家生活和国民经济中都深刻地表现出来，一直到今天仍有所表现。在我国历史上，像它这样使社会的政治结构和经济生活发生如此重大变化的事情是不多的。我现在只列举一些 16 世纪末暴露出来的近期后果。

服役领地和世袭领地　一、服役领地占有制改变了世袭领地占有制的法律性质。这种变化是把领地占有制的原则运用到世袭领地占有制上而产生的。我们知道，在分封时代，为国家服务，更准确地说，在大公宫廷自由服务，同占有土地是没有联系的。大贵
229 族同自由仆人在土地方面的关系，同他个人为大公服务的关系是

严格分开的,自由仆人可以在一个封邑服务,而在另一个封邑拥有土地。分封时代把土地关系和服务关系严格区分开来的做法决定了当时的土地具有国家意义。当时的土地是出钱买的,交纳税赋,服役的只是人。这个[3] 规定被十分严格地加以执行,所以凡是购买在王公的公地上居住的平民(即农民)的土地的贵族和自由仆人必须同农民一道交纳贡赋,否则,便丧失所购买的土地,土地要无偿地归还平民。服役的土地占有者让家仆耕种的贵族耕地也应交纳税赋。只是从 16 世纪下半叶起,同他的领地薪俸相当的那一部分土地才免于交纳贡赋。在这两种情况下,服役的土地占有者由于服役而享有的特权地位都没有反映在他的土地占有上[3]。现在,土地也同服役联系起来,这就是说,服役的义务也扩及土地。因此,现在除了土地纳税外,土地也要服役,更准确地说,服役的人所掌握的土地不仅要纳贡,还要服役。由于服役同土地联系在一起,世袭领地占有制便发生了两个变化:(一)获得世袭领地的权利受到了限制,即享有这个权利的人数受到了限制;(二)支配世袭领地的权利受到了限制。为国家服务作为一种义务扩展到土地以后,便产生了一种思想:谁服役,谁就应当拥有土地。服役领地制度正是建立在这个思想的基础上的。另一条规定也是这个思想直接产生的:谁拥有土地,谁就应当服役。在分封时代,土地所有权在整个罗斯是属于社会的自由阶级的,但是服役领地占有原则所确立的上述规定取得胜利以后,以个人的世袭领地权为基础的土地占有便应当成为服役人的特权。因此,在 16 世纪的莫斯科国家,我们在公民社会中已经看不到不属于服役者阶级的世袭领主式的土地占有者,教会的世袭领地不是个人财产,而是属于教会机构的,

230 所以它们是通过教会的仆人服兵役,因为教会的仆人像君主的服役人员一样从这些机构获得领地。由此可见,在莫斯科国家,谁根据世袭领地的权利占有土地,谁就应当服役,否则,就不能再当世袭领主。其次,支配世袭领地的权利受到了限制。世袭领地的占有,同服役领地的占有一样,应当同样地服兵役。因此,不论在事实上,还是在法律上,只有自己亲自服役或者通过自己的武装仆人代替服役的人才能拥有世袭领地。由此可见,法律开始限制支配世袭领地的权利,以防止它们转入不能服役的人手中,或者防止它们从能够服役的人手中转出去,也就是防止削弱服役家族的服役力量。这个限制触及了世袭领地的转让权和传代权,即触及了继承权,但没有触及购买权。国家不仅保证和支持个人的服役能力,而且保证和支持整个家族的服役能力,因此对世袭领地的转让权和传代权加以限制。1562 年和 1572 年的两条法律对这种限制谈得最详细。这两条法令限制了王公和大贵族转让世袭领地的权利。根据这两项法律,王公和大贵族不得出卖、调换或以任何方式转让祖传的世袭领地。不过,事实上世袭领主可以出卖祖传的世袭领地,只是绝不能超过半数,而且由于亲属有权赎买世袭领地,因而被允许的转让权受到了限制。伊凡沙皇的法典及其补充法令已经对这项权利做了规定。转让祖传世袭领地要经亲属默许。世袭领主出售世袭领地,就放弃了为自己和为子孙后代赎买它的权利。旁系亲属如果作为这项交易的见证人,也就放弃了赎买这项出售的世袭领地的权利,但没有在这项交易上签字的其余亲属则仍保留这项权利:他们可以在四十年内赎回卖出去的世袭领地。
231 赎回祖传世袭领地的亲属失去了把它再卖给别的家族的权利,而只能以出卖或遗赠的方式转让给本家族的成员。继承祖传世袭领地的做法受到了进一步的限制。世袭领主可以把世袭领地交给后代或者交给没有领地的旁系近亲，所谓旁系近亲是指不能结婚的亲戚。但是遗赠的权利，像继承的权利一样，只限于几代人，即只能传到第四代，以旁系孙子为限："世袭领地只能传到孙子。"世袭领主可以把世袭领地或部分世袭领地（如果它太大的话）交给自己的妻子暂时掌管，作为生活之用，但她无权做进一步的处置。在这项掌管权停止以后，遗赠的领地即归君主，而遗孀的生活费"由君主下令从国库中拨给"[4]。最后，1572 年的法律禁止世袭领主把自己的世袭领地交给大寺院，因为"那里的世袭领地很多"[5]。由于这些限制，世袭领地占有制大大接近于服役领地占有制。不难看出，上面说的这一切限制是为了两个目的：保持服役家族的服役能力；不让服役人员的土地转入没有能力服役或者不想服役的人的手中。16 世纪的限制遗赠权的法令明确地谈到了后面这个目的。这些法令用下列理由为这种限制辩解："为的使服役不受损失，为的使土地不脱离服役。"这是服役领地制表现在世袭领地占有的法律意义方面的第一个后果。世袭领地像服役领地一样，不再是完全的私有财产，而成为有条件的占有。

世袭领地的动用 而且[6]还应当指出的是，对世袭领地占有权的限制并不完全是服役领地的占有，至少在 16 世纪几乎大部分王公世袭领地还受到限制这种权利的其他条件的影响。莫斯科罗 232
斯联合速度的加快使服役的王公和大部分没有封号的大贵族加速动用所拥有的土地。在这方面，不单单是莫斯科政府有国家方面的考虑，而且服役的土地占有者也有自己的经济考虑。于是从父辈和祖辈继承下来的、由来已久的世袭领地大批地不见了,而不久以前购买的、调换的、更多地是赏赐的新世袭领地大批出现了。由于这种变化,在分封的、分裂的罗斯时代形成的、或者从祖先继承下来、但在不久以前世袭占有制占统治地位的情况下还来不及站稳脚跟和巩固下来的关于世袭领地的法律概念现在又陷于混乱,发生动摇了。1572 年的法律谈到了这种动摇的原因。这项法律把老的贵族世袭领地同君主赏赐的世袭领地区分开来。它规定,如果土地占有者无嗣而逝,对这些世袭领地可以按照赏赐书所说的那样处置:如果赏赐书准许大贵族把世袭领地遗赠妻子、儿子和亲属,可以照此办理;如果赏赐书把世袭领地只赏赐大贵族本人,那么他死后应把世袭领地归还君主。而且,这个条件同领地占有制也有某种内在联系,这是出于为国家服役的考虑和利益。这两个条件也导致世袭领地像服役领地一样,不再是完全的私有财产,而成为有条件的占有了[6]。

人为地发展土地私人占有　二、服役领地占有成为在罗斯人为地发展私有土地占有制的手段。大批公地根据领地权原则分发给服役人员。现在研究罗斯土地占有史时,无法确定 16 世纪和 17 世纪服役领地和世袭领地的准确比例关系。只能大致估计,到 16 世纪末,服役领地占有数量大大超过了世袭领地占有数量。甚至[7] 在世袭领地占有制可能很早就大大发展的地方,它在 17 世纪
233 上半叶也让位于领地占有制:在 1623—1624 年的人口调查册中,莫斯科县的地主占有整个服役人员土地的 55%。根据这项资料,可以做出一些设想。这些设想不是什么历史结论,而只是提供一种研究途径,帮助读者大致想象一下我们所研究的这个情况的概

貌。我已经引用编年史的材料,说明伊凡沙皇在斯塔里查同巴托里国王打仗结束时拥有30万兵力。在这些人中大概有不少是来自非服役阶级的差丁,因此要打个三分之一的折扣。根据法律,每个参加出征的兵员可以得到150俄亩耕地,不包括草地。我们还知道,在外省贵族中,世袭领地是很少的,而且京城的宫廷贵族甚至大多数大贵族的世袭领地也不特别多。就算参加斯塔里查之战的有20万兵员,他们分得3 000万俄亩耕地吧,其中领地可能大大超过一半。根据当时莫斯科国家的面积,特别是当时有大量林区,不难推算出到16世纪末在大约一百年间,通过分配土地有多少良好的耕地转入服役人员的手中。最好是大致计算一下,转入服役人员手中的这些耕地需要多少农业劳动力来耕种。我们再来看看17世纪的材料[7]。甚至科托希欣自己也没有大致估计一下,他那个时代的所有服役人员究竟拥有多少农民。他只是说,有些大贵族拥有10家、15家、甚至1 000多家农户。不过,他列举的一些数字有助于说明问题。据他说,在阿列克谢统治时期,公地和宫廷土地所剩无几,公地不超过2万家农户,宫廷土地不超过3万家农户。其余的所有有人居住的土地都为私人所占有,其中教会当局、牧首和主教拥有3.5万家农户,寺院拥有9万家农户[8]。但是[9*]根据1678—1679年的人口调查册,所有农户总共为75万家, 234
或稍多一点。把教会、公家和宫廷拥有的17.5万户农家包括在内,所有服役人员拥有的农户约为57.5万家,占农户总数的四分之三以上。根据1678—1679年的人口调查册,在科托希欣的时代究竟有多少领地农户,有多少世袭领地农户,这对我们来说是无关紧要的。把服役领地变成世袭领地,把服役领地和世袭领地融合起来,这两个过程早就开始了,在17世纪下半叶已经完成。第一,服役领地占有由于功勋赏赐而逐渐变成世袭领地占有。服役人员为国家建树重大功勋者可以得到如下的奖励:他的服役领地薪俸的一定份额(通常为20%)可以变为世袭领地。此外,还允许地主从公家购买领地,变为世袭领地[9a]。除了一种土地占有制转变为另一种土地占有制外,这两种占有制还逐渐普遍地融合在一起。世袭领地吸收了服役领地占有制的原则,而服役领地则吸收了世袭领地的特点。作为不动产的土地起了货币的作用,取代了服役的金钱薪俸。因此,尽管从法律上来说,服役领地是个人的、暂时的占有,但它事实上却成为可以继承的。根据16世纪服役领地补偿和分配办法,领地可以分给地主的所有儿子,也可以只交给服役的小儿子,或者遗赠年幼的子女作为生活费。现在保留的1532年的一份遗嘱要求管家申请把他的服役领地留交他的妻子和儿子。在1547年的一份遗嘱中,继承产业的兄弟除了分掉父亲的世袭领地以外,还分了他的领地。1550年的一条法律在莫斯科附近安置了上千的服役人员,它规定:莫斯科附近的服役领地应由父亲移交给适宜于服役的儿子。也有一些继承关系比较复杂的事例:父亲把领地移交给儿子,儿子又移交给他的母亲,这位母亲则把领地交给她的孙子。从17世纪初起,服役领地有时直接遗赠妻子和儿子作为世袭领地。在米哈伊尔沙皇统治时,则规定地主死时无嗣,可
235 以把服役领地交给亲属。在米哈伊尔时代,在法令中就已经出现了非服役领地的术语——**祖传领地**。除了遗赠外,**互易**领地也逐渐成风,并且得到法律的保护。后来还允许把服役领地作为嫁妆交给女婿,或者交给亲戚甚至外人,但要求对方必须抚养馈赠人。

1674 年,退役的地主被允许用领地换取金钱,即出卖领地。由此可见,服役领地占有制最初只有使用权,后来又加了一个支配权。17 世纪末,法律的规定使服役领地非常接近于世袭领地,而在服役领地占有者的概念和实践中这两种土地占有的形式则没有任何区别了。最后,在 18 世纪,根据彼得大帝和安娜女皇的法律,领地成了占有者的财产,最后同世袭领地融合在一起。**地主**这个词具有了贵族中的土地占有者的意义,取代了**世袭领主**这个词。这也表明,服役领地成为莫斯科国家土地占有的主要形式[9*]。这就是说,如果没有服役领地占有制度,仅仅通过国民经济的自然调整,是不会有 18 世纪那么多的私有土地占有者的。在这方面,领地制度对俄罗斯贵族具有的意义,如同 1861 年 2 月 19 日的法令对农民具有的意义一样。这个法令在国家的协助下人为地造成了农民土地占有制,即大批土地根据私有权转到了农民的手中。

县级贵族集团 三、服役领地占有制的发展造成了县级贵族集团,即地方的土地占有者集团。有人认为,这些集团的建立是 18 世纪的立法,主要是叶卡捷琳娜二世的立法造成的,这种看法是不对的。地方贵族集团在 16 世纪就有了。当时[10*]必须对某些城市的贵族和大贵族子弟进行“审查”,以便赏赐他们以服役领地薪俸或金钱薪俸。如果这件事发生在地方上,而不是发生在莫斯科或其他集合点的话,城市服役人员就分散地回到各自的县城。
他们从同事中间按县各选出十名、二十名或者更多可靠的、内行的 236
领薪俸人员,让他们宣誓就职,负责向进行审查或赏赐的官员或全权代表如实汇报自己同事的情况。这些宣誓的领薪俸人员要汇报县里服役人员的情况:他们的家谱和服役情况;各有多少服役领地和世袭领地;谁适于服役,是适宜出征、在团队和马队服役,还是适于驻防、包围或当步兵;各有多少子女,年纪多大;谁在服役,参加出征是否有适当的服役装备,是否拥有规定数目的兵员和马匹以及法定的武器;"谁是由于贫穷而不热心服役,谁并不贫穷但也不热心服役",等等。在接受金钱薪俸时,县里的服役人员要彼此作保。通常领薪俸人员中的任何人都可以为每个人在服务和金钱上担保,因此每一个领薪俸人员都有一批担保人,不管他是属于哪个连队。而且一般的服役贵族和大贵族子弟都可以当担保人。担保有时比较复杂,例如,维纽科夫由三个同事为他作保,他则为这三个担保人作保,而且还为第四个同事作保。第四个人也照此办理。这种担保形成了担保人的链条,把全县的服役人员都包括进来。可以这样认为,土地占有者的左邻右舍都参与形成这个链条的各个环节,就像为领薪俸人员作保一样。这不像纳税农民的那种连环保(一人为大家作保,大家为一人作保),而是邻居保,也可以说是手拉手、肩并肩的链条保,这是同服役人员的军事制度和领地制度相适应的[10a]。最后,县里的贵族通过全权代表广泛参与地方的行政事务。这些全权代表就是城市官员,由县里的服役贵族和大贵族子弟在全城或全县,也就是在全县贵族阶级中选举一两人。城市官员作为当地军界和土地占有者的代表,监督城防的加强,管理土地占有者的赋税和徭役以及同县城的防务和当地贵族事务直
237 接间接有关的事宜。当地贵族有义务保卫自己的城市,这是他们最靠近的防守地盘。城市官员分摊赋税和徭役,监督征税工作和服役情况,监督城市防务的建设和修理以及军需品的采购,从纳税居民中征调适合人员担任军事工作,等等。此外,在地方长官的法

庭上，城市官员是贵族的助理，而长老和税务官在法庭上则代表平民百姓。他有时暂时行使地方长官的司法职权和各种警察职能，保护有争议的财产，保护土地占有者不受地方长官的侵害。总之，他处理地方行政的各种日常事务，这些事务在不同的程度上同当地的贵族和占有土地的服役人员有关，他可以说是县里的首席贵族[10б]。随着时间的推移，县里的贵族阶层也获得了一定的政治地位。县里的贵族可以代表全城向君主申诉自己的需要。贵族的领薪俸人员可以参加缙绅会议，向中央政府谈本县的需要[10*]。由此可见，服役和与之相联系的服役土地的占有是巩固县里的贵族阶层的两个纽带[11]。

服役的、占有土地的无产阶级的出现 四、服役领地占有制的大力发展在服役人员中形成了一个以前不大为人所知的阶层，可以把它叫作服役的、占有土地的无产阶级。服役者的阶级越扩大，莫斯科政府掌握的土地资源就越减少。这种[12]减少是由于各种原因产生的。最初分配的土地是君主以前直接掌握的用来满足宫廷需要的宫廷土地以及由于各种原因失去主人的世袭领地，例如被没收充公的世袭领地；后来，公地也被当作领地分配，这些公地的收入以前是用来满足全国需要的。公地之所以转为私人占有，是因为服役领地作为维持服役人员的手段可以取代食邑。在15世纪和16世纪的领地文献中我们看到有这样的规定：禁止把某些土 238
地转为服役领地，因为地方长官要靠它们维持生活。这些土地的利用率是很低的，根据片断的材料大致估计，这些土地只有五分之一得到利用，因为土地占有者的精力消耗于开伐森林和整治沼泽地。而且适宜于分配的土地的地理位置同服役领地制度所考虑的战略目标也是不一致的。地主多半是军人,而不是农户,他们需要的是有用的土地,适宜于耕种和居住,有充足的农业劳动力。而具备这两个条件的土地当时分布在奥卡河中游,在奥卡河北部这样的土地是不多的。但是在征服喀山王国以后,随着前沿防线向着虽然土地肥沃、但却人烟稀少的草原纵深发展,这两个条件越来越难于同时具备,因而分配土地越来越困难。在那些需要军人和农户的土地上不得不安置大批不懂农业的地主。此外,还有一个新的困难,这个困难是由于国家领土向南方和东南方扩展而造成的。从 16 世纪中叶开始,发现大批农业人口从中央黏土地带向顿河南部、顿涅茨河上游和伏尔加河中游的黑土地带迁移。这些人的涌入给分配在那里的服役人员增添了农业人手。这些新农户和农垦的领主初次在荒凉的草原上相见,彼此都需要对方的帮助,但是他们一方作为土地占有者,另一方作为交纳地租的佃农,双方的关系却不能一下子处得很好。现在我们就看看他们是如何安排生活的。这批人的迁移使人烟比较稠密的中央地带县份的荒废土地面积扩大了。但是这些一无所有的土地是不那么容易变成服役领地的,它们需要资本、工具和开发的本领,而当时的服役人员是不大具备这些条件的。因此,这些服役领地提供的东西很难相当于薪俸,所以在 16 世纪下半叶的文献中我们看到很多新兵,他们已经
239 很好地服役了几年,但仍然没有服役领地,找不到或者得不到适当的服役领地。只要加以比较就可以看出,对适宜于分配的土地的需要量大大超过了它的现有量。在审查、赏赐和分发金钱薪俸的时候,编制了县级服役人员调查册或名单,叫作花名册,把服役人员分为不同的等级,标明他们的领地薪俸和金钱薪俸以及他们的

服役情况(武器、出征仆人和马匹)。根据 1577 年的科洛姆纳花名册,分给科洛姆纳县服役贵族和大贵族子弟的领地薪俸约为 84 000 俄亩土地。但是这个县的许多土地归寺院、大贵族和其他官员所有,不属于这个县的服役贵族阶层。16 世纪科洛姆纳县的幅员并不比现在的疆界大很多。根据 19 世纪 80 年代的统计材料,当时这个县的耕地总共只有大约 102 000 俄亩。对科洛姆纳人的分配量未必会达到用科洛姆纳县的土地发给领地薪俸的规模[12]。到 16 世纪末已经深感可供分配的好地不足。在费奥多尔统治时期,人们曾在莫斯科向弗莱彻申诉过这一情况[13]。政府不得不越来越减少领地的分配量和薪俸。在这个世纪末,外省的服役贵族中有一些土地非常少的地主,他们的薪俸低于依法应向一个武装骑兵提供的最低数额(约 150 俄亩),只发给约 120 俄亩和 60 俄亩薪俸。还有一些地方发给土地更少,接近于农民的田地数量:有些地主只有大约 30、22、甚至 10 俄亩耕地。于是形成了大批外省服役贵族贫困、没有领地或者领地不多的情况。16 世纪县级服役贵族的花名册载有领薪俸人员的意见,它们提供了许多生动的事实,说明正在形成服役贵族无产阶级。许多地主在自己的领地上没有一家农户,只住着自家人,“独户”,于是后来就产生了所谓“独户”阶级。在花名册上我们还看到领薪俸人员的如下申诉:某某大贵族子弟“武装得很差,不能服役,逃避服役,赤手空拳地步行服役”;另一个大贵族子弟“武装得很差,不能服役,但是却服役了,服役前什么也没有,没有领地”;第三个大贵族子弟“武装得很差,不能服役,他没有领地,无法维生,在城市的教会里过日 240
子,在唱诗班当职员”;第四个大贵族子弟“不能服役,逃避服役,武装得很差,无以维生,没有担保人,只有 15 切季领地”;第五个贵族子弟“贫穷,挨户行乞”;第六个贵族子弟“在普罗塔索夫那边当农民,只有 40 切季土地”;第七个贵族子弟是“农夫,在弗罗洛夫看门,会缝衣服;贵族了解情况后,劝他离开服役岗位”。

服役领地和城市 五、服役领地占有对俄罗斯社会其他阶级也产生了不利影响。首先,它破坏了俄罗斯城市和城市工业的发展。在[14]16 世纪,中央地带和北部各县有不少城市拥有大批工商业居民。越往南,工商业居民越少。在靠近草原的城市、在奥卡河上游和顿河上游地区甚至完全没有工商业居民。这些边区城市全是军事设防居民点,住满各种等级的军官。但是后来,当南部边界进一步向南推移的时候,这些城市便大量涌进工商业居民[14]。服役领地制度把大批服役人员从城市吸引到农村,从而使城市工业和手工业失去了销售市场,因为他们是最有钱的消费者。在服役领地和世袭领地定居的服役人员努力培养自己的家庭手工业者,一切必需品都从当地取得,不求助于城市。这样,城市工商业者和手工业者便失去了大批定购者和消费者。16—17 世纪我国城市和城市工业之所以停滞不前、发展异常缓慢,这便是原因之一。不仅奥卡河以西的南部是如此,而且奥卡河和伏尔加河流域的中央地带也是如此。

241 **地主和农民** 六、服役领地制度对农民状况产生了更加[15*]重要的影响。它为这个阶级的命运发生根本性的,甚至致命的变化准备了条件。我要再次提醒读者,喀山王国和阿斯特拉罕王国的被征服使俄罗斯的土地占有者在奥卡河上游、顿河上游和伏尔加河中游两岸获得了辽阔的、未经开垦的草原黑土地带。在越来越向前推进的边疆地区建立了新的防线，内地城市的服役人员被迁移到那里，获得了服役领地。为了开垦自己分到的草原荒地，他们寻找租地的农民和劳动力。迎合这种潮流，中央地带老区的农民大批迁往黑土地带寻找处女地。但是从16世纪中叶开始，政府出于财政和治安方面的考虑，开始限制农民迁徙的自由。久居某地、被作为重要户口在税册中登记下来、因而被称为“注册人”的“老纳税人”被禁止移居他地。已经迁出者被命令返回原籍。这不是农民人身的农奴化，而是被强制固定于定居地点，我们可以看出，这两者不是一码事，甚至是互相排斥的。但是农户的成分是很复杂的，除了登记注册、对农户的纳税情况负责的户主外，靠他们纳税的土地生活的除了其子女，还有没有分家的兄弟、侄子，以及寄食者、左邻右舍、“非纳税者和未注册”的人。允许土地占有者把这些人迁到他们的荒地和老住处。但是这些迄今为止靠别人维生的人到新住地时，是赤手空拳，什么也没有的，他们需要工具、贷款和帮助。奥卡河中游以南、介于第一防线和第二防线之间、甚至更往南在贝斯特拉亚索斯纳河、奥斯科尔河上游和顿涅茨河上游的广大地带的许多新的领地主要是这些人定居的。这样，大批靠别人生活的寄食者就成了自食其力的主人。这就是说，草原地区服役领地制度的发展使中央地带县份的农户密度降低了，使他们的构成简单化了[15a]。但是草原领主从哪里弄到钱来供他们草原领地上的无房住户发展经济呢？我们已经知道，早在伊凡雷帝父亲的时代，服役人员就定期得到金钱薪俸。16世纪50年代，在废除食邑以
后，他们的这个重要生活来源就没有了，于是确立了新的金钱薪 242
俸，数额显然增加了。根据16世纪下半叶的花名册可以看出，金

钱薪俸的数目同服役人员的不动产的收入成反比。因此,边区草原地主的金钱薪俸比内地县份的土地占有者要高。当时奥卡河流域和奥卡河以西的五个县(穆罗姆、科洛姆纳、克什米尔、里亚日斯克和叶皮凡)的花名册传到了今天,上面标明了金钱薪俸的数额。花名册涉及的是16世纪90年代的事,只有科罗姆纳是1577年的情况。根据这些花名册,一次同时付给县里的金钱薪俸平均为1 830卢布。根据1555年的法律,对城市服役贵族和大贵族子弟每三四年发一次金钱薪俸。但是在伊凡雷帝统治的后半期,由于战争几乎接连不断,动员频繁,规模扩大,所以发给城市贵族金钱薪俸的间隔期缩短。我们且以三年发一次薪俸来计算吧。从1555年到这个世纪末共发薪俸15次,上述五个县平均各得2.745万卢布,按今天的币值计算(按1∶60的比值计算),约为164.7万卢布。我们是拿这些县作为标准的。在第一防线和第二防线之间的上述地带,即奥卡河中游和阿拉蒂尔—奥廖尔高地之间的地带,也就是现在的梁赞省、土拉省和奥尔洛夫省及其附近省份的毗连地区,在16世纪末可能有26县。这样,在上述的45年中,国库便向奥卡河中游和中游以南的地主庄园拨去4 300万卢布(按现在的币值计算)。如果把第二防线以外的库尔斯克省、坦波夫省、沃罗涅日省、辛比尔斯克省当时已经有人定居的县份计算在内,那么这个数字至少要增加一半。这笔钱对当时的莫斯科预算来说是十分重要的。奥卡河以西的地主拿这笔钱在荒原上建立起自己的庄园,分别拥有20、30、60、75、80俄亩的土地,在这些土地上建立了村庄,安置了从那些“非纳税者和未注册”的人中来的农民。这些庄园作为地主经营土地和移民的事业,获得了可以继承的财产的

性质，通常可以完全移交给抚养年幼子女的遗孀。如果地主是战 243
死沙场，遗孀还可以获得丈夫的金钱薪俸。未成年的儿子达到服役年龄时必须“从父亲庄园的领地上服役并赡养母亲”。在奥卡河以西的这些领地上特别明显地表现了服役领地制度的两个特点：小土地占有者占优势；人们想用个人的债务依附来加强农民对领地的义务。大农户的食客由于无法偿还老爷的贷款而变成了独立生活的农户，而现在在草原的处女地上又陷于毫无出路的境地。对大庄园的所有者来说，在附近既没有教会的大庄园，也没有老爷的大庄园的情况下，支持农民外流，吸引新的农民，是有好处的。没有人来赎回欠小地主债的移民。他们只好走向草原，当“自由的哥萨克”，手中既没有武器，也没有技能。可以这样认为，奥卡河以西的地主庄园比任何其他地方都早地出现了农民受农奴制束缚的条件。以下我们就要讲述 15 世纪和 16 世纪农奴的情况[15*]。

244

第三十四讲

寺院世袭领地问题——寺院的发展——俄罗斯东北部的寺院——荒郊寺院——寺院移民区——特罗伊茨基—谢尔基耶夫寺院的移民活动——荒郊寺院的意义——古代罗斯日历——古罗斯圣徒言行录——古罗斯言行录的结构和特点——世俗寺院——荒郊寺院的创立者——修士在荒郊的漂泊和定居——荒郊共同生活寺院

寺院世袭领地问题 上次在谈到领地制度的后果时，我已经指出16世纪末在它的结构中已经暴露出来的困难：这就是缺乏适合于分配的土地。这种不足表现在两个方面。在国家需要特别多的军事服役人员的草原南部，政府为了保证他们的经济需要，拥有广阔的肥沃土地，但是人烟稀少，需要大力经营。在中央地带的县里，土地不那么肥沃，但是人口较多，经营得很好，不过政府手中掌握得不多。这里占统治地位的是大贵族和教会占有的大世袭领地。在我们研究的这个已经确立了服役领地制度的时期，寺院占有的土地在莫斯科罗斯得到特别顺利的发展，从而给国家造成巨大的困难，难以保证军事服役人员阶级的需要。这使莫斯科政府
245 同教会当局发生了冲突：提出了教会的，特别是寺院的世袭领地问题。这个问题就其对国家的意义来说，只不过是一个经济问题、土

地问题，但是政治、社会、宗教、道德，甚至神学方面的许多各种各样的利益同它交织在一起，所以它发展为国家的和教会的运动，在莫斯科罗斯的生活中激起轩然大波，在我国历史的整整一个世纪中具有特别的意义。因此，这个运动本身就是十分重要的，同它与国家经济需要的联系无干。我想扯得远一些，多少弥补一下我们研究中的空白。迄今为止，我们一直集中注意于政治和经济方面的事实，现在，当这些事实把我们引向其他的、更加深刻的社会生活潮流时，我们很难不去加以研究。

在着手研究寺院世袭领地问题时，人们首先不禁要问，怎么会发生这种情况：那些摆脱红尘、摒弃尘世幸福的社会阶层怎么竟拥有如此广大的土地，以致使国家都受到排挤呢。古罗斯寺院之所以拥有如此丰富的王地，这要从它们建立和发展的历史中去找原因。现在，首先向读者介绍一下这两方面的情况，然后再谈问题本身。

寺院的发展 修士阶层是同基督教一起在罗斯出现的。伊拉里昂都主教是研究这个问题的第一个任职高位的罗斯人（在1051年），他在回忆同他接近的、在圣弗拉基米尔统治下接受基督教的那个时代时，在一篇著作中写道：当时“已经在山上开始兴建寺院。”[1] 都主教所指的寺院是什么样的，在弗拉基米尔王公统治下有多少寺院，它们是怎么组织的，这些情况不得而知。从雅罗斯拉夫一世当王公时开始出现了关于个别寺院的书面文献。在研究引人注目的寺院的发展时，我们应注意到下一情况：最初它们是跟着罗斯的基督教走的，没有独立地进行活动，没有闯入迄今所不熟悉的领域。因此，在罗斯接受基督教的头两个世纪中，大多数寺院是

246 建立在当时罗斯国家中央地带的第聂伯河的中游和上游、洛瓦季河和沃尔霍夫河一带,在这些地方,罗斯人口的密度最大,传播基督教最容易。12 世纪末为人所知的 70 个寺院中,有五十个是建立在这一地带。位于"从瓦良格进入希腊的古代水路"末端的基辅和诺夫哥罗德这两个古老的社会中心,最热心于经营寺院。到 12 世纪末,基辅有 15 个寺院,诺夫哥罗德有 20 个寺院之多。其余的寺院散布在罗斯南部和北部的第二流的州中心,如加利奇、切尔尼戈夫、罗斯佩列雅斯拉夫尔、斯摩棱斯克、波洛茨克、罗斯托夫、克利亚济马河上的弗拉基米尔等等。几乎所有这些寺院都建在城市里或者靠近城市,没有远离城市深入草原或林区。

但是,寺院只是基督教的同行者,而不是它的奉行者,从而特别敏感地反映了历史生活的变迁。在这方面,看看寺院在地理上的分布情况,就可以发现基督教在罗斯传播的头几个世纪是有很大差别的。在 12 世纪以前为人所知的 20 个寺院中,只有四个位于北部罗斯,远离卡卢加一带的南部防线。而在 12 世纪建立的 50 个有名的新寺院中,属于南部罗斯的只有九个。我们看到,诺夫哥罗德拥有的寺院数目超过了基辅,但是它新建的几乎所有寺院都是在 12 世纪出现的。随着基督教在罗斯的传播,罗斯北部其他边区的寺院也迅速增多。它们出现在斯摩棱斯克、普斯科夫、老鲁萨、拉多加、佩列雅斯拉夫尔—扎列夫斯基、苏兹达尔和克利亚济马河上的弗拉基米尔。

东北部的寺院 我已经指出,寺院的发展标志着从 12 世纪开始,罗斯的生活从南部向北部转移。我在以后的论述中将只谈东北罗斯的寺院,因为东北罗斯以后形成了莫斯科国家,并产生了寺院占有土地问题。在这里,城市寺院和郊区寺院在13世纪继续增多,从而表明了社会生活中心的增多。在上面提到的北部城市中,除过去已有的寺院外还增加了新的寺院。同时,其他一些城市也 247
出现了首批寺院,这些城市是:特维尔、雅罗斯拉夫尔、科斯特罗马、下诺夫哥罗德、乌斯丘格和莫斯科。东北罗斯被肢解为封邑,促进了寺院的发展。在以前没有王公的许多城市中建立了王公制。新封邑的首任王公力求美化自己的府邸,哪怕是建立一个寺院也是好的。一个城市,特别是王公的城市,如果没有一个寺院和教堂,那就不能被认为是建设得好的。

荒郊寺院 但是从14世纪[2]起,北方的寺院发展方式发生了重要的变化。我已说过,在此以前,不论是在俄罗斯的南部,还是北部,几乎所有的寺院都是建在市内或市郊。在远离城市的荒无人烟的旷野中、通常在密林深处,只是偶尔出现一个人迹罕到的小寺院。在基督教传播的头几个世纪中,荒郊寺院是很少的。它在市内和市郊的寺院中是罕见的东西。在13世纪末以前出名的一百多座寺院中,荒郊寺院还不到十座,而且这些寺院大多数也是在13世纪才建立起来的。但是从14世纪起,在罗斯北部,寺院迅速而猛烈地在密林深处发展起来。在这个世纪中建成的荒郊寺院同新建的城市寺院一样多,都是42座。在15世纪建成的荒郊寺院比新建的城市寺院多一倍有余,前者为57座,后者为27座。在16世纪建成荒郊寺院51座,新建城市寺院35座,前者比后者多近三分之一。由此可见,就人们所知道的来说,在这三个世纪中莫斯科罗斯建设了150座荒郊寺院、104座城内和城郊寺院[3]。

寺院移民区 城市寺院和荒郊寺院的差别不仅仅在于外部条件的不同,而且当时的社会潮流和思潮不同,甚至在大多数情况下它们的起源也不同。城市和城郊的寺院一般是由笃信神的高级神职人员以及王公、大贵族和富有的市民兴建的,这些人不插手他们兴建起来的寺院的事务,不作为他们建立的寺院集团的成员。教
248 会长老兴建寺院,组织团体,提供经费。这些寺院生活在尘世中,每日与凡人为伍,满足他们的宗教需要,所以叫作"世俗"寺院。还有一些寺院,独立性比较大。它们是由弃世出家的人兴建的。这些人成了聚集在他们周围的一帮人的领袖,他们共同筹资建寺,维持生活。第三类兴建荒郊寺院的人,像圣谢尔基·拉多涅日斯基一样,在出家为修士以前,就已经是遗世独立的隐士。但是其中大多数人在某个寺院,通常也是荒郊寺院,经过了修士生活的考验,然后到深山老林隐居,建立新的荒郊寺院,宛如老寺院的移民区。14 世纪和 15 世纪的四分之三的荒郊寺院是这样的移民区,通过从其他寺院(大多数也是荒郊寺院)的建设者中间移民的办法而建立起来的。荒郊寺院在自己的人员中、至少是在那些最虔诚的人员中灌输一种特殊的思想,使他们对修士的使命有一种特殊的看法。寺院的建立者有时到森林中,独自默然静坐,以求超生,深信在烦扰的尘世是做不到这一点的。在他的周围也聚集了一批静坐养生者,幽居独处。严格的生活和修行的光荣不仅把远处的拜神者和积德者吸引了来,而且把农民也吸引来了。这些农民在最富裕的寺院周围定居下来,把它视为自己的宗教支柱和经济支柱。他们在那里开辟森林,安家建村,修田种地,用圣谢尔基·拉多涅日斯基言行录的话来说,"改变荒野面貌"。于是寺院的移民同农

民的移民结合起来，前者不知不觉地成为后者的引路人。在以前的孤零零的隐居茅屋的基础上慢慢发展成了人口众多的、富裕的、吵吵嚷嚷的大寺院。但在他们这伙人中间有时出现一个忠实于创建者的门徒，他讨厌这种尘世的喧嚣和丰裕的生活，他忠实于创建者的精神和教导，在创建者的同意下，便离开他前往原始的荒野，以同样的办法建立起一个新的林中寺院。有时，创建者本人也抛弃自己的寺院，在新的莽林中再建一个寺院，而且不止一次这样做。这个孤立的、分散的、地方性的现象逐渐发展为大规模的移民运动。它以一些中心为起点，在四个世纪中深入到人迹罕到的偏 249
僻地方，在俄罗斯中部和北部的广大森林地带建成了许多寺院。

特罗伊茨基-谢尔基耶夫寺院 有些寺院成了特别活跃的地方。居首位的是特罗伊茨基-谢尔基耶夫寺院，它建立于14世纪40年代。圣谢尔基是寺院的伟大建设者，他和蔼可亲，耐心地关心人们的需要和弱点，永不疲倦地爱好劳动，因而他不仅能够在自己的寺院树立模范的修士公共生活的准则，而且在他们身上培养了奋不顾身的精神和自我牺牲的精神。人们请求他在莫斯科、谢尔普霍夫和科洛姆纳建立寺院。他利用一切机会在需要建立寺院的地方办好寺院。1365年，季米特里·顿斯科伊大公派他到下诺夫哥罗德为互相争吵的大公——康斯坦丁诺维奇兄弟进行调解。他在途中顺便抽时间在戈罗霍夫县的偏僻地方、在克利亚济马河畔的沼泽地带建立了一座荒郊寺院，在里面建设了圣特罗伊茨神殿，把“荒郊寺院的长老迁来，让他们吃树皮，割沼泽地带的干草”。谢尔基寺院还开展了广泛的移民活动。在14世纪，它建立了13个荒郊寺院移民区，在15世纪建立了两个移民区。后来，它在这方面的活动减弱了。它的移民区以及移民区自己又建立的移民区,主要是圣基里尔·别洛泽尔斯克寺院继续了它在这方面的活动。圣基里尔·别洛泽尔斯克寺院是从圣谢尔基14世纪末在莫斯科郊区建立的西蒙诺夫寺院产生的。总的说来,在14世纪和15世纪,从谢尔基耶夫寺院或它的移民区组建了27座荒郊寺院,还不包括八座城市寺院。这些移民区标志着那两个世纪甚至部分16世纪寺院移民工作的主要方向。如果以特罗伊茨基-谢尔基耶夫寺院为起点画两条线,一条线沿着科斯特罗马河划到维切格达河,另一条线沿着舍克斯纳河画到白湖,那么这两条线的范围内就是奥卡河和伏尔加河两河之间的中央地带的寺院和它们的移民区大力发展寺院移民事业的地方。几条不长的林间河流,科斯特罗马河、苏杭纳河上游、库别纳湖的支流,努尔马—奥勃诺拉河、蒙扎
250 河、列扎河、科麦利河、佩里什马河、格鲁希查河、库什塔河一带有几十座寺院。它们的创建者来自特罗伊茨基-谢尔基耶夫寺院,来自罗斯托夫(圣斯捷凡·佩尔姆斯基),来自库别纳湖的卡麦内伊寺院和基里洛夫·别洛泽尔斯克寺院。科斯特罗马河和苏杭纳河交界处当时布满了茂密的森林,成为伏尔加河以东的俄罗斯圣地。寺院沿着河流向前推进,在地理上并不是循序渐进的,从特罗伊茨基-谢尔基耶夫寺院一下子跳到白湖(基里尔·别洛泽尔斯克寺院),从白湖又一下子跳到索洛维茨克岛,然后同从诺夫哥罗德直奔白海的侧面发展路线相汇合。在15世纪下半叶,寺院移民运动从白湖边区向奥涅加河流域发展。基里洛夫寺院的修士圣亚历山大·奥舍夫涅夫在卡尔戈波尔以北的奥涅加河支流一带建立了奥舍文寺院,得到诺夫哥罗德的热心家的赞助。然而早在1429年,

该寺院的更早的修士萨瓦季就在索洛维茨克岛建立了第一座禅房。在他死后不久,诺夫哥罗德的移民佐西马在那里建立了一座有名的白海寺院。更早期的移民有时比后来的移民走得更远。在寺院中心和这些早期移民区之间的中间地带以及在移民区之间的中间地带还有许多荒芜的有待于开发的地方,不论是农民还是寺院移民都还没有渗透到这些地方。许多寺院的修士为了寻找荒原有时也找到了这些被人忽视的偏僻地方。16 世纪继续了这方面的事业。在舍克斯纳河及其支流一带、在科斯特罗马河和努尔马—奥勃诺拉河一带、在苏杭纳河及其支流佩西亚·根加河和马尔库沙河一带,在这些河流附近的仍然茂密的非原始森林中出现了新的寺院点。老的寺院中心向这些地方进行了新的移民。有些移民区本身也成为热闹的活动中心。来自基里尔·别洛泽尔斯克寺院的圣科尔尼利·科麦利斯基于 15 世纪末在努尔马河畔建立了一座寺院,这座寺院派出人在奥勃诺拉河、白湖、舍克斯纳河的支流安多加河和维切格达的支流索伊加河附近建立了六座新寺院。一位不大知名的修士帕霍米大概在 16 世纪初,远离舍克斯纳
河,沿着奥涅加河抵达卡尔戈波尔,在它以北 50 俄里的肯纳河畔 251
建立了一座寺院。落发当修士的德维纳农民安东尼迁移到霍尔穆戈里附近的德维纳,在它以南 78 俄里的湖畔,靠近德维纳河的支流西雅河建立了西雅寺院(大约在 1520 年)。

荒郊寺院的意义 荒郊寺院虽然在向各个不同的方向发展,但总的方向仍保持不变,即向着北方的白海发展,用伏尔加河以东的修士言行录的话来说,就是向着"冰冻的海洋"的方向发展。这种发展对古代罗斯移民事业有着非常重要的意义。第一,在林中

荒地建立的寺院是用木头或石块建造的,本身就是一个耕地的村落,不过它同世俗的农民村庄有所不同。修士,像农民一样,辟林种菜,耕地割草。但是寺院的影响扩及居住在附近的居民。我们很快就可以看到,在荒郊寺院的周围形成了世俗的农民村庄,他们同修士一起构成了一个笃信宗教的教区。后来,寺院消失了,但是同寺院一起形成的农民教区仍然存在。由此可见,荒郊寺院的运动就是未来的农村教区的运动,这些教区大多数是本地区最先建立的教区。第二,修士到什么地方,农民也跟着到了那里。他们双方的道路是一致的:到北部和东北部不受拘束的荒野去,在那里,农民可以放手地开荒地,清理森林,而修士则可以念经修行。这两个运动孰先孰后,是修士带领农民,还是农民带动修士,这就很难说了。不过,两个运动之间显然是有联系的。这就是说,荒郊寺院发展的方向可以起一种指针作用,表明农村分布情况的那些人们不大熟悉的道路。

古代罗斯荒郊寺院究竟是什么性质的,它是如何产生的,如何进行活动的,为什么它能拥有大量的土地,为什么在寺院中产生了寺院土地世俗化的问题?在回答这些问题以前,我应当向读者介
252 绍一下古代罗斯寺院历史方面的主要材料来源——古罗斯的圣徒言行录。

古代罗斯的日历 在不同的时代,罗斯教会都把过去的负责修士神圣化,即把他们尊奉为圣徒,确定教会对他们的纪念日。在伊凡雷帝统治时期,马卡里都主教在 1547 年和 1549 年召开了高级神职人士会议,确定教会纪念 39 名罗斯圣徒,把他们列入以前推崇过的重要圣徒之列,按罗斯教会史料研究者认为,他们共有

22 人。这里似乎有必要指出这些圣徒的社会地位，他们的名字成为罗斯圣徒日历的早期基础。他们中间有 16 名王公和王公夫人，1 名大贵族，3 名立陶宛殉教者（他们为奥利格尔德王公服务），14 名高级教士、都主教和主教，四名盲信者，23 名寺院创立者和苦行者。在马卡里召开的会议以后受到推崇的这后一类圣徒的名字，在建立东正教最高会议以前，在罗斯日历中占有更显著的地位：在 146 名圣徒中，他们的名字占一半以上，即 74 名。

古罗斯圣徒言行录 古罗斯圣徒言行录努力在言行录中训谕后世，要他们永远铭记所有苦行者的嘉言善行。对其中的一些人还编写了许多言行录和传说。并不是所有这些著作都传到后世。许多书辗转流传，散失到各地，罗斯教会史料研究者无法看到。我知道的圣徒言行录达 250 多种，它们讲述了 170 位古罗斯圣徒的事迹。我援引这些数字，是为了使读者大致了解一下罗斯圣徒言行录的现有情况。传到后世的古罗斯言行录和传说大部分尚未刊印问世，它们有许多抄本，是古罗斯最喜爱的读物。它们之所以流传这么久，是因为这些圣徒言行录具有不同的文学特点。

古罗斯言行录 我们每个人都或多或少地迫切需要精神方面的创造，即把所观察到的现象加以概括。人类的心理讨厌所摄取的印象杂乱无章，对源源不断地出现的印象感到厌倦，它们好像是 253
偶然出现的，而我们则希望把它们纳入我所划定的轨道，使它们沿着我们指出的方向前进。要做到这一点，就必须对具体的现象进行概括。而概括则需要从两方面进行。谁要是把这些零碎的、分散的或片断的现象用抽象的思维贯串起来，纳入我们所说的完美的世界观,那么他就是在进行抽象推理。谁要是把日常的现象用想象或感情表达出来,赋之以完整的形象或生活激情,我们就把他称之为诗人。在古罗斯拥有的精神财富方面,发展抽象思维的手段是不充分的,但它却拥有足够的材料来诉诸感情和想象。这就是罗斯人的生活。他们效法东方基督徒修身养性,努力同尘世的诱惑做斗争。古罗斯社会对这些禁欲苦修者十分敏感和尊敬,罗斯的苦修者自己也非常乐于以东方哲人为榜样。也许,这两类人的行为出于同一动机吧,即罗斯生活的乐趣太少了,也很难取得,所以人们喜欢同艰难的或者要求苛刻的生活做斗争。叙述苦修者的言论和行动的**言行录**成为古罗斯识字人的喜爱读物。言行录描述了圣徒——王公和王公夫人、罗斯教会的高级神职人员、教会工作人员、修士大司祭、修道院长、普通修士、越来越少的结婚牧师出身的人和越来越多的寺院创立者和苦修者的事迹。寺院的创立者和苦修者来自古罗斯社会的各个阶级,包括来自农民。位于北德维纳的西雅寺院的创立者圣安东尼甚至是一个卖身的农奴。言行录谈及的那些人在不同的程度上全都是历史性人物,他们吸引了同时代人的注意或者引起了后代的追念,否则,我们便无从知道这些人的存在。在人们的记忆中,他们成了新的强有力的人物,使崇拜偶像的罗斯奉为强者的大力士相形见绌。不过,言行录不
254 是传记,不是壮士歌。它同后者不同的是,它只是选择一定的事实,按照所要求的风格,也可以说是固定的程式描述实际生活。编写言行录的作者有自己的风格,有自己的文学手法和自己的特殊任务。言行录是一种完整的文学结构,某些具体细节很像建筑物。它在卷首通常是一篇冗长的冠冕堂皇的前言,阐述圣徒的一生对

人类共同生活所具有的意义。巨星不应埋藏起来,而要置于高山之巅,以便为所有的人指明道路。讲述圣徒的言行是十分有益的。如果我们懒于回忆他们,那么人们对他们就会胡诌乱说。好人即使在死后也会永远活着。圣徒言行录的作者用这些话使读者做好思想准备去接受被描写的圣徒生活所提供的教益。接着叙述圣徒的活动,说他从幼年起、有时甚至在出生以前就是上帝选定的具有高超天赋的人。与此同时,讲述了圣徒生前创造的种种奇迹,甚至在他死后还出现了各种奇迹。最后对圣徒大加赞美,通常还感谢上帝给世界派来了新的使者,为凡人照亮了生活的道路。所有这些部分结合在一起,成为庄严的祷词。言行录本来就是供在圣徒纪念日的前夕祈祷时朗诵之用的。言行录不是让人听的或读的,而是供祈祷者用的。它起的作用不止是训诲。它在训诲人的同时,激发人的感情,力求把这个有教益的时刻变成祈祷的动因。它描绘了个别人的性格和生活,但它重视的并不是这一点,并不是那个人的天性的多方面表现,而只是重视他体现了某种永恒的理想。言行录的目的是用个别人的事例具体地表明:圣训要求于我们的不仅仅是身体力行,而且一旦做到了,就要始终不渝,因为要求人们从善,凡是能做到的,都必须做到。言行录就其文学形式来说是一种艺术作品,它循循善诱,诲人不倦,用活生生的人的事迹进行教诲,因为其中的活生生的人是有教育意义的典型。言行录不是传记,而是传记范畴内的有教益的颂词,正如同言行录中的圣徒的 255
形象不是肖像,而是圣像一样。因此,在古罗斯历史的许多主要材料来源中,古罗斯圣徒言行录占有特殊的地位。古罗斯编年史指出了我国生活中当时流行的现象。小说和传说讲述了对人民的生活或思想有特别重大影响的个别事件。法权文献、法律和公文确定了总的法权准则或由此产生的个人的法律关系。只有古罗斯的言行录使我们有可能看到古罗斯人的私生活，不过这种生活是理想化的、典型化的，严肃的圣徒言行录的作者把能够表达普通人的活生生情节的一切具体细节都删去了。他关于圣徒的天命教育及其在荒郊中同恶魔做斗争的程式化描写是圣徒言行录的风格，而不是传记的材料。他并不掩饰这一点。他对圣徒的出身和早年生活一无所知，有时公然这样开始他的叙述：某城、某村、某家出生了一位先知，我们不便描述，这一切上帝都知晓，我们只知道，他是崇高的耶路撒冷公民，他的父亲是上帝，他的母亲是神圣的教堂，他的亲戚彻夜眼泪汪汪地祈祷，不停地叹息，他的亲人在荒野日夜不息地劳动。不过，圣徒言行录的作者根据目击者的口头传说和文字回忆，甚至根据自己的观察，对圣徒建立功勋的时间一般是很清楚的。有时他同圣徒很接近，甚至“往他手里倒水”，就是说，同他住在一个禅房，是他的徒弟，因此在圣徒死后景仰地追忆他时，透过严肃的言行录的叙述，也可以看到一些吸引人的活生生的个性特点。最后，对史料研究颇有价值的是言行录往往附有的圣徒(特别是荒郊寺院的圣徒)在死后创造的奇迹。这往往是偏僻角落的地方性编年史，这些地方在一般的编年史中甚至在任何文字记载中都是没有地位的。这些记载奇迹的史料有时是根据修道院长和
256 同伙人的授意，由专门负责的人编写的，他们调查了被治好病的人的情况，让目击者提供了证明，对当时的情况做了描述。这不是文学作品，而是事实记载，是按正规格式写的文献。尽管如此，这些作品中有时生动地反映了当地那个小天地的情景：人们走向圣徒

的坟墓或灵柩，把自己的要求、自己的病痛、家庭问题和社会弊端向他倾诉。

世俗寺院 我不想谈，古罗斯寺院在多大程度上符合基督教的原始思想，当时的希腊寺院对它们产生了多大影响，因当时罗斯刚刚接受基督教。这是属于罗斯教会史的专门问题。我只想谈谈促进寺院土地占有制发展的那些条件。在这方面值得一提的是，寺院是如何产生的，在什么地方产生的。我们已经部分地看到寺院是如何产生的。高级神职人员、都主教、主教之所以建立寺院，是为了摆脱繁杂的教务，在那里过一下清静的生活。当权执政的王公则用寺院来点缀自己坐镇的城市和自己的公国，为本地区的居民建造“祈祷的处所”，同时吸引香客为了自己和自己的家庭，为了父母不断前来拜神祈祷，有时也是为了完成在困难的时刻向上帝许下的愿或是为了纪念公国的某个吉庆佳节。大贵族或富有的商人在寺院购买土地，以便生前在那里虔诚祈祷和诚意行善，死后在那里安息。寺院的创立者建造教堂和禅房，聚集一批修士，用不动产或资金来维持寺院。诺夫哥罗德的大贵族、富有的土地占有者斯沃约泽姆采夫 15 世纪在自己城市附近的瓦加河畔建立了一座寺院，自己落发当修士，起名瓦尔拉阿姆。他从自己的瓦加世袭领地中拨出很大一批土地交给寺院，并给众修士留下遗嘱：每年在他逝世之日开寺济贫，前来寺院参加纪念活动的穷人一律舍饭，饭后离开寺院时，还分给他们一些烤饼和面包。有时寺院是在全社会、整个城市或农村的赞助下兴建的。城市和农村地区之所以需 257
要寺院，是为了让居民在晚年有一个落发当修士的地方，在死后有一个超度灵魂的地方。从 1582 年的一个文献中，我们知道，在北德维纳河霍尔穆戈里附近有一个“贫穷的寺院”,当地的丘赫钦涅姆乡的农民谈到它时说,它附近有 14 个小村庄,这些村庄建立了这个寺院,把自己的祖先、祖父和父亲“送进去”,让它为子孙后代“落发和超度灵魂”。这些乡的农民管理这个寺院和它附近的村庄,寺院的钱财由这些乡管理。这个寺院的财源主要来自落发和超度灵魂的捐款,此外,还靠购买不动产以及各种有利可图的土地和经营项目。16 世纪建成了一个寺院,不仅可以把它叫作世俗寺院,而且可以把它叫作“庶民寺院”。在佩尔姆邦活动的圣特里方得悉,邻近的维亚特卡邦人口众多,非常富有,却没有一个寺院,便很想使它有一个超度灵魂的处所。他向维亚特卡邦的行政、司法负责人提议,把这项工作交给他这个在寺院建设方面有经验的长老来办。维亚特卡人欣然同意。特里方便前往莫斯科,以整个维亚特卡邦的名义和“所有维亚特卡城市”的名义禀报兴建寺院的事宜。但是,维亚特卡人不久对这件事冷淡起来,不再帮助特里方。维亚特卡的督军奥夫增帮了他的忙,他在复活节的第一天把维亚特卡的所有知名的富翁召集到一起,特里方也在座,当大家都“情绪愉快”的时候,督军请他们尽力帮助特里方。客人们高兴地表示同意。“某位速记人员”立即拿出了认捐册。督军首先认捐巨款,客人也不甘落后。督军举办的复活节宴请认捐活动又继续了两天,共筹集了六百多卢布(按今天的币值计算约为三万多卢布)。特里方在莫斯科到处为自己的寺院张罗,凡是“有人的村庄和乡村”、湖泊、钓鱼的地方和割草的地方都跑到了[4]。被寺院的建立者选拔到世俗寺院服务的人是雇佣的祈祷者,他们从寺院的经费中
258 得到“服役”薪俸。而对那些捐款者来说,寺院则成了养老院,他们

通过自己的捐款获得了终生“吃饭休息”的权利。那些晚年在世俗寺院度日子以摆脱世事烦扰的人无法履行修士的严格作息制度。有一个寺院想要实行这样的制度,修士哭泣着对寺院的创立者说,新的要求他们受不了。据寺院的创立者解释说,这些居民和老头是在一般的风俗下活到老的,不习惯于真正的修士的生活制度。在维亚特卡庶民寺院,情况更可悲。特里方在那里实行严格的规章制度,禁止修士们在禅房饮酒,规定只能在公共食堂吃同样的饭菜。这个富裕的寺院的众修士十分不满,特里方的严格要求迫使他们公然起来反抗,他们指着鼻子骂特里方,把他关了起来,甚至殴打他,最后把他赶出了寺院。

荒郊寺院的创立者 真正的修士思想必须在荒郊寺院才能贯彻。这些寺院的创立者修身养性,是出自内心的要求,一般在青年时代就是如此了。古罗斯的言行录描写了古罗斯荒郊苦修者所经历的各种不同的、往往各具特色的条件,但是他们所走过的道路是千篇一律的。未来的荒郊寺院的创立者在着手从事这项事业以前通常总是要在有经验的长老(这位长老往往就是这个寺院的创立者)的领导下在荒郊寺院经历长期的考验。他要从事寺院的各种工作,在严格的斋戒的情况下,干最笨重的体力活,“白天弄得精疲力竭,夜间还要祈祷,终宵不眠”。这样就获得了当一个修士的首要的、基本的素质,即放弃自己的意志,无条件的服从。苦修者经受了这种体力劳动和自我牺牲精神的考验以后,往往还很年轻,他在同辈中引起了令人惊异的议论,这种议论很不利于恭顺。据一部言行录说,荒郊中的议论无异于城市的虚荣。经受考验的苦修者必须离开培养他的寺院,在真正的荒郊旷野中静修苦炼。寺院

259 负责人欣然赞成他这样做。荒郊寺院的创立者甚至鼓励自己的表现出精神力量的门徒在经受磨炼以后去荒郊建立新的寺院。荒郊寺院被认为是最完善的共同生活形式。创立这样的寺院被认为是修士的最大功勋。古罗斯的言行录没有充分解释清楚,这种观点的形成是出于什么实际动机:是为了拯救灵魂才去荒郊静修呢,还是那个想要表现自己力量的修士希望建立自己的寺院,以便从门徒的地位一变而成为主人呢,或者是为了迎合社会的需要。我们已经看到,从14世纪起,寺院的运动已经从中央地区大力向北部,向伏尔加河以北发展。其原因是很明显的:伏尔加河以北的地区当时还是边区,对荒郊修士最无拘束,他们在那里安身同土地占有者和农民发生冲突的危险性最小。然而从那时起,农民也向那个方向迁移。修士和农民或者是并肩同行的同路人,或者是先后脚。以上所说的荒郊居民的动机并不是互相排斥的,而且根据当地的情况,是并行不悖,互相融合在一起的。至少在言行录中有这样的暗示:修士在他们的寺院建立教堂,往往是为了让分散在伏尔加河以东林区的移民可在离寺院不远的教堂祈祷、落发为修士和安葬。荒郊寺院的运动同农民移民互有联系,这在圣徒言行录中表现得十分明显。库别纳湖畔的卡缅寺院的修士圣季奥尼西于14世纪末,15世纪初,在苏杭纳河上游左岸的支流格鲁希查河附近的密林深处活动,他在许多地方建立了一个又一个教堂,以“适应东正教徒的需要,因为当时在那个地方还没有建立教堂,而周围的农村日益增多”。大约在那个时期还有一个修士,名叫费奥多尔,他走遍了白湖附近的荒郊,在科夫扎河口发现有新开垦的土地。他要求分封王公把这块可以割草和钓鱼的地方拨给他。他在那里建立了一个寺院，成为附近新居民祈祷和落发的地方。

荒郊的居民点 但是修士并不总是从培养他的寺院直接移居 260
到他要建立自己寺院的荒郊的。许多修士长期云游于其他寺院和荒郊。谢尔基·拉多涅日斯基的门徒帕维尔二十二岁就当了修士，他在许多荒郊漂泊了五十年，然后才在奥勃诺拉河畔建立了自己的寺院。在那几个世纪，云游的风气也扩及北罗斯的修士中间。言行录对此做了生动的描写。云游的修士有时秘密出访，以便看看各种寺院的风俗习惯和朝拜罗斯各处的圣地。在荒郊云游的基里尔·诺沃耶泽尔斯基徒步旅行，啃草根和松树皮，“同野兽为伍二十年”，最后才开始考虑过安定的生活，于1517年在白湖边区创立了自己的寺院。修士最关心的是能找到一个“离开红尘”的地方。他们很喜欢深山老林，那里有“浓密的森林、沼泽、青苔和难以通行的丛林”。他们在选定的地点建立一个小禅房或者简单地挖一个窑洞。帕维尔·奥勃诺尔斯基在一颗硕大的老菩提树的树洞里住了三年。科尔尼利到科麦利森林以后居住在强盗留下的一个孤零零的小木房里。但是修士很少能够长期地孤寂生活，附近的农民和其他荒郊修士很快就发现了他。伏尔加河左岸的森林有许多荒郊修士。在修士的禅房附近建立了其他禅房，供愿意同他一起生活的修士居住，从而组成了荒郊修士集体。

荒郊共同生活寺院 古罗斯有三种修士生活：共同生活、单独生活和隐遁生活。共同生活寺院是这样一种修士集体：财产是不可分割的，共同进行经营，大家的衣食都是一样的，寺院的工作大家分担。共同生活的主要准则是：一切都是公有的，不是私有的。隐遁生活寺院吸收的是那些想在完全的荒郊孤寂条件下修炼的人。它被认为是修士的最高阶段,只有那些在共同生活寺院达到尽善尽美程度的人才能进入这样的寺院。单独生活寺院是共同生活寺院的先行阶段,是为后者做准备的。它在古罗斯非常流行,是一种最简单的修士生活,它有各种各样的形式。那些已经出家或
261 者想要出家的人有时可以在寺院附属的神殿里给自己建立一个禅房,甚至可以由修道院长主持其事。但是他们过的是单独的生活,没有严格的规章制度。这种“单独生活”寺院不是一个紧凑的集体,而是一个松散的联合会,由左邻右舍的一般修士甚至一般神职人员组成。还有一些人三三两两地住在荒郊毗连的单独禅房中,组成一个人数不多的僧侣居住区。但是当他们中间出现一个强有力的、有声名的僧侣时,这些分散的荒郊修士便团结在他的周围,形成一个人口稠密的村子,共同进行工作,外来的人帮助主人经营附近的森林,“伐树、垦地、种庄稼”,用一部言行录的话说,修士们开始“在一个统一的庙宇内共同生活”,因此需要为日益增多的修士建立宽敞的寺院和公共食堂。单独生活寺院就这样发展为共同生活寺院。据安东尼·西斯基的言行录说,最后,修士们向莫斯科呈报修建寺院,“望圣主同意众修士在旷野老林中兴建寺院,共同耕作”。同意耕作,就意味着:寺院周围的公家森林交给他去垦种。从君主同意之时起,分散单独生活的修士便联合成为一个集体,具有法人地位。在兴建和经营寺院的初期,修士们紧张地劳动,经受着“寺院的考验”。根据修士的使命,他们应当靠自己的劳动生活,“自食其力”,而不应依靠凡人的施舍。在荒郊寺院的创立者和一般修士中,有来自社会各个阶级的人——贵族、商人、工业家、手工业者,有时也有神职人员家庭出身的人,更多的是农民。共同生活

寺院在能干的创立者的领导下成为一个劳动集体，众人有严格的分工，每个人都知道自己应做的工作。每个人的工作都是“为了集 262
体的需要”。据费拉庞特的言行录说，基里洛夫和费拉庞特的别洛泽尔斯克寺院的章程生动地描述了寺院的工作秩序，各司其职：有的人写书，有的人读书，有的人编织鱼网，有的人建造禅房，有的人给厨房运木材和水，有的人在那里做饭和汤。寺院的工作虽然很多，但都是修士自己动手，从来无需凡人插手。荒郊寺院创立者的首要经济任务是把周围的土地弄到手，而众修士的主要经济任务则是耕种田地。在寺院的土地上还没有农民以前，由寺院的创立者带领全体修士到森林和田地劳作。必须在原始森林开垦土地，种粮种菜。在16世纪的一则寺院传说中，对荒郊寺院创立者的模范活动做了如下的描写：他在自己的寺院生活了许多年，建立教堂和禅房，“他为寺院做了许多事，为寺院弄到了耕地和土地，许多凡人和牲畜为寺院服务。甚至在他白发苍苍的晚年，他仍然劳作不息，不肯安享清福。他还考虑种植接骨木。如果上帝让他活下去的话，他还要弄一块钓鱼的地方”。可见，荒郊修行的思想最后是要建立修士的耕作集体。修士们之所以这样做，可以说是由于他们同农民移民有联系。荒郊修士走在农民的后头，但也为农民在伏尔加河左岸的森林中开辟了道路。荒郊共同生活寺院满足了移民的宗教需要和经济需要，同时广泛地利用了他们的劳动，从他们中间补充了修士队伍。除了其他条件外，这个因素也促使俄罗斯大多数寺院进一步摆脱修士思想。关于这一点，下一讲将要讲解。

263 # 第三十五讲

寺院扩展土地的方式——赏赐的土地——为超度灵魂和落发当修士而做的捐献——买卖和其他交易——寺院占有的土地对修士产生的有害后果——寺院会餐——寺院纪律松弛——寺院占有土地给服役人员和国家造成困难——寺院世袭领地问题——尼尔·索尔斯基和约瑟夫·沃洛茨基——1503年的宗教会议——就这个问题在理论上展开的论战——试图通过立法限制寺院拥有大量土地

我们看到，古罗斯共同生活寺院成了占有土地的集体。现在我们就探讨一下，其中的许多寺院是如何变成大土地占有者的。

赏赐的土地　言行录描绘了古罗斯荒郊修士生前接近于自己的修士理想时的情况。但是保存至今的文献也描写了荒郊修士的日常生活和劳作。在这方面，他是一个操劳的主人，要想方设法保证众修士的生活。16世纪中叶，特维尔服役贵族出身的修士安东尼开始在列奥赫诺夫荒地附近的伊尔门湖南岸活动，后来有一些修士投奔他，到16世纪末建成了一个寺院。在言行录的笔下，安东尼是一个严格的荒郊修士。但是现在保存的关于这个寺院的文
264 献表明，安东尼千方百计地苦心经营自己寺院的田地。他受到地主土地的排挤，他抱怨说，他没有地方去放牧寺院的牲畜。他耕种

了农民抛弃的、树木丛生的草场和地主抛弃的荒地，他把这些土地弄来“种庄稼和放牧牲畜”，保证耕种好和建设好，“建造大房子”。他要来的草地和荒地在文献中被叫作“君主赏赐的土地”。荒郊寺院在纳税的土地占有者和纳税的农民两者之间耕种着土地，是他们双方的竞争者，但是有一个重要的区别：寺院比他们双方更善于巩固所得到的土地。还有一个例子特别明显地说明寺院善于经营。1618 年，特罗伊茨基-谢尔基耶夫寺院的长老特里菲利和农民伊瓦什卡要求莫斯科宫廷把翁扎河彼岸“远离人烟”的旷野中的佩列戈瓦天然林地拨给他们，“以便在荒郊进行建设”。他们得到了这个地域，享受六年的免税优惠期。他们保证在这个时期“建设好荒郊，兴建神殿，号召修士和农民垦荒、伐林、耕田和经营各种有益的事业”。在优惠期满以后，每年向国库缴税约合现在的十卢布左右。九年以后，建设者把荒郊交给了谢尔基耶夫寺院。寺院从邻乡农民手中接过了契约。农民同寺院没有就土地问题发生任何纠纷，没有把土地说成是自己的。寺院清理出一块田地，把农民安置在自己的土地上，甚至还占用了寺院和邻乡之间的一块“中间地带”，在那里“建造房舍，安置孤身赤贫的农民”，排挤了自己的邻居。由于荒郊寺院的建立者善于移民，国家很高兴地把旷野林区的大片荒地交给他们，以便把这些土地利用起来。15 世纪末，国家把沃洛格达边区科麦利原始森林中的一块长八俄里、宽三四俄里的“官家荒地”赏赐给帕维尔·奥勃诺尔斯基寺院。16 世纪初， 265
叶弗廖姆长老在瓦加河上游的偏僻地方建立了寺院。1559 年沙皇给这个寺院的继承者下达诏谕，授权他“该寺院周围五俄里以内皆可自行处置，可以砍伐森林，在荒林中安置人员和耕种土地”。

在沃洛格达、卡尔戈波尔和瓦加等河流之间的某荒林中建立寺院的费奥多尔修道院院长1546年被准许在该寺院周围12俄里的范围内垦荒移民。如此大批赏赐土地,再加上在这些土地上居住的农民享有许多法律、纳税方面的优惠,所以移民工作进行得非常顺利。当圣保罗于14世纪末开始在奥勃诺拉河的荒郊活动的时候,他的禅房周围没有一户世俗居民。1489年,君主赏赐该寺院30平方俄里的科麦利森林,居住在寺院的四个村庄的农民免缴任何赋税,56年以后寺院自己兴建的新老村庄共达45个之多。由于信神的政府慷慨赏赐,加之当时的土地关系不那么明确,所以寺院在占有土地方面颇为成功,然而其结果却往往导致可悲的冲突。寺院周围的土地占有者和农民在谈到寺院的创立者时说:“我们附近居住着一位长老,他很少关心我们和我们村庄的事。他把寺院建立在我们的土地上,耕田种地,想占据寺院附近的我们的土地和村子。”17世纪初,约瑟福·沃洛科拉姆寺院的世袭领地的农民西蒙定居于尤格河支流基奇缅加小河附近的沃尔马赫原始森林中,那里离最近的农民居住区至少有20俄里。西蒙是在混乱时代被父亲遗弃,到乌斯丘格混饭吃的。他像所有的林区修士一样,“十分勤劳,砍伐森林,清理土地”。当其他人也到他那里居住时,他便去莫斯科要求准许“在难以通行的密林中建立寺院,招收修士”。沙皇下诏,准许他在基奇缅加河畔的小小禅房周围十俄里范围以内伐林耕田。于是周围的农民慌了起来,他们原先以为可以自由掌
266 握的原始森林现在从他们手中滑走了。西蒙在自己的荒地上建造了寺院,农民把它烧了。西蒙又建一座。农民们把他一人抓到荒地上,又是恳求,又是威胁,甚至用拷问的办法,弄走了他的沙皇诏

书，最后把他毒打了一顿[1]。农民由于害怕丧失自己的土地而十分仇视寺院的建设者，关于这方面的叙述在古罗斯言行录中是不乏其例的。那些过分热心于宗教事业的统治者有时甚至不管寺院的创立者愿意不愿意，硬把有人居住的土地赏赐给他。所以，农民的担心不是没有根据的。在努尔马河畔创立寺院的圣科尔尼利·科麦利斯基是一位严格的、恬淡寡欲的修士。伊凡雷帝的父亲非常尊敬这位长老，因为这位长老年轻时代在他祖母的宫里服务过。科尔尼利的言行录记载了他同大公瓦西里的简短谈话："长老，我听说，你的寺院没有村庄。你需要什么，我就给你什么。"科尔尼利回答说，他什么也不需要，他只要求沙皇在寺院的附近拨给他少量的土地和森林，以便他和修士们能够"靠自己的汗水吃饭"。大公答应了长老的要求，而且还主动把寺院附近的一些大小村庄及其"所有耕地"划给寺院，并免除这些村庄的居民的一切税捐。对科尔尼利的赏赐书保存到了现在，它把 29 座大小村庄划拨给寺院，其居民的"一切行政、司法事宜悉由长老科尔尼利和众修士处理之"。这位本来谋求清静无为的荒郊修士不由自主地成为几乎整片农村地区及其繁杂事务的统治者。他自己的寺院看来也太吵闹了。

为超度灵魂而做的捐献 向世俗政权要求的"赏赐"世袭领地是寺院拥有大量土地的基本来源。除了圣科尔尼利自己要求的以外，沙皇主动赏赐的那些大小村庄具有捐赠的性质。捐赠是寺院修士拥有大量土地的另一个更为丰富的来源。捐赠是相当复杂的超度灵魂制度的一部分。超度灵魂制度是古罗斯信教的人，更确切地说，是修士们搞出来的。在古罗斯的宗教生活中，超度灵魂制

267 度最突出地表明了古罗斯人对基督教义理解的程度。所谓超度灵魂,就是由教会为一个人祈祷,请求上帝饶恕他的罪恶、拯救他的灵魂。读者大概记得,有一些人带着信仰逝世,但还来不及带来同忏悔相适应的成果;东正教教义问答在谈及这些人的灵魂的十一条信仰象征时说:他们要实现幸福的复活,需要得到这样的帮助:有人为他们祈祷,再加上供奉不流血的祭品和为了纪念他们而搞一些慈善事业。古罗斯的一般平民对东正教关于为死者祈祷的教义掌握得不够深思熟虑和谨慎。由于有可能为来不及带来忏悔成果的死者的灵魂祈祷,这便促使人们产生这样的想法:在这件事上无需着急,一切事情都自有时间来做。有一首壮士歌,说一位古罗斯大力士暮年朝拜耶路撒冷,以便体面地完成一项并不光彩的业绩,他说:

壮年时打家劫舍,
现在该拯救灵魂。

教会同情那些来不及关心自己的人,这使那些容易受外界诱惑的怯懦的人认为,似乎可以由别人来为自己祈祷,只要有钱雇佣这样的人,只要这种祈祷是规规矩矩的、完善的就行。寺院是这种雇佣的祈祷的理所当然的完善场地。古代罗斯认为:修士的灯塔是天使,凡人的灯塔是修士。对寺院的这种看法牢牢地扎根于古代罗斯社会,这对寺院修士来说是一个很大的不幸,它破坏了他们的生活,妨碍了他们理解自己的真正使命。雇佣寺院祈祷的办法是为拯救灵魂、“为继承永恒的幸福”而做出捐献。捐献可以采取各种各样的方式，捐献多种东西：教会需要的物品、钟、蜡烛，器皿、圣像、圣书，以及日用必需品、粮食、家畜、衣服，最普通的是金钱和不动产。捐献者希望得到的幸福也是各有不同的。最接近于教会为死者祈祷的教义的是为超度灵魂、为追悼死者而做的捐献。这种捐献照例列入古代罗斯继承权之内：富有的死者即使生前自己没 268
有做出任何安排，也必须从他的财产中拨出一部分作为追荐亡魂之用。死者一定会默认这一点，这被认为是可以成立的法律推论。古代罗斯人认为，如果人间不为他追荐亡魂，那么他在阴曹地府是可怕的，就如同一个婴儿诞生在荒郊没有母亲照料一样。对大大小小的各种安灵祈祷规定了详细的价格。追荐亡人名簿同“年度追荐祈祷”是不同的，后者的索价更贵一些。根据所做的捐献，死者被列入不同等级的追荐亡人名簿。特罗伊茨基-谢尔基耶夫寺院 17 世纪 30 年代对列入普通追荐亡人名簿的收费是一人 50 卢布(按现在的币值计算不少于 500 卢布)。圣约瑟夫·沃洛茨基在写给王公的遗孀戈列宁娜的信中陈述了追荐亡人的收费原则。王公夫人为自己的父亲、丈夫和两个儿子在十五年中向约瑟夫寺院捐献现金等共达 70 卢布以上(按现在的币值计算不少于 4 000 卢布)。她希望把她的死者的名字列入另册，不同其他捐献者一起列入普通名簿，而列入永恒的追荐亡人名簿。寺院答复她说，如果这样做，需要另做巨额捐献。王公夫人愤怒地把这叫作“掠夺”。约瑟夫在信中驳斥了这种怒言。他具体地算了一笔账：在共同的追荐亡人祈祷中、在安灵祈祷和日常祈祷中，每天总共为王公夫人的死者至少祈祷六次，有时祈祷十次；为每个死者单做祈祷是办不到的。修士做祈祷不能无代价，节日为每个死者做一次祈祷收费一个卢布以上(按现在的币值计算),平日减半。约瑟夫在信的结尾说,年度祈祷也分等级,需另行商定条件,或每年交付一次现金或粮食,或一次捐献一座村庄[2]。

269 **落发当修士的捐献** 除了超度灵魂的捐献以外,寺院还接受落发当修士的捐献。这种捐献仿佛是落发当修士的人在寺院的终生赡养费。这种财源扩大到如此程度:在古罗斯社会,流行一种习惯,就是人在暮年或临终前要落发当修士。人们认为,不管怎么样,在寿终正寝的几分钟前出家,也是好的。古代罗斯的君主几乎没有一个不在临终前落发当修士。平民百姓,特别是有名的和有钱的人也都尽量这样做。出家一般都要在落发时对寺院做出捐献,或者在做出捐献时事先说明是供落发之用的。如果属于后一种情况,捐献者要附加一个条件:"如果我将来落发,修道院长即用这笔捐献为我落发。"约瑟夫·沃洛茨基承认,自从王公、大贵族、服役贵族和商人等善人在他的寺院落发当修士以来,这个寺院才发达兴旺起来。这些善人捐献的很多,从10卢布到200卢布不等(按现在的币值计算最多者达1.2万卢布)。16世纪末在维亚特卡创立寺院的特里方被人抱怨说,他索要的落发费很多,穷人交10卢布(按现在的币值计算为100多卢布)以下者不收[3]。在落发时之所以必须捐献,是因为捐献者死后就成为被追荐的亡人。约瑟夫·沃洛茨基在写给王公夫人的信中指出这样一个总原则:如果富人在出家时不尽力多做捐献,该寺院将不为他追荐。捐献合同有时附有各种条件,具有非常复杂的法律内容。例如,有一名捐献者同他的妻子和四个儿子于1568年把莫斯科近郊的不大的世袭领地捐献给了特罗伊茨基-谢尔基耶夫寺院,为此该寺院"为他落发，赏给他一间小禅房，供他安息；他的妻子也在谢尔基耶夫寺院所属的修女院落发，并被赏给一间小禅房；他的两个儿子被寺院雇用，并赏给他们一座小村庄，靠此维生。”如果某个儿子想落发，也可以靠这笔捐献给他落发并给他建造一间小禅房。这样，这个 270
贵族的整个家庭通过捐献全都参加了这个寺院，从而为它准备了未来的落发修士甚至服役的地主。有时，对寺院的捐献还附有这样的条件：不仅为这个捐献者做安灵祈祷，还把他安葬在寺院里。有些寺院成了名门贵族的家族墓地，它们的成员一代一代地到寺院“永恒地安息”，他们的墓地成了世袭的村庄和草场。

买卖交易 在古代罗斯，并非所有的人都像圣约瑟夫那样看待寺院的安灵祈祷和为此做的捐献的。在 17 世纪手抄的西雅寺院追荐亡人名簿前言中，我看到对修道院长做了这样的训示：“如果我们寺院的僧侣或贫穷的凡人逝世，不用说，不做捐献，就不把他的名字列入追荐亡人名簿。那时，你就不再是修士，而是被雇佣的人和领取赏金的人。如果富人逝世对教堂和神职人员不做任何捐献，全都留给自己的亲属，这不是你的罪过。你作为会说话的羊的牧师，应当无微不至地关心他们的灵魂。”但是约瑟夫的看法仍然是占统治地位的，由于持这样的看法，所以人们源源不断地向寺院捐款献地。而且捐款首先是用来购置世袭领地。捐款人自己为寺院寻找可以购买的土地，以便用他们的捐款购地，因为安灵祈祷是同捐献联系在一起的。现金很容易花掉，而寺院的土地则可以永存，人们会想起捐献者，为他祈祷，希望“他的名字永垂不朽”，像捐献册中所写的那样。古代罗斯的许多寺院保存了大量土地买契。在特罗伊茨基-谢尔基耶夫寺院的档案中，许多土地买契是来自谢尔基耶夫的继承人尼康修道院长。但是买卖地契有时被其他交易所取代,或者两者结合起来。例如,寺院有时把世袭领地典当出去,用世袭领地作为抵押去借钱,如果借款不能按时偿还,或者拒绝偿还,那么活契就变成了死契。用世袭领地进行的交易就具
271 有这种隐蔽的买卖的性质:寺院买进坏地,然后用它去换好地,补足差价。找钱的安灵捐献颇像这种买卖交易。世袭领地的捐献一般是事先做出的,附有这样的条件:捐献人在捐献的世袭领地上生活到死为止或者生活到落发当修士为止。这是一种特殊的生计,用领地权中的这种暂时占有的行话来说,叫作生活费用。但是,世袭领主在捐献自己的世袭领地时还从寺院得到了一笔找回的钱:这笔钱分为两部分,一部分是安灵祈祷存款,另一部分是找头。所有这些交易都是以古罗斯公民权的总准则为基础的。但是由于在寺院的做法中加进了宗教的动机,它们变得十分复杂,宗教以外的法律无法概括。特罗伊茨基-谢尔基耶夫寺院是古罗斯寺院中最大的、最善于经营的土地占有者,我们就从它的档案中举一个例子吧。1624 年,一位名门贵族的遗孀把丈夫从祖先手中得到的良好的世袭领地捐献给这个寺院,条件是,为丈夫、她的子女和双亲做安灵祈祷,在她死后把她安葬于寺内,并载入追荐亡人名簿,等等。同时,这位捐献者还从寺院得到一大笔钱,以便还债。她并提出一个条件:亲属中如有人想赎回捐献的土地,必须偿还她从寺院得到的那笔钱,此外还必须交纳一大笔钱取代原先预定做追荐亡人之用的费用。这位捐献人在捐献的土地上生活到死为止。在她死后,寺院让她的仆人在捐献的村子里或她的仆人所喜欢的寺院其他世袭领地上得到一块不纳税的土地,以便他和他的家属可以温

饱度日,直到死去。在这方面,法律的各种准则同教会的道德准则结合在一起了:安灵捐献及其一般条件和由此得到的心灵幸福;找钱;赎回世袭领地及其条件;不仅捐献人自己,而且她的农奴及其家属可以终生得到生活保障。

有害的后果 我远没有列举完寺院的全部占有土地活动,这要做专门的研究。在我们的历史著作中,有这样的研究著作,即四十多年前出版的、直到今天仍然具有很大的科学价值的米柳京的著作《论俄罗斯宗教界的不动产》。它谈到寺院和其他一些宗教机 272
构的情况[4]。我只涉及寺院的世袭领地。我认为,我已经列举了充分的材料来说明16世纪中叶荒郊共同生活寺院的发展情况。其中的许多寺院成为占有土地的劳动集体,它们自食其力,在那里,每个兄弟都在为大家工作,而大家在精神上支持着每一个人。这些寺院即使不是大多数,至少也有许多发展成为大土地占有者,拥有复杂的经济和经营管理特权,有各种各样的琐碎的日常事务、土地纠纷和纷繁的世俗关系。这些寺院的周围有许多大大小小的村庄,它们俨然成了修士贵族,有数以百计、数以千计的农民为它们劳作,而它们则威严地统治着许许多多的仆人和农民,然后又为世人,特别是为世俗的捐献者祈祷。像特罗伊茨基—谢尔基耶夫、约瑟福·沃洛科拉姆这些大寺院,有许多来自王公、大贵族和服役贵族的人落发当修士,他们虽然穿着修士的道袍,却仍然保持着凡世培养起来的感情和统治阶级的习惯。由于人们对寺院为死者祈祷持有不正确的看法,结果使寺院拥有的土地过多,产生了无法解决的矛盾。早在16世纪初约瑟夫·沃洛茨基那个时代,据他自己说,所有的寺院都拥有许多土地,这是因为王公们和大贵族们都捐献村子,以便灵魂得到永恒的超度。修士本来是为了逃避尘世而出家的,可是尘世却把他们的寺院变成了拥有特权的、被雇佣的、为尘世的罪恶而祈祷的处所,世人争先恐后地去宁静的寺院为自己预定安魂祈祷。这是一个主要矛盾,它使其余的诸矛盾激化了。修士品德的基础是恭顺和听天由命,"仿佛自己没有任何意志",可是,他们竟成了在寺院的土地上统治着许多居民的那个集团的成员。大寺院成了非常富有的集体,可是,它们的成员原本起誓要过
273 清贫的生活,不要任何财产的。寺院占有土地的唯一根据是宗教上的这一准则:"教会拥有的财产是贫者的财产。"世人,即社会和政府,向寺院慷慨地捐献世袭领地,原希望它们给社会行善造福。寺院的创立者在古代罗斯是最受人尊敬的,因为他们深深意识到修士对为寺院做出重大贡献的社会所负的神圣使命,他们满足人民的需要,在荒年歉月开仓救济饥肠辘辘的灾民。基里尔·别洛泽尔斯基寺院在其创立者和随后几位继承人的领导下就是如此做的。在发生饥荒时,这个寺院每天供给 600 多人饭吃,直到收割新庄稼为止。圣约瑟夫在向王公夫人戈列宁娜叙述自己寺院的开销时写道,他每年为行乞的人和漂泊的人花的钱达 150 卢布(按现在的币值计算约为 9 000 卢布),有时超过此数,消耗的粮食每年为 3 000 俄石,在他的公共食堂吃饭的每天有六七百人。他的言行录谈到,在饥荒的年代,附近村子的人到寺院乞食的有 7 000 人。还有的人把自己嗷嗷待哺的婴儿丢在寺院门前,自己走了。约瑟夫叫寺院的总管把婴儿抱在香客招待所抚养,对成年人则分发面包。几天以后,总管报告说,黑麦没有了,修士没吃的。约瑟夫命令管账的买黑麦。管账的说,没有钱。约瑟夫下令去借钱买黑麦。公

共食堂的饮食大大减少了。众修士发牢骚说:“怎么能养这么多人!连我们也快要饿死了,还养活别人呢。”周围的土地占有者以及莫斯科的分封王公和瓦西里大公本人得悉约瑟夫的事迹,纷纷慷慨地给他以支援[5]。许多寺院很快就忘记了自己创立者教导的爱好清贫的誓言,它们的行善活动没有发展为固定的制度,它们对祈祷的人偶尔胡乱施舍一阵子,反而给大寺院造成了一个特殊的职业乞丐阶级。只有少数寺院没有养老院。当沙皇在批准“百章决议集”的宗教会议上提出收容流离失所的乞丐和病残人员这一问题时,宗教会议的神甫们建议把这些人收容到养老院,靠公款和 274
基督教徒的捐献赡养,却根本没有提及寺院参与赡养他们的问题[6]。大量钱财从捐献者手中和从寺院拥有的广大世袭领地源源不断地流向一些富有的寺院,这些寺院的钱怎么花销呢?16世纪的揭发者不断说,寺院违背宗教的规则,进行贴现活动,放钱生利,特别是向农民放钱生利。斜眼瓦西安说它们是苛刻的高利贷者,它们利上生利,谋取高息,夺走了贫穷的农民借债者的牛或马,农民自己连同妻子和子女被从自己的土地上赶走,或者通过打官司弄得彻底破产[7]。在批准“百章决议集”的宗教会议上,这种“向穷人放高利贷”的指责得到部分人的支持。沙皇问道:“让教堂和寺院放钱生利,这对上帝是否有好处?”对此,宗教会议的神甫们做出决议:教堂和寺院应把钱和粮食无息地借给本村的农民,以便农民能够靠它们活下去,不致逃离它们,它们的村庄不致荒芜[8]。由此可见,部分地由于土地太多,寺院从穷人的救济所变成了放高利贷的机构。

寺院会餐 寺院会餐最明显地、最尖锐地表现了拥有世袭领地的寺院生活同修士誓言的矛盾。这是根据世世代代的风俗习惯,甚至根据契约而建立的一整套制度。为超度灵魂而捐献大量土地,通常总是附有这样的条件:寺院的管理机构必须每年为众僧举行会餐,以纪念亡魂,有时是两次会餐,一次在捐献者的命名日,一次在捐献者的逝世纪念日。这就是说,会餐是追荐亡魂的组成部分。有时人们把世袭领地交给寺院,是为了免交租赋,而只向寺院提供食用储备品和追荐亡魂的费用。会餐分大、中、小三种规格,它们像把死者列入不同的追荐亡人名簿一样是按规格定价的。从 1637 年的一份文献中可以看出,特罗伊茨基-谢尔基耶夫寺院一年一度的大型会餐需要 50 卢布(按现在的币值计算不少于 500 卢布)。除了一年一度的安灵会餐以外,还有偶尔举行的祈祷会
275 餐,即有名的祈祷者为了身体健康、为了某种许愿而来寺院祈祷,或者只是出于对修道院长的尊敬,来好好犒赏一下众修士和给他们施舍一些钱。富人为了这种会餐而给寺院带来备用品;钱不多的人是没有力量办这种会餐的。失明大公瓦西里的一位年轻的宫内侍官根据许愿曾想在特罗伊茨基-谢尔基耶夫寺院举办一次人数众多的会餐,但是,他后来左思右想,如果他履行自己的许愿,那就会完全破产,他的财产一半也剩不下。除了寺院的会餐日以外,还要加上圣主节、圣母节、圣徒节,一年共计有 40 个之多,碰到这些节日,修士也要加菜。会餐同修士的日常饮食不同之处是:饭菜的质量改善,数量增加:不吃黑面包,而吃白面包,每餐不是两三道菜,而是四道菜,"每天吃两次鱼",饮的是蜜味酒或加香料的酒,而不是普通酒,等等。寺院专门备有会餐食谱,列举了安灵会餐日和其他节日,有时还描述了加菜的内容,并指出根据哪一位捐献者把

某日定为安灵会餐日。16 世纪上半叶约瑟福·沃洛科拉姆寺院的一本会餐食谱列举了一年中 51 天的安灵会餐日。阿历克谢沙皇时代的索洛维茨寺院的手抄会餐食谱列举了 191 个安灵会餐日和其他节日,占一年的一半以上。一般来说,占有土地的寺院的日常饭菜是精心安排的。16 世纪末特罗伊茨基-谢尔基耶夫寺院和季赫文寺院的公共食堂章程详述了全年每天的菜谱,修士的午餐和晚餐各吃些什么、喝些什么。菜谱上标出的热菜、冷菜、面粉做的菜、鱼做的菜等共达 36 种之多,饮料有克瓦斯、蜜味酒、啤酒、香料酒和葡萄酒。

寺院纪律松弛 我详细列举这些情况,是为了说明以上所说的关于寺院公共食堂的文献所引起的迷惑不解。修士本来是实行严格的斋戒和节欲的,然而他们的公共食堂竟充满了当时的珍馐美味,修士们为了给慷慨的捐献者的灵魂祈祷而大吃大喝,这是寺 276
院由于世袭领地而产生的矛盾之一。老的寺院纪律松弛,这是 16 世纪的普遍现象,当时的文献和政府的法令中尖锐地指出了这一点。纪律松弛是由于在选拔寺院修士方面发生变化而产生的,而这种变化则是寺院占有土地促成的。过去,人们投奔创立这些寺院的林区修士,是为了同他们一起在荒郊生活、劳动和“拯救自己的灵魂”。修士向来者提出了这样严肃的问题:“这里劳动艰苦、缺吃的、缺水喝、缺少种种东西,这一切你愿意忍受,你能够忍受吗?”当来人对圣谢尔基回答说,愿意忍受,能够忍受时,他便对来人说:“好吧,你们就留下来吧,你们要准备忍受各种苦难、不幸和种种艰苦、匮乏,别希望过清闲和无忧无虑的生活,而要准备从事艰苦的劳动,过斋戒的生活,经受种种磨炼和精神上的锻炼。”这些人投奔谢尔基时两手空空,没有任何捐献,就如同他自己过去白手起家一样。可是圣约瑟夫的修士则是来自富有的捐献者,当他考虑离开自己的已经变富的寺院时,他同修士们进行了谈话,而谈话的内容则完全不同了,修士们说:“那我们也将散摊子,要知道,我们把自己的全部财产都献给了这个寺院和你,我们原指望,你将使我们过安逸的生活,直到死亡;而在死后,你将为我们追荐亡魂。过去,我们有多大力量,全都使出来为寺院工作。现在,我们既无田产,也没力量了,你却想抛弃我们。我们离开时,什么也没有了。”[9] 修士越受人尊敬,人们为他的寺院捐献的财物就越多。随着向寺院捐献的土地日益增多,便有越来越多的人投奔寺院,但他们不是来荒郊进行艰苦的劳动和静修的,而是贪图寺院的清静安宁和富裕。谢尔基·拉多涅日斯基和基里尔·别洛泽尔斯基时代的那种严格的寺院纪律在16世纪丧失了。伊凡沙皇在批准“百章决议集”的宗教会议上直截了当地指出了这种纪律松弛的现象:“人们到寺院落发当修士不是为了拯救灵魂,而是为了过安逸的生活,为了经常大吃大喝。”会议的神甫们赞同沙皇的话,承认谢尔基耶夫寺院没有履行章程,因为“那个地方无奇不有,宾客日夜不断”。[10]宗教会议说,在其他大的寺院,那些做出巨额捐献的、落发当修士的王公
277 们和大贵族们也不受法律的约束,他们享受着珍馐美味,为他们备有各种各样的酒,要什么,给什么。修士原来的善良思想,由于被人们理解得不正确,运用得不正确,结果日积月累,导致寺院制度的解体,因为这些寺院没有正确地理解和运用这种思想。

寺院的世袭领地和国家 寺院占有的土地虽然不十分明显地、但同样有力地触及了国家和服役人员阶级的利益。国家和服

役人员阶级对寺院占有土地所采取的态度是相似的。寺院由于财力雄厚,便可以通过抬高购买价格的办法,从其他买主手里,特别是从力量薄弱的服役人员手中抢走出卖的土地,从而使寺院垄断土地市场。大贵族子弟向政府申诉说,"除了寺院外,向任何人也买不到世袭领地。"我们已经知道,寺院是如何通过向捐献的土地提供找头和互易等办法进行土地交易的。由于人们过分关心自己灵魂的超度,土地的捐献往往损及合法的继承人和亲属的利益,甚至损及自己家庭和捐献者本人的利益,因而引起人们的反感。有些人把世袭领地捐献给寺院,是为了"不让近亲得到这些世袭领地。"为了不让亲属使用赎买权,立遗嘱的人或捐献者为捐献的土地提出了很高的赎买费用,以致使赎买成为不可能。有的人把全部地产交给寺院,不留给妻子任何东西,只要求寺院"适当地分给他的妻子一些东西,像上帝对他们、对君主所做的那样"。一位遗孀的附加条件(1580 年)被认为特别苛刻:她在父亲的赞同下把自己的世袭领地交给了寺院,以便超度父亲和自己的灵魂。她有两个儿子,一个四岁,另一个半岁,她请求大司祭和修士们"同意,不要让我的两个儿子进入寺院"。用来贴补服役领地的服役世袭领地就这样通过不同的途径从服役人员的手中落入寺院,迫使政府不得不提高领地薪俸和金钱薪俸,来补偿世袭领地的减少,以便支 278
持适宜于服役的仆人。为了制止或者哪怕只是整顿一下土地从服役人员手中落入不服役人员手中的这种趋势,16 世纪开始,禁止寺院不报告君主就购买、收押和为安灵祈祷而接受服役人员的世袭领地。寺院占有土地还给国家和服役人员阶级造成了另一个困难。我们已经看到,农民们由于怕失去自己的土地十分害怕在附近建立寺院。附近的土地占有者也有这种担心。这两种人的担心有时是有根据的,因为他们的土地确实通过不同的途径落入寺院。由于寺院在免缴赋税和免服徭役方面享有广泛的特权,它们可以按优惠条件往自己的荒地上移民,把附近公家土地上的和土地占有者土地上的农民争取过来,从而使农民村社和服役土地占有者中缴赋税、服徭役的人减少。到 16 世纪下半叶,寺院占有的土地规模已经使政府难以忍受。在这个时期到过莫斯科的一位英国人写道,莫斯科国家建立了许多寺院,它们从自己的土地上获得大笔收入,因为修士阶层占有了全国三分之一的土地[11]。这个比例是目测的,而不是经过精确计算的,不过,那个时期保存下来的不完整的土地资料表明,这个估计同实际情况大致差不离,在某些地方十分接近真实情况。有些寺院在拥有的土地数量方面超过其他一些寺院。1582 年基里尔·别洛泽尔斯基寺院拥有耕地达两万俄亩之多,还不算荒地和林区[12]。1588 年出使莫斯科的英国大使弗莱彻写道,俄罗斯寺院占据了国家最肥沃的地方,其中有些寺院的土地收入达 1 000—2 000 卢布(按现在的币值计算不少于 4 万—8 万卢布)。但是弗莱彻认为,在所有的寺院土地占有者中间最富的要算是特罗伊茨基-谢尔基耶夫寺院,它的土地收入和其他方面的收入每年共达 10 万卢布(即现在的 400 万卢布)[13],领地占有制的大力发展使国家更加痛切地感到可以在经济上用来保障国家武
279 装力量需要的土地不足,这么大量的土地正是在这样的时候从国家政权的直接掌握中滑走的。

关于寺院世袭领地的问题 寺院占有的土地是信神的人们由于不十分理解修士的思想而付出的不慎代价,它造成两方面的后

果:既妨碍了寺院本身的道德修养,又破坏了国家经济力量的平衡。在这以前,人们已经感觉到了它给道德造成的内在危险。早在14世纪,斯特利果尔尼克派[①]就反对为超度灵魂而捐献,反对为死者而向教堂和寺院馈赠任何东西。但那是异教徒干的事。可是不久之后,罗斯宗教界的首领自己也提出这样的疑问:寺院占有村落是否适宜。一位修道院长问基普里安都主教,王公把一座村子交给寺院,他该怎么处置。都主教回答说,神甫不让修士统治人和村子;当修士占有村子,忙于世俗事务时,他们同俗人有什么区别?但是基普里安没有从自己的理论中做出直接结论,而是采取了一个折中办法:他建议可以接受这座村子,但是不要让修士管理这个村子,而让俗人管理它,由他们把现成的东西、庄稼和其他备用物品运进寺院。圣基里尔·别洛泽尔斯基反对管理村子,拒绝了别人捐献的土地,但是由于捐献者的坚持和修士们的要求,他不得不让步,实际上,在他领导下寺院已经开始获得世袭领地。但是人们一旦产生怀疑,就导致这样的结果:动摇不定的看法慢慢形成两种截然对立的观点,双方争论不已,把整个社会都卷进来,几乎一直持续到16世纪末,这在那个时代的著作和立法中留下了鲜明的痕迹。在这场争论中,修士分成了两派,但其出发点则是一个,都认为必须改造现有的寺院。在寺院里共同生活是很困难的,甚至在那些被认为是共同生活寺院的寺院里,共同生活也遭到破坏,因为单独生活者掺杂进来。有一派人想根据清贫寡欲的原则彻底

① 斯特利果尔尼克派异教运动是14世纪在俄国发生的一种宗教形式的反封建压迫的运动。——译者

改造所有的寺院,放弃世袭领地;另一派人则希望恢复严格的共同生活制,从而整顿寺院的生活,这样就可以把寺院占有土地同修士
280 不要任何财产这两者调和起来。第一派的领袖是圣尼尔·索尔斯基,另一派的领袖是圣约瑟夫·沃洛茨基。

尼尔·索尔斯基 基里洛夫寺院的落发修士尼尔长期居住在阿陀斯山,观察那里的和帝都的隐遁修道院。他回国以后,就在别洛泽尔斯克边区的索拉河畔建立了俄罗斯的第一座隐遁寺院。隐遁寺院是介于共同生活寺院和单独生活寺院之间的一种中间形式。它同单独生活寺院的相似之处是,它是由两三个禅房组成的,很少有更多的禅房;它同共同生活寺院的相似之处是,僧侣的衣、食、工作都是共同的,隐遁生活寺院的本质特点在于它的精神和方向。尼尔是一位严格的修士,但是他对荒郊生活的理解比古代修士更深一些,他精心研究了古代东方的修士的著作,又亲身观察了同时代的希腊隐遁修道院,从而形成了自己的隐遁生活守则。他在隐遁寺院章程中叙述了这种守则。根据他的章程,所谓苦行苦修,并不是要修士按照行为准则一丝不苟地克制自己,不是在肉体上进行磨炼,不是用各种苦难折磨肉体,不是斋戒到忍饥挨饿,不是从事非凡的体力劳动,不是无数次地磕头祈祷。"谁要只是口头上祈祷,而内心却满不在乎,那么他的祈祷就是徒劳,因为上帝是注意内心活动的。"隐遁寺院的功夫是内心的即思想上的功夫,集中力量在内心自我修养,也就是"通过内省"把外界加给的或人的不良天性产生的各种杂念邪欲从内心清除出去。同这些杂念邪欲做斗争的最好办法是潜心祈祷、默诵不语、始终意守丹田。通过这种磨炼,把心志培养得十分坚强,使信仰者内心偶尔出现的、一闪

念的情绪慢慢变得稳定牢固,不为世间的忧患和引诱所动。按照尼尔的章程,真正恪守戒律,不单单是不在行动上违反它们,而且在内心根本没有想去违反它们。这样就达到了最高的精神境界,用章程的话来说,就是“无法言传的喜悦”,这时,言语不起作用了,甚至祈祷之词也从嘴里和心里飞逝,情感的主宰者失去控制自己的力量,像俘虏一样被“另一种力量”所支配。于是,“不是用心灵 281
去祷告,而是出现一种超乎祈祷之上的力量”。这是永恒幸福的前兆。当心灵感受到这一点时,他就忘掉了自己和众人以及世上的一切。按照尼尔的章程,这就是隐遁修士的“内心功夫”。尼尔在1508年逝世以前,遗言嘱咐他的门徒们把他的尸体弃之沟壑,“连同一切耻辱”埋葬掉。他还说,他竭力既不在生前获得任何荣誉和名位,也不在死后获得这些东西。古罗斯圣徒言行录履行了他的遗言,没有编写他的言行录,也没有为他举行安灵祈祷,不过寺院还是把他列为圣徒。大家应当知道,在当时的罗斯社会,特别是在修士中,圣尼尔的思潮不可能成为强有力的、广泛的运动。它可以把少数志同道合的门徒和朋友吸引到他的周围,给当时的著作界灌输一股生气勃勃的气流,但是却改变不了著作界的方向;它可以投出一些光辉的思想,照亮俄罗斯贫乏的精神生活,但是却令人太感到不习惯了。尼尔·索尔斯基在别洛泽尔斯克荒郊始终是阿陀斯山这个地方的一个内心省察的隐遁修士,他是在“内心的、思想的”、但也是人们所不熟悉的基础上练功夫的。

约瑟夫·沃洛茨基 而他的对手圣约瑟夫则是在完全土生土长的、人们所熟悉的基础上进行活动的。同时代人给我们留下了相当多的材料来了解这位十分现实主义的、完全正面的人物。他的门徒和侄子多西费伊在约瑟夫的葬礼悼词中精细地刻画了他的风貌,虽然多少有点溢美之词[14]。约瑟夫在巴甫努季亚-鲍罗夫斯基的寺院里经受了严格的修士生活锻炼,他是众门徒中的高材生。他比其他人更善于把精神的和肉体的各种不同的品质结合起来;他既颖悟敏捷,又踏踏实实;他发音流畅、清晰,声音悦耳;他在教堂歌唱和读经,像夜莺一般婉转动听,使听众为之惊讶,因为任何地方、任何人都没有他读得和唱得好听。他把经书背得滚瓜烂熟,在交谈中可以脱口而出,他在寺院的工作中比谁都干得出色。他中等身材,面目清秀,长着大胡子,但不很浓密,头发是深褐色的,
282 后来变白。他性格豁达,很好相处,他同情弱者。他在规定的时间内完成教堂和禅房的功课,做完祈祷和磕头,其余的时间则用来从事寺院的工作和手工劳作。他饮食有节,一日一餐,有时两日一餐,到处传诵着他的朴素生活和优良品质。显然,他是一个规规矩矩、严守纪律的人。他对现实和人们之间的关系十分敏感,不吹捧人,深信章程和习惯的力量,理解人们的需要和弱点,而不大理解人们心灵的崇高品质和抱负。他可以诉诸人们的理智,征服人们,使之改恶从善,由坏变好。同时代人写的他的一部言行录中讲了这样一件事:经常同他交谈的许多大官们在他的感召下,逐渐改变了坏习惯,变得好起来:"沃洛茨基的国家毕竟向着美好的生活变化。"人们还说,约瑟夫劝说达官贵人对农民采取宽容的态度,使他们相信这样做的好处。累人的劳役使农民破产,而贫穷的农民是不会好好工作和缴税的。为了缴纳租赋,农民卖了牲口,那么他们用什么耕地呢?农民的地荒了,颗粒无收,破产的农民势必要向自己的主人进攻。这全是为农业着想的明智之言,一点也没有进行

道德说教，侈谈什么人道主义。约瑟夫就是这样对待人和事的。据他说，他移居沃洛科拉姆斯克森林时，身边什么也没有，可是他死时却留下了当时俄罗斯最富有的寺院之一。如果除了这些品质以外，再加上不屈不挠的意志和永不疲倦的劳动，那么就构成了寺院的创立者和行政管理者的完美形象，古罗斯共同生活寺院的大多数创立者都或多或少地符合这种典型。在创立寺院的时候，他连磨坊都没有，面粉是用手推磨碾成的。在晨祷以后，约瑟夫自己也热心地从事这项工作。一位新来的修士有一次看到自己的修道院长干这种同他的身份不相称的工作，惊叫起来："啊，师傅，你怎么干起来了，丢下让我干吧。"于是他取代了约瑟夫。第二天，他又
发现约瑟夫推手磨，他又代替了约瑟夫。这样重复了许多次。最 283
后，这位修士终于离开了寺院，他说："我代替修道院长推磨，没完没了。"[15]

1503年的宗教会议 在1503年的宗教会议上，这两位冤家对头碰在一起，争吵起来。持隐遁世界观的尼尔完全反对寺院占有土地。他写道，这些贪财的修士使他感到气愤。一度很清高的修士生活由于他们的过错而变得"卑鄙了"。应当不让这些假修士在城乡活动。家庭主妇听到他们在自己家门口的无耻谈论，十分生气和愤慨。尼尔甚至要求大公，在寺院的附近不要建立村子，修士应当生活在荒郊，靠自己的双手吃饭。大公把这个问题提交宗教会议讨论。尼尔和支持他的别洛泽尔斯克僧侣们谈了修士的真正意义和使命。约瑟夫从东方教会史和俄罗斯教会史中援引例子为自己辩解，并提出了一些实际考虑："如果寺院附近没有村子，那么正直高尚的人怎么落发呢。如果没有诚实的长老，去哪儿物色

人选担任都主教、大主教、主教以及其他高级宗教职位呢?如果没有正直高尚的长老,那么信仰本身就要动摇了。”[16]这种三段论法是在讨论教会的实际问题时第一次提出来的。教会当局并没有交给寺院培养高级教会神职人员的任务,不承认贵族出身的神职人员是教会不可缺少的支柱;而波兰的情况正是这样。约瑟夫的第一个论据是从俄罗斯教会的实际情况中引出来的,在俄罗斯的教会中高级神职人员一般是来自寺院;约瑟夫的第二个论点则是他的主观想象或主观偏见。约瑟夫的祖先是来自立陶宛的,他后来成了沃洛科拉姆斯基的服役贵族世袭领主。宗教会议同意约瑟夫的观点。最后结论在一些报告中提交伊凡三世,这些报告引经据典,写得有根有据。但是这些报告中有一个使人不解的地方:在宗教会议上人们反对的只是寺院占有土地,然而宗教会议的神甫们却对大公说:他们不赞成交出高级神职人员的土地,其实在宗教会议上并没有人对此表示反对。问题是在宗教会议上取得胜利的一
284 方故意采取沉默策略。约瑟夫知道,伊凡三世是支持尼尔和他的一派的,因为伊凡三世正需要寺院的土地。这些土地是很难保得住的,所以宗教会议把人们并无异议的高级神职人员的世袭领地同它们联系在一起,从而把这个问题普遍化,扩及教会的所有土地,这样就使得伊凡三世在寺院的世袭领地问题上也难以做出决定。由此可见,伏尔加河以东的荒郊修士出于宗教道德的动机,提出把寺院世袭领地收归国有的问题虽然由于政府出于经济需要而得到它的默然赞同,但却遭到教会高级神职人员的反对而归于失败,这些高级神职人员把这个问题变成了剥夺教会的全部不动产

这样一个引起人们反感的问题。

理论上的论战 在宗教会议以后，寺院世袭领地问题从一个实际问题变成了更加危险的理论性问题。双方展开激烈的论战，几乎一直持续到16世纪末。颇为有趣的是：涉及当时俄罗斯整个社会的各种重要利益集团都卷了进来，他们阐述了当时最有见解的思想。当时俄罗斯精神生活中最明显的一些现象都同这场论战有直接或间接的联系。但是叙述这方面的情况不属于我的讲座的范围，读者要想了解这方面的情况，可以看已故的帕夫洛夫教授的出色著作《俄国教会土地世俗化简史》[17]。我只简单地谈一些情况。在论战中最著名的反对贪财者是王公出身的修士斜眼瓦西安和来自阿陀斯山的马克西姆·格列克。瓦西安的著作是揭发性的小册子：他一方面捍卫自己的师傅尼尔·索尔斯基，另一方面用生动的、有时是尖锐的笔锋描绘了拥有世袭领地的寺院所过的非修士的生活，描述了它们的修士们为经济琐事而繁忙的情景，刻画了他们对权贵富豪阿谀奉承的丑态，描写了他们自私自利、重利盘剥和残酷地对待农民。他的著作不只是讲到不贪财的荒郊修士的愤慨，而且还时常谈到帕特里克耶夫王公家族中的一位贵族也反对那些从大贵族手中夺去土地的人和机构。瓦西安还进行了同他持有相同观点的库尔勃斯基后来直接进行的那种指责：贪财的修士 285
们在农村进行的经营使农民的土地破产，而他们巧妙骗取的所谓拯救灵魂的捐献则使军人和服役的土地占有者比贫穷的盲人歌手还要处境可怜。马克西姆·格列克反对寺院占有土地的著作则没有论战的那种过分言辞，他是平心静气地探讨问题的实质的，不过有些地方也不免有讽刺挖苦的话。约瑟夫在自己的寺院实行了严格的公共生活制度,希望以此来整顿寺院的生活,用辩证的办法,而不是用实际的结合来消除修士不要财产和寺院拥有过多土地这两者之间的矛盾,即在共同生活寺院中,一切都属于寺院,修士个人一无所有。马克西姆反对说,反正都是一样,就好像有人参加了强盗的一伙,同他们一起抢劫了人家的财富,可是后来被抓到的这个强盗在审讯中却辩解说:我是无辜的,因为一切都留在同伙那里,我什么也没有拿到[18]。一个真正的修士的品质绝不能同贪财的修士的品德习惯调和起来,这就是马克西姆·格列克论点的基本思想。

当时的理论还没有像后来那样对政府具有那么大的意义。尽管不贪财的一派进行了激烈的论战并取得了胜利,可是莫斯科政府在1503年宗教会议以后还是放弃了对寺院世袭领地发动进攻的计划,而只限于采取守势;特别是在伊凡沙皇在1550年左右企图利用莫斯科附近的都主教的土地来在经济上安顿服役人员的做法遭到都主教的坚决反对以后,更是如此。许多命令以及在批准"百章决议集"的宗教会议上就寺院的混乱状况进行的冗长辩论并没有解决实质性问题,不过倒也试行了各种措施来制止寺院从服役人员阶级中进一步夺取大量土地,"以便使服役不受损失,土地不致从服役人员手中失去"。政府对寺院的收支情况加强了监督。除了这些措施外,宗教会议在大贵族的参加下还于1580年1月15日做出裁决[19]:高级神职人员和寺院不得从服役人员手中购买、收押世袭领地或作为安灵祈祷的费用,不得以任何方式扩大占有

的土地。在这项裁决以前高级神职人员和寺院从服役人员手中购 286
买、收押的土地一律收归君主，至于交不交赎买费，由君主决定。16 世纪在教会世袭领地问题上莫斯科政府能够从宗教界取得的东西就是这些。

下一讲我们将看到这个结局同农民命运的联系，对此我们将加以研究。

287 # 第三十六讲

寺院占有土地同农奴制的关系——15 世纪和 16 世纪的农民——农村居民点的种类——耕地和荒地的比例。土地占有者的类型——农民(一)同土地占有者的关系,(二)同国家的关系——农民的社会结构——农村公社问题——农民对土地的经营——帮助、贷款、优惠——农民的份地——赋役——结论

寺院占有土地和农奴制 上一讲[1] 结束时,我答应要谈谈寺院世袭领地同农民命运之间的关系。你们大概会纳闷,这两种截然不同的现象之间会有什么联系呢?联系是有的,而且是两方面的。第一,构成寺院世袭领地的是服役人员的土地以及公家和宫廷的土地;公家和宫廷的土地是保证服役人员需要的后备基础。政府想把落入寺院的土地收归国有或者重新交给服役人员,但是没有成功;由于寺院占有土地而使国家经济受到的损失不得不依靠农民的劳动、加强他们的税捐来加以弥补。后来,寺院的免税土地对公家的和服役人员的土地的收入始终是一个威胁,因为它们的免税土地把农民从公家的和服役人员的土地上吸引走了。政府为了减少这种危险性而不得不采取强制性措施来限制农民的转
288 移。这种限制还不是对农民实行农奴制,但是,我们看到,它为这

种强制准备了警察基础。由此可见，寺院对土地的占有同时也加剧了农民劳动的艰苦性和减少了他们的自由。这两种现象的内在联系也可以说明它们的外部历史为什么那么相似。就寺院世袭领地进行的毫无结果的理论争论和为限制其进一步扩大而采取的那些不彻底的立法措施，酷似在叶卡捷琳娜二世、亚历山大一世和尼古拉一世统治时期在报刊上就农奴制的危害展开的同样毫无结果的争论和政府为了减少这种危害性而采取的一些成效很少的措施[1]。现在我们讲一下15—16世纪的农民。

农村居民点 如果根据16世纪的土地调查册来研究农村农业人口的情况的话，那么从外貌上看，情况大致如此：有教会的村子是由4—10户农民组成的，很少有更多的农户，有时只有贵族的庄园和几家牧师、一些长老和修女的禅房、靠教堂施舍度日的乞丐的茅屋；在村子的周围有荒地和大大小小的村落，它们把这个村子当作自己的宗教中心和经济行政中心。在中央地带各州，像在诺夫哥罗德北部一样，完全由牧师的院子和乞丐的茅屋组成的、有教堂的居民点叫作教会村。没有教堂的、但有土地占有者院子或者有他们的经济设施、不过没有农户的居民点叫作屯子。在新开垦的土地上出现的居民点叫作林中新村。林中新村通常只住有农户，没有别的人。随着时间的逝去，林中新村发达兴旺起来，在最初的人家附近又出现了一两户人家，于是就成了村子。如果村子没有住户，耕地被抛弃，或者只是由邻村的人维持一部分耕地，那么它就变成了荒地[2*]。莫斯科县有一个沃赫纳乡，它原来属于分封王公弗拉基米尔·安德烈耶维奇，后来转归特罗伊茨基-谢尔基耶夫寺院。这个乡在16世纪末有三个住人的教会村和两个荒废的教会村,在这两个荒废的教会村,只有空空的教堂,“没有歌声”,没有牧师;有一个住人的屯子,寺院的管家自己耕种了24俄亩坏地;还有三个村子和36块荒地[2a]。

289 **耕地和荒地** 相邻的村庄互相毗连的耕地为了避免人们的践踏,依法以中线为界双方各自圈起来。每个农户都有自己的单独的耕地以及相应的草场,草场按干草垛来计算(20个干草垛算1俄亩)。当时普遍实行三区轮作休耕制。耕地分为三个区:春播区、秋播区和休耕区。但很少有全部耕地都播种的,由于肥力衰竭和人口外流,大片或者小片耕地被抛弃,无限期地实行休耕。在中央地带各州和诺夫哥罗德—普斯科夫西北部,休耕地大大超过耕地。这些地方的世袭领地是一俄亩耕地,两俄亩至六俄亩休耕地;服役领地是12俄亩与29俄亩之比;寺院土地是1俄亩与14俄亩之比,高级神职人员的土地甚至是4俄亩与56俄亩之比。但是新的休耕地不属于“荒地”之列。属于荒地的是大片耕种的和未耕种的林区,即很久以前的休耕地上或未耕种过的土地上的林区。为了使读者更清楚地了解耕地和休耕的林区荒地的比例关系,我从1577年的税册中列举一些数字。这部税册描绘了科洛姆纳县的土地情况。这个县的寺院和服役人员土地、服役领地和世袭领地、耕地和草地,三个耕作区共计为4.6万俄亩左右,而列为休耕地和林区的面积为27.5万俄亩左右,也就是说,“住人的”、耕种的土地占荒地面积的六分之一,换句话说,七俄亩土地中只有一俄亩耕种(约为14%)。如果按土地占有者的类型来看这种比例关系,那就是:服役的世袭领主的耕地和草场同休耕地和林区的比例是一俄亩比三四俄亩(即为20%—25%),领主的这种比例是一俄亩比六七俄亩(12%—14%),寺院为一俄亩比十俄亩(9%)。这就是中央地带一个古老的县的情况。在一个更加靠近中央的县里,荒地也占很大比例。根据1584年的税册,在莫斯科县的苏罗日区,服役的世袭领主的耕地和草场同休耕地和林区的比例是一俄亩比三俄亩(25%),地主是一俄亩比七俄亩(12%),寺院是一俄亩比六俄亩 290
(14%)。读者可以看出,这里的寺院在耕种土地方面总的来说是落后于世俗土地占有者的。但是在其他地方,它们的土地所占的比例更多一些。例如,根据16世纪末的税册,以上所说的特罗伊茨基-谢尔基耶夫寺院的沃赫纳乡的耕地同荒地的比例为一俄亩比半俄亩(67%)。而这个寺院在佩列雅斯拉夫尔—扎列夫斯基县所占的3.1万俄亩土地中,耕地和草场占1万俄亩(32%)。在中央地带的州里情况尚且如此,莫斯科以北和以东的地方的荒地比例就更大了,有些地方达94%。不过,即使在这里也有例外。科斯特罗马县的涅列赫塔乡是特罗伊茨基-谢尔基耶夫寺院的老领地。根据1592年的税册,同费奥多罗夫斯克村相毗连的、拥有一些村子的这个乡在休耕地和林区方面占的比例为30%,跟我们在靠近莫斯科的地方所看到的情况恰恰相反。这表明,土地耕种的水平与其说取决于土壤的质量,不如说取决于地理和历史等条件。尽管经营条件非常好,可是许多地方的耕地是微不足道的、分散的,淹没在广大的未开垦的或被抛弃的荒地中。从以上援引的材料中可以看出,我们在研究16世纪的莫斯科土地调查材料时,发现当时的农村居民是迁徙不定的、分散的,他们没有资金去热心地广泛开发他们面前的广大林区,也没有这方面的动力,他们只好以少量的耕地糊口。他们从这些土地上收割几次庄稼以后,便把它们永远抛弃,却去别的处女地上重复以前的做法[2*]。

土地占有者 养活农民的土地按照土地占有者的类型可以分为三种:教会土地——属于教会机构;服役人员或大贵族的土地——属于服役人员;君主的土地。君主的土地分为两类:宫廷的君主土地——属于宫廷,仿佛是他的私财;官家的君主土地——不属于任何私人所有的国家土地。宫廷土地和官家土地之间的区别
291 不是法律方面的,而是经济方面的。宫廷土地的收入专门用于维持君主的宫廷,主要是缴纳实物,而不是交纳税款。因此,在17世纪,这两类土地往往互相转化,交织在一起,在宫廷的管理下合二而一。由此可见,16世纪的莫斯科国家存在三类土地占有者:君主、教会机构和服役人员。在莫斯科国家的领域内,我们没有发现别的私人土地占有者,即不存在农民土地占有者。各地的农民都是靠别人的土地——教会的、服役人员的或国家的土地生活的。甚至种不属于任何私人的官家土地,农民也不认为这种土地是自己的。16世纪的农民在谈到这些土地时说:"土地属于大公,但归我使用。""土地是上帝的和君主的,但由我耕种和种植黑麦。"可见,公地上的农民把土地的占有权和使用权明确地区分开来。这就是说,就土地的地位而言,即在法律上和经济上同土地的关系而言,16世纪的农民是无地的庄稼人,种的是别人的土地。由此就产生了一种特别的法律、经济和国家关系。

农民和土地占有者 现在首先谈谈农民同土地的法律关系,即他们同土地占有者的关系。农民是根据同土地占有者缔结的合同耕种别人土地的自由农,他的自由表现在来去自由,即有权离开一块土地转到另一块土地上,离开一个土地占有者去为另一个土

地占有者服务。最初,这种权利不受法律的限制。但是土地关系的性质使农民的这种权利和土地占有者对农民的权力都受到了限制。例如,土地占有者不能在收割以前赶走农民,农民也不能在未收割完毕同主人清账以前离开土地。农业的这种自然关系产生了这样的必要性:应当由法律确定一个农民可以离开土地的统一时期,这时双方可以清账。伊凡三世的法典为此确定了一个必须遵守的时期:秋季尤里耶夫节(11 月 26 日)前后各一周。而普斯科 292
夫邦 16 世纪则规定了另一个法定的农民离开日期,即斋戒期前的最后一次荤食日(11 月 14 日)。这就是说,当完成一切田间工作时,农民可以离开土地,双方互相清账。农民的自由还表现在:他耕种别人的土地时,同土地占有者缔结土地合同。劳役合同叙述了这种租佃合同的条件。农民是以一个自由的、在法律上同土地占有者完全平等的人的身份同后者缔结合同的。他根据自己的劳动能力从主人那里租下一块大小不等的土地。因此,这种地段是各不相同的。农民承包一定数量的奥勃扎①或维季②。奥勃扎和维季都是土地的课税单位,在诺夫哥罗德北部用前者计算耕地面积,在中央地带各州用后者来计算。根据土壤质量,三田制的 10—15 俄亩的土地为 1 奥勃扎。维季是一个更加重要的计算单位,不过根据同样的理由或者根据各地的风俗习惯而各不相同[3]。按照通常的,即官家的标准,1 维季好地是 18 俄亩,1 维季中等土地是 21 俄亩,1 维季坏地是 24 俄亩。而且流行的维季有大

①② 奥勃扎(обжа)和维季(выть)均为古罗斯用以计算税额的土地面积单位,它们各为多少俄亩,依土地质量而定,而且在各个不同的地区,数量也不等。——译者

小不同的规格。我已经说过,农民从土地占有者那里取得一定数量的奥勃扎或维季,很少是一个完整的维季或奥勃扎,在劳役合同中并要讲明租地的条件。对新的[4]“来人”是十分慎重的,要加以审查,有时他需要提出一些担保人,保证他信守合同,居住在某个村子或乡村,做安分守己的农民,种地、建房,兴建新的房子,修理老的房子,不逃跑。保人可以是这个新人投奔的地主的农民,也可以是别的人。如果佃户租的是荒地,而不是现成的庭院和耕地的话,那么他要保证建房、耕地,围田地,清草场,安分地生活,不开小酒
293 店,不偷盗。如果农民未能履行保证,他或他的保证人要付给违约金。劳役合同规定了租地的农民应付的租金和劳役。新来的移民或同他相处的其他农民一样服从总的规定,或者另行签订自己的条件[4]。有些庄园,所有的农民都交一定的现金或粮食。另一些庄园,农民不是交现金或实物,而是为土地占有者完成一定的工作。更常见的是混合情况:农民除了交现金或粮食外,还要为土地占有者服徭役,叫作为贵族做事。租赋和徭役之所以结合起来,是因为它们经济来源不同。租金和租赋在古代罗斯是租佃别人的土地付出的费用[5]。徭役的起源则完全不同。租佃别人土地的农民常常从主人那里借一些钱或得到一些其他帮助。为此,农民不是付给利息,而是为主人额外再做一些工作,常常是为主人耕种一定数量的土地[6]。由此可见,古代罗斯的徭役是来源于租地和借钱(或借其他东西)的结合。但[7]这只是徭役的原始形式,随着时间的推移,它成为农民的一般劳役,正如贷款成为农民租地合同的一般条件一样。当我们谈到农民的经济地位时,我们将研究农民租赋的幅度和种类[7]。由此可见,16世纪的农民在同土地占有者的关系

方面是租用别人（君主的、教会的或服役人员的）土地的自由佃农[8]。

农民和国家 现在[9*]我们来研究一下农民同国家的关系。16世纪的农民从政治意义上说尚未成为一个阶层。它当时暂时处于自由的地位，还不是一个享有自己特有的权利和义务的固定阶层。其重要特点是工作的性质：自由的人一在交租的土地上干活，就成了农民；他一抛弃耕田，从事别的活计，就不再是农民了。因此，义 294
务和与之相联系的权利是同时消除的。这同后来形成的阶层中的情况是完全不同的：一个人放弃了农民阶层的权利或者丧失了这种权利，但他并不能解除这个阶层的义务。一个农民尽管不再耕田，但却仍然要纳税。贵族尽管没有了土地，也要服役。16世纪落在农民身上的土地租赋不能说是农民阶层的义务。这里有着细微的差别，随着这个阶层的建立而逐渐消失。农民的土地租赋并不是落在耕地的农民身上，而是落在应交租赋的土地身上的，不管这块土地的占有者或耕种者是谁。15世纪从农民阶层购买交租土地的大贵族应当像农民一样交纳租税，但他不是农民，因为他有另一种职业，即国家的军政职务，这种职业决定了他的社会地位。同样，耕种主人交租土地的奴仆也不是农民，因为他不是自由人。1550年的法典指出了劳役、称号同职业之间的联系，它把农民的土地义务同个人义务区别开来，土地合同一般附有个人义务，但并不取决于个人义务。在法定的秋季放弃自己的地块、但在其上留有冬麦的农民在收割庄稼以前仍要付地租和税款。但是在这段期间，从11月放弃土地到次年7月收割完毕，他没有义务为土地占有者工作，因为这是他个人的义务，不是农民劳役合同的必不可少的条件;没有这个条件也可以签订土地合同。赤贫的农民可以在地主的庄园居住,承担这个义务,而不租佃他的耕地。同样,农民也可以不在法定的时期把自己卖身为奴仆并在自己的地段上保留冬麦或春麦,为此,他要付出农民的租赋,不过他已是奴仆,而不是
295 农民,不是纳税的人。但是在转为奴仆时,他并不由于他放弃的农舍而向土地占有者付房租。这是奴仆身份包括的个人义务[9a]。相反的情况也可以说明法典中的决议的这一意义,这部法典没有列举这一情况,但是1532年马赫里什寺院的一份没有公布的文件列举了这一情况,当时不是农民离开土地占有者,而是土地占有者抛弃自己的农民。那一年年初,一位世袭领主把自己的小村子卖给了寺院,村子的土地上已经播种了秋播作物,还有权播种春季作物,在这个村子里待到年底(耶稣诞生节),并为春季作物和秋季作物交纳租赋。这个村子的农民必须按照以前同主人签订的合同继续耕种他的土地,但是这个主人已不能按照土地占有者的权力不通知寺院就把任何农民赶走;如果农民想自愿离开,他必须向寺院交付房租和其他费用,而不是向卖主交付这些费用,因为后者已丧失这样的权利。卖主可以在8月份播种1533年的黑麦,但只交纳秋播作物的赋税,"因为黑麦还没有从田地里长出来"。由此可见,国家只是把农民当作交粮纳税的人;只有在纳税的土地上居住的农民才耕种土地,把种子撒在他耕过的地段上。如果他不居住在纳税的土地上,不耕种纳税的土地,不交粮纳税,土地本身是无法生财的;如果无人耕种,土地就荒芜了。由此可见,古代罗斯的农民赋税不是落在农民的劳动上,也不是落在一般的土地上,而是落在耕种纳税土地的农民劳动上[9*]。

社会结构 国家税捐是农民的社会结构的基础。为了纳税和服徭役，农民结合为行政单位，叫作区和乡。以后我们将会看到这两者的区别。区和乡最初是农村社会、农民的村社，他们互相结成连环保，保证交纳贡赋。这些[10]行政单位是由地方长官和乡长领导的。地方长官和乡长的机构隶属中央政府，但是他们也有自己的村社管理机构，有自己的村社行政会议，选举自己的执行机构。296
乡公所由乡长或百人长和领薪俸者组成，他们负责向村民分摊赋税和徭役。村社管理机构负责乡里的土地经营事务，其最重要的工作是管赋税和徭役。民选机构负责日常事务，必要时可以同乡公所、同"全体农民"谈判。乡长除了分摊赋税和徭役以外，还代表全体修士和领薪俸者根据村社行政会议的决议向新移民分配闲地，为他们要求优惠条件，为修士们向佃户收集租金，在法院捍卫乡里的土地不受外人的掠夺和侵占，在中央政府面前提出乡里的需要或者就其地方机构的不当做法提出申诉，如果乡里的土地是官家的，没有世袭领主这样的代表的话。村社之所以产生连环保的一件最重要的事情是村社需要为贫穷的或迁离的村民交纳赋税[10]。这种赋税一般是按一定比例由全村社分摊，分摊办法是依据耕地调查册所订的各户纳税标准。村社根据各纳税户的土地多寡把税额分摊给各户。但是，有些农民抛弃耕地，离开了村社。还有一些农民无力支付根据他们的耕地份额分摊给他们的公款，于是便转而耕种更少的土地，或者成为没有耕地的赤贫农民。无论是哪一种情况，在进行新的耕地调查以前，他们的赋税必须由全村社付给。这种[11*]乡级结构存在于分封时代，一直保持到16世纪。随着莫斯科国家的扩大以及服役人员和教会占有土地的发展，作为农村社会基层单位的乡逐渐解体。私有的土地占有者、服役的地主和世袭领主、教会机构,他们从官家的乡里和宫廷的乡里获得了土地,以前曾经是同附近乡里的农民一样交税,而现在则为自己
297 的土地获得了各种优惠条件:作为地方政权的地方长官和乡长除了最严重的刑事案件外不得对他们和他们的农民进行审判,也"不得派监督官监督他们的任何事情";他们自己获得了对其农民进行审判和监督的权力,从而使他们有时无需像本乡的其他农民那样分担村社的摊款。这种享有特权的土地占有者的村子以及他们所属的大小村庄从乡的组成中分离出去,成为单独的司法行政单位,有自己的世袭领地管理机构,有自己的管家或寺院村庄的长老。但是与此同时也存在着一般村庄的村长和其他村社民选机构,他们在世袭领地管家的参加下处理本村社的土地事务,分摊税款,从外面的土地占有者手中租佃土地,甚至不是用自己的世袭领主的担保,而是用邻村贵族的担保来保证这类交易。这样的村子形成了新的村社,取代了老的区和乡。1497 年法典不加区分地把整个乡和各个村都当作村社,从而标志着这样的时代:作为基层社会的乡分解为村。不过,并不是到处都发生这样的分解,只有大的土地占有者或者受到庇护的土地占有者获得了特权,才把他们的土地从乡的结构中分离出去。其余的农民到 16 世纪末"还同自己的乡一起承担国家的一切赋役"。但是支撑农村世袭领地社会的基础同把以前的乡联合起来的基础是一样的:这就是国家的土地赋役。这就是说,不论对于农村来说,还是对于乡来说,把它们联合成为一个社会的纽带是土地的赋役,而不是土地本身;这是农村的财政上的、赋税上的联合,而不是土地上的联合。

关于农村公社问题 大家听到我关于15世纪和16世纪农村社会的见解，大概会觉得，我还没有把问题说透。有人会问我：就其占有土地的性质来说，这是什么样的社会呢，是否类似于现在的共同占有土地的农村公社呢？关于俄罗斯农村公社的起源问题一度在我国著作界引起过激烈的争论。迄今为止，对这个问题有两种不同的看法。奇切林在19世纪50年代提出了这个问题，继他 298
之后，有一派人认为，大俄罗斯农村公社是在相当晚的时候才确立起来的，只是到18世纪最后二十五年由于农民获得了土地和实行了人头税才最后形成[11a]。另一派人追随我们大学的另一位教授别利亚耶夫。他反对奇切林的看法，认为农村公社在俄罗斯古代就有了，现代公社制度所依据的那些原则从罗斯早期历史开始，远在留里克到来以前就已经施行了[11б]。为了弄清楚他们的观点，需要了解一下他们争论的问题。在古代罗斯，农村基层社会叫作村社，而不叫公社。公社这个词是上世纪的著作中开始使用的，指农业改革时期的农村基层社会，它具有公社土地制度的一切特点，它的基本原则是共同占有土地。其重要特点可以说是：（一）必须平均分配份地；（二）公社具有严格的阶级等级；（三）连环保。土地是按照农民的劳动力和赋税能力而分配的。除了根据人口调查的数字分给份地外，还有一种按照赋役能力的实际情况分给的份地，即按照各户的现有劳动力强行分配土地。这是因为每个农民份地的多寡决定着他的义务的轻重。一旦出生和死亡破坏了这种一致性，那么就需要重新分配土地，以恢复平衡。由此可见，土地本身不是服徭役的源泉，而是实现徭役的辅助手段。在15世纪和16世纪的农村社会中我们既没有发现这种强制性的平均分配土地的现象,也没有发现农民土地义务的阶层等级性质。农民是“量力”自行租佃土地,在土地占有者的或者宫廷的庄园上同土地占有者本人或者同他的管家商定此事,而没有村社的参加。自由佃户的赋
299 税是根据他租佃的土地的大小确定的。因此,对农民来说,土地是他们承担义务的源泉,而不只是实现义务的辅助手段。土地地段具有永恒的,始终不变的组成。大部分农村是由一两户人家及其所拥有的田地组成,这些田地的界线世世代代通常是由地契确定的:“哪些地方可以耕种、割草和伐林。”农民本人并不固定在田地上,也不固定于农村社会,甚至也不固定于自己的社会地位,可以自由地更换田地,离开原先的村社,甚至不当农民。从 15 世纪的一份地契中我们了解到:有一个农村在 35 年中更换了 6 个农民占有者。在 15、16 世纪的农村社会中我们并没有发现共同占有土地的两个重要标志。也许应当在非常罕有的现象中去找这种占有制的萌芽吧,我们在德来特罗夫县 1592 年关于特罗伊茨基-谢尔基耶夫寺院的土地调查中就碰到了这样的萌芽。但这是多么软弱的萌芽啊!在这些土壤贫瘠、耕种得不好的土地上,每户农民耕种 5 俄亩或者甚至只耕种 3.75 俄亩的坏地,超过了全屯子或者全村子每户农民的平均耕种数量,有 2—4 户农民根据自己的力量各耕种了 5—7.5 俄亩土地,而有一个屯子,16 户农民总共耕种了 22 俄亩土地,平均每户只耕种了 1.37 俄亩土地。这仿佛是试验性的共同耕作制。土地徭役制本身也使农民从土地中看到了把他们彼此联系在一起的纽带:徭役是按照维季分配的,由同一个维季的农民共同承担,分配工作由村或乡的民选机构来进行。连环保也是为了同一个目的,用它来保证村社完成赋税,但并非只有农村公社才

具有这个特点，我们知道16世纪所有地方管理机构都是以此为基础的。这种连环保当时即使不是导致定期的普遍重新分配土地，也导致局部的重新分配土地。在土地调查中我们看到有些村子有空房子，但是却没有空闲的耕地。这意味着：空闲的土地或者在几家住户中间分配了，或者连同赋役一起分给了一户。我用这些事例是想说明，在16世纪的农村社会中找不到共同占有土地及其分配的制度，农村社会只有权支配农民的土地，以便保证完善地交纳 300
赋税。这种支配权培养了这样一些观念和习惯，它们后来在其他条件下成为共同占有土地的基础。根据奇切林的看法，这些条件是：强制性的劳动和按照现有劳动力硬性分配土地。这些条件的作用在16世纪已经变得明显起来。不难想象，这首先不是表现在尚未农奴化的农民中间，而是表现在奴仆中间。土地占有者早就使自己的一部分家仆耕种主人的土地，分给他们一部分房屋、经济设施和土地。在16世纪的文件中我们发现，这种分配不是按户头进行的，而是一下子不加区分地分给所有的"户头"。这些"短工们"（当时人们如此称呼那些耕地的奴仆）然后把他们分到的这些田地彼此重新加以分配，或者按照他们共同经营土地的劳力比例来分收成[11*]。

农民对土地的经营 现在来探讨一下农民的经济情况，看看他们在自己狭小的经济范围内是如何生活的。农民是租佃他人土地的、自由的、可以流动的佃户，这种自由的保证是，他有权自由出走，有权同土地占有者订立契约。这是农民依法应得的地位，不过，早在16世纪，实际情况就远非如此[12]。作为自由的、可以流动的佃户的农民，他们在取得他人的土地时大部分是两手空空，既无资金,也无农具。服役领地占有制扩大到奥卡河以西和伏尔加河中游以后,没有农具的农民大大增多了。我们已经看到(第三十三讲),中央地带各县的人,主要是那些没有自己的土地的"未注册的"人被那里的空闲领地所吸引。依靠别人土地的这些农民需要土地占有者的帮助,特别是当他们耕种的是荒地、处女地或者早已荒芜的土地时,更是如此。移民几乎都需要这种帮助。这几乎是
301 农民订立土地合同时的普遍条件,其形式是多种多样的。农民在秋季住到有人住过的、已经耕过的地段上,把建筑材料运进现成的庭院,从土地占有者那里获得帮助或贷款,即现金、牲口,更常见的是粮食,作为种子和人的口粮,用来播种和喂牲口,直到打下新的收成为止。资助[13*]和贷款在农民的劳役合同中有时混同起来,其实它们是有区别的。所谓资助,一般是在初期提供的,用来整修房舍、住所和经济用房以及围圈田地,如果农民是按照合同办事的,这笔款项可以不偿还。而借给牲口和其他农具,或者借给购买这些东西用的钱,是用来经营土地的,这笔贷款是农民的债务,在他离开土地占有者时是要偿还的。15世纪和16世纪初的现金贷款叫作劳动贷款,因为它同农民为土地占有者的劳动联系在一起,同付利息的贷款是不同的。因此,土地占有者把"村子里的钱分作生利息的贷款和以耕代息的贷款"。如果农民租佃的是空闲的土地,需要翻耕和修建,那么,除了资助和贷款以外,还可以完全免税免役或部分地免税免役,免税免役时间的长短,视这块地段荒废的程度,要求准备工作的复杂性而定。免税免役的时间可以是一年、两年和两年以上。在此期间,佃户既不向"君主纳税",也不向主人交现金、粮食和其他东西,或者只是免除其中的一部分义务。究竟需

要多少贷款,可以从一些个别情况中看出来:阿列克谢耶夫家族是莫斯科县和博罗夫斯克县的不大的世袭领主,他们在1511年向其农民发放的贷款按我们目前的币值计算为2 000卢布。16世纪的文件有大量事例,说明农民是用主人的种子在自己的田地上播种的,这特别生动地说明了农民的经济。16世纪下半叶编制的关于基里尔·别洛泽尔斯基寺院世袭领地调查册,列举了寺院所属的大小村庄,并标明农民租佃寺院土地的维季数,共约1 500维季。其中70%的维季是用寺院的种子播种的,也就是说,掌握这部分 302
田地的人没有世袭领主的帮助就无法下种。根据调查册,农民使用的种子有黑麦、小麦、大麦和燕麦,按照现在的粮价计算,共计不少于5.2万卢布。只要农民租用寺院的土地,这笔种子贷款就始终记在他的账上,甚至由父传子,作为这家农户的永久债务,其利息列入每年向寺院交的租赋中。这就是说,借贷种子的人背着粮食贷款的沉重负担。

农民的地块 农民的经济基础是他耕种的地块。我在叙述16世纪农民在法律上同土地占有者的关系时,已经说过,农民同土地占有者订立合同,从后者手中取得一定份额的维季或奥勃扎,很少是一整个维季或奥勃扎,至于一个维季以上或一个奥勃扎以上的情况那就更少了。为了研究农民的经济,必须更准确地弄清楚农民地块的大小。农民的地块是各不相同的,因地而异,因时而异,因土质而异,因农户的劳动力而异,还取决于其他一些条件,对后世的研究者来说是很难掌握的。根据对这方面的文献的科学研究水平,现在不可能对16世纪莫斯科国家全国各地纷繁复杂的情况进行探讨。过去和现在的一些学者研究了大量档案文献,这些文献为研究农民中间的耕地分配情况提供了丰富的材料,换句话说,为全面探讨16世纪和17世纪莫斯科国家各地农民每户的份地情况提供了丰富的材料。但是所有这一切目前还很难连为一体,得出完整的结论,而且尽管材料很丰富,可是仍然缺少许多东西来做出这种全面探讨。我们只好使用文献的零碎材料,引用一些最大的数字和最小的数字,推算出平均数字。我们看到,有的每户份地为24俄亩,甚至47俄亩,有的只有3俄亩。甚至在同一个
303 土地占有者——特罗伊茨基-谢尔基耶夫寺院那里,有的世袭领地的农民获得上述的最大份地47俄亩,而另一处的农民却只有4.5俄亩份地。到16世纪末,份地明显地趋向缩小。根据16世纪上半叶的调查材料,特维尔县普遍流行的是大份地——12俄亩或12俄亩左右。而库沙林诺乡每户份地的平均数达到8.5俄亩,根据1580年的税册,那里的份地没有4俄亩的。总的来说,16世纪农户耕地的平均数是5—10俄亩,而到这个世纪末则为3俄亩至4.5俄亩,南部草原各县稍多一些。但是由于当时农民的流动性很大,农民劳力分布极不平衡,这个平均数不能准确地说明实际情况。根据一些庄园的详细清单,有几十个大小屯子的农村,找不到两个居民点拥有同样份地的,一个村子的份地为7俄亩,而邻近的另一个村子的份地则为36俄亩,甚至52.5俄亩。总的来说,通过对16世纪土地文献的研究,使人获得了这样的印象:农民的一般份地比人们预期的要小得多。考虑到当时农户的人口组成比现在要复杂得多,所以如果根据人口调查的材料来计算份地的话,那么看来,当时俄罗斯农民手中的耕地不会比他们子孙后代根据1861年2月19日的规定得到的耕地更多,如果说不是更少的话。

贡赋 估计纳税的农民份地所承担的贡赋，那就更困难了。主要的困难在于其复杂性：份地要向君主纳粮、交税、服徭役，然后要向土地占有者交钱、交粮食和其他细小杂物，如鸡蛋、母鸡、干酪、熟羊皮等等，最后，还要为主人干活儿。索洛维茨寺院的合同向它的一个村子的农民解释了干活儿包括哪些内容：农民为寺院的耕地耕作和下种，修理寺院的房舍和谷仓，修建新的房子，取代旧的房子，往寺院运送木材和劈柴，赶马车把寺院的粮食运到沃洛格达，然后从那里把盐运回来。如果说交纳的粮食还可以比较精 304
确地折算为现在的币值的话，那么这些徭役和补充的实物就很难做出精确的计算了。古代的课税单位奥勃扎和维季也增加了这方面的困难，因为这些课税单位是变化不定的，各地的标准不一样，即使我们根据它们准确地计算出土地的赋税额，我们也无法生动地了解赋税额究竟有多少；因此我们不得不把它们折合为户或俄亩，而这样做并不总是成功的。我只提供一些便于进行这种换算的材料。但是，在这方面，我又要在方法学上略加说明。我给你们援引了一些关于土地贡赋的数字，说明农民向土地占有者交纳多少东西。但是，你们会问，这交得多了，还是交得少了？我们最能理解的衡量古代事物的办法是同现在的东西做比较。我们用什么东西同16世纪的土地贡赋做比较呢？你们首先会想到：同现代的地租作比较。现代的地租纯属公民法权范围内的事。但是16世纪的农民从土地占有者或农村社会那里租佃纳税的土地，通过公民的这种私人交易，就对国家承担了一定的义务；纳税土地负担的对君主的赋役、对公家的贡赋全部落在他的身上。后来，当耕种他人土地的自由农成为农奴的时候，对君主的赋役变成了人头税，农民同土地占有者之间的租佃条件被对领主承担的贡赋和徭役所取代。又过了一段时期,随着农奴制的废除,农奴的贡赋和徭役被赎买费和与之相联系的补充费用所取代。这就是历史的继承关系。它表明,我们的研究中可以比较的东西是16世纪农民对土地占有者承担的贡赋和摆脱农奴地位的农民所付的赎金。对历史的这种看法可以帮助我们更清楚地了解一些揭示16世纪农民经济情况的现象。我们的任务是做出这样的回答:同农奴获得解放、着手赎买自己的份地时所承担的负担相比,农奴化前夕农民劳动在多大
305 程度上有利于私有的土地占有呢?我从一些最简单的关系谈起。在16世纪80年代,在尼热戈罗德县的一些村子,每维季向土地占有者交租谷9俄石黑麦和燕麦。如果把这笔租赋折合为19世纪80年代初(当时赎买金还没有减少)的粮价,那么1俄亩约为2.5卢布,比同一个省的1俄亩的平均赎买金(1卢布88戈比)略多一点。后来,德米特罗夫县的一个屯子向特罗伊茨基-谢尔基耶夫寺院交纳的租赋是:1维季中等土地交1卢布,折合为现在的币值,即1俄亩交3卢布。在同一寺院的其他村子,1维季坏地交纳租金27卢布,其他零星税捐4卢布50戈比,1俄亩田地总共交付2卢布10戈比。还有一些村子,不交租金,而是为寺院耕种土地,每一维季耕种2俄顷,即把这2俄亩完全管好,耕地、耙地、施肥、对秋播作物和春播作物进行收割,管好休闲地。由此可以看出,德米特罗夫县1俄亩田地的上缴现金甚至还低于莫斯科省的赎买金(2卢布50戈比);16世纪末管好1俄亩田地可以代替13卢布50戈比的租赋,这比19世纪80年代要便宜一半或便宜三分之二。19世纪80年代,中央地带各省的租赋是25—40卢布。这就是说,农

民的劳动不如三个世纪以后那么值钱。还可以从外伏尔加河地区举一个例子。1567 年，一个服役人员把他在别洛泽尔斯克县的沃斯克列先斯克村捐献给了基里洛夫寺院。这个村子有大小村庄 47 座，共有农户 144 家。从现在保留下来的详细人口调查材料可以看出，这里各户的份地是各不相同的。有的农户有 22 俄亩，有的只有 2 俄亩，有的甚至只有 1.5 俄亩，这就是说，这里的份地比诺夫哥罗德省的平均份地数要少三分之二至四分之三。这里份地的平均数只有 7 俄亩。世袭领地的贡赋包括：现金和粮食的租税、节日钱以及 1 维季交 5 张灰鼠皮。除了灰鼠皮(对此无法估价)以外，把这一切折合为现在的币值，那么 1 俄亩要付 1 卢布 69 戈比，306
比诺夫哥罗德省的赎买金(1 卢布 26 戈比)要略高一些。这些事例是不会引起疑惑的。但是我们也碰到一些会使研究者迷惑不解的材料。大公西麦昂·别克布拉托维奇在实行沙皇特辖制时代曾短时期担任过贵族管辖区的统治者，他在特维尔拥有宫廷土地，库沙林诺村就属于这些宫廷土地的范围。据 1580 年的人口调查册记载，这个村子的现金和粮食税捐是每俄亩 5 卢布 34 戈比，比特维尔省前领地农民每俄亩的赎买金高两倍以上。这个村子每户的耕地差不多只有 4 俄亩[13a]。如果按照 1858 年人口调查材料中特维尔省平均每户人口组成为 2.6 人这个数字来根据人口分摊每户平均份地的话，那么每人分到的份地不超过 1.5 俄亩，即比该省根据 2 月 19 日的规定平均每人应得的份地少三分之二，因为 16 世纪每个农户的人口组成大概比 19 世纪要多。在这些宫廷土地上还有一些村子，每户的份地不到 3 俄亩，即每人不到 1 俄亩。我们还读到一些劳役合同，规定农民付出的现金租赋比赎买金多

3—11 倍。为什么付出如此高的租赋,只能用下面这一原因来解
释:大概这块耕地特别有利可图,或者这个地段还有其他收益;这
些情况在合同中并未指出。根据保存到现在的片断材料,很难区
分哪些是正常的情况,哪些是例外的情况。不过,有些材料往往使
人觉得高额租赋占统治地位。曾经为沙皇鲍里斯和伪德米特里一
世服务过的法国人马尔热列特大尉在关于俄罗斯的著作中叙述了
16 世纪末和 17 世纪初莫斯科国家的情况。他写道,远离首都的
地方的农民不是交实物租赋,而是交数额很高的现金租赋。他指
的大概是宫廷土地和公家土地。如果相信他说的话,七八俄亩组
成的一个维季所交纳的租赋,折合为现在的币值,相当于每一俄亩
交纳 11—22 卢布[13б]。这里既包括租赋,也包括税金。16 世纪末,
307 每俄亩的税金为 1.5 卢布,或者更多。在农民获得解放的时代,赎
买金以及人头税、公粮和村社贡赋都没有达到马尔热列特所说的
最低标准。在 16 世纪,农民有时用自己的收成的一部分——五分
之一、四分之一或三分之一,来代替租赋。其余的收成,他留作种
子用、更新耕畜和农具、交纳官税、养活自己和家属。很难想象,他
是如何勉强满足自己的需要的,特别是由于当时的份地很小,就更
困难了。由于贡赋很重,资金不足,农民既无热情,也无可能来扩
大自己的少得可怜的份地。但是他们从丰富的水域、森林和休耕
地这些不交租纳粮的田地资源中得到了帮助。正是这一点才可以
解释为什么有的农民还能够达到小康的生活水平,甚至在少地的
地区也可以看出这个现象。有一份篇幅不大的未出版的文件是饶
有趣味的,它涉及的是我们研究的这个时期的范围之外,但它却颇
能事后说明 16 世纪末的情况。这就是 1630 年编制的关于穆罗姆

县特罗伊茨基-谢尔基耶夫寺院的一个村子的农民的牲口、蜜蜂、仓库的粮食和播种的黑麦的调查报告。这个村子有 14 户农民，男子 37 人。他们播种黑麦 21 俄亩，由此可以推算，他们的三田制的所有耕地大约为 62 俄亩，每户平均 4.4 俄亩，每人平均 1.7 俄亩，这是少得可怜的份地。38 年以后，这个村子的耕地几乎增加了两倍。但是即使少地的农户（播种半俄亩至一俄亩半秋播作物田）也养三四窝蜂，两三匹马和小马，一头至三头牛和牛犊，三只至六只羊，三头至四头猪，仓库里有六俄石至十俄石各种粮食。只有两户耕地较多，分别有 12 俄亩和 15 俄亩三田制的田地。他们分别有两窝蜂和五窝蜂，四匹马和十匹马，各有三头牛和牛犊，分别有五只羊和九只羊、五头猪和六头猪，他们的仓库里分别有 30 俄石粮食和 4 俄石粮食[①]。

结论 综上所述，可以把 16 世纪农民的经济状况概述如下：他们大多数是土地很少的、没有什么干劲，债台高筑；在他们的经济中，房屋、农具、田地都是租来的或借来的，是借他人的钱修建 308
的，要用自己的劳动来偿还；他们在贡赋的重压下日益缩小，而不是扩大自己的代价高昂的耕地。

下一讲我们将看到，农民生活的这一切条件到 17 世纪初为农民造成了怎样的地位。

① 原文如此。似应为 40 俄石。——译者

309 第三十七讲

关于16世纪末农民固定于土地的看法——1597年关于逃亡农民的法律和拟议中的关于农民普遍固定于土地的法令——16世纪末和17世纪初的劳役合同——为农民的农奴化铺平道路的经济条件——国有农民和宫廷农民固定于土地——贷款的增加和土地占有者的农民对主人的人身依附加剧——农民的被带走和逃亡以及对付他们的立法措施——17世纪初土地占有者的农民的处境——结论

关于农民固定于土地的看法 我们现在来研究历史编纂学中一个最重要、最困难的问题:农民的农奴化是什么时候产生的,如何产生的。

我在叙述服役领地制度的后果时,曾经说过,它为农民的命运发生根本变化准备了条件。这种变化一般可以这样描述:在16世纪末以前,农民是自由农,有权自由地选择耕地和土地占有者,但是这种选择不论是对社会秩序,还是对国家经济,特别是对服役的小土地占有者的经济,都产生了巨大的不便,因为富有的世袭领主和地主把农民从小土地占有者那里吸引了去,使后者找不到劳动力,因而无法去为国家服役。由于这种困难,费奥多尔沙皇的政府
310 颁布命令,取消了农民的出走权,使农民无法离开他们原先耕种的

土地。后来暴露出来的农奴制的一切可悲的后果都是由于使农民固定于土地而产生的。取消农民出走权的第一道命令颁布的时候，正当费奥多尔沙皇的内弟鲍里斯·戈都诺夫以他的名义统治着国家，因此，这个统治者应对这些后果负完全责任，他是创立农奴制的罪魁祸首。从关于农奴制起源的这种看法中可以看出两个主要论点：(一)16 世纪末，政府通过立法的普遍措施改变了农民的法律地位，取消了他们的出走权，使他们固定于土地上；(二)由于固定于土地上，农民便成了土地占有者的奴隶。

1597 年的法令 上面的叙述并不完全明白、准确。首先，好像下一道命令，一下子就既使农民固定于土地，又确立了农奴制。但是这两种情况性质不同，起源各异，在许多方面甚至是互相排斥的[1]。在不自由状况的历史上，所谓农民固定于土地，是指国家采取措施，把农民束缚于土地上，不管他们个人同土地占有者的关系如何，更准确地说，使这种关系服从于土地的固定；所谓农奴制是一个人拥有支配另一个人的权利，在它产生的时候它最初依据的是私法——契约，而不管农奴同土地的关系如何；用我们法典的言语来说，就是使农奴受主人“个人的统治和支配”的权利。这就是说，我们上面所谈到的那种观点把土地的固定和私人契约这两种完全不同的东西搞到一起了。这是第一。第二，不存在取消农民出走权的普遍敕令，而且在保存下来的文件中丝毫也没有提到曾经颁布过这样的敕令。人们认为 1597 年 11 月 24 日的敕令是第一个把农民固定于土地当作一项普遍措施的文件。但是这项敕令的内容也不能证明所谓 16 世纪末农民普遍固定于土地的说法是 311
对的。我们根据这项文件只知道，如果农民逃离土地占有者的时间不是在1597年9月1日(当时的新年)的五年以前,那么土地占有者可以对他提出控诉;根据审讯和侦察,这个农民必须返回"原来的住处",携带家眷和财产,即"携带妻子、儿女和所有家产"重新回到原来的土地占有者那里。如果农民离开土地占有者的时间是在这个时限的五年以前,而土地占有者在1592年9月1日以前也未对他提出控诉,那么这个农民无需返回原处,不对他提出起诉和要求搜捕。除了这些内容外,11月24日的沙皇敕令和大贵族裁决再没有谈到别的东西。这项敕令显然只谈到逃跑的农民,他们离开自己的土地占有者"不是在法定的时间,也没有清算账目",即不是在尤里耶夫节,农民没有依法提出离开的申请,然后由农民和土地占有者双方互相清账。这项敕令规定了控诉逃跑的农民和使他们回到原处的时间限制,但只规定了往后推算的时间,而没有提出往前推算的固定时限[2]。据斯彼朗斯基对这项敕令的意义的解释,这个[3]措施的目的是要解决由于控告农民逃跑的案件太多、时间太迟而在诉讼程序方面产生的困难和混乱现象。这项敕令在法权方面没有提出任何新东西,而只是调整了关于处理逃跑农民的法律程序[3]。在此以前,甚至在15世纪,分封王公的政府便对不清算账目就离开土地占有者的农民采取了措施。不过根据11月24日的敕令可以得出这样的结论:在它颁布的五年前大概已经有了剥夺农民的出走权和把他们固定于土地的普遍性立法规定。波戈金以及继他之后的别利亚耶夫有充分根据地提出反对意见说,11月24日的敕令并没有提供根据来认为1597年的五年前就有了这样的普遍性命令。只有波戈金不十分确切地认为11月24日的这项命令对控告逃跑农民的案件规定了可以向后或向前各延伸五年的时限。而别利亚耶夫也认为，取消农民出走权的普遍性敕令大概即使不是出现在 1592 年，但也不会早于 1590 年，因为从 1590 年保存下来的文件中还承认农民有出走权；可以指望，将来总有一天会在档案中找到这项命令的[4]。但是我们可以蛮有把握地说，不论是 1590 年的敕令，还是 1592 年的敕令是绝对找不到的：因为根 312
本没有颁布过这两项敕令。有些人[5]甚至谈了这样的看法：1597 年 11 月 24 日的敕令就是最早把农民固定于土地的法律，但不是直接地，而是间接地，因为，政府没有事先禁止，就认为在颁布这项命令以前的五年中农民的出走是非法的，并允许离开原来田地的农民作为逃跑者返回原处。波戈金认为农民固定于土地不是在费奥多尔沙皇的统治下根据特殊的普遍性法律完成的。他认为，农奴制的确立稍晚一些，是逐步地、自然而然地、不依法律也不顾法权地，通过生活本身的进程而完成的[5]。现在我们就研究一下我们在 16 世纪和 17 世纪初的土地文件中所碰到的现象，以便看看那个时期的农民究竟发生了什么事情。

16 世纪和 17 世纪的劳役合同[6]　有大量劳役合同保存到了我们今天。农民在这些合同中同土地占有者谈妥了耕种他们土地的条件。这些劳役合同从 16 世纪下半叶开始，一直持续到 17 世纪下半叶，甚至更远。如果你们读着这些合同，忘记了关于在费奥多尔沙皇统治下把农民固定于土地的说法的话，这些合同也不会向你提醒这一点。17 世纪初农民同土地占有者谈判的方式同他们在 16 世纪下半叶谈判的方式是一样的[7]。农民在离开的时候必须向土地占有者付给使用房舍的租金，归还贷款，向土地占有者赔偿享受优惠条件的费用。劳役合同中规定了农民可以离开土地占有者,把这作为农民的一项权利。所谓在16世纪末农民被剥夺了这项权利而固定于土地上的说法使得一系列按照合法的形式制定的劳役合同不可理解了。例如,有一个寺院于1599年把农民从一个庄园迁移到另一个庄园,在同他们签订新合同时,把他们当作自由的佃农。同年的另一个文件谈到,寺院长期寻找一个未清账就逃跑的农民,后来终于在一个服役人员的世袭领地上找到了他,
313 并要求他回到原处。原来是土地占有者的遗孀交出了这个逃跑者。在《古罗斯法典》时期,这样逃跑的农民就要沦为完全的奴仆。而现在,在所谓的固定化以后,这个寺院不仅没有惩罚逃跑者,而且同他签定了新的合同,甚至还让他享受新的贷款和优惠条件去添置家什。在米哈伊尔当沙皇的时期,我们也发现有同样的现象。根据1630年签订的一项合同,耕种季赫文寺院土地的一个农民获得优惠条件和帮助,免向国家和世袭领主交一年的租赋,从寺院获得10卢布(按现在的币值计算为100多卢布)以购置日常用具,还获得10俄石各种粮食。在劳役合同中我们看到这样的条件:"如果我(农民)根据自己的意志不再在寺院的土地上生活,如果我到别处当农民,那么根据本劳役合同,我向寺院交付30卢布,作为对钱、粮赠款和优惠条件的赔偿。"仅此而已[8]。劳役合同并没有这样的意思,认为农民从他租佃的寺院土地上出走是不合法的;农民只需交付违约金,把自己的开销偿还土地占有者就行了。由此可见,根据劳役合同,看不出农民在17世纪上半叶普遍固定于土地上,至少在米哈伊尔统治时期看不出这样的现象。另一方面,早在所谓的农民普遍固定于土地的敕令以前,就有一部分农民固定于土地,被剥夺了出走的权利[9]。1552年沙皇下诏书,把瓦日县拨给官

地的农民。诏书授权该县村社把迁往寺院土地上的以前的“老”纳税者火速免税要回，让他们重新定居于以前离开的土地上，但也允许他们从别处招募农民来自己的荒地上。这项敕令涉及的是官地的、国家的农民。但那时的所有纳税的农民似乎都已经固定于土地和赋役上。16 世纪 60 年代，富有的煮盐商斯特罗甘诺夫家族沿卡马河和丘索瓦亚河一带被授予了大片荒地，并受权可以在那里安置新移民，从四面八方招人。斯特罗甘诺夫家族唯有不能接受“注册的纳税”农民，即在土地税册中注册的纳税农民，因为这些 314
农民在地方长官的要求下，斯特罗甘诺夫家族必须把他们连同其家属和财产一并归还。由此可见，这一前一后的两件事都没有证实所谓在 16 世纪末有一项取消农民出走权和把农民固定于土地的敕令这种假设。

为农民的农奴化铺平道路的条件 为了了解这是怎么回事，首先必须谈谈这样一个问题：16 世纪的立法者究竟取消了什么？仔细地研究一下那个时期的土地合同，我们就会看到农民“清账”，农民自由地、合法地从一个土地占有者那里转到另一个土地占有者那里的现象。但是很容易看出，这种事例是极其罕见的。直接或间接提到这种出走的劳役合同是极其少的，这种合同只有少数农民能签订，因为他们要能够清偿对土地占有者所负的债务，或者他们最初是以自由人的身份承担农民的租役的[10]。我们所知道的大部分劳役合同是由这些自由人订立的，他们是后来转入纳税者等级的。大批纳税农民之所以不再享受转移权，不是因为普遍性法律废除了这项权利，而是因为农民失去了享受这种权利的可能性，或者部分措施剥夺了他们的这种可能性。这种[11*]剥夺是长期的、复杂的过程的结果,在这个过程中形成了产生农奴制的根本性的、最初的条件。我把这个过程大致叙述一下。大概从14世纪末到17世纪初,奥卡河—伏尔加河流域的中央罗斯的农民不断地进行移民,起初是单向的,向伏尔加河上游以北移民,后来,从16世纪中叶开始,在征服喀山和阿斯特拉罕以后,变成双向的,也向东南部的顿河、伏尔加河中游和下游一带移民。在这个过程中,农民的结构方面出现了两个阶层:定居的阶层,即老住户;流动的阶层,即新移民。这两类人在公家的土地和宫廷的土地上(这两种土地彼此很少有什么区别)和在服役人员的和教会的土地上有着不同
315 的命运。所谓老住户,就是说他们在当地居住的时间长或者参加城市或乡村的社会的时间长。但是最初,老住户的标志并不以年份的多少为标准。那些在自己的地块上居住五年的农民以及其父辈即租用他们现在租用的土地的农民都算作老住户。老住户本身不具有法律意义,他们的个人自由不受限制,但是随着其他条件的形成,则具有了法律意义。在官家农民和宫廷农民的社会里,在纳税方面实行的连环保就是这样。在这样的社会里,老住户是基本的组成部分,税收的圆满完成全靠他们。老住户出走,就会加重其余人的负担,使税款迟迟收不上来。这些社会的迫切需要使得老住户很难转移到条件比较优惠的土地上,特别是教会的土地上。如果老住户要迁移,他们就要按照居住的年份付出相当大一笔赎金,这也使得他们很难出走。如果子继父业,在这里居住了数十年之久,这笔钱是根本出不起的。政府也迎合了公家和宫廷社会的税收需要,早在16世纪就开始使人们在纳税或服役方面固定化,以便保证有稳定的纳税和服役的人力来源。这两个条件导致采取

局部的和暂时的措施，终于在 17 世纪初不仅把老住户的社会地位
普遍固定化，而且把他们的住地普遍固定化。从 1568 年的一份文
件中可以看出，出走的农民一般是送回宫廷的村子，如果他们是这
些村子的老住户的话。在 16 世纪末，除了如此重视老住户以外，
显然还为他们规定了准确的时限。1591 年颁发给托罗佩茨城的
规章谈到“禁年”，在此期间托罗佩茨人可以把出走的老纳税人送
回市郊的老住处[11a]。如果说所谓禁年是指纳税人获得老住户称号
的居留时期的长度的话，那么，可以认为，稍晚一些时候编制的一
份文件揭示的正是这个时限。1626 年颁发给雅罗斯拉夫尔的斯
帕斯克寺院的规章谈到把雅罗斯拉夫尔居住在这个寺院土地上的
人和农民列入工商区的纳税名册中。1624 年在对雅罗斯拉夫尔
市进行调查时指出要查明哪些人居住在市郊的寺院土地上；如果 316
他们是自由人或者是寺院的老住户，而不是君主的纳税人，或者虽
然曾经为君主纳税，“可是离开君主的土地已超过十年或者在自己
的原地安排了纳税住户”，那么这些人仍然算作寺院的人，而不算
作市郊的人；同样地，对于那些离开工商区的雅罗斯拉夫尔人，也
要查明他们离开的时间和去向，如果离开的时间“不够十年”，则把
他送回雅罗斯拉夫尔，安排在原来的地点。这里所说的地点相当
于老住处，直接指明连环保是把老住户固定的源泉。最后，公家乡
镇的所有注册的纳税人都根据调查册列入纳税名单，他们作为老
住户被认为固定于自己的土地或村社。在 1610 年给丘赫洛马城
的工商区和丘赫洛马县的官家乡镇的统治者列夫申下达的指示
中，坚决地表明了这种固定化，并指出它的目的是要保证纳税人准
确无误地纳税和制止纳税耕地的减少。上级指示列夫申不得放走

君主乡镇的任何农民,不得为了任何人把农民运走。由于"富裕的农民擅自减少耕地,原先种一维季,现在开始只种半维季或三分之一维季,不愿意向君主缴税,自己的一份推在年轻人的身上,不种自己的耕地,却在荒地上耕种,在荒地上割草",列夫申应对此加以查办,让农民在剩余的耕地上耕种,不要减少纳税的耕地,缴纳自己维季上的牲畜渔业税[116]。国家的和宫廷的农民就这样被固定在土地上,组成为一个封闭的阶级:他们不得转移到土地占有者的土地上,土地占有者的农民也不得打入他们的圈子里。这种孤立性有助于保证农村社会顺利完成税收的连环保。这种固定化同农奴制当然没有任何共同之处。这纯粹是警察措施。

317 **贷款** 正像公地上的连环保导致农民固定于土地一样,土地占有者土地上的贷款为农奴制准备了条件。约在15世纪中叶,我们看到土地占有者拥有这样的农民:尽管贷款或税银广泛流行,但他们拥有相当优惠的地位。农民的迁移不再在时间以及必须立即偿还贷款方面受到限制:借债的农民在离开时可以在两年内向土地占有者偿还债务,无须付利息。老住户甚至还享有特殊的优待:他们可以长期地住在原地,或者自愿地返回原地。但是从15世纪末开始,这些农民的地位发生了根本的变化。圣约瑟夫·沃洛科拉姆斯基说服周围的土地占有者,说他们习惯于加给农民很重的负担,要他们承担力不胜任的赋役,这是有害的。斜眼瓦西安在同拥有土地的寺院进行论战时,对他们进行了激烈的攻击,说他们的贪得无厌的高利贷使农民破产,又惨无人道地把破产的农民赶出村子。在伊凡雷帝的父亲当权的时代两次出使莫斯科、对这个国家的制度十分了解的格尔别尔什泰因曾经写道,这里的农民每周为主人工作六天,他们的处境是极其可怜的,他们的财产得不到保障,贵族甚至普通的服役人员可以任意欺侮他们[11B]。16 世纪上半叶,农民还可以自由地迁移。在格拉西姆·鲍尔金斯基的言行录中有这样的记载:他在维亚兹马附近建立了一个寺院,周围乡镇的农民听说寺院经营管理得很好,纷纷前来,在它的附近建立了一个村子;路过维亚兹马的一位莫斯科大官知道这个情况以后,勃然大怒,为什么寺院的村子不跟世俗农民一样纳税,于是下令把他们找来,毒打了一顿;当格拉西姆为自己的人辩护的时候,这位大官用污秽不堪的言辞辱骂了他,命令手下的人把扣留的移民打得更厉害了。各种条件促使土地占有者的农民的处境更恶化了:由于国家疆域的扩大,赋税担子加重了;连绵不断的战争使地主服役任务
增加,因而分配给服役人员的领地也扩大了;农民的贷款经济扩 318
大,特别是在领地和教会的土地上更是如此;关于调整农民土地关系的立法订得不妥当,只要求农民处处服从主人,耕种他的土地,向他交纳租赋。但是在 16 世纪中叶以前,在中央地带各县的土地调查材料和文件中可以看出,农民相当密集地居住在农户很多的大小村子中,他们的份地很好,休闲地和荒地不多。16 世纪中叶从雅罗斯拉夫尔到莫斯科的外国人说道,这一带村镇星罗棋布,显然人满为患。16 世纪的下半叶,特别是最后几十年中,情况大为改观。中央地带的乡村居民大幅度减少;老的村庄变成了废墟;新出现的小村庄很少,或者完全没有。文件中指出,许多城市和乡村出现了空前多的空房子和空地方,在那里,建筑物已经消失了。在穆罗姆的工商区,八年间(1566—1574 年)纳税户从 587 户减少到了 111 户。英国人弗莱彻在沃洛格达到莫斯科的沿途碰到了连绵

一俄里的许多村子,茅屋散布在道路两侧,但是却空无一人[11г]。荒芜的、长满树木的耕地面积在不断扩大,留在老地方的农民的耕地缩小了。虽然农民的耕地缩小了,但由于农民人手少而由奴仆耕种的老爷的耕地则扩大了。人们从中央地带迁移到了东南边疆地带、奥卡河上游、顿河上游和伏尔加河中下游。由于人口的分布发生了这样的变化,中央地带土地占有者的农民的处境在经济和法律方面都恶化了。由于劳动力的减少,对国家和土地占有者交纳的贡赋都加重了。贷款活动扩大了,因而农民的债务依附加深了。应当认为,中央各州的老的土地占有者是支持草原新地主的事业的,支持老的农户减少,用加强贷款的办法支持未分家的老家庭成
319 员、儿子、小兄弟和侄子中形成的新户主。在土地占有者的土地上,像在公家的和宫廷的土地上一样,存在老住户阶层,不过性质不同。前者的老住户是基本骨干,他们支持着农村公社的赋税能力,承担了连环保的全部重担。后者的老住户则是负债最多、最无偿还能力的债户。我已经说过,由连环保联系起来的、老的乡镇社会解体了,因为在它们中间出现了享有特权的私人庄园、世袭领地和服役领地,形成了独特的社会,形成了新的法人。1592 年,沃洛格达县的阿斯塔菲·奥尔洛夫斯基服役领地的所有农民为了"全领地的世俗开支"而向另一个服役贵族借了四个卢布(按现在的币值计算为二百多卢布),借这笔钱,地主本人没有参加。但是土地占有者必须参与农民为了保证纳税而建立的连环保。他酌情加给农民徭役和租赋,有时对农民拥有审判和监督之权,甚至有权免去他们的国家贡赋,因而他必然在农民完成公家赋税和徭役事务方面成为重要的中介人,不过乡镇仍然保持着贡赋的完整性,乡镇的

所有农民不管土地占有者如何，都要“同全乡一起平均承担国家的一切贡赋”。世袭领地和服役领地的这种独特性就是土地占有者之所以对自己的农民完成公家赋税承担责任的原因，并从此开始这样做，后来这就成为农奴制的准则之一。早在16世纪，土地占有者有时就必须为自己的农民代付税款。1560年，米哈利茨寺院的负责人向沙皇诉苦说，他们的农民受到邻近领主和世袭领主的许多欺侮，寺院当局在破产农民向寺院纳税方面不得不经常给以优惠，“而且还多年为自己的农民想方设法代付公家的税款”。聪明的土地占有者出于自身利益的考虑，早在法律授权他充当自己农民的经济保护人以前，就这样做了。这一点可以说明老住户在土地占有者的土地上的地位。如果土地占有者看到自己的农民待 320
不长，尤里耶夫节以后就要另迁别处的话，那么他是不会让农民享受过分优惠的条件的，更不会为农民代付税款。他关心的是使农民尽可能长期待下去，成为老住户。天然的本性也使农民安土重迁。安居乐业、关心家事的农民是不会轻易地抛弃自己付出许多劳动，甚至在那里诞生的庄园的。有些事实表明在16世纪下半叶以前在土地占有者的土地上也有大批老住户。后来，在征服伏尔加河流域以后，农民被移民运动所吸引，从中央砂质黏土地带迁移到南方的黑土地带。农户中的年轻的、未注册的成员迁居新地，留下了老人，减少了劳动力，不得不缩减耕地。根据16世纪前半叶的人口调查，原来在土地占有者的土地上也住有许多农户，可是到这个世纪末却都空了，因为农民们对耕种森林地带的砂质黏土坏地感到厌倦，他们被草原上的黑土处女地以及新的贷款和优惠条件所吸引。为了对付农民走光、“农村变成荒地”的危险，中央地带的土地占有者加强了贷款、优惠条件和违约罚金。贷款额以及由于出走和完不成义务而必须交付的违约罚金数额到16世纪末逐渐扩大:前者从半卢布提高到5卢布(合现在的225卢布),后者从1卢布提高到5卢布和10卢布。从一些例子中可以看出,那些在土地占有者那里居住十年以上成为老住户的农民是很难还清债务的。我们举一个最容易计算的例子。有一个农民租用了一块土地,借了3个卢布的贷款,没有优惠条件——这是不常有的事。他在那里居住了十一年,成为老住户,他在离开的时候,应当偿还贷款,交付房租(在林区一年付14戈比;在平原地区,由于离建筑木材产地远,要加倍)以及6戈比的税收。这一切费用加在一起在16世纪下半叶约为现在的200卢布以上。老住户付出的费用很
321 少有少于此数的。我再举一个居住时期短的例子。1585年,两个公家的或宫廷的农民在寺院的空村子居住下来,保证在三年的优惠期间兴建房舍、耕种荒芜的土地和上肥,为此获得5卢布的贷款。如果他们过了三年的优惠期还没有完成保证,又想离开,那么他们根据同寺院订立的合同,应当交付三年的房租,偿还贷款,交付10卢布的违约罚金。这一切按照现在的币值计算约为700卢布。他们是无力偿还这笔债务的。作为自由人,他们可以离开而不受惩罚。但是寺院可以提出控告,要求寻找,而法院会做出判决,要他们还债,如果他们无力偿还,则把他们交给寺院,直到还清债务为止,也就是说,在若干年内把他们变成债权人的短期农奴,用劳动清偿债务。这样,贷款就形成了一种关系,土地占有者的农民必须在负有义务的无期农民和有期奴仆之间做出选择。这不是像连环保对于公家的农民那样强制性地固定于土地,而是根据一

般民事法权在经济上、债务上对作为债权人的土地占有者的依附。为了避免误解，必须特别注意这个区别。

带走和逃亡 由此可见，农民出走权到16世纪末是自然而然消亡的，并不是通过立法加以废除的。只有少数农民继续享受这种权利，因为他们的迁移无需向土地占有者付出任何赔偿费，因而他们比较容易同土地占有者清账，只消付出房租就行了。对于其余的自由农民来说，迁移表现为三种形式：逃亡、带走和移交——由其他住户取代离开的农民。在16世纪的土地调查中，头两种形式使用了这样一些词汇："逃亡"、"离开"、"下落不明"、"流浪在外"、被"送往"某地。这两种形式有质量和数量方面的差别。逃亡可以使负债的农民获得自由，但却是不合法的。带走是合法的，但不能使农民获得自由。移交可以获得自由，也是法律所允许的，但这种形式本身是困难的，只有在极少的情况下才有可能。根据1580年的人口登记册，在特维尔县大公西麦昂·别克布拉托维奇的宫廷土地上，306起农民迁移事例中没有一起是移交的。没有 322
外人的帮助、又不违反法律的正常迁移是极少的，只占17%。比较常见的情况是：不到期的不辞而别，不清账、不付房租，总而言之，不跟土地占有者算清账目，这种情况占21%。占统治地位的迁移形式是带走，在别克布拉托维奇的土地上，这种情况占61%以上[11Д]。这是可以理解的[11*]。农民很少能还得起土地占有者的债，通常他是由另一个土地占有者搭救出来的，这个土地占有者为他付房租，代他还债务，把他运到自己的土地上。这个农民更换了地块，却没有改变自己的法律地位，只不过是换了一个债主而已。在16世纪，农民被运走的情况大大增多了。各种等级的土地占有者、寺院、大贵族、小世袭领主和地主都参加了这个活动。甚至国有的和宫廷的乡镇也从世俗土地占有者那里运走农民,而且是违反主人的意志“强行”运走的,因为他们的空闲土地需要纳税的农民。由于互相争夺农民,16 世纪出现了土地占有者抢农民劳动力的激烈斗争[12]。11 月 26 日,即秋天的尤里耶夫节前后,就是大小村庄出现暴力和混乱现象的时节。富有的世俗土地占有者的管家和富有的寺院的仆人都到国有农民或小地主的村子里,为农民“解职”,使他们准备迁移,为他们偿还债务,付清房租,把他们运到自己主人的土地上。失去纳税农民和劳动力的村社和小土地占有者竭力强行阻拦他们,给要被运走的农民加上镣铐,向他们索取更多的赔偿费,抢去他们的家什,再不然就把自己的人集合起来,手持武器对付要走的农民。小地主和国有农民的申诉生动地描绘了尤里耶夫节的这种冲突。

对付他们的措施 从 16 世纪末开始,莫斯科政府竭力限制,
323 甚至消灭[13]农民出走权演变的这两种形式[13],而不是出走权本身。不论是逃亡还是带走,都没有改善农民的地位,倒是给国家和国家的经济、特别是给实行连环保的农村社会、给必须服役的小土地占有者造成了重大的不方便[14]。农民的出走变成了大土地所有者的单方面的特权,或者说一种戏弄,这种特权不支持农民的自由,并大大危害国家的利益。国有农民的村社由于失去了纳税的农民而完不成贡赋。服役的小土地占有者由于失去了劳动力而不能及时服兵役。最后,农民的被带走和逃亡间接地促使纳税的农民变成了奴仆阶级。1497 年的法典确定了农民出走的条件,只规定了农民交付房租的时期。1550 年的法典则做了重要的补充:“从自己

的耕地上完全卖身为奴仆的农民,他永远不得出走,他也不交赎金。"[15]由于负债而被带走的农民和由于逃亡而破坏自己的经济的农民都不禁想从法典的这个补充条款中寻找摆脱困境的办法。但是纳税的农民一旦成为完全的奴仆,就不是纳税人了,国库就失去了这个财源。16 世纪末[16]和 17 世纪初莫斯科的立法就是为了对付农民出走的这一不利后果的[16]。在鲍里斯·戈都诺夫统治下,1601 年 11 月 28 日颁布了一项敕令,只允许小土地占有者、次要的服役人员和低级官吏互相运走对方的农民,而且每次不得超过两人。莫斯科县的土地占有者、大多数高级官员和大世袭领主,以及教会机构、国有的和宫廷的乡镇则完全没有把任何农民运到自己土地上的权利[17]。这项敕令是一项不利于土地占有者、而有利于农民的措施。这项敕令宣布:沙皇允许农民由于土地占有者加给他们的苛捐杂税而出走。敕令[18]首先宣布允许农民出走,但是接着谈的根本不是出走,而是由土地占有者把农民带走,可见,所谓出走的意思完全是带走,后者取代了前者[18]。1602 年 11 月 24
日的敕令重复了去年对运走的限制,但它根据的不是以前颁布的 324
普遍性法律,而是说为了制止一个土地占有者从另一个土地占有者那里带走农民时通常总是要发生的战斗和掠夺[19]。鉴于[20]这种混乱是由于土地占有者不愿意放走被带走的农民而发生的,所以 1601 年和 1602 年的这两项敕令应当从这样的意义上来理解:它们确定了在带走农民时应当征得对方的同意,不能只同被运走的农民达成协议,而不征得他们主人的同意。因此,带走农民时要征得主人的同意,这被认为是一条固定的规则。只有这两项敕令颁布的那两年可以作为暂时的例外[20]。而且第二项敕令还允许在带走农民时继续保持其农民身份,也就是说,即使在被允许的范围内,带走农民也不能使他们摆脱纳税人的地位:这个农民在新的主人那里仍然是农民,不能变成不纳税的家仆。在第一个僭王统治的时期,1606 年 2 月 1 日的敕令禁止把农民变为奴仆。在 1601—1603 年这段时期,罗斯发生歉收。这使许多农民逃离自己的土地占有者,因为这些土地占有者拒绝在荒年维持自己的经济。这些逃亡者被其他土地占有者接纳,其中许多人沦为奴仆。2 月 1 日的敕令规定:荒年逃亡出来沦为奴仆的农民一律返回原来的土地占有者那里,仍然保持农民身份[21]。这样就取消了 1550 年法典的下列条款:允许农民卖身为奴仆。农民在荒年由于土地占有者拒绝养活自己而逃出来的可以不返回原地,仍然保持逃亡出来以后的身份地位。所有这些敕令都没有承认农民固定于土地、固定于土地占有者,也都没有涉及出走权,而只谈到被带走的农民和逃亡的农民。立法没有取消出走权,只是反对出走权对国家制度所带来的不利后果:(一)它竭力制止农民变为不纳税的奴仆;(二)它力
325 求消灭大土地占有者戏弄农民的现象,他们引诱农民离开国有农民村社或小土地占有者的土地;最后,(三)它根据土地占有者的控告,缉拿非法逃亡、破坏土地占有者的产权的农民。这种立法并不干预土地占有者同农民的交易的法律性质,而只是制止滥用这种交易,它的这种[22*]态度支持了这些交易的纯民事性质。1606 年 2 月 1 日的法律,规定农民逃亡案件的受理以五年为期,也表明了这一点:"对于逃亡的农民……超过五年者不予受理。"对于逃亡的农民采取的立法措施以 1607 年 3 月 9 日的敕令达到顶点。这项敕令第一次把农民逃亡案件从根据受害者的控告受理的民事案件变

成危及国家制度的刑事犯罪案件:它责成州行政当局不管土地占有者是否控告都要缉拿逃亡的农民、使之回到原处,如果州行政当局完不成这项新的任务,就要追究它的严重责任;以前接纳逃亡的农民不受惩罚,而现在除了要向受害的土地占有者赔偿损失外,还要课以巨额罚金,接纳一户农民或一个农民要罚款十卢布(按现在的币值计算约合一百卢布);而唆使农民逃亡者除了课以罚金外,还要被当众鞭打[22a]。但这项敕令也规定了控告逃亡农民的期限只能在十五年以内。而且它承认土地占有者的农民只是人身依附,而不是固定于土地。在颁布这项敕令前十五年,在土地登记册中登记的那些农民在1592—1593年的税册中明文规定:“在谁的名下注册,就属于谁”。但是这项敕令要么是没有获得成功,要么只是从禁止农民逃亡和被带走的意义上理解的,它并没有取消农民的合法出走。在此以后,农民的劳役合同仍然是按照以前的条件订立的。控告逃亡的农民以十五年为限的规定使农民的土地合同继续保持纯民事性质。颁布这项敕令时,正处于动乱的时代,这无疑也妨碍了它的效力。它使农民同主人的义务关系保持下来,而这时国家制度的一切基础已经发生动摇,纳税的、不自由的阶级已经甩掉了旧的义务,受新的义务的约束就更少了。 326

17世纪初土地占有制的农民 由此可见,在动乱时期结束以前,土地占有者的农民的问题还没有得到解决。他们在经济上对土地占有者的依附进一步加强了,实际上剥夺了他们的出走权。但是立法并没有直接断然取消这种权利,而只是限制了它的那种对国家不利的形式。它并没有确立农民的农奴地位,而是竭力制止双方之间的合法关系遭到破坏。这种事态发展到17世纪初促使土地占有者把农民看成是自己的农奴。在鲍里斯·戈都诺夫统治期间,在同时代的观察家、外国人希尔的报道中我们就看到了这种观点。希尔写道,早在以前历届莫斯科君主的统治下,土地占有者就习惯于把自己的农民看作是农奴[226]。根据这个观点,在16世纪下半叶,土地占有者就在自己的遗嘱中要求农民同家仆一起为他们的遗孀效劳,直至后者死亡为止。到混乱时代结束时,在这个问题上明确了两个想法:(一)必须制止出走,即制止不经主人同意就把农民带走的做法,认为这是农村生活中发生动乱和营私舞弊的主要根源;(二)土地占有者的农民如果要说固定的话,那也不是固定于土地,而是固定于土地占有者。1610年2月4日萨尔蒂科夫同西基兹蒙德达成的协议、同年8月17日莫斯科大贵族同他们达成的协议以及1611年6月30日缙绅会议对利雅普诺夫民团(它集结于莫斯科附近,以便把莫斯科从波兰人手中拯救出来)的裁决都要求禁止农民出走[226]。17世纪初寺院的一系列捐献合同中不断提出了人身依附的想法;捐献人考虑到他们的亲属可能赎回捐献的世袭领地,在合同中向寺院提出了以下的条件:寺院当局要安置农民、兴建房舍、耕种土地、砍伐林木、刈割干草,不管世袭领地的建设如何,按照他们的要求去做,"而被安置的农民一定要带到特罗伊茨基的世袭领地上"。但这不是准则,而只是法律允许
327 的惯例,而这种惯例是随时可以被法院取消的。1622年,拉里昂诺夫把自己的世袭领地卖给了马马托夫,条件是:如果拉里昂诺夫的亲属要赎回它,拉里昂诺夫必须还清马马托夫发放给他用于安置农民的贷款,"而马马托夫则把自己的农民带走,如果那些农民不想离开世袭领地",那么拉里昂诺夫必须照管农民的人和牲畜,

照管农民的财产。这个附带条件表明，在 17 世纪 30 年代初，农民人身依附的问题甚至在原则上也没有得到解决。

结论 由此可见，在我们所研究的这个时期结束以前的立法并没有确立农奴制。它把国有的和宫廷的农民固定于土地或固定于村社，是出于治安和财政方面的考虑，保证他们完成纳税任务，从而加强连环保的效力。至于土地占有者的农民，它既没有把他们固定于土地上，也没有剥夺他们的出走权，即没有直接地、绝对地把他们固定于土地占有者。不过，出走权早已很少保持原来的那种作用了，早在 16 世纪，在贷款的影响下，出走权已经开始或多或少变形了。立法所考虑的只是这种已经蜕变了的农民权利，监视着它的发展，处处加以纠正，以便预防它可能给国家财政或社会治安带来的危害。在移民运动加强的情况下，由于农民还不起债，农民逃亡事件增多，土地占有者纷纷控告逃亡的农民；政府加强制止农民逃亡和制止接纳逃亡农民的措施，它关于控告期限的法律就是想要缓和与调整由于逃亡事件而引起的讼争。带走农民之权引起土地占有者之间的混乱和讼争，后来，带走农民受到以下的限制：带走的农民要由官方加以分类和取得主人的同意。1550 年的法典允许农民卖身为奴仆，从而使国库失去了一部分纳税人。1602 年和 1606 年的敕令确立了**农民的永久身份**，即纳税的农民不能出走。这样一来，农民虽然按照法律仍然是自由的，拥有已经过时的出走权，而事实上则处处受到限制，不管是否清账都不能离开，不能随意通过出走而更换主人，甚至也不能通过放弃自由而改变自己的身份。在这种情况下，农民只好屈膝投降。但是农民问 328
题获得这样的解决的时间稍微晚一些，在我们研究的这个时期以后。在 17 世纪的头 20 年已经存在使土地占有者的农民农奴化的各种经济条件,但是还没有找到一种法律准则来巩固这种事实上的不自由,把它变为农奴的依附。我预先提一下我们将要研究的这个准则,因为阐述这个准则是我们进一步研究农奴制历史的起点。这个准则的要点如下:耕种土地占有者的土地和取得其贷款的农民在劳役合同中要永远放弃以任何方式停止自己所承担的义务的权利。在劳役合同中加进这样一个条件,就表明了人身依附的意义[22*]。

第三十八讲 329

对往事的概述——15 世纪至 16 世纪莫斯科国家的管理——莫斯科国家结构的不利条件——对莫斯科国家的结构和性质的总看法——分封公国的管理机构——负责大贵族和杜马——地方长官和乡长——食邑的意义——15 世纪中叶起莫斯科国家的中央管理机构的变化——衙门和大贵族杜马——它们活动的性质

概述 我们[1] 研究了一百五十年来莫斯科国家的外部形势和它的内部社会结构，看到了它的疆域的扩大和社会各阶级的地位及其互相关系，不难看出这两个过程的内在联系。对外战争日益频繁，越来越艰苦，要求人民做出更大的牺牲；社会关系是在国家贡赋日益加重的重担下形成的；劳役和租赋的分配成为社会各阶层开始分化的主要手段。对人民劳动的成果和社会的幸福来说，事态的这种发展很少提供什么有利条件。更为重要的是，由于对外斗争需要人民献出巨大的物质力量，精神财富就很少有什么发展余地了，社会思想受到了压抑，妨碍它明确认识到已经形成的民族国家所面临的新任务。而且我们看到，由于外部困难和内部精
神上的因循守旧，整顿社会方面所出现的问题只是偶尔得到不彻 330
底的解决，有时甚至是自相矛盾的；人们对贵族、整个服役阶级、寺

院和农民的政治地位和经济地位很少研究,而且有所误解。

不利的条件 所有这些困难不能不在我们现在要研究的国家管理结构上反映出来。对这件工作也没有什么有利条件,因为不能套用分封时代的许多制度和概念,而莫斯科君主和大俄罗斯社会正是把这些制度和概念运用于统一起来的大俄罗斯的国家结构上的。用大公世袭领地的概念和分封庄园的习俗培养起来的人是很难理解人民的共同利益的,而了解人民的利益则是国家管理机构的使命。把人民当作政治和道德联盟的这种概念本身在分封时代分成了这样一些概念:特维尔人、莫斯科人、诺夫哥罗德人同乡会,贵族、自由仆人、祈祷者、宫廷的不自由的和半自由的仆人、工商区和农村的国家纳税人的行会。再没有什么别的材料来源,可以从中汲取恰当的政治考虑和适当的例子了。信奉东正教的大俄罗斯在信仰、习俗和制度方面对信奉天主教和新教的西方太感陌生和怀疑了。俄罗斯在宗教、雄辩术和宫廷阴谋方面的老教师是拜占庭,但是当开始建立大俄罗斯国家的时候,拜占庭已不复存在。以前,帝都曾经教给像刚刚站立起来的儿童似的俄罗斯学会走路,而现在它对俄罗斯来说在政治方面已经老态龙钟、衰弱不堪了。

总的看法 对莫斯科国家的管理结构最不利的一个条件是莫斯科君主对自己的主要政治工具大贵族的态度。这个阶级最顽固
331 地、拼命地维护着分封时代的传统和偏见。这些传统和偏见是被他们带到莫斯科的,在许多记忆犹新的回忆中是令人不愉快的。这些传统和回忆不能使莫斯科的管理结构和谐地共同进行工作。我们看到,双方之间建立的关系即使不是公开的直接的对立,也是

有着深仇大恨的或者像古代所说的那样是“互相憎恶的”。莫斯科国家正是在这种互相憎恶日益加深，憎恶变成了双方的一种很坏的政治习惯，而在伊凡雷帝统治时期，这个不好的沙皇有转向无政府状态之势的时候建立起来的。国家的主要建设者这个主人对他的最亲近的合作者所采取的这种不自然的态度对国家的结构、对它的进程和性质是否有影响呢？这一点还不明显。国家的管理结构建立了，起着作用，并在不断改革。领导这项工作的是君主和他的大贵族们。但是不论在政府机构的组成中，还是在它们的活动中，都没有使国家的建设者陷于分裂的那种不和的明显痕迹。关于16世纪莫斯科管理机构的活动，保存下来了大量的文献。研究一下这些文献，你就会认为，指导这个活动的政治力量有时也是和谐的。纷争是在管理机构的幕后进行的。在克里姆林宫的宫廷里，在莫斯科大贵族的客栈里，在各种著作中，双方互相指责着、控诉着政敌，宣传着各种政治理论，拟订着向国外逃跑的计划，研究着家谱，以便用类似奥古斯都·恺撒这样的真实的祖先或臆想中的祖先的影子作为提出自己的政治抱负或政治要求的根据，总之，双方争论着，大动肝火，思考着，证明着。在沙皇伊凡的统治下，莫斯科广场成了这种政治争执的见证者：许多大贵族、有时是整个家族在这里上了断头台。但是在办事的政府机构里则是平静的。各种衙门里没有争吵，没有议论，而只是处理着事务，书写着，写公文的时候最多。这里没有喧哗，平静地工作着，指导他们的是习惯，而不是思想。这些人草拟的公文保存到了我们今天。这些人显然拥有丰富的实际工作经验，懂得自己的业务，善于确立办事的制度 332
和形式；他们重视既定的形式，他们是墨守成规的人，而不是理论家。他们的政治思想和政治倾向显然没有渗透于制定政府的规章制度中。一切都是按照全罗斯大公这位君主的旨意和指示办的。这位君主的意志是政府机构的无可争辩的最高推动力,人民的利益并不是它的最高目的,这一点得到大家的一致承认和一致理解。

分封时代的管理机构 建立和支持16世纪莫斯科国家制度的那些政府机构的事务性文件给人以这样的普遍印象[1]。现在我们就来比较详细地谈谈,介绍一下当时莫斯科国家的社会结构所形成的那些政府形式。当时莫斯科的管理机构仍然是从分封时代的管理机构发展起来的。为了对后者有所了解,必须记得分封公国的制度和分封王公的性质。我们已经看到(第二十讲),分封公国不是一种国家,而是王公的经济事业,换句话说,当时的国家只不过是王公的经济事业而已。因此,分封时代的管理机构就是经营这种经济的各个项目。对于王公来说,封邑的居民不是臣民为达到共同福利和社会治安的某种目的而结成的社会或联盟,他们只不过是经营公国的经济的手段而已。政府的行动旨在维护法权和社会福利、维持治安;法院、警察甚至部分立法都被认为是公国经济的有利可图的项目,可以为政府及其机构获得一定的收入;于是就产生了诉讼税、贸易税、婚礼税等等名目繁多的税收;这些税收都进入王公的财库,或者被用来维持当时的各个统治者。在分封公国的这种制度的基础上建立了和维持着分封时代的行政管理机构。其中的各个机构旨在从公国的各种耕地和农业用地上获得收入,而在这些耕地上劳动的人仿佛也被当作生财的工具,他们是
333 活的机械,用来把这些死的耕地和农业用地投入使用。我们也已经看到(第二十讲),封邑的所有土地及其同王公的经济关系可以

分为三类：一类属于王公的宫廷，直接为王公服务，王公从这些土地上获得宫廷所必需的东西；另一类土地按照一定的条件交给私人或教会机构，成为他们拥有特权的财产；第三类土地交给市民和农民，由他们交纳一定的贡赋。第一类土地叫作宫廷土地；第二类土地叫作贵族土地和教会土地；第三类土地叫作纳税土地或官家土地。按照这些土地的性质分成中央管理机构和地方管理机构。

负责大贵族和杜马 王公的宫廷是封邑管理机构的枢纽。宫廷经济的各个部分分别交给大贵族、自由仆人甚至王公的奴仆。宫廷仆人和宫廷土地及其事业构成宫廷贵族的主管机关；宫廷马匹、宫廷饲马员和宫廷牧场构成马务大贵族的主管机关。王公土地上的各种事业、野蜂饲养业、渔业、狩猎业由司饮官、御膳官、渔猎官等专门的宫廷官员负责。这样，封邑宫廷就形成了一整套行政机关，它们都是产生于经济事务，为经济事务服务的。负责这些主管机关的主要官员在分封时代的文件中叫作负责大贵族。所有这些主管机关构成公国的宫廷的或中央的管理机构。有些特别重要的政府事务是个别负责大贵族所解决不了的，因为这些事务涉及的不是某一个宫廷机关，而是涉及几个宫廷机关或所有的宫廷机关，在这种情况下，这些事务交给王公本人处理，由他会同有关的贵族或者征询所有大贵族的意见，协商解决。后一类特别重要的、需要征询所有大贵族的意见，甚至在高级宗教人士参加下才能解决的事务[2] 是：关于战争与和平的问题、关于王公遗嘱的问题、
关于王公家族个别成员的命运安排的问题，等等[2]。这相当于分封 334
时代王公领导下的杜马，其成员是可以变化的，王公遇有提交他处理的日常事务或紧急事务，即可召开这样的议会。这种[3] 杜马不

具有我们所习惯的那种国家机关的形式，它没有什么章程，成员是不固定的，没有明确的职权和固定的议事规则，没有固定的办公地点和仪礼。这不是正式的国家会议，而是公国大贵族商量非常事务的一种形式。但是为处理政府的个别问题而召开的这类会议却偶尔做出了一些重要的决议，成为今后处理同类情况的先例，由于经常重复，慢慢就成为一种共同的准则，成为法律。分封时代的立法就是如此形成的，而立法机关就是以王公为首的大贵族杜马[3]。这就是分封时代的中央机构的结构，其组成部分是：负责大贵族主管的各个机关和大贵族杜马（其成员或多或少，由两三个大贵族或者所有大贵族组成）。

有食邑的贵族 不属于王公宫廷的土地，即私有的和公家的土地，属于地方当局管。凡是王公宫廷自己不经营的，都属于地方当局管辖的范围。地方的管理机构掌握在地方长官和乡长的手中。幅员辽阔的王公国划分为一些行政区域，叫作县。不过，这种县不是我们现在所理解的、隶属于一个地方政权的行政单位。县是由一个城市和叫作乡和区的村社组成的。区也就是乡，不过它是靠近县城的郊区，用古代文献的言语来说，就是处于“城市周围”。而且[4]大的乡也分为一些区，正像大的区也分为一些乡一样。根据16世纪的调查册，科洛姆纳县有11个区和9个乡[4]。地方长官统治县城和城郊的区。乡则是由乡长负责的。乡一般在任何事情上都不依靠县城的地方长官；只有一些县的地方长官负责审理本县的乡里发生的重大刑事案件。地方长官和乡长在其手下人员的帮助下进行统治。这些人员是：季翁——用他们的名义
335 进行审讯；推事——进行侦讯；执事——执行法庭的判决。推事的

某些职能有点像我们的侦查员，执事则有点像监管员。季翁、推事和执事不是国家官员，他们一般是地方长官和乡长的家仆或奴仆[5]。分封时代州管理机构的主要目的是从它所管理的地区取得收入。地方长官和乡长以及他们手下的人的每一个行政行动都是为了弄到收入，因此政府的职能与其说是为了维持治安和维护法权，倒不如说是为了给统治者开辟财源或有利可图的事业。从这个意义上说，州统治者的职能就是吃食邑，统治者是不折不扣地靠被统治者吃饭的。维持他的生活的是公粮和税收。公粮是由全社会在一定的时期里交纳的，赋税则是个别的人由于政府采取他们所需要的行动而交纳的。公粮是在每年固定的日期一次交纳的，即圣诞节、彼得节，有些地方还包括伟人节。就任公粮是在统治者到达食邑就任的时候交纳的。享受食邑的贵族在到任时接受市民和农村人带来的任何东西。圣诞节公粮和其他节日的公粮由发给全地区的章程或者发给各个享受食邑的贵族的赏赐书确定[6]。这些公粮是按照索哈分摊的。索哈是一种课税单位，包括一定数目的纳税的城市人家（数目多寡根据他们的富裕程度而定）和一定数量的纳税的农民耕地（数量多寡根据土地质量和土地占有者的类别而有所不同）[7]。在莫斯科时代，服役领地和世袭领地的一个索哈是：三田制的好地 1 200 俄亩；中等地 1 500 俄亩；坏地 1 800 俄亩。宫廷土地、寺院土地和公家土地的索哈标准略微降低一些，减少 25%—37%。这样一来，宫廷和寺院的一个索哈是 900 俄亩好
地，公家土地的一个索哈是 750 俄亩好地；它们的中等地和坏地的 336
数量分别按比例减少。分封时代的公粮一般是交纳实物，例如，根据 1488 年的章程，别洛泽尔斯克地方长官的圣诞节公粮是，每个

索哈(不分类别)交一个波洛季(一个波洛季是一个宰好的牛的十分之一)的肉、十块烘面包、一桶燕麦[8]。乡长、季翁和统治者手下的其他官员也获得这种公粮,只不过数量少一些。公粮[9]是按照一定的固定数额征集的。有食邑的贵族的其他不那么丰裕的收入来源是无定额的税收,包括对罪犯的罚款。州统治者的行政活动只限于警察、司法、揭露罪行、侦查罪犯、审理刑事和民事案件等等。因此,他们征收下列税收:(一)诉讼税——或者是从诉讼费中提成,例如10%,或者是对过失人的罚款,相当于诉讼费的数目;(二)关税——从销售的商品中征税;(三)婚礼税——在本地区范围内或本地区范围以外出嫁女人时征收的税,在前一种情况下有食邑的贵族获得一块头巾,在后一种情况下获得一块貂皮。为了让大家对食邑的收入有一个大致的了解,我只[10*]举一个例子,不过这个例子是相当特殊的。在莫斯科时代,实物公粮是折合为钱的,在上述别洛泽尔斯克的章程中就是如此做的。1528年,从事煮盐业的小索尔扎乡被赐与服役人员科比亚科夫作为食邑[10a]。在赐书中,这位乡长获得的有收入的项目、公粮和关税共达14种之多,还不包括就任公粮。几乎所有的收入都折合为钱。在可能的情况下按照现在的币值计算,这位乡长一年仅从公粮一项就起码获得1 350卢布,这只不过是收入的一半。而且有食邑的贵族得到的收入并非全部归己,至少在宫廷的乡里是如此,其中的一部分要上缴国库,归大公、中央统治者和负责贵族所有,因为他们根据自己的职务也享受这样的收入。莫斯科大公骄傲的谢缅的遗嘱就
337 提到了这一点。他把自己的全部封邑交给了自己的夫人,并做出这样的规定,继续为他的夫人服务和统治着乡镇的贵族必须把他

们统治地区的收入的一半交给她。

食邑的意义 地方长官的职务通常是赐给比较有名的服役人员、大贵族；乡长的职务则是赐给世袭名门中不那么有名望的自由仆人。食邑不是对从事政府工作的报酬，而是对从事宫廷工作和军事工作的报酬。服役人员无偿地得到这样的报酬。统治一个城市或乡镇不被认为是服役。这样的报酬是维持服役人员的手段之一，它同我们现在的薪俸是不一样的，因为它是取自于有食邑的贵族统治的居民，而不是来自国库的共同收入。有食邑的贵族大概曾经一度是亲自出马征收公粮的，为此，他们在收获季节，在规定的节日里巡游自己的地区；在我国历史上的最初一些世纪里，王公们和他们的州级地方长官就是如此做的，他们出巡自己的辖区。我们这些持有现在的社会观点的人是不大容易理解分封时代听起来十分刺耳的、吃公粮的政府职务的意义和性质的。而且古代官员的这些出巡活动的具体例子颇有点像我们所熟悉的古代高级神职人员在节日对教区的巡视。食邑制是适应当时占统治地位的自然经济以及服役人员的地位和他们的社会观念的。在把维持地方当局的公粮集中起来时，县里的财库就可能变成肉、烘面包和干草的仓库。这些东西到不了消费者的手里就会腐烂变质。由于这个原因，以及由于缺乏通货，随时定期分发比固定时间的分发更方便些。在工作岗位上吃光用尽的地方长官或乡长每一两年到县里领一次粮草，填满自己的“肚子”，然后满载而归，重新回到首都服役，338
履行君主交给的没有收入的军事职责和其他职责，等待再一次领公粮。分封时代的食邑，像现在的薪俸一样，是使人们服役的手段。但是这种手段同它与之有联系的现实之间的关系如何，过去和现在对此的看法则有着本质的不同。对有食邑的贵族来说，他的执政行动完全是为了获得收入，因为获得收入是食邑的真正目的。而现在的服务人员通常总是把自己的薪俸看作是服务的真正目的，而把自己的服务看作是获得薪俸的前提。不过，虽然人们对薪俸采取这种鄙薄庸俗的看法，可是官方则把服务工作看作是造福大家，看作是为人民的利益和需要服务的，而把薪棒看作是对服务工作的评价，用以酬报服务人员为君主和祖国而付出的劳动、知识、时间和精力，正像所有的公民根据自己的力量以赋税形式做出同样的贡献一样。

衙门　分封管理机构就其在中央和州之间所存在的那种关系而言，与任何一种主要的行政管理制度都不适应，因为它既不是中央集权制，也不是地方自治制。地方政权的活动仍然不显著，在地方长官和乡长的统治下影响更小，王公把公国两类土地的几乎全部控制权都交给了地方长官和乡长，不加任何监督，不要求做出报告，不规定规章制度，结果中央只管理三类土地中的一类土地，自己也仿佛成了一个州，只有通过王公才同其他州发生联系[10*]。但是随着莫斯科公国变成大俄罗斯国家，它的行政任务也变得复杂起来，与此同时，日益明显地表现出分封制度的不便之处。不论是在中央，还是在州，两者都必须改变其管理形式。中央管理机构的改组是从宫廷机构开始的。这些机构实际上是一人当家做主的、暂时性的政府机构，每个机构都是由王公委托的一个负责贵族推荐的某个人管理的，由主要管事一人负责办理的事情现在变得复
339 杂起来，成了常设机构，这些机构叫作办公处或衙门。这[11*]有点像部或者部下面的厅。1497 年的法典在这些衙门成立之时对它

们做了描绘,说它们是常设性机构。它责成贵族和侍臣进行审判,在法庭上他们有书记,不得通过审判或受理申诉而接受贿赂,即不得在法庭以外通过为私人说情或效劳而接受贿赂,规定必须受理任何提出申诉的人的案件,而那些处理不当的人则将受到惩处,即法官认为他不能享有大公所说的那种权利,不配把他送到“负责管理这些人”的法官那里。法官就是衙门的首长,这是他后来的称呼。每一个法官都有自己的书记、秘书,当然还有助理秘书,也就是说,有自己的一套办事机构和人员,来处理他奉命办理的那些事务。还可以看出衙门同最高当局的关系:超过法官权限、需要立法者解决的那些事务则报告给作为立法者的大公。但是法典中还没有消除以前那种由个人临时办理事务的制度的痕迹。它禁止法官仍和不久前那样成为接受一定的报酬而为私人事情奔走的权威的说客。这种报酬就是贿赂,就是许诺。根据法典的条款,应由大公审理的案件可以由大公委托的人办理,这显然无异于分封时代的特殊管家[11a]。由此可见,1497 年的法典相当明确地表明了首批衙门出现的时代,在这个时期[11*]完成了从由个人进行管理向由机构进行管理的过渡。而且这种过渡并不是一种行政管理制度被另一种以不同的原则为基础的行政管理制度所彻底取代。这种变革主要是具有技术性的性质,更确切地说是具有官僚主义的性质,而不是具有政治性质,因为衙门是逐步发展起来的产物,是宫廷机构的复杂化。在 14 世纪,由于王公的经济不复杂,为了管理其某一部门的经济,只要有一个人就行了,他主要是通过口头下命令或者在
为数不多的宫廷主事的帮助下发出书面文件来进行管理。随着国 340
家经济变得越来越复杂,行政任务也多样化了,因而产生了文牍。

于是负责贵族需要一个专门的办公处，有秘书、助理秘书、书记、助理书记，有时还需要有副手，来共同处理事务。主管部门一形成这样的人员编制，就产生了衙门这样的常设机构。例如，分封宫廷的主管机构变成了**大宫廷**的衙门，饲马长的主管部门变成了饲马衙门等等。这些衙门是从以前的宫廷主管部门发展起来的，除了这些衙门以外，还出现了一些新的衙门，在分封宫廷时代是没有与之相对等的部门的。这些衙门是适应国家生活的新需要而产生的。现在，一方面，政府承担的一些任务是以前宫廷经济的狭小范围所没有的；另一方面日益强烈地感觉到需要把以前由州的统治者全权处理的那些政府事务交给中央处理，于是许多新的政府事务和任务都由中央来抓。这些事务和任务越积越多，所以在 15 世纪和 16 世纪相继产生了一些新的衙门。在分封时代，对外事务不复杂，不需要设立专人，王公自己就可以处理；每一个对外政策问题都是王公本人同负责贵族一起解决的。当莫斯科国家的对外事务变得复杂起来时，莫斯科出现了管理这些事务的衙门，叫使节衙门，即外交部。在分封时代，服役人员的服役事务是很简单的，也不需要设立专门部门。15 世纪和 16 世纪，服役阶级的人数越来越多，同时战争频繁，于是设立了专门机构，负责管理军事事务和服役人员，这个机构叫作吏部衙门。随着服役人员占有的土地、领地和世袭领地的发展，出现了服役领地衙门。这是一部分新的衙门，它们是由于中央管理事务的复杂化而产生的。另一部分新衙门则是由于中央集权化而产生的。在分封时代，许多政府事务交给州统治者全权处理；现在，为了国家制度的利益，需要对有食邑
341 的贵族的行动进行某种监督。分封时代的地方长官和乡长负责处

理一切刑事案件；现在，重要的刑事案件不归他们管了；为了处理这方面的事务专门设立了一个衙门，叫作刑部[12]。分封时代的州统治者管理着有关奴仆的一切事务，现在这些事务由专门的中央机关——农奴部来管。由此可见[13]，建立了一系列新的衙门来取代老的机构。到16世纪末，这些衙门构成了莫斯科行政管理的复杂的大厦，其中至少有三十个专门机构。莫斯科管理系统形成了，正像莫斯科君主的宫廷建成了一样：随着皇室和皇室经济的发展，除主要建筑物以外，还增添了附属建筑物、屋顶建筑物、楼亭、正厅、新的台阶和走廊。从以上所述可以看出[13]，莫斯科的衙门产生于三个方面：一部分是从分封时代的宫廷主管部门发展起来的；另一部分是由于形成莫斯科国家以后政府增加新的任务而产生的；第三部分是由于想把极其重要的事务从州的手里抓到中央来而产生的。至于按照各个衙门处理的事务的性质来对这些衙门进行准确的分类，那就困难得多了。这些衙门不是按照一个统一的计划一下子建立起来的，而是随着行政任务的复杂化根据需要逐步产生的，因此，它们之间分担的政府事务，在我们看来，是极其不合理和混乱的，因为我们习惯于严格的分类和按照事务的性质分别交给有关部门处理。因此，很难把一些衙门归为一类，指出它们之间分担任务的根据。在分配任务方面，莫斯科国家人士依据的不是政治原则，而是实际需要。例如[14]，看不出划分司法和行政的依据：虽然有四个处理民事案件的专门司法衙门——莫斯科、弗拉基米尔、德米特罗夫和梁赞，然而刑事案件和民事案件仍然交给显然纯属行政机关的其他衙门处理[14]。按照任务的性质，这些衙门可 342
以分为两大类，正如上个世纪40年代涅沃林分类的那样[15]。全国性的衙门属于第一类,它们负责处理全国境内或者大部分地区的全国性事务,如使节衙门、吏部衙门、刑部衙门、奴仆衙门、财政衙门;财政衙门管理国家的收入,主要是税额无法预定的收入等等。第二类是这样一些衙门,它们可以叫作地区性衙门,它们管理只属于国家部分地区的一切事务或者说各种事务。许多衙门可以归到这一类。属于这一类的有:喀山院,它是在征服喀山以后成立的,负责管理以前的喀山王国、阿斯特拉罕王国和西伯利亚王国;后来它又分出了一个西伯利亚衙门,还有其他一些地方性的宫[16],它们在大宫廷衙门的领导下管理各州的宫廷事务,这些州以前是独立的公国或州;还有诺夫哥罗德院、特维尔院等等。对这一类[17]衙门是无法确切地、充分地说明其性质的,也无法说明其特殊意义。研究工作者想对这些衙门做一系统的分类,但总是不成功,因为设立这些衙门的莫斯科历届君主也做不到这一点。对于我们来说,更重要的是弄清楚,哪些方面的衙门发展得多些,哪些方面少些。政府在这方面注意得多些,那就表明了在这方面的政治意识水平,表明了国家在这方面的迫切需要。我们也考虑了17世纪的衙门,发现国家建设的性质在新的朝代很少有什么变化。而且在17世纪的文件中首次出现的许多衙门一定是或者可能是以前就存在的。我们研究了十五个管理军务的衙门,至少研究了十个管理国家经济的衙门,研究了十三个管理宫廷事务的衙门。在研究了这种组织之后,可以清楚地看出莫斯科政府活动的方向。我们看到,莫斯科政府特别致力于建立管理部门,这是国家独揽大权的部门,还致力
343 于扩大分封时代的克里姆林宫的环境,莫斯科君主除了拥有克里姆林宫以外,还拥有庞大的宫廷经济。同时,在同人民的需要和利

益直接有关的、整顿内部的广泛活动中我们发现总共只有十二个衙门，而且其中还包括一个制药和印书衙门；有一些微不足道的办公处，它们的活动是极其有限的；还有一些部门只是为首都或行政机关的需要服务的，例如有两个民政院，莫斯科市有一些警察局；从16世纪开始设立了驿务衙门，即邮政衙门，主要是为了传送公文函件和运送官吏出差。至于关心普遍的福利、道路设施、人民健康、粮食、社会救济、促进工业和贸易以及国民教育，这一切社会福利的起码条件并没有在一系列官府衙门中找到自己的直接机构；而教会方面，更确切地说，教会当局方面，只要涉及人民的普遍福利，政府不仅得不到它们的鼓励，而在这些方面也得不到它们的支持。我们已经看到，批准“百章决议集”的宗教会议对沙皇提出的社会救济问题持何等冷淡的态度。养老院的衙门只是在17世纪下半叶才出现，而且是由沙皇倡议和出资设立的。至于执行批准“百章决议集”的宗教会议关于建立城市教会学校的决议，参加那次宗教会议的神甫看来最不热心，尽管是他们决定建立这种学校，并且拥有从事这项工作的足够的物质力量。政府和教会当局向人民索取了一切，但却没有向人民提供什么东西或者提供的很少。也许在16世纪向它们两家要求做出重要贡献，为时过早吧。它们没有做出理应作出的贡献，弄清楚这一点，无疑可以确定它们的政治成熟程度和它们内在的道德社会力量的大小[17]。

大贵族杜马 各个衙门的活动由领导各个主管部门的最高政府机关——君主的大贵族杜马统一起来。我们已经看到，在分封时代，大贵族杜马是由人数不多的某些大贵族组成的，王公就一切重大问题专门把他们召集在一起磋商。原先的大贵族杜马人数有

344 限、变动不定，主管的问题也不固定，而现在则变成了复杂的常设性机构，组成比较稳定，处理的问题也固定了。参加分封时代的杜马的高级官吏和名门望族都叫作大贵族。在莫斯科国家形成后，大贵族阶级分成若干阶层，他们的出身不一样，政治地位也不同，因此大贵族杜马的组成也根据议员的谱系地位而分成若干等级。最有名望的大贵族家族的代表带着以前的大贵族头衔参加杜马。居第二位的人主要是昔日没有爵位的莫斯科大贵族的后裔，他们带着侍臣的头衔参加杜马，经过多年的服务以后有时也达到大贵族官员的地位[18]。最后，在瓦西里·伊凡诺维奇大公统治时期，也许更早一些，杜马中还出现了一种新的官员，叫作“杜马里的大贵族子弟”，后来简称为杜马贵族；他们通常是商人，是从没落的大贵族家族中或从不属于大贵族阶级的宫廷人员中逐步上升到议员地位的。这就是说，杜马官员来自 15—16 世纪形成的服役阶级中的各种谱系阶层[19]。参加杜马的还有杜马书记、御前大臣、报告人。在这种新的组成下，大贵族杜马已不再像分封时代那样只由三四个大贵族组成，而是由具有各种头衔的数十个议员组成[20]。他们全是由君主指定参加杜马的。在杜马的组成中可以看出两个成分，即贵族成分和官僚成分。具有大贵族和侍臣称号的通常是那些重要的大贵族家族的长辈代表。他们一达到一定的年龄，可以“将杜马之事告诉他们”时，即根据任官等级的习惯和关系参加杜马。而杜马贵族和杜马主事则是根据他们自己的品德和对国家的
345 贡献由君主任命的，他们大多数不是来自名门贵族。第二个成分的作用暂时还不显著，影响也不太大。在整个 16 世纪，杜马保持了严格的大贵族成分。但是杜马人员的政治作用并不限于他们

在杜马开会。所有具有大贵族、侍臣和杜马贵族称号的服役人员由于其称号，也是国家杜马的成员，因而被称为杜马人员，但是这些杜马人员也领导着莫斯科的衙门，统率着出征的兵团，作为地方长官和督军统治着州。团队的团统或者县级地方长官当然不能经常在莫斯科杜马开会，因此参加杜马日常会议的大部分是莫斯科各个衙门的首长，即所谓的法官，他们由于职务的关系固定在首都。杜马主事并不只是杜马的主事和报告人，其中的每个人都领导着一定的衙门。他们通常是极其重要的衙门——使节衙门、吏部衙门、服役领地衙门，有时是诺夫哥罗德院或喀山院——的负责人或主要主事，所以杜马主事通常是三人或四人[21]。使节衙门、吏部衙门、服役领地衙门的事务[22]是由杜马直接处理的。因此，负责这些事务的衙门仿佛是杜马办事处的分支机构，所以领导它们的是杜马主事，而不是大贵族或侍臣。在这些衙门中占主要地位的是大莫斯科吏部衙门，它管理着服役人员的职务安排，把君主有关命令和建议传达给其他衙门，把越过衙门直接呈交君主的事务提交给杜马，可见杜马的吏部主事具有国务秘书的作用[22]。重要衙门的负责人经常参加杜马会议，使杜马俨然成了部长会议。杜马处理许多司法和行政方面的事务，实际上，它成了立法机关。杜马颁布每一项新的法律时，通常总是注明："根据君主的指示和大贵族的决定"。杜马的立法作用现在已不仅仅是依据以往的惯例，而是由 1550 年的法典直接批准的。法典的一条说："有些事宜系新出现者，本法典未加说明。此等事宜一经君主批示、贵族裁决，本法典即明文规定。"[23]法典的一切补充指示亦即杜马的决定。再 346
者，杜马领导各衙门的行动，监督州的行政管理事务。它作为唯一的、最高级的机构,解决了许多司法方面的问题。议员通常在清晨,夏天在太阳升起的时候,冬天在黎明以前,到克里姆林宫或君主居住的地方开会。会议[24]在早餐和午餐之间持续五六个小时,有时晚上继续开会,议员们午睡以后,听到晚祷的钟声一响,马上又齐集宫里。在会上,议员们按官位排座次,侍官低于大贵族,等等;只有一个官职的人按门第顺序就座;杜马主事站着,有时沙皇给他们赐座。杜马继续开会时使用"开会议事"的用语,如果沙皇亲自出席,则使用"听取大贵族的意见"的用语。向杜马做报告则意味着"把问题提交大贵族审议"。宫内的接待室和休息室统统叫作"上房"。杜马很少自己提出它应讨论的问题,立法倡议通常不是来自下面,就是来自上面,而不是来自议员中间。日常问题是由各衙门的负责人根据自己主管的事务提交杜马的;各衙门不能提出的问题,不属于各衙门日常事务范围的问题,则由君主自己提交杜马;对外政策和国内建设的最重要问题方面的倡议由君主提出[24]。君主常常亲自主持杜马会议,"同大贵族一起议事",他有时命令大贵族在自己不出席的情况下讨论某些问题。有时,大贵族在君主不出席的情况下,"没有君主的指示无法"对某些问题做出最后的决定,于是便把这些问题汇报给没有出席会议的君主。如果在君主不出席的情况下,大贵族根据君主赋与他们的全权可以解决某个立法问题,那么他们做出的决定便具有法律的效力,无需呈交君主批准[25]。这[26]就是杜马通常的立法程序。衙门的负责人在杜马就某项新的立法向君主提出询问时通常采取这样的形式:"关于这个问题,伟大的君主有何指示?"如果君主不想亲自解决这个问题,也不想同大贵族共同解决这个问题时,则指示贵族开会加以研究，他们做出的决定便成为法律。君主的初步指示把问题提上议程，然后大贵族做出最后的决定——这是立法程序的两个必 347
不可少的环节，其通常提法是“君主指示，贵族决定”。第三个环节是由没有出席会议的君主批准大贵族的决定，这种情况只是偶尔才有或者是绝无仅有的。大贵族的决定，在君主没有出席会议的情况下需经君主批准的，看来只有两种：关于任官等级的决定和关于严重罪犯判刑的问题。第二类问题的重新审查通常不是取消，就是减轻判刑[26]。在特别重要的情况下，杜马的通常组成有时予以扩大，吸收非政府人士参加，即吸收俄国教会的领袖、担任最高神职的主教参加。这个最高的主教在 16 世纪末以前是总主教，后来是大主教，他带领一些主教，组成特别的政府顾问委员会，处理俄国宗教界的事务，这叫作高级神职人员会议。这个会议有时是单独开会，同君主的杜马没有关系；有时是同它一起开会；有时按照它的指示开会。高级神职人员会议之所以同杜马联合行动或在它的指示下行动，是因为教会处理的问题同国家的利益密切有关或者国家处理的问题同教会有关。为了解决这些问题，便召开大贵族杜马和高级神职人员会议的联席会议。这种会议有一个特殊的名称，叫作高级会议，必须同缙绅会议区别开来。

它们活动的性质 杜马讨论[27]问题的情况由杜马主事记录在议事录中或者“君主关于非宗教问题的敕令记录”中。不过，看来并非经常如此。从 16 世纪到我们现在并没有流传下这样的记录。只有由杜马解决的门第等级的讼争才详细记录下来，以便今后查考。杜马主事总是只记录杜马的决议，这些决议后来成为敕令或法律。作为例子，我列举 17 世纪的一些情况，便足以不仅说明批语同敕令之间的关系,而且可以说明当时的行政手续。有一个无能力的县长呈报了一份不恰当的报告,上面写了这样的批语:“撤职查办。”批语是用敕令的语气写的,开头有这样一些威严的字眼:
348 “愚蠢的笨蛋、没本事的县官!瞧你写的!”等等。由于没有记录,我们不大了解杜马会议进行的情况以及决议是如何做出的。但是我们知道,会上有辩论,甚至有人反对君主,进行“顶撞”。人们在谈到大公伊凡三世时说,他喜欢别人顶撞,欣赏这种精神。他的儿子瓦西里没有这样的涵养,不尊重不同的意见。我们从别尔先·别克列米舍夫的谈话中知道,这位大公对顽固的持反对意见的人大发雷霆,他责骂着把此人赶出杜马,革除职务。有时,在令人不安的时刻,由于宫廷的派系斗争,展开了争论,据编年史记载,“人们责骂着,叫嚷着,吵闹着,骂声不绝。”这种情况只是偶尔有之。杜马的通常情况是严守秩序,遵循固定的形式和关系。至少从保存下来的杜马活动的片断记录中可以得出这样的印象。杜马的制度、权威和通常的议事规则仿佛旨在使它的主席和议员之间保持不可动摇的互相信任关系,证明君主和大贵族之间不可能有利益上的矛盾,这些政治力量是共存的,习惯于和谐地行动,携手合作,它们不可能、也不会采取别的行动。冲突是有的,但发生在杜马以外,对它的组织结构和活动影响甚微。争论也是有的,但不是关于权力的争论,而是关于具体事务的争论。发生矛盾的是具体意见,而不是政治倾向。就其历史意义来说,大贵族杜马不是政治斗争的场所。君主在没有参加大贵族杜马的情况下每天完成许多政务工作,正如大贵族杜马在没有君主的参加下完成许多事情一样。这是出于便于施政的考虑,倒不是政治权力和特权的问题,即纯属

分工的问题，而不是权力的划分。别尔先的遭遇是莫斯科国家法
权和制度的这个安静的、封闭的试验室爆发出来的为数不多的大
发雷霆的事例之一。在这里，显然每个人都知道自己的官有多大，
每个人都知道自己的行为应符合自己的身份。看来，在这样的僵
化环境中不会有什么政治热情和兴趣，每个人都不会有争权争位 349
的思想。在国家利益和政治仪礼或惯例的重压下，那些图谋私利
的人和派系大概是无法存身的。莫斯科各个衙门的活动也具有这
样的特点。这些产生于不同时期的机构是根据上面的指示和当时
的需要而设立的，并无统一的计划，因此它们的工作很混乱芜杂，
文牍主义严重，白白浪费时间，犯了不少行政过失，不过却没有听
到有什么政治斗争。领导这些衙门的大部分是在大贵族杜马兼职
的人，在**衙门**，他们是百依百顺、照章办事的人，而在**杜马**也是忠心
耿耿、安分守己的议员[27]。

第三十九讲

州级行政领导机构的变革——食邑的定额——报告和法庭陪审员——司法行政制度——它的组成——主管机关和工作程序——性质和意义——两个问题——司法行政制度同食邑贵族的关系——地方制度的改革——进行这种改革的原因——建立地方自治机构——地方政权的主管机关和职责——宣誓就职——这种改革的性质和意义

350 **州级行政领导机构的变革** 我已经叙述了莫斯科国家中央行政领导机构从15世纪中叶以来发生的变革。不难看出,政府的改革是沿着什么总的方向进行的。在分封时代,中央行政机构实际上就是宫廷机构,维护着分封王公的个人利益和经济利益。莫斯科国家的中央行政机构从15世纪中叶起逐步摆脱了王公宫廷经济的狭隘范畴,适应了全国的需要,担负起全民福利的任务。当然[1],这个变化并不是由于莫斯科君主或莫斯科统治阶级的政治概念有什么改变而引起的。相反,他们的政治概念的改变倒是在行政机构改革的影响下而引起的,而行政机构的改革则是迫于形势的需要,或者说,由于事态发展的推动而促成的。可以说,历史的发展产生新的概念,这个过程特别明显地反映在莫斯科国家州级行政领导机构从15世纪中叶起发生的变革上。新的国家需要建

立更加复杂的政府机构和关系，由于这种需要，产生了当时人们不 351
习惯的思想：把全局利益和局部利益分开、把中央和州分开，必须监督地方政权，必须设法调整它们的活动。这些思想还只是初步的、起码的思想，只是做局部尝试。不过，它们却逐步形成一个完整的计划，首先排挤，然后最后取消食邑。州级行政机构原先是分封时期供养服役人员的手段，现在则改组为中央领导机构所辖的地方机关[1]。

食邑的定额　在改组州级行政领导机构的过程中可以看到三种情况。第一种情况是：中央政府通过立法途径更准确地确定由于习惯和惯例而形成的州级行政机构的权利和义务；调整食邑制度；限制有食邑的贵族的专横行为。不论是在两个法典的一般法律条文中，还是在中央政权向州、各个城市和乡村规定的当地章程中，我们都碰到对州级行政机构的活动所做的详细规定。对地方统治者的活动做出规定的这些法律条文和章程的出现表明，中央政权开始关心维护当地居民的利益不受自己代理人的侵犯，即开始意识到自己维护社会福利的责任。有食邑的贵族、地方长官和乡长在接受食邑的同时收到了收入清单，即收入的定额，对他们的收入、食物和关税做了详细的规定。而且实物粮食被折合为现金，例如，根据1488年的别洛泽尔斯克章程，地方长官在圣诞节应从每一索哈收到的粮食税为：相当于十块烤面包或大圆面包的十个钱币（约合五个卢布），相当于一车干草的两个铜币（约合六个卢布）等等[2]。后来禁止有食邑的贵族自己向居民征收粮食；这项任务委托给社会选出的代表、城市和郊区的百人长、乡村的长老。随
着时间的推移，享受食邑的时期也规定得更明确了。16世纪，莫 352

斯科政府显然想缩短这样的时期。在第二个法典的时代,享受食邑的时期一般是一年,不过也有两年和三年的。上述措施把地方长官和乡长排除在享受食邑者的行列之外,他们只能得到纳税人的税款,这样就预防了或缓和了双方的不满和冲突[3]。

报告和陪审员 下列措施可以列为改革地方行政机构的第二个方面。这些措施就是试图使享有食邑的贵族成为政治意义上的地方统治者,使他们的司法—行政活动向这个方向改变。这些措施不仅限制了享有食邑的贵族的专横行为,而且限制了他们的权力,使他们无权处理最重要的事务。实施这种限制的方法就是自上而下和自下而上两方面监督他们的行动。上面的监督表现为下面必须向上面做出“报告”。在古代罗斯的文件中,下级把司法或行政方面的问题提交上级领导机关最后解决,用这些文件的语言来说,就是“最后完成”。例如,通过报告,下级衙门把一些事情提交给“上面”,提交给贵族杜马或君主。同样,州级统治者必须把一些事务呈报中央衙门。州级统治者只有审理权,而决定权则归中央机关、有关的衙门或贵族杜马,而且通过重新审查整个事情,来检查他是否认真、正确。在15、16世纪,有越来越多的事务在地方上、在州里完成以前,就由州里的享有食邑的贵族呈报中央机关。这样一来,报告制度就限制了州级统治者的权力。在15世纪下半叶,根据第一个法典,只有一部分地方长官和乡长必须向首都呈报关于奴仆的某些事务和抢劫、行凶、盗窃等重要刑事案件[4]。根据第二个法典,所有的地方长官和乡长都必须这样做[5]。同样,从
353 15世纪末起,大部分土地诉讼纠纷是在中央解决的,而不是在州里解决的。另一方面,地方长官和乡长的司法行动受到地方社会

代表的监督。现在保存下来的分封时代的文献只谈到王公权力机关——如地方长官和乡长的地方行政机关——的活动。不过，当时的文件也隐隐约约地谈到另一类政权，它们表现了当地社会的独立性。城市和市郊早就选出自己的百人长，乡村选出自己的长老。根据分封时代的文献，很难说这些地方政权具有什么样的意义，大概它们管理本村社的经济事务，保卫社会的安全，免受“坏人”、窃贼和强盗的侵犯[6]。在莫斯科罗斯统一起来以后，这些地方代表被吸收参与国家经济事务。如我们所已经看到的那样，百人长、长老和选举产生的征税人被要求负责摊派贡税和劳役以及征收上缴州级统治者的粮草。或许由于过去的惯例，这些政权也具有司法作用，处理着本社会的、不属于享有食邑的贵族管辖范围的那些诉讼案件。但是在15世纪的下半叶，保存下来的立法文献则没有表明世俗代表具有这样的作用，没有表明他们具有特别的管辖权，没有表明他们参与州管理者的司法工作。然而从这个时候起，地方上的机构则越来越积极地参与地方的行政司法工作。首先，地方的代表参与地方长官和乡长的司法工作。第一个法典和当时的章程规定，百人长、长老和善良的人们可以参与州食邑者的司法工作[7a]。法典还增补了宫廷民选管理者，负责某些城市的监狱等惩罚设施以及批准某些民事案件，如不动产的易手。法律要求这些陪审员参加州食邑者的法庭，从而恢复或总结了以前的民间惯例，即为了完善司法工作，要求证人出庭作证，以证实其真实
性或可靠性。这就是法庭陪审员的最初的作用，他们是作为证人 354
和助手出席法庭的[7б]。如果地方长官或乡长审议的案件呈报上级机关，一方对审讯记录有异议，那么长老和其他陪审员应出来证明

审讯的情况同审讯记录是一样的，而且应同发给陪审员的、由享受食邑的贵族签名盖章的最初审讯记录的副本进行核对。如果陪审员证明审讯的情况同审讯记录所叙述的完全一样，而且这个记录同副本一字不差，那么对记录提出异议的一方就输了；否则，审讯不当的责任便应由法官承担。被推选出来监督每个案件的人当然都是好人。16 世纪，这变成了一种经常性的制度，最初是在某些地方，特别是在诺夫哥罗德北部推行，后来扩及各地[7в]。根据第二个法典，出席州级统治者的法庭的应当是专门选举出来的地方长老、陪审员和地方官，必须把他们同以前的百人长、长老和甲长区别开来，后者是负责分摊和收集贡赋以及管理本村社的一般经济事务的[7г]。现在，法庭陪审员的职权范围扩大了，他们开始更加积极地参与执行司法事务。他们被赋予这样的职责：在享受食邑的贵族的法庭上“维护真理”，或者“根据地方的委托如实地处理每个案件，不得藏奸耍滑”。由此可见，他必须维护审讯工作的正确性，保护司法秩序和地方上的司法惯例不受那些专横的或没有经验的、不了解或不想了解地方真实情况的食邑贵族的破坏，总之一句话，就是要在村社秉公办事。此外，1550 年的法典还授权他们维护诉讼双方的正当利益。这个作用表现在法典的两个决定中：一方面要求诉讼双方的乡里的长老和地方官必须出席食邑贵族的法庭，另一方面则规定，当地方长官或乡长的监管员要求被告或被定罪的人取得保证人但没有找到的时候，他不请示长老和地方官，无权逮捕此人；否则，在家属的要求下后者可以释放被捕者，甚至可
355 以追究监管员逮捕不当的责任。这样一来，地方代表在成为地方长官和乡长的法庭的常设陪审员以后，就成了食邑贵族和村社群

众之间的桥梁。最后，食邑贵族的行动受到来自上面和来自下面两方面的监督，这两者结合起来，就成为法典和规章规定的居民对他们进行控诉的程序。居民自己确定日期，让地方长官或乡长亲自去或派自己的人去大公的法庭，以便在莫斯科衙门或在君主的杜马对指控做出答复。

司法行政制度 我再说一遍，改组行政机构的第二个情况的标志是：对州级食邑贵族的行动建立了双重监督。地方代表参与司法过程，只是纠正食邑贵族的法庭的一个辅助手段。早在16世纪上半叶，就出现了这个过程的第三个情况：把食邑贵族管理不善的事务，即维护社会治安的事务交给地方村社独立地处理。这样，就开始用选举产生的地方政权取代食邑贵族。在沙皇伊凡四世以前，地方长官和乡长也处理刑事案件，起初是无需呈报上级的，后来把最重要的案件提交首都审议、决定或批准。当时把抢劫、杀人、盗窃、纵火等比较严重的刑事罪行叫作恶性案件，对地方长官和乡长来说，这是最有利可图的司法项目，可以使他们得到最多的收入，因为由于这种罪行而判罪的人必须“变卖”财产，即被没收全部财产，交给食邑贵族，而只拿出一部分作为对原告的奖赏。其他违法行为只能使食邑贵族得到相当于赔偿金的全部或一半的罚金。这就是说，州统治者的个人利益促使他破获恶性案件、惩办罪犯。至于预防这种案件的发生，他则没有推动力，甚至也没有这方面的办法。当发生杀人事件时，通常掌管刑事法庭的乡长——更 356
多的是地方长官——要求发生这种罪行的村社交出罪犯，否则，这个村社必须向他交付四卢布(15世纪末、16世纪初的四卢布折合为现在的币值不少于四百卢布)的罚金。对各项恶性案件也进行了缉查,但是却没有一个机构来同坏人、惯犯、职业强盗和盗窃犯进行经常的、有组织的斗争。那个时期的文献说明抢劫活动很猖獗,需要有专门的机构来维护社会治安和预防犯罪活动。政府起初向各州派遣了专门的侦查人员去搜捕坏人,但这些侦查人员要求当地社会给以协助,给当地增加了新的负担,使居民付出很多费用,而且办事拖拖拉拉。因此,莫斯科决定把刑事警察交给当地。还在伊凡雷帝年幼时代由大贵族摄政的时候,政府就开始向城乡各地发出司法行政文件,授权它们缉捕和处决坏人[7Д]。自古以来当地社会必须把杀人犯交给地方长官,而现在它们则有责任捉拿和处决抢劫犯了[7е]。这件事是逐步定下来的,中间有过很大的反复。在另一些地方,政府把抢劫案件的处理交给食邑贵族法庭的民选陪审员或城市官吏领导下的百人长和长老。还有一些地方,政府则规定推选特殊的专门机构来处理此事。把侦查坏人的事务交给社会负责的刑事警察区(叫作固巴①)。最初,司法行政区的划分同小的行政区划是一致的。例如,根据 1539 年别洛泽尔斯克
357 和卡尔戈波尔的司法行政文件(这是保留到今天的这类文件中最早的文件),各阶层的居民团结一致,为破获和处决抢劫犯而在那些由大贵族子弟组成的县的各乡中推选三四人,由从纳税居民中推选的长老、百人队长和优秀人物协助之。由此可见,在司法行政事务中,服役人员和纳税居民确立了联合行动的制度,后者服从前者的领导。但是,在享有特权的大的土地占有者的村子里,则建立

① 为 губа 一词的音译,亦可意译为司法行政区,系 16—17 世纪俄国的行政区划,相当于后来的县。——译者

了特别的司法行政区，它们独立于乡之外，有自己的司法行政人员和长官。例如，别洛泽尔斯克县的基里洛夫寺院的五个村子1549年成立了一个特别司法行政区，设有两个司法行政长官、一些从服役人员中选举的工作人员和一些从这些村子的农民中选举的长官。但是寺院的这些司法行政官员在重要的事情上必须同别洛泽尔斯克司法行政区的乡级和区级的司法行政长官碰头，共同解决这些事务。这些县当然把小的司法行政单位联合起来建立县级的司法行政局。在16世纪下半叶，其形式是全县的司法行政长官，每个县各有一两名，现在则组成为一个统一的司法行政区。1539年别洛泽尔斯克建立了乡级和区级司法行政区，1571年的文件规定了两个县级司法行政长官来领导他们。司法行政机构的这种联合也发生在大土地占有者的世袭领地上。在特罗伊茨基—谢尔基耶夫寺院分布在二十二个中央县份的许多村子里建立了寺院的若干司法行政区，有民选的刑事警吏和警官，有司法行政处和关押盗窃犯、抢劫犯的监狱，所有这一切都是由寺院出钱维持的。1586年从寺院的服役人员中物色了一个司法行政长官来领导寺院的所有这些司法行政处。

它的组成 司法行政机关成为全县的机关以后，就组成了一套复杂的、有领导和被领导的警察机构网，分布在全县。领导这些机构的是警长。警长是在全县各界代表大会上选出的，但只能从服役人员中选出，每县各一人或两人。警长同警官一起处理事务。警官是由市镇和乡村的纳税居民从以前的小司法行政区、镇、乡、区、村选出的。按照百人、五十人、十人和警段（司法行政区根据户 358
数划分为警段）选出的百人长、五十人长和十人长受警长的领导。

主管机关和工作程序　司法行政机关反映了人们日益意识到国家的任务。它们是根据这种思想产生的:犯罪活动不是局部的事情,而是涉及全社会,关系到大家的福利,因此,缉查犯罪活动是国家的职责,需要有特殊的机关和手段。由于这个思想的发展,司法行政主管机关便逐步扩大,涉及越来越多的刑事问题。根据第二个法典和第一个司法行政文件,在所有的刑事案件中,这个主管机关只处理抢劫案件,后来又增添了盗窃案件,17 世纪又增加了杀人、纵火、侮辱父母等案件。对司法行政的工作规定了特殊的处理问题的方式。食邑贵族通过别人的起诉来处理司法事务,这就叫作审讯。案件由原告起诉,通过下列方式解决:被告人承认、证人证明、当庭决斗、起誓、书面证据。警长通过侦查来处理事务。案件不是原告提出的,而是通过下列方式确定的:当场捕获盗窃犯、普遍搜查、向居民调查被告人以前的为人及其在社会上的名誉、拷问同谋者使之供出罪犯。这些罪证本身就具有证据的作用,无需对它们做出评价。如果既没有告发,也没有罪证来支持抢劫的罪行,那就进行大搜查。在搜查中被揭发出来的人,即使没有证据,也要进行拷问;如果他不承认罪行,便根据搜查结果判处无期徒刑,用他的财产的一部分奖赏告发人。司法行政当局的做法完全是警察性质的,即预防和制止刑事犯罪,根除坏人。有关司法行政制度的文件对司法行政当局警告说:"凡包庇坏人或不经审讯擅自处理者,将受到君主的惩罚。"因此,警长所关心的不是恢复法
359 权,而是保证社会安全。他上任以后,必须在县城召集社会各界、结婚的和不结婚的神职人员、贵族、城乡居民的全县代表大会,询问他们:在他们的司法行政区谁是坏人,谁是盗窃犯、抢劫犯和窝

藏他们的人。如果在全县的这种初步调查中有谁被称为坏人，那么这些人将被捉拿来，交给警长，他们的财产在清点以后将被封存，直到结案为止。然后司法行政当局将在全县开始进行复杂的、大事宣扬的活动：逮捕、拷问、对质、起诉、再次进行大搜查、拷问、没收财产、处以绞刑。

性质和意义 在这种庞大的组织系统及其繁杂的活动中不断出现两个倾向。第一，社会各阶层被要求协助选举产生的司法行政当局捉拿和惩罚坏人。这是普遍动员地方村社来维护社会安全，这是各阶层共同关心的事情。第二，缉查坏人，这项工作起初是根据各个城乡的要求作为一项权利交给它们的，后来在司法行政业务变成各地和全县的一种制度后，这项工作便成了他们应尽的义务。司法行政制度的这种性质表现在两个方面：一方面，全县通过各界选举警长而对自己所选的人负责，这是必须有的保证，对有时由政府任命的警长也必须这么做，要求选民对他的工作也负责监督，像对民选的警长一样，对任命的警长的失职也承担责任；另一方面，司法行政区的居民通过普遍的初步调查而对政府做出保证，在彼此之间也做出保证：在他们周围不放过坏人，否则，他们就要赔偿由于他们未能防止坏事而使受害人蒙受的经济损失。由此可见，作为司法行政制度的基础的是国家承担责任的原则，这表现在地方村社的双重保证方面：对自己选举的人负责；对自己、对村社的每个成员负责。

两个问题 这是莫斯科国家制度中的一个新原则，但作为其 360
基础的仍然是分封制时代私人法权和国家法权的混合。这里产生了两个问题：既然维护社会安全不是地方性的事务，而是全国性的事务,那么,为什么一定要把这项工作交给地方的民选代表,而不由中央政权机关直接来抓呢?其次,16世纪莫斯科国家的社会,划分为许多经济等级,经济地位的高低依职业、出身、资本的多寡而定,部分地也依资本的占有权而定。这种状况是不稳定的、变化无常的,人们可以从一个等级转入另一个等级,可以改变职业。国家刚刚开始对这些阶级打上等级的烙印,在他们中间按照其经济地位的不同分配职务和工作。在这个社会—政治的分化中开始出现三个主要阶层,许多小的社会阶层根据贡赋和劳役的性质归并于它们。这就是:服役的土地占有者,他们必须服兵役;工商区的纳税居民,即工商业者,他们"根据拥有的牲畜(财产)和手工业"而纳税;县城和乡村的纳税农民,他们根据耕地而交纳土地税。至于神职人员,我们就不说了,因为自古以来他们就与众不同,是为教会服务的。司法行政制度的全民性质是否表明,国家或者人民意识到需要支持或者加强刚刚诞生的这些阶层在司法行政活动方面的共同努力呢?我们将在沙皇伊凡四世时代出现和建立的地方机构方面找到这些问题的答案。

司法行政制度和食邑贵族 在实行司法行政制度的时候,显然并没有考虑到要取消食邑制或者哪怕是对食邑贵族的权利有所限制,但立法文献仍力求准确地区别司法行政制和食邑制这两个系统,在不得罪人的情况下确定它们之间的关系。1550年的法典煞费苦心地维护食邑贵族的职权,使之不受警长的干预,规定警长只处理抢劫案件。司法行政文件则忽而把盗窃案件连同抢劫案件一起交给警长处理,忽而规定警长必须同食邑贵族一起处理这些
361 案件,而且他们在审判中的权限是严格区分开来的:食邑贵族处理

没收罪犯财产事宜，而警长则用罪犯的一部分财产奖赏原告，对罪犯执行刑罚、鞭笞等。但社会上认为新实行的这个措施是矛头直接指向食邑贵族的。1541 年普斯科夫的一位编年史作者内心十分满意地谈到了这个情况。他写道，君主皇恩浩荡，向城乡颁发圣旨：农民们在宣誓以后可以自行搜捕坏人，处以死刑，不必交给地方长官和他们的季翁，“因为地方长官不大敬爱基督”。普斯科夫人也拿到了这样的圣旨（没有流传到今天），于是普斯科夫的警长和百人长便开始审判和处决坏人。普斯科夫的地方长官对普斯科夫人大为恼火，因为“他们把君主的圣旨当作护心镜”，因而成为他的眼中钉——这大概就是这位编年史作者想说的话。他又说：“搞掉了坏人，农民皆大欢喜。”在他列举的这些坏人中包括地方长官及其手下的人[7ж]。

地方制度的改革 地方制度的改革是地方行政机构改革的第四个方面，也是最后一个方面。这就是试图完全取消食邑制，用民选的社会政权取代地方长官和乡长，不仅把刑事警察交给地方村社，而且把当地的所有机构和民事法庭都交给地方村社。

进行这种改革的原因 进行这种改革是出于多种动机。食邑制不仅给服役工作即给保卫国家的工作造成巨大的不便，而且给地方的行政管理工作也造成巨大的不便。我们已经知道，服军役阶级在莫斯科国家具有双重的意义，既是它的主要战斗力量，也是它的行政管理机构。食邑养活了许多军人。16 世纪，国家几乎不得不每年出动大批兵力去保卫这个或那个边疆。但是下列情况给动员工作造成了极大的困难：许多军人分散于食邑，管理工作有很大弊病，管理机构不管理出征的事务。两项管理工作互相妨碍着： 362

军人成了不合格的行政人员；而成为行政人员以后，就不再是合格的军人了。而且，社会秩序的新需要使得管理任务复杂了，要求行政人员更多地注意国家的利益和居民的需要，食邑贵族对此既没有这样的习惯，也没有这样的愿望。于是产生了统治者滥用职权的种种事情，引起了被统治者的极大不满。莫斯科政府不得不采取措施来约束食邑贵族的过分的欲望。在这些措施中特别重要的是根据以往的公民权制定的公职人员责任制，即被统治者有权向上级政府告发其统治者的不法行为。在食邑制结束以后，居民遭受统治者的肆虐时，可以按照通常行使公民权的程序告发他认为食邑贵族做得不对的地方。被控告的统治者在这种讼争中只是普通的被告；如果原告证明自己的要求属实，那么被告必须向他赔偿所造成的损失；而且食邑贵族要付出诉讼费和其他费用。根据当时的诉讼方式，原告甚至还可以要求从前的统治者进行当庭决斗。对 16 世纪中叶莫斯科的情况很熟悉的利特文·米哈隆看到自己国家的老爷们为所欲为而不受惩罚是很愤慨的，所以他在自己的著作中极其赞赏莫斯科用这种办法使州级行政人员遵守法纪[73]。不过，这种法纪是用一种不正当方法维护的。从社会纪律的观点来看，过去的州长或者他的代理人、家中的雇员同雇佣来的斗士进行当庭决斗，在周围观看的是他代表最高政权不久以前统治过的群众，这是一个颇为吸引人的、但却不大体面的场面。这种保护被统治者不受统治者肆虐之害的方法成为人们无休止地争论的对象。没有同被统治者处好关系的食邑贵族的去职是一个讯号，表明要出现麻烦的诉讼，控告他做得不当的地方和其他毛病。莫斯
363 科的法官是不纵容自己的政府官吏的。编年史作者在谈到地方行

政机构改组以前的情况时写道，地方长官和乡长的险恶行径使许多城乡荒无人烟；对老百姓来说，他们不是父母官，不是人民的师表，而是压迫者和破坏者；而那些城乡的“大老粗们”也给食邑贵族造成了许多可怕的事，甚至杀了他们的人；食邑贵族一离开食邑，老百姓就纷纷告发他，并造成许多“流血事件和侮辱人的事件”，这当然是由于决斗和起誓而造成的；因此，许多地方长官和乡长打官司输了以后，不仅丧失了食邑的牲畜，而且丧失了原先的世袭财产——世袭领地，他们要赔偿原告的损失和诉讼费[7]”。

建立地方自治机构 为了制止这种诱惑人的打官司方法，沙皇在1550年的缙绅会议上向贵族、官吏和食邑贵族“下达圣旨”，要求他们同当地的“所有农民”和解，即建议服役人员不再用通常的起诉、决斗方法同当地的人打官司，而用问心无愧的和平方法去解决纠纷。沙皇的圣谕被不折不扣地付诸实施了，次年，即1551年，他已经可以向宗教会议（所谓批准“百章决议集”的宗教会议）的神父宣告：贵族、官吏和食邑贵族“同当地所有的人在一切事情上和解了”。这种用和平方式解决诉讼的方法成为取消食邑制的准备步骤。莫斯科政府用通常的改革办法进行了初步试验。1551年2月，刚刚举行批准“百章决议集”的宗教会议，便向弗拉基米尔县的普列斯乡的农民颁布了一项文件。我们从这个文件中可以看出，这个乡的农民决定不再向地方长官交纳公粮和税款，而代之以向国库交纳租赋，作为交换条件，他们将获得这样的权利：在全乡选出的长老和地方长官那里自行解决自己的纠纷。普列斯乡的农民取得的这种优惠为期只有一年，不过次年又继续延期，租赋额增加一倍。1552年，在出兵攻打喀山之前三个月，北部沿海地区瓦

364 日县的工商区居民和农民也得到这样的文件,取消了那里的地方长官的管理权,把一切事务的处理权交给居民所喜欢的人[7к]。征服喀山以后不久,政府腾出手来处理内部事务,空前热心地着手进一步解决食邑制问题。沙皇把这件事交给贵族杜马。杜马的意见倾向于取消食邑制,于是沙皇在 1552 年 11 月便正式宣布政府的决定:组织没有食邑贵族参加的地方管理机构。接着便制定了地方自治的总计划。攻占喀山王国后举行了庆祝仪式,大加奖赏有功的英雄和服役人员,但也没有忘记承担了出征财政负担的未服役的地方群众。编年史这样写道:“君主把食邑赏赐给了地方。”[7л]这就是说,已经决定普遍实行地方自治,如果地方村社愿意的话,他们可以要求摆脱食邑贵族。地方社会相继转向新的管理制度。根据初步进行的改革试验,政府确信地方上需要这样的改革,于是决定普遍施行,并于 1555 年颁布了法律。我们没有得到这种法律的原件,只知道编年史作者概述的大致内容[7*]。1555 年 8 月 15 日向佩列雅斯拉夫利渔民村镇颁布的文件中已经提出了这种改革的总方针,沙皇在这个文件中说:他命令“所有城乡都有自己所喜欢的长老,他们为农民所爱戴,为全体人民所选出”,他们办事公道,“不谋私利,不拖拉”,并善于给君主的国库收集和上交租赋。这种租赋取代了向地方长官交纳的税捐[8],由此可以看出这项改革的原则或条件。向地方自治过渡是各村社的一项**权利**,因此,对它们来说,并非一定得这样做,要看各村社的意愿而定。但是养活服役人员的统治者则是**地方上的一项义务**,想要用自己选举的代表取代食邑贵族的地方村社必须履行这项义务,正像后来分给摆脱
365 农奴地位的农民的贵族土地要付出赎金一样。食邑贵族的一切收

人——公粮和税捐改为地方向国库直接交纳的固定的国家租赋，这就叫作包捐。准许摆脱食邑贵族的文件叫作包捐文件[9]。地方上[10]的义务是同服役人员的义务服役的普遍改革紧密联系在一起的，并且与它同时施行。当时确立了这种义务和奖励的正常标准——服役领地份额和现金份额。自从取消食邑制以来，服役领地占有制得到迅速发展，它成为维持服役阶级的主要手段。由于支付包捐而增加的新财源成为动员的鼓励手段。服役人员从新的国家租赋获得了公正的待遇，即按家庭出身和服务功勋获得了固定的金钱薪俸。

主管机关和职责 地方制度的改革是急剧的政治变革，但是实际上第二个法典把它简单化了，规定食邑贵族的法庭必须普遍有当地长老和地方官的参加。剩下的只是把食邑贵族排除出地方的法庭，把他们的职能移交给地方陪审员，使之成为独立的司法人员。老实说，改革的关键就在这里，这既不需要新的机构，也不需要新的司法区划。地方代表在城郊、区、乡、村（即地方长官和乡长以前的小地区）内进行活动。我们只在北方碰到一些大的地方区域，它们包括许多乡，甚至包括整个整个的县，如德维纳邦的瓦日县和霍尔穆戈里县。每个区选举一名、两名或两名以上的受到人民爱戴的长老和一些地方官。主管机关的情况因地而异。有些地方的主管机关的职权包括民事诉讼和部分刑事案件，这一部分刑事案件，如斗殴和抢劫，是用起诉的方式进行的，而不是用刑事警察侦察的方式进行的。但是也有一些地方，那里的纵火、杀人、劫掠和盗窃等刑事案件是由地方法官同刑事警长一起处理的。而在北方，在德维纳邦，由于服役人员少，从中选不出警长，所以那里的

刑事案件完全由地方长老来处理。地方选出的法官还负责征收由
366 于改行地方自治而交纳的包捐。有时他们也负责征收并向国库交纳其他税捐。受人爱戴的长老或民选的法官和地方官对他们负责的司法事务和财政事务负个人责任,并得到村社的保证。如果他们的司法行政职责履行不当或渎职,则处以死刑,并"不得要求赦免",其财产被没收充公,用以赔偿受害的原告和揭发检举人。当然,选举长老和地方官的整个社会在他们处事无能时也要对他们的失职负责。由于职责严格,所以民选的地方法官在处理事务时不仅廉洁奉公,办事迅速,而且不要报酬。文件以沙皇的名义许诺:如果地方法官办事完美无缺,执法公道,按期如数收缴国家税捐,"上级和地方对他们的治理感到满意,那么君主将不从他们主管的地方收取任何税收,不仅如此,还要有所赏赐。"

宣誓就职 我叙述了这个时期莫斯科地方机构方面的一些极重要的变革。它们是朝着严格的既定方向进行的,这就是:确定食邑贵族的权利,即确定食邑的定额;实行报告制;食邑贵族的法庭有地方陪审员参加;最后,由民选的长老、警长、受到人民爱戴的人取代食邑贵族。所有这一切显然是发展地方自治这个过程的有机组成部分。但是这些情况是地方社会独立性的成就吗?[10] 伊凡沙皇时代实行的地方自治的性质最明显不过地表现在这位沙皇迫使地方机构参与财政管理方面。地方机构的长老征收直接税。间接税、关税的征收以及有盈利的项目(如酒类、盐务和渔业等等)的经营则交给宣誓的人负责。为此,地方上的纳税人必须从自己的群
367 众中选出或者根据政府的任命安置忠实的(即宣过誓的)人和警长,由他们负责征收这些税。为了确保征收工作的可靠性,除了宣

誓以外，征收人还要用自己的财产来担保，而且推选他们的地方社会也要提供保证[11]。在[12*]许多重要的商业点，这些任务由莫斯科商界和当地贸易阶层中的可靠人士承担。在考虑发展地方机构的时候，政府就已经开始试行这种经营营利项目的新方法。例如，1551年别洛泽尔斯克城的关税征收工作就交给了两个莫斯科人和二十个别洛泽尔斯克人负责，为期一年。如果宣誓的人和地方官没有按照预定的期限收齐公家的税款，他们必须用自己的钱加倍补足差额；如果他们出不起，选民们必须代付[12a]。后来，这种宣誓就职制度发展成为一整套制度，严密控制了地方社会。每年都有许多人放下私事，以便或根据选举的办法、或根据轮流的办法、或根据任命的办法，冒着倾家荡产的风险去执行公家的这些艰巨任务。

这种改革的性质和意义 现在，我们弄清楚了伊凡沙皇的地方制度改革的性质。地方自治通常总是同中央集权相对立的，但是这两种管理制度之间的关系也可能十分密切，互相渗透。真正的地方自治是由地方社会的代表比较独立自主地处理地方上的事务，有权向居民课税、处置社会财产和地方收入等等。如果中央政权任命的地方机关独立地、不受监督地行事，那就谈不上真正的中央集权；同样，如果选举产生的地方政权不是处理地方事务，而是根据中央政府的指示，在它的监督下处理全国性的事务，那就谈不上真正的地方自治。在第一种情况下，实际上是权力下放，地方长官和乡长的统治就是如此。在第二种情况下，地方自治成了中央集权的工具。问题不在于地方政权究竟是选举的，还是任命的，而在于它们的职能，在于它们对中央政权的依赖程度[12*]。我们研究 368
一下司法人员和民选的地方长老处理的许多事情——征收国家税

捐、法院和警察,就可以看出所有这些事情都不是地方性的,而是全国性的,以前是由中央政府的地方机关——地方长官和乡长处理的[13]。因此,16世纪地方自治的实质不在于地方上有权处理当地的事务,而在于有义务执行国家的、**公家的**一定任务和从当地群众中选举完成“君主事务”的负责人。这是加给纳税居民的新的地方义务、一种特殊的对国家的服务。当然,这种服务受到严格的监督,地方机关要对中央政府负责。地方机关的主要推动力是村社责任制、一贯严格推行的连环保,因此,应当认为,推行这种制度的主要动机是需要确立地方统治者的**国家责任**感,而食邑贵族是没有这种责任感的,他们只对他们统治的当地社会负责[14a]。中央集权和地方自治的这种结合是出于政治需要。大俄罗斯的顺利统一使统一者碰到了极大的困难。联合起来的国土不仅需要保卫,而且需要建设,但是现成的资金和合适的手段不多。莫斯科的联合者被自己的成功弄得措手不及,对自己事业的后果没有准备,落后于事业向他们提出的任务。于是莫斯科政府采取自己政策中的惯用手法:要求居民拿出建设所需要的物资。需要新的开支,那就实施新的税收。需要新的负责的、能干的地方管理机关,那就把这个责任加在地方上。为了保证这些司法行政人员认真负责,于是让当地人民选举产生。选举意味着要对被选的人负责[14*]。由此可见,16世纪地方自治产生的原因是:在面临新的国家任务和需要
369 的情况下,以前的地方行政机构不够用了、不适用了。为了解决这些新的任务,中央政府不得不求助于地方机构及其连环保。

这样,我们就回答了所提出的问题中的一个问题——关于处理非地方性事务的地方管理机构的问题。下一讲,我们将探讨另一个问题——地方机构的等级性质。

第四十讲

行政管理机构和社会——地方自治机构的分散性和等级性——全民的原则失败——把地方机构联合起来的必要性——缙绅会议——关于1550年缙绅会议的传说——对这个传说的分析——1566年和1598年缙绅会议的组成——缙绅会议上的服役人员和工商业人士——缙绅会议和邦——缙绅会议代表的意义——缙绅会议的协商程序——缙绅会议宣誓的意义——缙绅会议和地方村社的联系——缙绅会议的起源和意义——关于全国缙绅会议的思想——16世纪末的莫斯科国家

地方管理机构的分散性 我们研究了[1*]司法行政制、地方管 370
理制和宣誓就职制以后，现在要探讨一下在这些新的制度范围内社会是如何形成的。

我们已经看到，这些制度具有双重性质：从地方自治机关、民选代表获得授权的来源来说，它们是地方性的；但是从民选代表处理的事务的性质来说（处理的是全国性的、衙门的事务，而不是地方的事务），它们又不是地方性的。就其组成来说，它们是地方性机构，但是它们使地方的管理权比过去更加分散，不仅在地区方面是如此，而且在管辖的事务方面也是如此。莫斯科国家的县从前就不是一个完整的行政单位，乡村的管理机构同城市地方长官的管理机构没有很多的联系，城市地方长官的权力只是在极重要的刑事事务方面可以管到全县，而且也不是每个地方都是如此。现
371 在的地方村社，不管是乡村的，还是城市的，由于有了自己所爱戴的长老和宣誓的人员，就彼此完全独立了[1a]。它们分散为较小的地方单位——城郊、乡、区、村和屯子，在全县没有统一的机构。只有司法行政和贵族事务机构这两个系统联合成为一个大的区域，在县城有自己的集中点。领导这两个系统的是地方服役人员的代表、警长和城市官吏。而且这也并非到处如此。在梁赞县，服役人员分成四个团体，分成若干区。在诺夫哥罗德，每个行政区的一半地方就有十个司法行政区，各有自己的警长。地方管理系统除了领土分散外，主管机关却又复杂得很。同时并存的有四个主管机关：司法行政机关、教会、服役贵族机关和地方村社机关。教会的管辖权涉及在教会机构供职的俗人或住在教会土地上的俗人。所谓地方村社包括居住在城市和乡村的公家土地、宫廷土地和非教会的私有土地上的所有纳税居民。而且地方主管机关又分成三个独立的管理机构——司法机构、经济机构和选举事务机构。传统的地方长老、百人长和十人长管理城乡纳税居民的经济事务，分摊和征收公家的税捐，管理服役事宜，处置公家的土地。他们在伊凡沙皇的新的司法制度下继续进行活动。1550 年的法典把他们同长老和地方官明确地区分开来，后者“同地方长官和乡长及其季翁一齐参加法庭的工作”。

它的等级性质 除司法行政机关外，所有这些主管机关都具有等级性质。地方机关的长老和地方官负责管辖地方上的纳税居

民和纳税的土地。教会的土地占有者和服役人员的土地占有者依
附于他们，更确切地说，只是就下列事务同他们进行接触：关于纳
税的居民居住的他们土地的事务，或者关于纳税的城市土地上的
住户的事务（如果优待文件没有使他们免于参加地方上的土地纳
税义务的话）。但这只是土地上的依附，而不是人身依附或等级依 372
附。而且沙皇伊凡关于地方管理机构的立法，除了各等级的司法
行政机构以外，还力图在各主管机构之间建立联系，从而支持各个
等级的共同的社会活动。根据批准“百章决议集”的宗教会议的决
定，高级神职人员在民事和斗殴、抢劫等某些刑事案件的审判中，
除教会长老、教区人员参加外，还应有地方长老、地方官和地方书
记参加。像 1556 年的情况一样，诺夫哥罗德邦指示各阶层——神
职人员、服役人员和农民在每个行政村选举一个服役人员、从其他
等级的好人选举三四个人、从教会村中选举一人来负责征收公家
的税捐。这些“民选的长老”在宣誓以后，冒着自己的财产被没收
的风险，为公家征收各种税捐。公家税收的这种组织形式颇类似
于司法行政的组织形式。但是政权建设的方向并无助于把各等级
的原则贯彻到地方管理机构中去。国家的义务是在社会各等级之
间分摊的。它把状况变动不定的、变化无常的公民结合为巩固的
国家团体，必须为国家的需要和利益服务，而不是为地方社会的需
要服务。国家不仅在地方上寻找自己活动所需要的物力财力，而
且寻找负责地方管理机构的工作人员。供应这些机构的责任也落
在地方社会的身上，成为它们的一项特殊义务，并为此开动了选举
机器。各等级有自己的特殊利益和职责，它们很难形成完整的地
方机构，进行协调的共同活动。管理机构通常是在或多或少同社

会成员及其对国家的态度协调一致的情况下组成的。在莫斯科国家中,社会是按照国家加给它的责任而分成不同等级的,因此地方自治机关在成为中央集权的手段以后,便分化成为不同等级的主管机关[1*]。这种分化是16世纪地方机构的主要缺点。它[2*]使地方机关同中央机关之间形成了很不方便的关系。在地方上各管各
373 的、无法联合起来的各个等级在中央政府找不到一个集合点。民选的地方政权、警长,城市官吏、民选法官、地方长老和宣誓人员按照事务的性质或按照主管机关的区域划分直接向莫斯科的不同衙门请示。这个不统一的缺陷由于政治机关的建立而得到了部分的弥补。这种政治机关的出现是同16世纪的地方机构有密切联系的。中央政府可以在这种政治机关中同地方社会的代表见面。

缙绅会议 这个机构在我们的文献中叫作缙绅会议。在17世纪的文献中它有时叫作“全国咨询会议”。到16世纪末,缙绅会议召开了四次:1550年、1566年、1584年和1598年。必须谈谈这些会议是在什么情况下召开的,它们的组成如何,以便了解它们的性质和意义。

关于1550年缙绅会议的传说 第一次缙绅会议是伊凡四世召开的,当时正是沙皇的政治情绪非常激动的时期。他取得了沙皇称号,登上了皇位、娶了皇后、接着发生了莫斯科的可怕的火灾、人民的骚乱、对喀山和克里米亚的远征——从1547年起相继发生的这些事件使他的不稳定的情绪时而高涨,时而低沉。莫斯科火灾的情景长期留在他的头脑里,不能忘怀,三年多以后他在批准“百章决议集”的宗教会议上还生动地描绘了他当时的恐怖心理,就好像刚刚发生的一样:“我心里害怕极了,浑身颤栗。当心情平静下来时,我深感内疚。”[2a] 于是他决定结束贵族的统治,他以年轻

时代的冲劲热心地抓起了国事。他开始在自己的周围寻找人才和
办法来帮助他扭转局面。在沙皇的这种情绪下召开了 1550 年的
缙绅会议[2*]。关于这次会议的情况或记录没有留传到我们今天，
所以我们不知道它的组成，不知道它的活动的详细情况。但是关
于它留下了这样的传说。在沙皇伊凡二十岁的时候，他看到国家
处于极其紧张的关系中，暴力行动连绵不断，于是便考虑如何使大 374
家和睦相处。沙皇同总主教商量了如何消灭叛乱和消除敌对情
绪，便“命令召集全国各级城市代表开会”[3]。星期日沙皇戴着十字
架去莫斯科红场，在高台上祈祷以后对总主教说：“总主教，我要求
你当我的助手，捍卫博爱。我知道，你是希望大家博爱，做好事的。
你也知道，我四岁丧父，八岁丧母。”他接着用鲜明生动的语言叙述
了在他未成年时期大贵族统治的混乱现象。他突然用愤怒的语言
冲着红场上的大贵族说：“你们这些不仁不义的贪财者、吸血鬼、办
事不公正的家伙！你们使多少人流眼泪，你们怎么向我们交待？
我是没有沾染血迹的。你们等着报应吧！”[3] 接着，沙皇向大家鞠
躬致意，说道：“人是上帝的。我们是上帝赋予的。我要求你们信
仰上帝，彼此相爱。你们遭受的屈辱、破产和付出的重税，现在已
无法挽回了……我要求你们彼此抛弃敌意，摆脱苦难……我将亲
自保卫你们，为你们判断是非曲直，我要消灭不公正的现象，让吸
血鬼们得到应有的报应。”[4]

对这个传说的分析 这个[5]传说引起了许多误解。首先，“命令召集全国各级城市代表开会”这句话怎么理解？它包含的意思要比字面多。为了弄清它的含义，可以把这句扼要的话这样翻译过来：沙皇命令从本国各州召集各级代表开会。但不清楚，这是不

是选举产生的代表,他们代表什么样的官衔、称号或阶级。还有一点也很难理解:沙皇主持缙绅会议开幕的圣谕为什么不在克里姆林宫发表,而在红场发表。这只是在古代罗斯人民戴着十字架、做着祈祷举行群众大会的情况下召开的第一次公开的缙绅会议呢,还是缙绅会议的整个活动只限于沙皇发表圣谕[5]。流传下来的传说关于缙绅会议再没有提供更多的情况,而只是谈到了沙皇在同一天对阿列克谢·阿达舍夫讲的一番话。沙皇委托他接受并审理穷人和受委屈的人的申诉书。大概当时建立了上诉衙门,即向最
375 高当局申诉冤情的请愿委员会,阿达舍夫被任命为这个新衙门的负责人。沙皇的这篇讲话给人留下了奇怪的印象。这篇讲话慷慨激昂,但逻辑性可能是比较强的。读这篇讲话以后,人们首先想到,这是沙皇号召全体人民和所有的阶级互相忍让、同心同德、共谋福利;君主把权柄掌握在自己的手中后,直接向全国人民讲话,呼吁教会的最高人士和以他为代表的全部领土帮助他建立国家的秩序和法制;最高当局想开诚布公地直接向人民解释、向他们指出它将朝着什么方向行动、它将怎样调和各派人们之间的敌意。但是[6*],沙皇一方面呼吁都主教“捍卫博爱”另一方面却以尖锐刻薄的语言斥责大贵族们刚愎自用、吸人血汗。缙绅会议本来是要调和大家的情绪的,可是沙皇的开幕词简直是要挑起一场内战。还有一个问题:这篇历史性的讲话究竟是真有其事呢,还是像历史上其他一些讲话一样,是什么人的伪造,因为古代历史学家很喜欢把自己杜撰的东西塞入任何别人之口。问题在于:在伊凡统治的前半期,在马卡里都主教的参与下,继续编写和补充了大型俄罗斯历史集《**皇室系谱书**》,书名之所以这么叫,是因为叙述的顺序是按照

大公的年代，而大公则是根据系谱排列的。此书是在马卡里生前写成的，其中既没有提到沙皇的讲话，也没有提及1550年的缙绅会议。但是在17世纪的《皇室系谱书》中则有这两件事。据普拉顿诺夫教授解释，这两件事列在用另一种手迹写的手稿的特殊纸上[6a]。不过，不管沙皇在缙绅会议上的讲话的来源如何，对这件事的本身是不容怀疑的[6*]。次年，1551年，为了建立宗教管理机构和整顿人民群众的宗教道德生活，召开了大规模的宗教会议，一般称为批准“百章决议集”的宗教会议，这是因为这次会议把它的活动编成一本专门的册子，叫作《百章决议集》。顺便说一句，在这次会议上还宣读了沙皇的亲笔《圣谕》和他所说的话。这篇用拜占 376
庭—莫斯科的雄辩口才写成的洋洋洒洒的长篇文件同他在红场上的讲话有着密切的内在联系，在这篇文件中我们可以听到同样的不和谐的调子：忏悔、宽恕和愤怒交织，和平、和解与敌意杂陈。沙皇在向宗教会议发表的讲话中说，前年夏季他同大贵族一起向会议的神甫们谈到了自己的罪过，神甫们饶恕了他和大贵族们的罪行。沙皇显然是指前一年，即1550年的会议，在那次会议上俄国的主教们也出席了。从这些特点来说，在莫斯科举行的第一次缙绅会议是欧洲历史上前所未有的行动：沙皇和大贵族政府向全体人民忏悔自己的政治罪过。人民和沙皇慑于内外交困的局面而和解，这显然是极其重要的道德行动，说明了第一次缙绅会议的宗旨和意义。但是从沙皇在批准“百章决议集”的宗教会议上说的话来看，1550年的会议还提出了不少其他纯实际性的事务，讨论和解决了一些重要的立法问题。沙皇向神甫们报告说，去年他向大贵族下达的要他们在以前的一切事情上同所有的基督徒和解的圣谕已经履行了。我们已经知道,这指的是要食邑贵族赶快用和平方法同地方上的群众解决关于食邑的一切讼争,沙皇在红场上呼吁人民"彼此抛弃敌意、摆脱苦难"大概正是这个指示。后来,沙皇在批准"百章决议集"的宗教会议上提出了新的法典,这个法典是1497年祖辈的老法典的修订补充版本。沙皇是在上年的缙绅会议上得到神父们的同意来修订老法典的[7]。此外[8*],沙皇还说,他在各邦安置了长老、警长、百人长、五十人长,并"写了章程文件"要求与会的神甫们审议这些文件,讨论它们,在法典和章程文件上签字,"付诸实施"[8a]。这就是说,我们研究的一系列立法措施和改革地方管理机构的整个计划都同1550年的缙绅会议直接间接有关系。这个计划首先是立即解决地方上同食邑贵族的讼争;接着修
377 订法典,规定各地的食邑贵族法庭必须有民选的长老和警长参加;最后实施了取消食邑的文件。我们知道,一系列这样的文件正是从1551年2月开始出现的,当时沙皇向批准"百章决议集"的宗教会议报告了这些文件。从沙皇的话里我们可以得出这样的结论:在制定地方的章程时,还制定了一个带有普遍性、可以说是示范性的章程。既然是示范章程,当然应当保存在国家档案馆。沙皇建议批准"百章决议集"的宗教会议的神甫们把这个章程连同修订的法典一起加以研究。这个章程显然包括一些普遍性的基本原则,各地的章程可以结合当地的具体情况加以采用。各地的章程也提到这个示范章程,要求民选的法官"像全国各地对法庭要求的那样,按照法典和章程的规定进行审判、处理"。从以上所述可以得出结论,第一次缙绅会议的主要课题是改善地方管理机构和法庭。

1566 年和 1598 年的缙绅会议 这样就揭示了第一次缙绅会

议同地方管理机构改组之间的联系。但是还必须弄清楚缙绅会议同地方社会之间的关系，只有这样才能充分了解莫斯科当局是如何想起要举行缙绅会议的。为此，需要研究16世纪缙绅会议的组成。1566年和1598年的两次缙绅会议提供了进行这种研究的材料。前者是在为争夺利沃尼亚而同波兰交战的时候举行的，当时政府想要了解一下官员们对下一问题的意见：是否根据波兰国王提出的条件媾和。后一个缙绅会议是要推选沙皇，当时，在此以前当权执政的卡利塔朝代中断了。这两次缙绅会议关于推选鲍里斯·戈都诺夫当沙皇的文件或记录保存下来了，1566年的文件叫《推选名单》，1598年的文件叫《批准书》[8б]。这两个文件列举了两次会议的成员名单。出席第一次缙绅会议的有374人，出席第二次会议的有512人。领导这两次缙绅会议的是最高的执政机构——教会方面是最高神职人员会议，国家方面是大贵族杜马。中央所属各个机构的首长、莫斯科各衙门的首长和他们的主事，以及地方上的中央机关、城市的长官都被召请与会。所有这些人都是当权人士，而不是地方社会的代表。 378

缙绅会议上的服役人员 两次缙绅会议上的社会各阶级中服役人员的代表最多。1566年的缙绅会议上，不算政府机构的代表，光是军事服役人员就占整个与会人员的百分之五十五左右，而在1598年的会议上仅占百分之五十二。这个阶级的代表资格是双重的：既是按照职务，又是民选的。这个特点可以用服役阶级，即当时服役贵族的组成来加以解释。我们已经知道，最高的军事服役官员组成莫斯科贵族、首都贵族，最低的是城市贵族、外省贵族。首都官员组成特殊的阶层，执行着中央政府委托的各种军事任务和行政任务。首都贵族从城市贵族中得到补充,16 世纪它在服役方面从未割断同后者的联系。首都贵族在出征中通常被任命为百人队的指挥官,百人队相当于连,每个百人队都是由某县的服役人员组成的。在 16 世纪,县百人队的负责人通常是由在县里有自己的领地或世袭领地的首都贵族担任的,可以把他们叫作县贵族的出征首领,正如同我们把城市官吏叫作贵族的行政首领一样。在 1566 年的缙绅会议上,县贵族社会是由同他们有领地联系的首都贵族代表的。这些贵族头头统率着打波兰的军队,他们是从战场上直接来莫斯科的,因为这次缙绅会议就是为讨论同波兰的战争而召开的。其中有些人在会议上的发言中指出了这一点。他们说,他们不想被关在波洛茨克而死。他们又说,“我们是君主的奴仆,现在骑在战马上,将为君主的事业死于疆场。”因此,他们被召请来参加会议,因为他们比别人更了解会议所要处理的事务的情况。但是没有任何文件可以说明,县级军队选举他们作为自己的
379 与会代表。他们每个人都是在出征时被团统任命为县级百人长的,认为他们是那个县的优秀的服役土地占有者;他们作为百人队的代表,即作为县级贵族社会的代表被请到或被派到会上。按照工作能力被任命担任职务,按照职务被请到或被派到缙绅会议上——这就是当时的缙绅会议代表的组成情况,这同我们现在的政治概念和习惯相差很远。我们知道,这个特点最有力地说明了 16 世纪缙绅会议的性质和意义。诚然,选举性的缙绅会议向着我们所理解的代表制有所前进。会上确有不少首都贵族,他们是根据自己的职务代表县级贵族社会的。但是除他们以外,我们也看到有少数的贵族(在 267 名与会成员中约有 40 人)是来自军事服

役人员的，他们大概可以算作是县级贵族社会选举产生的与会代表。1598 年缙绅会议组成中的这一新情况是上次会议所没有的，但是它太微不足道了，好像是地方上的偶然情况或例外，并没有破坏缙绅会议代表组成的基本原则。

工商业人士 城市工商业阶级的缙绅会议代表所依据的原则同服役的土地占有者的代表是一样的，但前者体现的这些原则更为明显。1566 年缙绅会议只邀请首都商人参加，而且只限于高级商人，为数 75 人。这大概不会是某个行业或某个公司的选举产生的代表，而是代表在那个时候可能被邀请参加会议的整个莫斯科高级商界人士。但是支持这些商界人士的有整个工商界，正如同支持首都贵族的有县级贵族社会一样。像贵族一样，莫斯科商界的显贵也是从首都和外省的普通商业人员的优秀人物中产生的。这些商业显贵也服役，只不过从事的是另一种管理工作。我们已经知道，这就是宣誓就职的工作：一整套财政方面的任务。由于没 380
有适当的衙门，财政当局把这些任务交给地方上的阶级。首都高级商界人士在这项财政工作中发挥着领导作用，正像首都贵族在军事服役中发挥领导作用一样：他们承担了最重要的、最难办的、但也是最责任重大的财政任务。这项工作使他们同地方上的城市保持了联系，他们正是从地方城市圈子里成长起来的。雅罗斯拉夫尔或科洛姆纳的资本家被提拔为莫斯科的客商以后，继续在自己的城市生活和做买卖，政府通常把他家乡地区的重要财政业务交给他来处理，因为他由于自己的切身事务而对那个地区的经济生活非常熟悉。这样一来，地方市场的要人们便成了中央财政机关的重要代理人，在州里的城市主持了酒类、关税等极其重要的财政业务,给地方工商区的人们以薪俸,为君主购买地方的商品,总之,进行了公家的各种工商业活动。这简直成了莫斯科政府领导州里工商界的财政大本营。由此可见,1566 年缙绅会议的文件反映了首都商业界在财政方面的作用,而 1598 年缙绅会议的代表名单则反映了缙绅会议代表资格的基本原则略有改变。到这个时候,首都的商业界像贵族一样,最终形成了自己的阶层,按照资本的多寡和财政工作能力的高低分成不同的等级。高级商界是由客商以及市场和集市这两个商业公会的商人组成的。首都的一般工商业者组成了一些普通的商会和工商区,它们可以加入手工业的行会。1598 年的缙绅会议邀请了客商和高级商会的长老 21 人、一般商会代表 13 人。客商显然是全部被邀请与会的,因为在 17 世纪他们人数不多,通常总共只有二三十人。但是同业公会的长
381 老和会长是根据职务被邀请或被派去参加缙绅会议的。不过,他们的职务是社会推选担任的,而不是像贵族百人长那样由上级任命的。由此可见,1566 年是普遍邀请,而现在,就商业公会来说,则是邀请其负责代表。

缙绅会议和邦 从上述的两次缙绅会议的复杂组成中可以看出有四类成员:一类代表高级教会机构,另一类代表高级政府机构,第三类是由军事服役人员组成的,第四类是由工商界人士组成的。同时代的一位编年史作者对 1566 年缙绅会议的组成显然也是如此分类的。他写道,君主在缙绅会议上是同自己的祈祷者、大主教,同整个高级神职人员会议说话的,“同整个大贵族和官吏们,同王公、大贵族子弟和服役人员们,同客商、商人和整个贸易人员说话的”。头两类是政府机构,后两类则是由两个社会阶级的人士

组成的。只有后两类的人才具有代表的意义。但是这些人并不是我们所理解的那种阶级代表，即专门在缙绅会议上代表他们利益的民选代表。他们是担任职务的或服役的人，他们被任命或被选举来领导地方社会，完成政府的军事、行政任务或财政任务。这就是说，缙绅会议代表资格的基础不是由社会群众选举，而是由政府根据职务或称号来邀请。我已经说过，虽然在 1598 年的缙绅会议上有例外，但并没有动摇这个基础。如果 1550 年缙绅会议的组成情况大致是如此的话，那么，16 世纪历次缙绅会议的一般情况就可以得到解释了。在这些会议上，政府同社会见面，征询首都贵族和首都商界这两个阶级的人士的意见。不过，这两个阶级的人士不是以社会代表或邦代表的身份参加会议的，而是作为担任官职的人、作为中央管理机构的社会助手与会的。换句话说，这两个阶级只是由于它们在政府所处的地位，而不是由邦的授权，才具有邦代表的意义的。这是政府雇佣的、安插在首都各地的社会上层人物，以便作为统治地方社会的补充手段。这就是说，16 世纪的缙
绅会议，确切地说，是**政府同自己代理人的会议**。这是罗斯地方代 382
表制的原始形式。当时对人民代表制不可能做别的理解，但只能理解为政权机关的各级官吏的会议，而不会理解为社会或人民的代表的会议。不过，根据当时的理解，这种会议仍然是人民代表会议，有权决定人民的命运。对人民代表制之所以形成这样的看法，是因为当时对“人民”一词的理解也跟现在大不相同。现在的看法是这样的：人民代表制通过人民选举的代表来体现人民的意志；人民作为一个政治整体，也就是国家；政府只不过是把人民结合成为这样的整体的组织，它是由人民创建的。16 世纪莫斯科的看法

是:人民不需要指定自己意志的体现者,在这方面有现成的、上帝的意志建立起来的、自古以来就有的政权——政府及其所属的臣仆,而政府也就是国家。简言之,人民不能有自己的意志,而必须服从代表人民的政权的意志。在推选鲍里斯·戈都诺夫当沙皇的缙绅会议上,非特权阶级与会的人只有十三个百人长,而且是来自首都平民社会。然而关于推选沙皇的文件却说:参与这件事情的有“全体人民”、“俄罗斯国家所有城市的所有东正教徒”,甚至“俄罗斯疆域的全部国土上的数不尽的全部基督徒”。这里充分表现了衙门的官样文章,这是莫斯科上层机关的通病:主观认为,全民在精神上都出席了会议,通过非选举产生的、天生的首都代表之口表达了自己的意志。在当时俄罗斯人的社会意识中虚伪的法律概念所占的地位比现在还要大得多。由首都高级官员代表普通人民群众的这一假象的形成,俄罗斯教会的法学家也出了一把力,因为
383 缙绅会议是部分地按照高级神职人员会议的模式搞起来的。在古代罗斯的宗教界,普遍认为,教会真正有活力的地方是教阶。因此,宗教会议就其组成来说只不过是教会牧师和教师的集会。16世纪缙绅会议是国家管理机关各个单位的领导人、在会议以外分别进行活动、完成自己的特殊任务的各个主管机关的代表的集会。可以说,缙绅会议被看作是国家组织的代表。在这个组织范围内它所管辖的社会和人民的生活和工作的这种生动的、具体的内容,不是被看作一种政治力量,一种能够在会议上通过自己代表来表达意志的力量,易被看作是一群教徒群众,只有牧师才会考虑他们的福利。缙绅会议表达了他们的利益,但没有表达他们的意志。会议成员代表了他们所统治的社会。必须经历一场17世纪初国

家所经历的那种可怕的震动，才能打破这种对人民代表制的看法，从而使以后的缙绅会议具有真正的、而不是虚假的、有代表性的组成。

缙绅会议代表 在上述的缙绅会议的组成的情况下，根本谈不上缙绅会议代表制度的问题，谈不上这个代表制究竟是代表等级，还是代表官员，或是代表别的什么人。如果说缙绅会议有所代表的话，那它只是代表首都。但是在首都集中了全国的有权威的领导力量。因此，可以说，缙绅会议是通过首都来代表邦的，也只有代表邦，才能代表首都。缙绅会议的这种组成决定了缙绅会议代表的意义。他是根据职务、职称或地位去参加会议的。至于他是由于这个缘故而被政府邀请参加缙绅会议的，还是被他领导的那个社会派到那里去的，这实际上是一样的，因为根据任命或根据选举而领导某个社会的人，由于他所处的地位，每当社会需要代表
时，他总是不可取代的当然代表。代表获得授权有两个来源，即社 384
会选举和政府根据职务邀请，这两个来源并不像敌对的原则那样，截然对立，而是互相补充的。当政府不知道任命什么人来从事某项工作时，它便要求进行选举；而当社会不知道选举什么人时，它便要求政府来任命。问题不在于缙绅会议的授权问题，而在于寻找可靠的人来执行缙绅会议的决定。缙绅会议需要的不是村社的禀报人，去向当局申诉选民的需要和愿望，而是需要为政府或社会办事的人，他要能够满足政权的需要，就政府需要办理的事务提出咨询性意见。因此，缙绅会议从社会上邀请的不是由于个人的品质和关系而得到地方村社和社会阶级的信任的人，而是领导这些村社或阶级的、由于自己的地位而熟悉他们的事务和意见的、能够

执行缙绅会议通过的决定的人。首都的贵族和首都的高级商人在地方的社会中占据这样的地位。这些阶级的人在缙绅会议上表达自己的意见,或者在中央政府官员在场的情况下采纳它的决定,他们作为它的执行者,保证在政府委任他的岗位上贯彻这些意见或决定。16 世纪缙绅会议的做法形成了这种类型的代表。反映"自己周围群众的一切需要"的代表在 16 世纪的缙绅会议上还根本没有,而 17 世纪缙绅会议上的民选代表大体上就是这样的人了。这就是说,16 世纪缙绅会议的目的是把高级政府及其下属机关的意见和行动统一起来,使前者了解执行人员对情况的看法以及他们如何对待会上提出的问题,因为这些人将负责贯彻当局在进行调查和征询意见的基础上做出的决定。

缙绅会议的协商　这个目的最清楚不过地表现在 1566 年缙绅会议的裁决书中。我们从这份裁决书中可以看出,缙绅会议是由沙皇主持开幕并讲话的,他提请会议讨论下列问题:他是如何抵
385 御敌人的?是放弃波兰国王侵占的利沃尼亚的一些城市而和解呢,还是为这些城市继续打仗?会议的文件是根据与会的各类人士为答复这个问题而提出的书面意见写的。各类人士的组成如下:(一)修道士、大主教、主教、大司祭、修道院长和长老共 32 人,即高级神职人员会议的全体成员。(二)大贵族、侍臣和其他高级官吏共 30 人以及 7 名高级主事,即大贵族杜马的全体成员。(三)一级贵族 97 人。(四)二级贵族和大贵族子弟 99 人,这两类人都属于首都贵族。(五)3 名托洛佩茨地主。(六)6 名维利科卢茨地主;这两类人也是首都贵族,他们成为两个特殊的地方集团。(七)莫斯科衙门的主事 33 人。(八)客商和商人,即莫斯科人和斯摩棱

斯克人，这两类人都是首都的高级商人，相当于1598年缙绅会议文件中的客商公会和商人公会的成员，共计75人。杜马成员、掌玺大臣维斯科瓦蒂不同意其余的议员的意见，他特别“讲出了自己的看法”，提出了单独的意见；而斯摩棱斯克公会则谈了自己的一派，即首都其他商人的意见，提出了自己的补充看法。可以看到，会议成员是相当复杂的，不论就机构、官阶、社会阶级来说，还是甚至部分地就地区来说，都是如此。我们还看到，会议对于它所要讨论的问题是十分了解情况的，因为高级人士甚至教会人士详细地谈到了国际的、政治的、地理的和战略的问题。显然，政府向会议提供了进行全面讨论的充分材料。每个集团的成员都单独地讨论了问题，“在自己人中间谈了立陶宛的问题”。在各项决议中、在说明其动机方面甚至在个别的措辞方面十分相似，致使人产生这样的想法：在进行小组讨论以前是否进行了共同的磋商，确定了最有分量的看法，为所有的集团或其大多数所同意。不过，这虽然是集体的看法，但并没有丧失各个行业的特点。每个集团都是按照自 386
己的观点看问题的，表明了它的社会地位。宗教界的意见是极为重要的，他们主要是从道德宗教的角度来看待问题的，不乏辩证法的观点。君主宽宏大量，他在一切事情上都忍让。他让出了许多城市，俘虏往往被无条件地释放，而被敌人俘去的自己的人则用钱赎回。他对波兰国王做到了仁至义尽，让步让到了无以复加的地步。他把利沃尼亚的一些城市让给了国王，君主在利沃尼亚地区建立的教会遭到破坏，普斯科夫拥挤不堪，所有的商人都不得进行贸易。波兰国王做得不对的地方是：他是假手莫斯科把利沃尼亚的一些城市从莫斯科搞走的；利沃尼亚的日耳曼人由于莫斯科的进攻而变得软弱无力,向他屈服了,否则,利沃尼亚的城市他连一个也弄不走。利沃尼亚的土地是祖先传下来的,是大公雅罗斯拉夫·弗拉基米罗维奇传下来的,是我们君主的财产。因此,宗教界得出了一个好战的结论:不和解,要坚守利沃尼亚的城市,“至于如何坚守,这要由君主下决心,按照上帝的吩咐办事,我们的责任是为君主祷告,而对他出谋划策则不是我们的事”。大贵族和杜马的其他高级官员主要是从事政治和外交活动。他们预见到和解的危险性,因为在此期间波兰国王将在利沃尼亚地区集聚力量,加强防御。最好是继续打下去,鉴于波兰的外部困难,尤其应当这样干,“我们为了君主不惜牺牲一切”。不过,在一切方面要看上帝和君主的意志,“我们认为,这样我们就向君主表达了自己的思想”。各个集团的贵族都按照自己的方式理解上级、教会和议员的看法。他们仿佛甚至感到不解的是,在这么重要的国家大事上竟然征求他们的意见。君主的事情如何做,这要由君主决定,而他们是君主的奴仆,只是服役的人,骑在战马上,为君主而战死疆场。只要君主下命令,他们就会为他的事业而献身,为收回被敌人夺去的每一寸土地而流血牺牲。有一个理由最能使他们相信君主的正确性:当利沃尼亚邦的君主不战斗时,波兰国王不会给予庇护,而现在给予庇护了。衙门主事的意见也是非常好战的。君主是用自己的马刀夺取波洛茨克和利沃尼亚的一些城市的。而其他一些城市则由于我们的战争而变得软弱无力了。因此,它们的国王问道:君主为
387 什么要放弃它们呢?由于缺少作战的人力,主事们最后写道:“我们这些为君主的事业而奋斗的奴仆准备牺牲自己的头颅。”客商和商人则是从经济方面来看待这件事的。君主和一切人为了取得这

些利沃尼亚的城市而“献出了自己的财产”，付出了不少代价，为什么要放弃它们呢？他们的意见书最后说，我们这些非服役人员不懂得军旅之事，但是我们不仅维护自己的财产，而且准备为君主而抛头颅洒热血，以便君主到处扬威。还必须弄清裁决书中各类人员的意见所使用的术语的区别：教会人士向君主提出自己的“建议”，而其余的所有与会者只是阐述自己的“看法”。这显然是对教会和其他与会的世俗人员的意见所做出的评价。全体与会者一致表示愿意为君主的事业献身，在这种精神的鼓舞下，沙皇向波兰国王提出了过高的要求，这些要求都被波兰政府拒绝了，于是战争继续打下去。但是在1570年，沙皇没有召开新的缙绅会议，就根据维持现状的条件同波兰议和，不过，大贵族们则坚持以前的缙绅会议的裁决。

缙绅会议上的宣誓 缙绅会议上的情况就是如此。但是缙绅会议文件中最重要的内容是它结尾的总决议。宗教人士在这里宣布：他们“在这个文件上、在自己的讲话上”签名，而其他与会人士则“在这个文件上、在自己的讲话上”亲吻君主的十字架。吻十字架意味着宣誓保证履行缙绅会议的裁决。宗教界是禁止宣誓的，所以代之以签名。这两种表示信守缙绅会议裁决的形式表明，这个裁决不仅具有道德的意义，而且具有法律的意义；它不仅仅是协商的结果，而且是正式的义务，具有普遍性的、连环保式的义务；它把所有与会者联合成为一个整体，联合成为某种集体，至少在对缙绅会议的裁决方面是如此，因为他们所有的人在决议的结尾都向君主保证忠诚服务，为他、为他的子孙、“为他们的土地”谋福利，抵 388
御君主的敌人，“根据这个宣誓不惜牺牲一切，包括自己的生命”。

这个保证向我们直接提出了16世纪缙绅会议产生的原因和它们的意义的问题。

缙绅会议和地方村社 缙绅会议虽然不是我们所理解的那种代表会议,但它有权被称作缙绅会议。在它的组成中可以很容易看出两种成分:下命令者和执行者。第一种成分是高级中央机关,第二种成分是首都贵族和首都高级商人。地方村社——服役人员和一般平民——在1566年的会议上没有直接代表,既没有专门的与会全权代表来代表他们,甚至也没有民选的机关来代表他们。但是首都的这两个阶级保持了他们同会议的联系,不仅在社会关系方面是如此,而且在行政方面也是如此。地方自治机构是村社选举产生的,首都贵族和商人是政府招募的,他们是从地方上招募来补充首都的服役人员的。他们成为中央机构的工具以后,仍然保持着同地方村社的联系,继续处理他们在那里的经济事务,而首都则把地方上的新任务和新关系交给他们处理,派他们到各县去处理各种重要的任务。这种责任是在缙绅会议上宣誓以后承担下来的,它通过下面这个共同的基本原则而使中央政府同地方自治机关的关系密切起来,这就是对国家承担的责任,这个新原则是在伊凡雷帝时代在地方机构中实行的,用以取代以前食邑贵族根据受害者的申诉而承担的那种公民责任。只是缙绅会议上的这种责任同地方机关的责任略有不同。在下面,地方村社对自己选举的统治者向政府负责;而在上面,政府的代理人则在政府派他们去的地方村社对缙绅会议裁决的贯彻集体负责。尽管有这种区别,但政府在中央和地方上的目标则是一个:找到负责任的执行者。通过缙绅会议上的宣誓把权力和服务结合起来,这是最高形式的国家责任制或集体保证制，这也是地方自治的基础。

缙绅会议的起源 16世纪的缙绅会议不是人民代表机构，而 389
是中央政府的扩大。这种扩大是通过下列办法达到的：即在特别重大的场合，使非来自政府而又负有政府使命的社会人士（被招募到首都的地方社会的上层——服役人员和工业人员）参加大贵族杜马，即国家议会。在缙绅会议上，他们不组织摆脱中央政府的特别会议，而是直接参加它的组成；只是在发表意见时，才组成一些同政府平行的小组，同高级神职人员宗教会议、大贵族和官吏们平起平坐地发言。16世纪的缙绅会议，实际上是大贵族杜马，即吸收地方高级人士参加的政府。这样充实政府，是时代的需要。伊凡沙皇摆脱了大贵族的保护，他深感食邑制不适用了，他认为它是人民内外交困的总根源，他已经预感到国家要覆灭。当时他考虑的不是用新的执政阶级取代名门食邑贵族，而是把整个管理体制置于新的基础上，用来自下面、来自被统治群众中的新生力量充实政府，使之焕然一新。1550年，他任命阿达舍夫为上诉衙门的负责人时对阿达舍夫说："我把你从平民百姓那里选来，因为听到你做了许多好事。选到我身边的不止是你一人，还有其他许多人，他们将减轻我的悲伤，照顾上帝派给我的人。把真实情况带给我们吧，从大贵族和达官贵人中选拔公正的法官。"[8в] 在对批准"百章决议集"的宗教会议的致辞中，他也对宗教界、"亲爱的王公和达官贵人们"、军人们和全体信奉东正教的基督徒们提出这样的要求："请同心同德地帮助我和协助我吧。"[8г] 我们已经知道，这个号召在改革地方管理机构的过程中已经实现了：地方机构处理的事务应当由民选的地方政府机关来抓，这些机关负有双重责任：个人责

390 任——即当选的人的责任;连环保——所有选民的责任。在中央，事情要略微复杂些。在这里,帮助大贵族和衙门机构的有来自地方的两个执行机关:军事行政机关和财政机关。中央派他们到地方上工作,他们在当地选举产生的下级官吏的协助下处理事务。对首都的贵族来说,他们是县里的贵族税务官;对首都的客商和商人来说,他们又是地方官。对首都的代理人来说,政府的委任取代了村社的选举。首都代理人和地方代理人承担了个人责任,保证他们完成任务。有些十分重要的问题需要所有的政府机关通力协作,政府便号召它所管辖的最近的首都代理人研究一下他们可以承担哪些任务,什么是他们力所能及的,什么是他们力所不及的。对于最高权力机关来说,这种代理人在缙绅会议上的宣誓取代了专门选举缙绅会议的人民代表。这种做法使最高政权当局有了负责任的执行者。他们被委托执行缙绅会议的决定后,将在地方上负责加以贯彻。在那里,他们体现了最高当局的意志,把村社和各地的地方机关的分散活动联合起来。我们的缙绅会议就其起源来说同西欧代表会议不同的地方就在于此。人们通常把我们的缙绅会议同西欧的代表会议相比。西欧的代表会议是产生于这样的需要:确立为中世纪各阶层的自由而斗争的战士之间以及他们同政府之间的和平关系。我们的缙绅会议则是出于这样的需要:政府同自己的各个机构一道考虑用于完成某项事业所需要的社会资源,并保证准确完成所通过的决定。我们的缙绅会议不是像西方的人民代表制那样产生于政治斗争,而是产生于行政工作的需要。由此可见,**我们的缙绅会议是由于伊凡沙皇进行地方体制的改革而产生的,它同地方体制的改革在同一时间产生。它是大贵族杜**

马(即中央政府)同作为政府的最接近的重要机关的首都阶级一起举行的联席会议。举行这样的会议是为了就国家生活中的某些特别重要的问题拟定总的决定,并由与会人士承担连环保,保证贯彻 391
缙绅会议的裁决。

缙绅会议的意义 大家也许认为我的关于缙绅会议起源的看法是想要贬低它们的意义吧。其实,我在研究它们时往往是抱着很大的期望:这是16世纪莫斯科的具有代表性的缙绅会议啊!但是,要使这样的会议得以举行,必须首先就人民和国家、政权和自由、个人的权利和政治权利、总体利益和局部利益、政治代表性和私人全权等问题具有一系列的政治概念和法权概念,必须在当时莫斯科人的头脑中具有这些复杂的概念,在当时俄罗斯生活的整个结构中必须具备只有在社会发展的高度水平上才能有的一系列条件。在伏尔加河上游这样的自然条件和历史条件极差的砂质黏土地带是怎么形成使这样的概念得以产生的客观条件呢?在研究16世纪的缙绅会议时,我们没有碰到这样的概念和条件,而只看到缙绅会议不是常设机构,它既不具有政权所必需的权威,也没有法律规定的权限,因此,不能保证全体人民和各个阶级的权利和利益,在它的组成中根本看不到或者几乎看不到选举的成分。大家也许会问,全是由当官的人代表人民的会议,算什么具有代表性的会议呢?16世纪的缙绅会议当然不符合阶层的代表、人民的代表这样的抽象要求。从这样的教条观点来看,你们是对的,不过,我倒要问一下:没有真正代表的会议算什么代表会议?但是除了权利的理论,除了国家秩序的普遍形式和原则以外,还有政治,即达到国家目的的各种实际手段的总和。在这方面所形成的社会参与

国家管理的形式可能不适合于人们所习惯的那种人民代表形式。从这方面来说,16 世纪我们的缙绅会议找到了自己的政治意义、
392 自己的历史根据。在我们所研究的我国历史上的这段时期,我们发现某种现象,这种现象以前有过,以后又重复过。由于当时国家的需要而产生的某种政府形式长期地保持了下去,而在它们作为不合时代需要的东西消失以后,领导和利用这种过时的形式的社会阶级就成了国家的不需要的负担,它对社会的领导也就成了滥用权力。从 15 世纪中叶起,莫斯科君主继续用分封时代传下来的食邑制领导联合起来的大俄罗斯,在成立莫斯科各衙门以后,除了食邑制外,还增加了迅速发展起来的主事阶层。到 16 世纪中叶,这两种制度融合成为完整的衙门制度,供养着各种贵族和他们的奴仆,供养着这些贵族中的主事和助理主事,用库尔勃斯基王公的话来说,更多的是"来自牧师子弟和平民百姓的人"。衙门体制那一套因循守旧的做法已完全不能适应国家的任务,与之相对的是,在州的管理机构中确立了选举的原则,而在中央的管理机构中确立了政府招募的原则,这两种原则使得地方上的社会力量可以源源不断地加入到管理机构中去,可以把重要的行政司法工作无偿地加到他们身上。在伊凡雷帝时代的社会里,人们开始想到必须使缙绅会议成为改革和更新衙门体制的领导者。瓦拉阿姆创造奇迹的人的《谈话录》是一部反对寺院土地占有制的小册子,在这部小册子的附录中,有一位不见经传的政论家呼吁教会当局请莫斯科沙皇干一件好事——召开所有城市和县城的各级官吏的"全国大会","每年"举行一次,每天好好询问下情,那时沙皇就可以使自己的督军和官吏不敢接收礼物、贿赂,不敢干各种坏事,不至于犯

下“许多滥用职权的过失”，于是在他统治的地方就可以确立正义，造福人民[8д]。实际上，16 世纪的缙绅会议并不是全国性的、也不是常设的、每年召开一次的例行会议，并没有负起监督行政机构的责任。但是它对于立法和行政，甚至对于俄罗斯社会的政治意识并 393
非丝毫没有影响。法典的修订和地方体制的改革计划——这些兴利除弊的事情，正如我们所看到的，第一次缙绅会议是参与了的。在伊凡雷帝逝世以后，缙绅会议甚至填补了基本法的空白，更准确地说，是填补了帝位继承程序的空白，也就是说，具有了立君的意义。大家知道，莫斯科国家的最高权力是通过分封世袭领地的办法用遗嘱一代一代传下来的。沙皇伊凡在 1572 年的遗嘱中立长子伊凡为继承人。但是这个继承人在 1581 年死于父亲之手，因而使这个遗嘱无效。沙皇没有来得及写下新的遗嘱就死了。于是他的次子费奥多尔成了长子，但他没有一个授权他当沙皇的法律文件。由于这个缘故，召开了缙绅会议。俄罗斯通报说，1584 年，在伊凡沙皇死后，全国各个城市的名流齐集莫斯科，恳求皇太子“自立为沙皇”[8e]。当时居住在莫斯科的英国人戈尔西认为，这些名流的这次聚会有点像由高级神职人员和“所有达官显贵”组成的议会。这说明，1584 年的缙绅会议就其组成来说类似 1566 年的缙绅会议，后者是由政府和首都两个高级阶级的人士组成的。例如，在 1584 年的缙绅会议上，国家推选法（仍然掩盖在缙绅恳请的通常形式下）第一次取代了世袭领主立遗嘱的个人意志：分封时代继承王位的办法没有废除，而是得到了批准，不过换了一个法律形式，因此失去了它的分封性质。1598 年的缙绅会议推选了鲍里斯·戈都诺夫为沙皇，因而具有了这种立君的意义。在 16 世纪偶尔召开的缙绅会议不能不在以后留下不为不重要的心理影响。只有在缙绅会议上,贵族—衙门政府才能同被统治社会的人们作为政治上的平等者共同向君主阐述自己的想法;只有在这里,它才不再
394 认为自己是全权的特权阶级;只有在这里,从诺夫哥罗德、斯摩棱斯克、雅罗斯拉夫尔和其他许多城市齐集首都的贵族、客商和商人才共同负责向"自己的君主和他的国土献计献策",学会第一次感觉到自己是政治意义上的统一的人民:只有在缙绅会议上,大俄罗斯才能意识到自己是完整的国家。

关于缙绅会议的思想 最后,关于吸收社会各界参与行政管理的思想领导了伊凡四世统治下的州级改革工作,它使缙绅会议具有了政治运动和推动历史的意义。缙绅会议的组成一次比一次复杂,吸收的社会人士越来越广泛,这表明关于社会代表的思想也日趋明确。1566 年的缙绅会议只邀请了首都贵族和具有高级职务或高级称号的首都商人,这些人是虚有其名的社会代表,而真正选举产生的全权代表则没有。研究"混乱时代"莫斯科事态发展的德国人布索夫说,当时在莫斯科的国家官员推选鲍里斯·戈都诺夫为沙皇[8ж]。但是从 1598 年的文件中我们可以看出,这次缙绅会议的组成并不像以前那样完全是首都的名流。在以前完全由僧侣组成的高级神职人员会议上出现了十一名莫斯科大司祭。在这次缙绅会议上可以明显地看到有外省贵族的民选全权代表参加,外省的贵族在会上有了自己的直接代表。其次,已经发展为行会的莫斯科商人公会不是像 1566 年那样普遍被邀请参加会议,而是派自己选举的长老出席会议。会议的代表性深入到社会下层:被邀请与会的有首都平民百姓的代表,即民选的百人长。不错,首都的

人士在这次缙绅会议上占了绝对优势，外省城市的工商界没有一个全权代表。不过，人们已经考虑到要举行全国性会议。据马尔热列特说，在推选沙皇以前，鲍里斯·戈都诺夫至少曾经要求（尽管是做样子的）举行全国官员会议，每个城市各派八人或十人，以便让全体人民来一致决定由谁当沙皇。王朝中断以后，大概加速 395
了这个思想的发展。推选产生的沙皇不能再用世袭的沙皇的眼光把国家看成是自己的世袭领地，他的权力不再是自己的私产，而是由别人的意志加在他身上的责任，这种意志体现在缙绅会议的裁决中。对人民产生了新的看法，不再把人民看成是应当受政府庇护教育的阶级，而看成是国家意志的体现者，在缙绅会议上国家的意志被转交了当选的沙皇。在这种思想发展的同时，缙绅会议民选代表的组成也扩大了。我们在终止老朝代、推选新沙皇的1598年缙绅会议上看到了首批这样的迹象。已经开始了的动乱涉及越来越广泛的社会阶层，从而也推动了这个思想的发展。第一个僭称王者装扮成世袭沙皇，但是他为了审判被控告散布关于他僭称王的谣言的舒伊斯基王公们而召开了缙绅会议；根据俄国的报道，在会上，宗教当局、贵族和平民百姓没有一人为这些被告说情，全都大声指责他们。马尔热列特认为，出席这次缙绅会议的有从各种官员或阶层中推选出来的人[83]。我们在研究这一百年的我国历史时看到，17世纪的缙绅会议逐步发展成了真正具有代表性的会议。但是缙绅会议与之做斗争的俄罗斯生活中的那些致命条件使它停滞不前，长期压抑了力图扎根的思想。这种思想就是：统治阶级每时每刻地力图变成脱离人民的狭小阶层，变成依附于人民机体上的寄生物；必须使健康的社会力量按法定的数量经常地进入统治阶级。

建立国家的过程 我们研究了莫斯科国家的起源和形成过程,看到了君主同大贵族在政治上的不和并没有对国家的形成过程产生显著影响。伊凡沙皇的改革大大改变了州级行政体制,其矛头不是针对大贵族,而是针对食邑贵族;不是同政治野心做斗争,而是同官吏们滥用职权、同行政机关的专横行为做斗争。难道国家的形成没有对君主同大贵族在政治上的不和产生影响,从而
396 说明斗争双方的行为方式吗?沙皇把行政机构中作为自己得力助手的大贵族一个个从肉体上消灭了,但并没有把这个阶级搞掉;没有这个阶级,他是不行的;而这个阶级也默默地容忍着,只胆怯地考虑投奔立陶宛。由于沙皇的残忍,非大贵族阶级流洒了鲜血。一小撮沙皇特辖军、穿着制服的合法的无政府主义者以他的名义在全国横行霸道,他们对基督教社会的道德观念感到不满,而这个社会对此默默地容忍着。据一位同时代人说,人们悲痛、憎恨的情绪高涨起来,人们普遍对沙皇发牢骚,感到伤心,但是一点也没有采取抗议行动。只有总主教为自己的教徒说话,但很快他就被迫不做声了。仿佛一方丧失了恐惧感,对过去的专横行为不负责任,而另一方——千百万群众忘记了忍耐的限度和悲痛,他们慑于盘踞在亚历山大罗夫村这个林中窠穴的六千名无法无天的人而变得呆若木鸡。仿佛有某种最高利益居于社会之上,超乎敌对社会力量的个人恩怨,不让他们最终决裂,迫使他们不由自主地和谐地行动。这种最高利益就是保卫国家不受外部敌人的侵犯。莫斯科国家是 14 世纪在外部敌人的压迫下诞生的,15 世纪和 16 世纪在西部、南部和东南部为自己的生存而进行顽强的斗争中成长和扩大

起来的。这种外部斗争也抑制了内部的敌意。面对着共同的外部敌人,国内互相争斗的敌手和解了;在民族和宗教面临危险的情况下,政治和社会方面的不和暂时停止了。

莫斯科国家结构的特点 莫斯科国家就是这样形成的。它形成的过程是缓慢的和艰巨的。我们现在无法理解、更无法体会它的形成使人民的幸福付出多大的牺牲,它使个人的生存受到多大的压抑。可以指出它的三个主要特点。第一,国家的战斗性。莫斯科国家是武装起来的大俄罗斯,它在两条战线上战斗着:在西部,为民族的统一而斗争;在东南部,为基督文明而斗争;在这两条战线上都是为自己的生存而斗争。第二个特点是内部的行政管理和社会构成的没有法制的赋役性质,各个阶层差别很大。行政管 397
理是由不同的执行机关负责的,上面有服役人员,下面有选举产生的等级负责人。等级之间的区别不在于它们的权利,而在于它们之间分担的义务。每个人必须或者保卫国家,或者为国家而工作,即养活保卫国家的人。有指挥官、士兵和工人,但没有公民,因为公民变成了士兵或工人,以便在指挥官的领导下保卫祖国或为祖国而工作。有的阶层根据自己的使命本来是可以教育士兵和工人的,但在批准"百章决议集"的宗教会议上,沙皇强迫他们做出保证,要他们组织国民教育。但是我们不知道,在这次会议以后是否组织了教会的教区学校,哪怕组织了一个也好。莫斯科国家制度的第三个特点是:最高当局拥有无限的活动天地,但是对自己的机构,即对其中的一个主要系统——贵族系统的态度问题没有解决。事态的发展表明了老朝代的民主行动方式,即对人民的直接态度。但是它是同贵族一起组织国家的,习惯于在名门贵族的帮助下行动。从伊凡雷帝的行动方式中我们可以看出,老朝代也有民主的愿望,但仍然保留着贵族的习惯。它不可能调和这些对立的现象,因而在同这些矛盾的斗争中死亡。

莫斯科国家在欧洲的地位 现在我们来看看,莫斯科国家在其他欧洲国家中占有怎样的地位。当时的西欧不可能对这个问题做出答复,因为它很少注意这个国家的存在。但这并不妨碍莫斯科国家对欧洲很有益处。每个民族都有自己的命运和使命。民族的命运是从它所生活和活动的那种外部条件的总和中形成的。民族的使命表现在它根据这些条件所形成的要求中,表现在它根据这些条件对自己的生活和活动提出的任务中。命运使我们民族处于欧洲的东大门,防御着闯进来的掠夺成性的亚洲游牧民族。许多世纪以来,为了遏制亚洲人的这种入侵,我们的民族耗尽了自己的力量,打退了一批人,自己的鲜血和他们的尸骨撒遍了顿河和伏
398 尔加河的广阔草原,而另一批人则通过基督教的大门和平地进入了欧洲的社会。在此期间,摆脱了伊斯兰教进攻的西欧向大洋、向新大陆拓展,在那里找到了发挥自己才智和力量的辽阔沃土,开发着它的从未动过的天然富源。向西方寻找殖民地、经营自己的新天地的西欧感觉到自己的后方很安全,乌拉尔-阿尔泰的东方对它一点也没有威胁;殊不知那里在进行着激烈的斗争,这个斗争的总部改变了在第聂伯和克利亚济马的主要战斗营地,迁到了莫斯科河岸,16 世纪在这里形成了国家的中心,这个国家最后从防御转向进攻亚洲人的巢穴,从鞑靼人的侵扰下拯救了欧洲的文化。这样,我们就成了欧洲的大后方,保护了欧洲的文明。但是保卫工作

不论在哪里都是得不到感激的，很快就被人遗忘了，特别是平安无事的时候更是如此。保卫工作越是警惕，受到保护的人睡得越安宁，他们也就越不珍视别人为此做出的牺牲。这就是莫斯科国家16世纪末在欧洲所处的地位[8*]。

评　述

B. O. 克柳切夫斯基的《俄国史教程》第二卷（首次出版于
399 1906 年底）叙述了 13—18 世纪末这段时期的俄国历史。作者认为，在这一时期形成了消灭“分封时期”的前提，这是俄国历史的第三时期，即“莫斯科罗斯”，或者叫“大俄罗斯国家”的时期。

像《教程》的第一卷一样，克柳切夫斯基在《教程》的第二卷也首先论述了他认为决定着俄罗斯发展进程的那些主要现象。他认为，在到 15 世纪中叶为止的“分封时期”（即封建割据的时代），已经形成了大俄罗斯民族，它为争取民族独立而在南部、东部和西部同外部敌人进行着艰巨的斗争，竭力想在政治上联合起来，找到自己的政治中心，以便恢复由于基辅罗斯的解体而丧失的国家统一。“因此，分封制度成为过渡的政治形式；通过这一形式，俄罗斯国家从民族统一走向政治统一。这部过渡史就是分封公国之一的莫斯科公国的历史。”①

克柳切夫斯基从自己的总的折中主义情绪出发，试图把“大俄罗斯国家”的形成过程说成是地理、人种、外交、内政、经济和社会诸因素起作用的结果。把这些条件很好地结合起来，就促使莫斯科公国在把罗斯联合起来的事业中取得了成功。例如，莫斯科的

---

① 《克柳切夫斯基文集》，莫斯科 1956 年版，第 1 卷，第 369 页。

地理位置“使它成了向东北移民和向东南进行贸易的枢纽，使莫斯科王公获得了重要的经济好处”。[①]

由于莫斯科在地理上处于中心地位，这使它成了总主教的首府，即俄罗斯的宗教中心。莫斯科王公们在谱系中的地位也具有一定的意义，因为他们是辈分较低的王公的后裔，没有希望获得大 400
公的地位。这使他们不得不采取下列办法来保全自己：首先是恬不知耻地掠夺邻邦，然后又贪得无厌地集聚土地。把这些有利的条件结合在一起，就成为莫斯科公国占主导地位以及地方上的王公加强势力的主要原因。以后，随着在外部和内部取得更多的胜利，莫斯科王公们成为发挥组织作用的力量。由此可见，克柳切夫斯基站到了俄国资产阶级史学家所固有的唯心主义立场上，因为他认为在俄罗斯各邦联合的过程中起决定性作用的不是社会和经济因素，而是政治因素。

上述对俄罗斯国家形成过程的看法反映了克柳切夫斯基对历史发展进程的总的见解。

克柳切夫斯基像在《教程》的第一卷一样，在这一卷也对地理因素的作用做了过分的评价，认为它是始终不变的东西。然而克柳切夫斯基忘记了，莫斯科的地理位置在12世纪和15世纪是一样的，可是12世纪莫斯科只是一个微不足道的小城市，而15世纪则成了大公的首都。可见，莫斯科的地理位置本身对它的“升级”并不能产生决定性的影响。

克柳切夫斯基正确地指出了头几个莫斯科王公是掠夺成性的

① 《克柳切夫斯基文集》，莫斯科，1956年版，第1卷，第12—13页。

小封建领主,他们不择手段地、顽固地想要取得大公的宝座。他的这个见解是同普遍流行的赞扬莫斯科朝代的观点截然对立的。但是把丹尼洛维奇及其后代说成是庸庸碌碌的平凡之辈,这种看法同伊凡·卡利塔和骄傲的西麦昂这样一些莫斯科王公的活动显然是矛盾的。在谈到14世纪和15世纪的俄罗斯时,克柳切夫斯基几乎没有注意到蒙古—鞑靼的压迫。这显然是同19世纪末、20世纪初流行的观点有联系的,即认为当时国家完全是在国内发展的基础上不间断地演变的。由于这个缘故,《教程》第一卷的最后几讲和第二卷的开头几讲在逻辑上显然是讲不通的。

按照克柳切夫斯基的解释,俄罗斯国家的形成过程似乎是没有什么根据的。由于对14世纪和15世纪俄罗斯社会的社会—经济结构做了不正确的理解,由于否认了阶级斗争的规律,克柳切夫斯基无法揭示形成俄罗斯国家的基本原因。克柳切夫斯基认为俄罗斯国家形成的一个主要原因是已经形成的大俄罗斯民族想要找到一个政治中心,团结在它的周围,取得民族独立。但是,我们知道,克柳切夫斯基把俄罗斯民族的形成归结到较早的时期(见《教程》第一卷第十七讲)。克柳切夫斯基对莫斯科发展所做的折中主义的描绘是建立在把莫斯科发展的各种内容不同的条件结合在一起的基础上,实际上无视了俄罗斯各邦的社会—经济发展、生产力
401 的增长、劳动的社会分工和阶级斗争。克柳切夫斯基实际上把莫斯科王公们说成是在建立统一的国家方面发挥组织作用的基本因素。

克柳切夫斯基竭力用外部的因素,例如,地理的因素来解释历

史现象，这一点在他的关于大诺夫哥罗德历史的讲稿中表现得尤为突出。克柳切夫斯基试图用诺夫哥罗德的例子说明：不同于莫斯科的诺夫哥罗德政治制度的覆灭是由地理、经济、政治和社会诸因素决定的。克柳切夫斯基对诺夫哥罗德这个古代罗斯最大的中心之一做了生动、有趣的描述。他指出了诺夫哥罗德作为广大地区的政治经济中心的意义，把诺夫哥罗德的社会制度同经济联系在一起。"诺夫哥罗德政治生活中的每个阶级的意义都取决于它的经济地位……这样，社会各阶级在经济上的不平等就成了在法律上不平等的基础和支柱。"①

克柳切夫斯基特别注意地理因素，仿佛这种因素决定着诺夫哥罗德的历史。克柳切夫斯基认为，地理因素使诺夫哥罗德处于与基辅不同的地位；导致王公政权的削弱；使贸易成为经济的基础。结果，拥有了大量世袭领地的诺夫哥罗德贵族堕落为寡头政治，引起激烈的社会对抗，使莫斯科较容易地就战胜了诺夫哥罗德。克柳切夫斯基把诺夫哥罗德和莫斯科的经济和社会生活彼此对立起来，认为它们的社会成分"是结合得完全不同的"。

克柳切夫斯基承认俄罗斯东北部的主要生产部门是农业，但他认为诺夫哥罗德的经济基础则是贸易。克柳切夫斯基认为，决定历史发展的不是生产力和生产关系的水平，而是地理因素和居民的职业。克柳切夫斯基正确地指出了贵族阶级在诺夫哥罗德的经济和政治方面占有统治地位，但却拒绝承认阶级社会的本质所固有的社会对抗性。在克柳切夫斯基看来，社会斗争仅仅产生于

① 《克柳切夫斯基文集》，莫斯科，1956 年版，第一卷，第 84、85 页。

地方的条件。这种极其错误的观点表现在他把诺夫哥罗德同普斯科夫做了对比,仿佛普斯科夫的各阶层居民在地方条件的影响下“和谐地”共处,其实编年史说明的情况恰恰相反,那里的阶级斗争很尖锐,始终不断。

* * *

在《教程》的第二卷占中心地位的是叙述“莫斯科罗斯”,即“大俄罗斯国家”历史上“第三时期”的事态发展。克柳切夫斯基认为,这个时期从伊凡三世登上大公宝座(1462 年)开始,到 1613 年确
402 立罗曼诺夫王朝为止。但是,在《教程》的第二卷,克柳切夫斯基关于俄罗斯历史的讲稿只讲到 16 世纪末(第二十五讲至第四十讲),而把外国干涉和农民战争时期的情况放到第三卷才讲。

克柳切夫斯基认为,大俄罗斯国家的形成过程实质上是大公的“世袭领地”变为“国家”的过程。在这方面,他的观点同索洛维约夫和其他所谓国家派的历史学家的观点是接近的。克柳切夫斯基认为,伊凡三世的活动体现了世袭领主和君主、独断专行的主人和最高政权的体现者之间的斗争①。克柳切夫斯基,同以索洛维约夫为首的他的先行者一样,在指出到 15 世纪末在俄罗斯建立统一的国家这一事实时,不是用社会—经济原因、不是用国家生产力的发展和社会分工的深化来解释俄罗斯国家的形成,而是用国际条件来解释这一现象。

克柳切夫斯基很正确地极其重视新的政治思想的出现,因为

① 关于这个文献的详细情况,请参阅 P. П. 德米特里耶夫:《关于弗拉基米尔家族诸公的传说》,莫斯科—列宁格勒,1955 年版。

这些思想反映了大公权力的加强(例如,他研究了《关于弗拉基米尔家族诸王公的传说》,其中谈到"莫诺马赫皇冠"和"披肩"这样一些沙皇遗物的历史)。

克柳切夫斯基也极其重视"社会阶级",不过,他所理解的"阶级"实质上是指各种社会集团。他把国家本身解释为一种超阶级的力量,它建立了服役贵族"阶级",同另一阶级——在此以前形成的、企图维护世袭领地制度的那种大贵族阶级进行斗争。由此可见,克柳切夫斯基把大贵族和服役贵族这两个阶级对立起来,其实它们不过是同一个封建主阶级的不同阶层而已。

克柳切夫斯基指出,统一国家的形成在社会关系方面引起了一定的变化,但是,他对这种变化没有做出正确的解释,尽管他用了不少篇幅分析16世纪俄国历史上的一些社会问题和经济问题。他用《大贵族杜马》这篇著作的材料,揭示了门第制在贵族和大公权力之间的关系方面所具有的意义。他用别尔先·别克列米舍夫事件和伊凡雷帝同库尔勃斯基王公的通信[①]作为例子,说明大贵族们对莫斯科君主的专制倾向日益不满。他认为,掌权的大公同大贵族之争是由于俄罗斯国家政治制度中的矛盾而产生的。16世纪的俄罗斯国家是"君主专制,但是贵族参与行政管理,成为执行者"[②]。

克柳切夫斯基对16世纪出现的沙皇特辖区这样的重要现象做出了自己独立的评价。他的看法同索洛维约夫不同,不认为这

---

① 关于伊凡雷帝致库尔勃斯基的信件的最新版本,请参阅《伊凡雷帝的书信》,莫斯科—列宁格勒,1951年版。

② 《伊凡雷帝的书信》,第180页。

个做法在政治上是适宜的,而认为这是“沙皇思想上过分胆怯的结果”。他认为,沙皇特辖区的矛头是针对个别人的,而不是针对现
403 行制度的,因而没有触及大贵族和服役贵族的政治地位。克柳切夫斯基探讨了沙皇特辖区的结构,认为它是“分封制的拙劣翻版”[①]。总的来说,克柳切夫斯基是反对这种做法的,因为它似乎动摇了国家的基础。

克柳切夫斯基竭力强调沙皇特辖区是没有意义的,认为它的矛头是指向想象中的“叛乱”[②]。但是苏联的历史学表明,沙皇特辖区是加强俄罗斯中央集权国家方面的一个阶段。与此同时,在同豪门贵族做斗争时,特辖军也消灭了广大农民和市民阶层中的许多无辜的人[③]。16 世纪俄罗斯国家就是这样用野蛮的封建方法巩固农奴主和领主的统治的。

《教程》第二卷最生动的篇章(第三十讲)要算是对沙皇伊凡雷帝的描写了。克柳切夫斯基描绘了这位聪明的、但是极其敏感和容易发怒的统治者的形象。伊凡雷帝为了无限加强专制政权,失去了自制力,企图用恐怖手段实现自己的政治理想。在这方面,没有列入《教程》的克柳切夫斯基的一段草稿是颇为有趣的:“伊凡四世在同大贵族进行斗争时,把人民视为草芥。”作者的许多观点我们是很难同意的,然而他对伊凡沙皇这位 16 世纪俄国出色的政治家的描述却值得我们认真地注意。

---

① 《伊凡雷帝的书信》,第 178、183 页。

② 同上书,第 183 页以后。

③ 详细情况,请参阅 П. А. 萨季科夫:《沙皇特辖区简史》,莫斯科—列宁格勒,1950 年版。

克柳切夫斯基详细分析了服役贵族和服役领地土地占有制(第三十一讲至第三十三讲)。军事服役的组织工作和服役领地土地占有制的建立都引起了这位历史学家的注意。克柳切夫斯基把领地制的发展同专制政权的加强联系起来,这是对的,但是他没有看到它的阶级性,没有注意到封建主统治的加强。克柳切夫斯基认为,服役领地制"是从分封王公时代宫廷仆人的土地占有制发展起来的"[①]。克柳切夫斯基把主要注意力放在研究服役领地制的法律原则方面,把它当作历史上形成的、有条件的封建主占有制形式来研究。他认为,服役领地占有制的发展对俄罗斯城市的发展产生了不利影响,为农民的最后农奴化准备了条件。他显然对 16 世纪俄罗斯商品生产的状况估计不足,因而竭力强调当时经济的原始性。因此,关于俄罗斯城市、手工业和贸易的问题在《教程》中没有得到阐述[②]。在克柳切夫斯基编写自己的《教程》时,著作界对 16 世纪俄国城市问题还没有加以研究,这也是事实[③]。 404

在《教程》的第二卷准备问世时,克柳切夫斯基把关于寺院移民和教会寺院占有土地情况的很长的一段讲稿(第三十四讲和第三十五讲)列了进去。这位历史学家从学生时代起就对这些问题感兴趣(例如,可以参阅他关于索洛维茨寺院经济活动的第一卷著

① П. А. 萨季科夫:《沙皇特辖区简史》,第 220 页。

② 关于这个问题,请参阅下列著作:П. 斯米尔诺夫:《十七世纪中叶以前,城市工商业者及其阶级斗争》,莫斯科—列宁格勒,1947 年版,第 1 卷;А. Г. 马尼科夫:《十六世纪俄罗斯国家的价格及其变动情况》,莫斯科—列宁格勒,1951 年版;С. В. 巴赫鲁申:《十六世纪至十七世纪初俄罗斯中央集权国家手工业、贸易和城市简史》,载《学术著作》,莫斯科,1952 年版,第 1 卷。

③ 到 19 世纪 80 年代末才出现的 Н. Д. 切丘林的专题学术著作:《十六世纪莫斯科国家的城市》,圣彼得堡,1889 年版。

作)。大家知道,克柳切夫斯基把圣徒言行录当作寺院移民史的材料来源,后来他放弃了就这个问题写专门著作的想法。在写《教程》第二部时,他使用了在这方面进行研究的原始材料。

克柳切夫斯基详细论述了16世纪的农民状况和同农奴制的起源有关的问题(第三十六讲和第三十七讲)。他介绍了农村的几种形式、农民的份地和义务,提出了存在农村公社的问题。不过,有一些经济问题在《教程》中谈得不够(例如,农业生产力的发展问题、地租的形式等等)[①]。

在农奴制的起源问题上,克柳切夫斯基的看法是独树一帜的。他认为,16世纪的农民"是自由的、可以迁徙的佃农,他们的自由的保障是他们有权出走、有权同土地占有者签订出卖劳力的契约"[②]。农奴制不是由法律确立的(Б. Н. 奇切林和其他"国家学派"的代表则认为是由法律确立的),而是逐步形成的。农民后来之所以失去出走权,是因为他们在经济上依附于土地占有者。"农民受雇于土地占有者,耕种他的土地,得到他的贷款,在劳役合同中永远放弃了以任何形式停止履行所承担的义务的权利。"[③]克柳切夫斯基所首创的、后来被 M. A. 吉亚康诺夫发展了的关于农奴制起源的这种理论在当时起了积极的作用,因为它在农民农奴化的历史中把经济因素提到了首位。但是,这个理论也存在重大的缺陷:实际上,克柳切夫斯基把全部问题都归结于农民的欠债,认为私法关系(劳役合同和贷款契约)起了重大作用,也就是实际上

① 参阅 H. 罗日科夫:《十六世纪莫斯科罗斯的农业》,莫斯科,1899年版。

② 同上书,第300页。

③ H. 罗日科夫:《十六世纪莫斯科罗斯的农业》,第328页。

回到了法律准则的领域。克柳切夫斯基没有注意到农奴制的建立同封建地租的发展，特别是同劳役制的发展有关系①。

克柳切夫斯基在《教程》第二卷最后三讲（第三十八讲至第四十讲）中研究了16世纪俄罗斯国家中央和地方行政管理机构的问题。这三讲表明，分封时代的服役-世袭领地机构逐渐演变成俄罗斯国家的衙门系统。克柳切夫斯基对大贵族杜马的历史以及对 405
16世纪地方管理机构和行政司法体制的历史也发表了不少有趣的看法。

由于1905—1907年革命事态的发展，沙皇政府召开了国家杜马，在这种情况下，克柳切夫斯基增加了一讲，分析缙绅会议，为此利用了他写的《古代罗斯缙绅会议代表的组成》这一研究成果中的材料。他认为，16世纪的缙绅会议“不是人民代表机构，而是中央政府的扩大”，吸收“各地高级阶层”人士参与管理[1]。克柳切夫斯基否认缙绅会议具有阶层代表性质，只承认它具有协商作用，他之所以持这种看法，是因为他认为俄国和西欧各国的历史进程彼此有着很大的不同。

从外部看，这种对立表现在：克柳切夫斯基忽略了同16世纪俄国的国际环境有关系的问题。也有一些章节是例外，这些章节表明了，随着统一国家的形成，俄罗斯人民同波兰和立陶宛展开了民族斗争，争取收回被它们夺去的俄罗斯土地。

*　　*　　*

---

① 详细论述参阅 B. Д. 格列科夫：《从古代到十七世纪罗斯的农民》，莫斯科，1954年版，第2册，第231页及以后。

克柳切夫斯基在编写《俄国史教程》第二卷时使用了广泛的材料和文献。我们研究一下这些材料和文献的组成,就可以看出他涉及的具体历史材料的广度和深度。他参阅和研究了俄罗斯编年史(伊帕季耶夫、拉夫连捷夫、尼科诺夫、特维尔等编年史)和叙事材料(伊凡雷帝同库尔勃斯基的通信、瓦西安·帕特里克耶夫和马克西姆·格列克全集、百章决议集、瓦尔拉阿姆创造奇迹者的谈话、佩列斯维托夫的呈文),全面利用了立法文献(法典、法典的补充条款、命令集)。其中有一些法典,如普斯科夫法典,是克柳切夫斯基多年来在大学讲授的课目[①]。《教程》还广泛利用了古文献委员会出版的文献材料和一些手稿(特罗伊茨基寺院和索洛维茨寺院的抄本)。克柳切夫斯基自己还根据 16 世纪税册的材料进行了一些计算和推论,作为他的讲稿的说明材料。克柳切夫斯基对圣徒言行录很有研究,他援引了一些圣徒言行录的手稿,为寺院移民的历史提供了材料。

克柳切夫斯基早在自己从事学术活动的初期就写了研究外国
406 人言论的大部头著作。这是历史材料来源的一个重要方面,克柳切夫斯基在研究 14—16 世纪俄罗斯历史时依靠了这些外国人的著作(兰努阿、格尔别尔什泰因、弗莱彻、马尔热列特等)。

像在《教程》第一卷一样,克柳切夫斯基在第二卷也从下列材料中援引了许多事实:C. M. 索洛维约夫的《俄罗斯历史》、B. H. 塔季谢夫的《俄罗斯史》和 H. M. 卡拉姆津《俄罗斯国家史》的附

---

① 克柳切夫斯基研究普斯科夫法典的篇幅不大的石印《教程》将在他的全集第 6 卷发表。

注。他对19世纪下半叶历史学家和法律学家(Б. Н. 奇切林、К. А. 涅沃林、В. И. 拉特金等人)的著作十分熟悉。

在准备出版《教程》第二卷的时候,他还研究了历史学家关于16世纪俄罗斯历史个别问题的著作。由此可见,《俄国史教程》第二卷有着坚实的材料基础,这表明作者进行了大量细致的工作,使他关于14—16世纪俄罗斯历史进程的一般看法有充分的事实依据。

克柳切夫斯基《教程》第二卷在相当大的程度上是以这位历史学家自己的研究为基础的,他既从文献中(圣徒言行录、外国人的看法等等)吸取了材料,也依据自己的研究成果(大贵族杜马、农奴制、缙绅会议等等)。

《俄国史教程》第二卷之所以令人感兴趣,首先是因为克柳切夫斯基在这部著作中提出了14—16世纪俄罗斯历史上的一些极其重要的问题(莫斯科地位的提高、俄罗斯国家的形成、专制和沙皇特辖区的加强、15世纪和16世纪居民各个社会阶层的状况)。作者的唯心主义世界观使他来取了折中主义的方法,因而他在关于统一的俄罗斯国家的形成这一极为重要的问题上实质上是步"国家学派"的后尘。虽然克柳切夫斯基在理论结构上有错误,然而他毕竟正确地首先在国内的人民生活条件范围内探讨了俄罗斯历史进程的基础。克柳切夫斯基试图把俄罗斯历史上的一些极重要现象看成是许多条件凑合在一起而形成的结果,他在《教程》中花了不少篇幅论述经济问题和社会问题,在个别情况下承认这些问题起着首要作用。作者叙述事实十分生动,非常善于刻画历史人物及其同时代人的形象,不加掩饰地嘲笑了专制政权的代表人物——这一切使得《教程》很受读者欢迎。

* * *

《俄国史教程》的第二卷,像第一卷一样,是克柳切夫斯基对他在 1882—1883 年的讲稿进行彻底加工而成的。(他的手稿保存在苏联科学院历史研究所手稿保存处。)有几讲(第三十四讲、第三十五讲、第三十六讲、第四十讲)是作者完全重新编写的,或者几乎是重新编写的。根据作者在《教程》石印版上所加的边注看来,他是在第一部于 1905 年初出版问世以后着手第二部的出版工作的。他的全部手稿于 1906 年夏季和秋季交付排版。大
407 样是用打字机打出的①。在大样上,作者亲手给每一讲加了内容提要,用铅笔增加了整段整段的文字(其中包括第三十四讲和第三十五讲),部分内容是根据 1882—1983 年讲授的《古俄罗斯史教程》石印版②的材料添加的。还部分地保存了第二部的排样(第二十二讲、第三十三讲的末尾、第三十四讲的开头部分、第三十五讲至第四十讲)和校样(第 1—272、385—432 页)。排样和校样上都有作者所做的不多的改动③。在《教程》第二卷准备付印时克柳切夫斯基在石印版上所加的一些内容保存在苏联科学院历史研究所手稿保存处(第 23 室)和列宁格勒历史研究所档案处(第 3 室)。

已经出版问世的《教程》第二卷大体上同《教程》石印版的内容

① 保存在苏联国家列宁图书馆手稿部,共 246 页(缺第 265—278 页)。

② 保存在苏联国家图书馆第三手稿部。

③ 保存在苏联国家图书馆第二、第三手稿部。

安排是一致的，当然不算作者完全新写的讲稿[①]。

这次出版的《教程》第二卷是根据1908年的第二版复制的，在这个版本中克柳切夫斯基做了一些文字上的修改。这些修改在注释中均已指出。

像在《克柳切夫斯基全集》第一卷所做的那样，我们在注释中
指出了作者在出版《教程》第二卷时所做的各种修改以及作者注明
的材料来源和文献。同前一卷相比，本注释做了更多的注解，指明
克柳切夫斯基使用的、但他未注明出处的重要材料来源。在准备 408
付印和加注释的时候，编者遵循了在出版《克柳切夫斯基全集》第一
卷时所确定的体例。作者所加的材料的首尾或者不同写法的首尾
用相同的数码标出（如6—6）。材料来源和文献只用数码标出。如

① 石印版的《教程》是由以下章、节、段组成的：《十五世纪中叶以前的莫斯科王公国》（节）、《莫斯科地位提高的经济条件和政治条件》（段）、《十五世纪下半叶以前莫斯科王公的政治成就和民族成就》（段）、《莫斯科王公之间的内部关系》（节）、《王公在占有制方面的关系》（段）、《长子继承的意义》（段）、《继承程序》（段）、《莫斯科王公们在莫斯科王公国历史上的意义》（段）、《大诺夫哥罗德》（节）、《诺夫哥罗德的地形及其疆域》（段）、《诺夫哥罗德获得自由的条件及其发展进程》（段）、《同王公的关系》（段）、《行政体制、维切》（段）、《地方行政长官和千人长》（段）、《州行政机构、行政区及其自然情况》（段）、《诺夫哥罗德社会阶级》（段）、《诺夫哥罗德政治生活的性质》（节）、《第三阶段·1462—1613年·莫斯科罗斯，即大俄罗斯国家》（章）、《这段时期的基本事实》（段）、《这个事实的最重要后果》（段）、《莫斯科君主在国内取得的政治成就》（段）、《社会上对君主看法的转变》（节）、《莫斯科贵族·贵族构成的变化及其政治情绪的变化》（节）、《门第制》（段）、《新贵族对君主的态度》（段）、《沙皇特辖区的起源和意义》（节）、《伊凡雷帝的性格和意义》（节）、《服役阶级的构成·它的成分》（节）、《服役领地制的起源和发展》（节）、《服役领地制的后果》（节）、《十六世纪的农民》（节）、《十六世纪农民固定于土地的问题》（节）、《十六世纪莫斯科国家的行政机构》（节）、《分封时代莫斯科公国的行政机构》（段）、《十五世纪下半叶起莫斯科国家中央机构的变化》（段）、《十五世纪下半叶起州行政机构的变化》（段）、《伊凡雷帝统治时期的缙绅机构》（节）、《十六世纪缙绅会议的起源、结构和意义》（段）。

果是编辑部所加的注释,则放在括号内。如果作者的插入材料援引了最新的补充或材料来源以及编辑部的注释,那么这些插入材料的始末像在其他情况下一样加以标出,并附以星号(如:4^{*}—4^{*})。引用的材料用数字和文字标出(如:$4^{а}$、$4^{б}$ 等等)。除 C. M. 索洛维约夫的《俄罗斯古代史》外,所引用的材料来源和文献都是根据克柳切夫斯基同时代的出版物。克柳切夫斯基的这部著作有各种不同的版本。所有的引语照例都是根据第五版。克柳切夫斯基的某些引语由于太简短,不明确,加上了括号。引用的材料和文献未加引号,作者所加的事实性注释一律加引号,作者省略的东西则补上去。

* * *

《俄国史教程》第二卷由 B. A. 亚历山德罗夫和 A. A. 季明编辑,对第二卷的评述也是由他们撰写的。

注　释

第二十一讲

1—1　这是作者在编写第一版时所加的一段话。

2　《伊帕特抄本编年史》，以下称《伊帕特编年史》，圣彼得堡，1871年版，第240页。

3[*]—3[*]　这是作者在编写第一版时所加的一段话。

3[а]　《俄罗斯编年史全集》，第15卷，圣彼得堡，1863年版，第225栏。

3[б]　И.Е.扎别林：《莫斯科城史》，第1部分，莫斯科，1902年版，第55、56、62、66页。

4　《在1176年(1175年)》；《伊帕特编年史》第407、408页；Н.Е.卡拉姆津：《俄罗斯国家史》，第3卷，圣彼得堡，1842年恩奈林出版社出版，注解第39。

5—5　这是作者在编写第一版时所加的一段话。Д.А.科尔萨科夫：《默里亚族和罗斯托夫公国》，喀山，1872年版，第78页；扎别林：《莫斯科城史》，第31页及以后。

6　《拉夫连捷夫抄本编年史》，圣彼得堡，1897年版，第3版，第438页。

7　《曼克涅夫在1275年》，А.Я.希尔科夫：《俄国史纲》，莫斯科，1784年版，第126、127页。

8　《斯拉夫尼》；С.М.索洛维约夫：《俄罗斯古代史》，第4卷，莫斯科，1881年第5版，125—128页。

9—9　这是作者在编写第一版时所加的一段话，用以取代石印版中的下列文字："其迅速发展的初始原因在于该城及其郊区的地理位置。"

10—10　这是作者在编写第一版时所加的一段话。

11—11　这是作者在编写第一版时所加的一段话。

12 《泊船处》;П. 谢苗诺夫:《俄罗斯帝国地理统计词典》,第 3 卷,圣彼得堡,1867 年版,第 319 页。

13　13—14 世纪雅罗斯拉沃夫本作:"当时并非整个伏尔加河左岸地方都是受洗礼的,还有许多未受洗礼的人。"帕伊西·雅罗斯拉沃夫的传说(15 世纪)(《东正教对话者》1861 年第 2 期,第 205 页)。

14—14　这是作者根据石印版的附注在编写第一版时所加的一段话。

15—15　这是作者在编写第一版时所加的一段话。

16—16　这是作者根据对石印版的补充在编写第一版时所加的一段话。

17 《1247 年》(《莫斯科历史》,第 1 卷,莫斯科,1952 年版,第 24 页,又见 1247 年)。

18 《1301 年》。

19　索洛维约夫:《历史》,第 3 卷,莫斯科,1880 年版,第 235、257 页。

20 《1294 年》。

21　索洛维约夫:《历史》,第 3 卷,第 232、233 页。

22 "从他们的初步成就中可以(看出)分封制的后果:为了个人利益而单独行动;他们不回顾过去,而是关心将来。"

23—23　这是作者在编写第一版时所加的一段话。〔A. C. 帕夫洛夫:《法令全书》,圣彼得堡,1885 年版,第 36、37 页;索洛维约夫:《历史》,第 3 卷,第 286、400 页(注解第 414)。〕

24—24　这是作者在编写第一版时所加的一段话。

25 "在特维尔起义后前往汗国争取大公称号前,1327 年和 1328 年各去了一次,当时获得了大公称号。"索洛维约夫:《历史》,第 3 卷,第 274、287 页。

26 "此外,遗诏中列举了四十二个宫廷直属村,这些村子几乎全部都在莫斯科所属的县里,只有两个在卡卢加省。在第二份遗诏中注明有十六个买来的村子,其中有八个在弗拉基米尔地区。"

27—27　这是作者在编写第一版时所加的一段话。

28 "方法是:征服,收买,通过汗国施展外交手腕,侵占,到无主的荒漠中定居,后来是订立事务条约。"索洛维约夫:《历史》,第 4 卷,第 148、149 页。

29　作者在编写第一版时删去了石印版中的下列文字："富有的莫斯科王公在汗国收买别人的公国，并在鞑靼人的帮助下把世袭领主从领地上赶走。"

30—30　这是作者在编写第一版时所加的一段话。 410

31　"卡卢加、土拉等地区都是不声不响地、有许多情况不为人所注目地取得的；先取得奥卡河上下游，然后是外伏尔加河地区。早在瓦西里·德米特里耶维奇时期和失明王公瓦西里时期就取得了沃洛格达、扎奥泽里耶、库别纳、乌斯丘格和罗斯托夫的一半。扩展到除了莫斯科以外的九个省，包括维亚特卡省，科斯特罗马省，沃洛格达省。"索洛维约夫：《历史》，第 4 卷，第 149 页。

32　"这是幼叔同长侄之间通常的斗争。"

33　尼科诺夫抄本《俄国编年史》(以下称《尼科诺夫编年史》)，第 3 部分，圣彼得堡，1786 年版，第 152 页。

34　索洛维约夫：《历史》，第 3 卷，第 274 页。

35　《尼科诺夫编年史》，第 3 部分，第 141 页。

36—36　这是作者在编写第一版时所加的一段话。

37—37　这是作者在编写第一版时所加的一段话。

38　《在十三世纪下半期》；索洛维约夫：《历史》，第 3 卷，第 186、195 页；第 4 卷，第 168—170 页。

39　"沙皇阿兹比雅克把弗拉基米尔的王位和其他许多公国都封赐给他，隶属莫斯科公国。"《尼科诺夫编年史》，第 3 部分，第 141 页。

40—40　这是作者根据对石印版的补充在编写第一版时所加的一段话。

41　《拉夫连捷夫编年史》，第 461 页(1300 年)；《俄罗斯编年史全集》，第 7 卷，圣彼得堡 1856 年版，第 182 页(1929 年 4 月 18 日)。

42　索洛维约夫：《历史》，第 4 卷，第 260 页。

43—43　这是作者根据石印版的部分材料在编写第一版时所加的一段话。

44　《1382 年前莫斯科的兴盛》；《俄罗斯编年史全集》，第 8 卷，圣彼得堡，1859 年版，第 46 页。

45　索洛维约夫：《历史》，第 4 卷，第 236 页。

46 B.O.克柳切夫斯基:《作为历史资料的古罗斯圣徒行传》,莫斯科1871年版,第294、295页。

47—47 这是作者根据1882—1883年讲授的《教程》石印版的材料在编写第一版时所加的一段话。

第二十二讲

1 B.O.克柳切夫斯基:《俄国史简明教程》〔以下简称:《克柳切夫斯基教程》〕,莫斯科,1903年版,第3版,第85页。

2*—2* 这是作者根据石印版的材料在编写第一版时所加的一段话。

2 Б.Н.奇切林:《俄罗斯法律史经验》,莫斯科,1858年版,第260—265页。

3 “他们还得到了特种领地。”奇切林:《俄罗斯法律史经验》,第261页。

4 奇切林:《俄罗斯法律史经验》,第262—264页。

5 作者在编写第一版删去了石印版中的一段话:“莫斯科通常成为联合领地,但并不是传给所有的儿子共同管辖。”奇切林:《俄罗斯法律史经验》,第
411 243页。

6 《国书条约汇编》,第1集,莫斯科,1813年版,第21页。

7*—7* 这是作者在编写第一版时所加的一段话。

7[а] (阿姆夫罗西:《俄国等级制度》,第4部分,莫斯科,1812年版,第415页。)

7[б] 以不同版本的四个抄本作根据编成的《古罗斯法典》(文本),圣彼得堡,1889年版,H.卡拉乔夫出版社出版,第36页,第106条。

8 克柳切夫斯基引用的话,见1362年而不是1388年的条约文书中,《国书条约汇编》,第1集,第27页。

9 奇切林:《俄罗斯法律史经验》,第247页。

10 《国书条约汇编》,第1集,第33条。

11—11 这是作者在编写第一版时所加的一段话。

12 “条约并未规定这种关系,而是别人通过条约加进去的,并且违反条约权利的原则,用条约将其一部分固定下来。”

13 “莫斯科王公控制着所有罗斯王公。”索洛维约夫:《历史》,第3卷,

第 287 页;第 4 卷,第 116、117 页。

14　索洛维约夫:《历史》,第 4 卷,第 116、145 页。

15—15　石印版为“到 16 世纪初”。

16　条约文书中的实际关系是:王公是一种职务。“封邑保证条约。”《国书条约汇编》,第 1 集,第 85 条,第 201 页(1456 年);第 80 条,第 185、186 页(1451 年)。

17*—17*　这是作者根据石印版的一小部分材料在编写第一版时所加的一段话。

17[а]　《国书条约汇编》,第 1 集,第 27 条。

17[б]　《西俄罗斯历史文献》,第 1 卷,圣彼得堡,1846 年版,第 33 号。

17[в]　《国书条约汇编》,第 1 集,第 80、81 号。

17[г]　作者在编写第 1 版时删去了石印版中的下列一段文字和注释:“他在那里通过编年史家和老文书(抄本——顿斯科伊的遗诏)证明了自己的优势,而莫斯科的代理人(伊凡·德米特里耶维奇·弗谢沃洛日斯基)则证明了瓦西里的优势,不过他不是用死板的文书,而是通过实际的设想和借口汗的意志和恩赐(用父辈和祖辈不久前开创的先例)来证明。”《俄罗斯编年史全集》,第 8 卷,第 96 页。

18　《1432 年的法院》。

19*—19*　这是作者根据经过大大改动的石印版文本的一小部分材料在编写第一版时所加的一段话。

19[а]　“教会的重负——诅咒威胁着舍米亚卡。”索洛维约夫:《历史》,第 4 卷,第 78 至 80 页。

19[б]　《历史文献集》,第 1 卷,圣彼得堡,1841 年版,第 51 号。

19[в]　《内乱外患的数量》;索洛维约夫:《历史》,第 4 卷,第 230 页。

20　克柳切夫斯基:《教程》,第 68、69 页。

21　Д. И. 伊洛瓦伊斯基:《俄国史》,莫斯科,1884 年版,第 53、54 页。

22　《俄罗斯编年史全集》,第 8 卷,第 123 页。　412

23　В. Н. 塔季舍夫:《俄国上古史》,圣彼得堡 1784 年版,第 4 册,第 175 页。

24—24　这是作者根据对石印版的补充在编写第 1 版时所加的一段话。(《俄罗斯编年史全集》,第 6 卷,圣彼得堡,1853 年版,第 106 页)。

25 《国书条约汇编》,第 1 集,第 24 条。

26—26 这是作者部分根据对石印版的补充在编写第 1 版时所加的一段话。

第二十三讲

1—1 石印版中去掉此词,代之以"在十五世纪"。

2 《论城市区划种类;行政区雏形》,俄罗斯文物,莫斯科,1843 年版(雅罗斯拉夫关于诺夫哥罗德内各类区划的章程);《编年史家对诺夫哥罗德的态度》,《伊帕特编年史》,第 383 页;C. M. 索洛维约夫:《论诺夫哥罗德同大公的关系》〔以下简称:《索洛维约夫论关系》〕,莫斯科 1845 年版,注释 174;《苏兹达尔人对诺夫哥罗德同王公的关系的看法》,载《俄罗斯编年史全集》,第 9 卷,圣彼得堡,1862 年版,第 244 页;《对诺夫哥罗德政治生活的看法》,载《拉夫连捷夫编年史》,第 343 页;H. П. 巴尔索夫:《俄罗斯历史概要》,华沙,1873 年版,第 167 页及以后;克柳切夫斯基:《教程》,第 69、70 页。

3 "就在这里处决妖术家和失宠者。"见《诺夫哥罗德编年史西格达尔羊皮纸抄本》(以下简称:《诺夫哥罗德编年史》),圣彼得堡,1888 年版,第 224 页。

4 作者在编写第一版时删去了石印版中的下列文字:"正因为如此,诺夫哥罗德曾称为斯洛文斯克,居民称为斯洛文人——他们其实就是斯拉夫人。"

5—5 这是作者在编写第一版时所加的一段话。(《诺夫哥罗德编年史》,第 194 页。)

6—6 这是作者在编写第一版时所加的一段话,部分以石印版的注释和补充材料(瓦尔拉阿姆·瓦日斯基的生平)为根据,下列注释没有列入原文:"也许像某些人设想的那样,划分成行政区是由莫斯科政府在征服自由城市后实行的;不过,即使这样,莫斯科的划分很可能是以原先固有的划分为根据的,即使同原先的划分并不完全吻合。"

7 作者在编写第一版时删去了石印版中的下列一段话:"不过,这可能只是在 16 世纪时的情况,而在此以前,该行政区较接近主城城墙。"

8—8 这是作者在编写第一版时所加的一段话,以石印版的补充为根据。

9—9　这是作者在编写第一版时所加的一段话，以石印版的补充为根据。

10—10　这是作者在编写第一版时所加的一段话，以石印版的补充为根据。《拉夫连捷夫编年史》，第67、68页。

11　（《诺夫哥罗德编年史》，第123页）。 413

12*—12*　这是作者在编写第一版时所加的一段话，以石印版的补充为根据。

12[a]　（《诺夫哥罗德编年史》，第173页）。

13　（《诺夫哥罗德编年史》，第191页）。

14　（《诺夫哥罗德编年史》，第209页）。

15　（《国书条约汇编》，第1集，第1—3条）。

16—16　这是作者在编写第一版时所加的一段话，以修改后的石印版文本为根据。

17*—17*　这是作者在编写第一版时所加的一段话，以修改后的石印版文本为根据。

17[a]　“王公在诺夫哥罗德的作用。没有军事义务，只有同收入有联系的行政义务。”《索洛维约夫论关系》，第141页，第10节。

18—18　这是作者在编写第一版时所加的一段话，以石印版的补充为根据。

19　《对王公的书面指责》，载《诺夫哥罗德编年史》，第292页；《永恒文书》，载索洛维约夫所著《历史》，第4卷，第209、210页。

20　《诺夫哥罗德编年史》，第410、412页。

21　组成——6726(1218)年的维切。1132年的普斯科夫维切和拉多古维切，载《诺夫哥罗德编年史》，第208页、126页。

22*—22*　这是作者在编写第一版时所加的一段话，以石印版的补充及其材料为根据。

22[a]　《战争法》；《索洛维约夫论关系》，第141页，第10节。

23　《1418年吵嚷的维切由神职人员干预的情景。城市的划分》，载《俄罗斯编年史全集》，第3卷，圣彼得堡，1843年版，第107、108页，第4卷，圣彼得堡，1848年版，第90页；《诺夫哥罗德编年史》，第406页。

24 《俄罗斯年鉴——编年史官》,第 1 部分,莫斯科,1820 年版,第 52 页;《俄罗斯编年史全集》,第 2 卷,圣彼得堡,1843 年版,第 258、259 页。《格尔别尔什泰因男爵关于莫斯科的札记》,И. 阿诺尼莫夫译(以下简称《格尔别尔什泰因》),圣彼得堡,1866 年版,第 114 页。

25 〔叶麦利亚诺夫:《居勒伯·德兰诺 1413—1414 以及 1421 年游历欧洲东部各处纪实》(以下简称《德兰诺》),载《大学通报》,基辅,1873 年版,第 8 号,第 25 页。〕

26* —26* 这是作者在编写第一版时所加的一段话,以石印版的补充为根据。

26[а] 《波拉勒》,А. И. 第 1 卷,第 17 号。

26[б] 〔М. 弗拉基米尔斯基-布达诺夫:《俄罗斯法史选集》(以下简称《弗拉基米尔斯基-布达诺夫》),圣彼得堡—基辅,1889 年第 4 版,第 1 分册,第 186—188 页(第 6、7、10、11 条)〕

27 В. О. 克柳切夫斯基:《古罗斯博亚尔斯克杜马》〔以下简称:克柳切夫斯基:《博亚尔斯克杜马》〕,莫斯科,1902 年版,第 3 版,第 195、196 页。

28—28 这是作者在编写第一版时所加的一段话,用以代替被删去的石印版的文本及其注释:"这就是设在主城(诺夫哥罗德是一个辖有城外广阔地区的强大城市)的诺夫哥罗德中央管理机构。地区行政当局也同这个机构有密切联系。这种联系(依附)表现为:诺夫哥罗德邦的每个行政区在管理上取决于它所归属的城市区段,成为该区段在地理上和行政上的延伸。"〔注释〕:"周围——行政区及其对区段的依附。诺夫哥罗德对属城的判决。诺夫哥罗德下令进军各乡";《诺夫哥罗德编年史》,第 416、399 页;Н. И. 科斯托马罗夫:《历史专题研究》,Д. Е. 科让契科夫出版社出版,(以下简称:《科斯托马罗夫》),第 8 卷,圣彼得堡 1868 年版,第 7 章;《弗拉基米尔斯基-布达诺夫》,第 1 分册,第 185 页;《俄罗斯文物》,第 2 部分,第 304—307 页。

29 К. А. 涅沃林:《论 16 世纪诺夫哥罗德的行政区和村落》,载《俄罗斯
414 地理协会札记》,第 8 册,圣彼得堡,1853 年版,第 25 页及以后,(《格尔别尔什泰因》,第 112 页)。

30—30 这是作者在编写第一版时所加的一段话,以石印版的补充为根据。

31　“地方自治的开端——从此开始分权制。”

32　《俄罗斯编年史全集》，第 5 卷，圣彼得堡，1851 年版，第 226 页；《科斯托马罗夫》，第 8 卷，第 56—58 页。

33*—33*　这是作者在编写第一版时所加的一段话，以石印版的补充和少量石印版材料为根据。石印版的最后一部分《地区管理行政区和属城》以及前面原文的一部分是作者删去的：“这就是诺夫哥罗德邦的管理结构。很容易看出这种结构的基础。这种基础就是领土的联邦性质，表现为构成诺夫哥罗德邦的大小地区有某种程度的自治权。”

33[a]　（《俄罗斯编年史全集》，第 5 卷，第 226 页。）

第二十四讲

1*—1*　这是作者在编写第一版时所加的一段话，以石印版的补充为根据。

1[a]　（《弗拉基米尔斯基-布达诺夫》，第 1 分册，第 185 页。）

1[б]　（《弗拉基米尔斯基-布达诺夫》，第 1 分册，第 204 页。）

2—2　这是作者在编写第一版时所加的一段话，以石印版的补充为根据。（《弗拉基米尔斯基-布达诺夫》，第 1 分册，第 226、230 页。）

3　《生平轶事》；《弗拉基米尔斯基-布达诺夫》，第 1 分册，第 197 页。

4*—4*　这是作者在编写第一版时所加的一段话，以石印版的补充为根据，用以取代下面的一段话：“但他们自己通常不直接参加商业活动，而是贷给真正的商人以资本或通过掮客来做买卖。在诺夫哥罗德的文献或传说中，当地贵族一直（往往）摆出一副资本家——贴现者，高利贷者，信贷商（账本）的面孔。绅士看来是中等资本家，不属于当权的头等显贵。”

4[a]　（《德兰诺》，第 24 页。）

4[б]　（《弗拉基米尔斯基-布达诺夫》，第 1 分册，第 234 页。）

4[в]　《商界百户、伊凡商人团》；M. 别列日科夫：《论罗斯同甘札到 15 世纪末的贸易》，圣彼得堡，1897 年版，第 71 页及以后。

5　作者在编写第一版时删去了以下的一段话：“诺夫哥罗德的贵族是世袭大领主。分封时期的材料说明诺夫哥罗德地主的情况，他们的领地延伸达数百俄里”。克柳切夫斯基：《博亚尔斯克杜马》，第 200 页。

6 索洛维约夫:《论关系》,第132、137页。

7—7 这是作者在编写第一版时新加的一段话,以石印版的补充为根据,以代替被删去的下列原文和注释:“这种从属性表现为诺夫哥罗德人在同王公签订的条约中列入的两个条件:(一)不经主人同意不得审判奴仆和对分佃农;(二)应将逃亡的、躲在王公封邑中的奴仆和对分佃农交回(显然没有转移权)。在这方面,普斯科夫邦同诺夫哥罗德邦也有重大差别。在普斯科夫邦,“对分佃农”(租得部分土地的农民)是自由的种地人,他们享有从一个主人转移到另一个主人那里去的权利。在那里,甚至债务也未能把佃农拴在(固定在)地主那里(古罗斯租债的统治)。根据古罗斯法典,未偿清债务而从主人那里逃跑的债农,就变成了完全隶属于主人的隶农。根据普斯科夫古代法典以及在15世纪下半期最后定稿的文献,未偿清债务而从主人那里逃跑的佃农,只要他回到原主人这里,就不剥夺他的自由;主人只能在地方当局的参与下出卖逃跑者遗下的财物,来弥补未偿清的债务。如果财物不足此数,主人可以要求佃农返回后补足。分封时代罗斯公国的农民对主人的关系也与此类似。”(《弗拉基米尔斯基-布达诺夫》),第1分册,第149、160页,第42、76条。

8 K. H. 别斯图热夫-柳明:《俄罗斯历史》(以下简称:《别斯图热夫-柳明》),第1卷,圣彼得堡,1872年版,第371页。

9 〔《诺夫哥罗德沃季行政区的户口税册》。《莫斯科社会历史古迹年鉴》(以下简称:《诺夫哥罗德户口册》),第11、12册,莫斯科,1851年、1852年版。《材料》〕。

10 〔《俄罗斯编年史全集》,第4卷,圣彼得堡,1848年版,第289页。〕

11 这是作者在编写第一版时所加的一段话,以石印版的补充为根据,代替被删去的下列原文和注释:“诺夫哥罗德社会结构(制度)的基础是:社会中的阶级(政治阶层和经济阶级,其实就是人们的等级),它依自己的经济地位划分,而每个阶级的政治作用根据其经济作用而不是由法律决定,或者,更正确地说,法律是由经济作用决定的。诺夫哥罗德生活中的所有这些方面,都是在这个自由城市所处的地理和历史条件特殊结合的直接影响下形成的。我们再来看看该城生活的又一个方面。这也是内外各种条件的特殊结合,我们已经在该城政治制度和经济生活中看到了这些条件的作用,正是这种结合决定了诺夫哥罗德政治生活的性质，也决定了该城政治自由制度的命运。我们在考察诺夫哥罗德的政治和社会制度时发现，这种制度有两个基础：(一)组成诺夫哥罗德邦的当地大小村社(不论财产多少)的政治独立；(二)各社会阶级的政治作用及其与经济作用的密切联系。很容易发现诺夫哥罗德政治 416
生活的这两种基础之间存在着的某种矛盾。从政治结构看，诺夫哥罗德是许多地方自治村社(地方自治和社会平等)的五光十色的结合，在维切会议上社会各阶级的人并排站着，俨似具有同等投票权的公民。诺夫哥罗德村社是由地区自治体(不完全独树一帜的)组成，而并非由享有不同政治权利(或国家地位)的自治(完全独树一帜的)社会团体组成，这赋予了诺夫哥罗德的国家结构以民主的外表。不过，另一方面我们看到，诺夫哥罗德社会的缔造者是商业资本，在其中人和阶级的政治作用决定于他同这个地方国民经济运动的关系。阶级的政治作用同它在国民经济中的密切联系，使其中的一个阶级，即大资本家贵族阶级获得了对其余阶级的决定性统治权(采取民主形式的这种商界的统治……既表现在诺夫哥罗德的管理方面，也表现在其政治生活中；克柳切夫斯基：《教材》，第 80 页)。因此，诺夫哥罗德在国家结构的民主形式下发展了管理与政治生活的高度贵族性质。”

12 “关于政治生活的性质。政治生活的矛盾：不属于任何人的城市，根据条约属于大公，而从 14 世纪开始，只有莫斯科一个大公了。因旱灾而求助于主教。王公自愿离去。王公对行政长官。按年龄分赃。一个区段的专权和内讧。两个维切，听命于勇士。狠揍下等人。”《诺夫哥罗德编年史》，第 191、211、212、228、276、343、355、371、406 页；索洛维约夫：《历史》，第 4 卷，第 16 页。

13—13 这是作者在编写第一版时所加的一段话，以石印版的补充为根据。

14—14 这是作者在编写第一版时所加的一段话，以石印版的补充为根据。

15 “这在 1196 年可以看得很清楚，也可以看到政治意图的差别：南罗斯主张天赋，苏兹达尔主张继承。父辈和祖辈的故地诺夫哥罗德。”《统治者是诺夫哥罗德人》；《诺夫哥罗德编年史》，第 173 页，《拉夫连季耶夫编年史》，第 193、395 页；《伊帕特编年史》，第 140 页；索洛维约夫：《论关系》，第 54 页，注释第174;《科斯托马罗夫》,第7卷,圣彼得堡1868年版,第78页。《在派系斗争中需要王公》;对照索洛维约夫的《论关系》,第46、58、59页;B. B. 帕斯谢克:《诺夫哥罗德本身》。在莫斯科大学历史和俄罗斯文物协会的讲稿,1869年,第4册,第1节,第72页及以后。

16 索洛维约夫:《历史》,第4卷,第210页。

17—17 这是作者在编写第一版时所加的一段话,以石印版的补充和修改后的文本为基础。

18 作者在编写第一版时删去了以下的原文和原文注释:"诺夫哥罗德自由制度崩溃的原因。由于制度的形式和该市政治生活的性质之间的这种
417 矛盾,正是造成诺夫哥罗德政治自由制度的那些内外条件的结合使这种自由制度在15世纪下半期轻易地崩溃了。由于这种结合,诺夫哥罗德生活和环境中的一些缺点或弱点,很早就暴露了出来。我下面就将指出其中的四个主要方面(社会争吵和阶级争吵),诺夫哥罗德政治制度和生活中的第一个弱点是社会内部不够团结。这个商业城市的政治制度和经济生活在城市内造成了贵族资本家的寡头统治并发展了有产阶级和无产阶级之间的深刻对抗。我们看到,数世纪以来,特别是从14世纪以来该市历史上纷争不已的各政治派别较量的基本原因,乃是激烈的社会争吵以及社会下层阶级同少数名门望族的不可调和的对抗,这些望族把持了该市和国家的管理权,享受到自由制的各种好处,而使下层阶级备受苦难。诺夫哥罗德贵族以此教训了他们所领导的群众;不要珍惜城市自由制,应当怀着同情和希望求助于王公,请王公负责审判和管理,来对抗自己的那些独断专行的、自私的贵族(邦内的、地区性的争吵,或各地各界的争吵)。诺夫哥罗德政治制度中的第二个弱点是,诺夫哥罗德地方领导缺乏一致,政权不够集中。我们看到,诺夫哥罗德邦的各个组成部分、地方自治体同自己的中央联系很弱。诺夫哥罗德极其精确地确定了自己的对外关系,即同王公的关系,但对本邦的内部政治生活没有做出同样明确的规定。在本地内部生活中占统治地位的一直是杂乱无章和独断专行。诺夫哥罗德邦的各个部分,当地大大小小的团体之间,同诺夫哥罗德社会的各个阶级之间一样,都互不信任或漠不关心,而诺夫哥罗德不想也不善于利用强有力的政府纽带或牢固的地方利益把各方面的人物同中央联系在一起,或把他们相互联系在一起(对普斯科夫的态度)。"《科斯托马罗夫》,第

7卷,第275页。

19*—19* 这是作者在编写第一版时所加的一段话,以石印版的补充为根据。

19а (《诺夫哥罗德编年史》,第354、355页。)

19б (《诺夫哥罗德编年史》,第405—408页。)

19в A.尼基茨基:《普斯科夫内部史纲》,圣彼得堡,1873年版,第113、179页。

19г (《弗拉基米尔斯基-布达诺夫》,第1分册,第132页及以后。)

19д (《格尔别尔什泰因》,第116页。)

20 《各乡同主城的关系》;《科斯托马罗夫》,第7卷,第182页及以后。

21 (《俄罗斯编年史全集》,第8卷,第163页。)

22—22 这是作者在编写第一版时所加的一段话,以石印版的补充为根据,代替下列被删去的原文:"在诺夫哥罗德结构中第四个重要缺点是其军事组织的软弱。诺夫哥罗德若干世纪来利用自己的各种条件来发展和保证自己的商业利益。诺夫哥罗德位于罗斯西北角,周围是危险的外敌,又有广泛 418
的工业联系,所以一直需要王公及其亲兵队。当时罗斯有许多相互竞争的王公,它很容易在他们中间找到自己的保护者。但从14世纪以来,这样的王公越来越少了。可是诺夫哥罗德并未利用王公们的纷争给它提供的长期空隙时间来建立足以抵御外敌的自己的军事力量。到15世纪,已经没有哪个罗斯王公能够帮助诺夫哥罗德去同莫斯科大公较量了。"

23*—23* 这是作者在编写第一版时所加的一段话,以石印版的补充以及部分地以修改后的文本为基础,代替被删去的石印版的原文:"由于上述种种缺点,诺夫哥罗德的自由制轻易地崩溃了。诺夫哥罗德的小兄弟普斯科夫,在很大程度上也具有所有这些弱点,尽管莫斯科没有花任何力量,它也在1510年崩溃了。遥远的维亚特卡移民区也是一样,于1489年继诺夫哥罗德以后被莫斯科彻底征服。

"这些就是诺夫哥罗德自由制轻易崩溃的主要原因。但在上述缺点中只应看到诺夫哥罗德轻易崩溃的原因(条件),而不是它崩溃这一事实本身的原因。"

23а (《古罗斯文献》,第4分册,圣彼得堡,1862年版,第32页。)

24—24 这是作者在编写第一版时所加的一段话,以石印版的补充为根据。

25 作者在编写第一版时删去了以下一段石印版原文:“但是,诺夫哥罗德在同莫斯科的斗争中没有表现出坚定顽强的精神,崩溃时暴露了许多精神上消极的因素。”

26 (克柳切夫斯基:《圣徒言行录》,第234、235页。)

27 《俄罗斯编年史全集》,第8卷,第108页。

28 《科斯托马罗夫》,第7卷,第180、181页;〔克柳切夫斯基:《圣徒言行录》第198—203页。〕

29 作者在编写第一版时没有利用石印版的下列注释:“观察者发现:学术兴趣被对美学的消遣或精神欣赏的需要所代替。莫斯科给人蚂蚁窝的印象:一片混乱奔忙,但不是生活;有许多忍辱负重的背影,但看不到(呆滞的人的)面孔,可以看到巨大的,不知疲倦的集体的(世俗的)劳动,但看不到个人幸福(顺遂)的迹象。这种情景使人厌倦,使人沮丧:我们看到的是社会,是村社,但没有看到人,于是开始对人思念。在这种政治制度中只见到挡住别人的人,而见不到社会;只见到那些狂暴的、爱好虚荣的富人,而见不到人民;在这里,每个人都为自己打算,不考虑人家;起作用的只是利益,而看不到法律。在莫斯科,各式各样的群众就像一个人一样。诺夫哥罗德则是一个力图击败所有群众的人,就像萨特阔①一样。萨特阔就是把资本奉为神明。”

419

第二十五讲

1—1 这是作者在编写第一版时所加的一段话,以取代石印版的文本和附注:“当伊凡三世继承父位的时候,还根本不存在政治意义上的莫斯科君主(即不可分割的最高权力的唯一代表者)和民族意义上的大俄罗斯国家(即整个大俄罗斯种族的联盟)。北俄罗斯的相当大一部分领土还没有列入莫斯科公国的版图。除了自由的城市外,它还分成五个大公国,每个大公国又分成若干个分封公国。其中的一个大公就是莫斯科大公,他周围有一些小的亲

---

① 萨特阔,俄罗斯民间勇士歌的主人公、贫苦的演唱者,借“海龙王”的帮助而发财致富。——译者

属。但这个莫斯科大公只不过是继承了极其富饶的王公世袭领地而已，他之所以比其他分封莫斯科王公的地位高，倒不是因为他的权力大，只是因为他的物质资料多、领地和收入多。同这一点相一致的是，在关于王公关系的莫斯科文献中，在王公的遗嘱和协定中，我们碰到了以前分封时代的各种措辞和我们所熟悉的王公分封时代的提法（德米特罗夫的尤里、乌格里奇的安德烈、沃洛茨公国的鲍里斯、沃洛格达的安德烈、维列亚的米哈伊尔和德沃尤罗德的舅舅）。在王公的协定中，伊凡三世的分封兄弟保证把长辈亲戚——莫斯科大公当作长兄，取代父亲的地位，而大公保证欣然把晚辈亲戚——分封王公当作兄弟。由此可见，初期显然还保持着老的关系，重复着以前分封时代的提法，这些提法甚至是用分封时代的古老语言表达的。除了这些分封制的老提法外，在莫斯科公国的历史上还继续保持着人们所熟悉的老事实。”（《俄国史教程》，石印版，第 6 页。）

2—2　这是作者在编写第一版时根据尼古拉耶娃出版的《古俄罗斯史教程》石印版所增添的一段话。

3—3　这是作者在编写第一版时根据尼古拉耶娃出版的《古俄罗斯史教程》石印版所增添的一段话。

4—4　这是作者在编写第一版时所加的一段话，用以取代被删去的石印版的文字及其附注：“（在我们所研究的这段时期的初期，这两个过程仍然在继续着。）由此可见，最初在生活的表层占统治地位的显然是古老的遗迹。不过在这老的过程中现在也可以看到一些新的特点。”

5　《索洛维约夫全集》，莫斯科 1882 年版，第 5 卷，第 53 页。《俄罗斯编年史全集》，第 8 卷，第 216 页。

6—6　这是作者在编写第一版时所加的一段话。

7—7　这是作者在编写第一版时所加的一段话，用以取代被删去的石印版的文字及其附注：“西部罗斯小的（东正教）王公（独立的领主）对宗教运动 420
感兴趣，他们在自己的领地（公国）还没有完全丧失以前的独立性，他们在立陶宛大公的影响下，开始纷纷靠拢莫斯科，把它当作自己的宗教中心（1499 年人们从立陶宛写道：“而我们的罗斯却不大喜欢立陶宛。”）或者为了民族团结而暂时联合进切尔尼戈夫家族。（行政上各自为政，而军事上则一方独霸。把联盟变成霸权——诸侯和盟主（如奥多耶夫斯基家族及其他。）根据等级，保证联盟得到封地。苏兹达尔王公 1451 年同失明王公瓦西里缔结了条约。称臣纳贡,甘做盟员。)"《国书条约汇编》,第 1 集,第 80 条。

8 作者在编写第一版时还删去了石印版中的下列文字和附注:"当伊凡三世继承父位的时候,中央罗斯和北罗斯还有许多完全独立或半独立的政治村社。按照它们的政治结构,它们可以分成两类:自由城市(三座)或公国。这些公国属于三个(或两个)俄罗斯王公谱系(和第四个立陶宛王公谱系):斯摩棱斯克的罗斯季斯拉夫、弗谢沃洛德三世和切尔尼戈夫的老斯维亚托斯拉夫(以及维亚兹马王公)。属于弗谢沃洛德家族王公谱系的有:莫斯科、特维尔、雅罗斯拉夫尔和罗斯托夫的大公和分封王公。属于切尔尼戈夫的斯维亚托斯拉夫谱系的有:梁赞的大公国,奥卡河上游、杰斯纳河、第聂伯河东部和北方邦的许多小分封公国。这些公国在 14—15 世纪承认立陶宛君主的权力(它们大部分是在维托夫特当权时称臣的)。"见 C. M. 索洛维约夫:《俄罗斯史教程》,莫斯科 1880 年版,第 66 页。它们是诺沃西耳(土拉省)公国、奥鲍连公国、沃罗丁斯克(卡卢加省)公国、奥多耶夫(土拉省)公国、别列夫(土拉省)公国、麦泽茨(卡卢加省)公国等。(见索洛维约夫:《历史》,第 5 卷,第 138 页。15 世纪 90 年代格季明诺维奇家族和姆斯季斯拉夫东正教徒们,舍米亚卡的孙子瓦西里·伊凡诺维奇、诺夫哥罗德·谢维尔斯基、谢缅·伊万诺维奇·莫扎伊斯基、切尔尼戈夫斯基、斯塔罗杜布斯基,全都为信仰而牺牲了。见《俄罗斯历史学会论文集》,第 35 卷,第 378 页;1503 年的谈判:"不放弃希腊的法律。"请参照索洛维约夫:《历史》,第 5 卷,第 134、166、405 页。)

9 "后来是佩乔拉、尤格拉和沃古利奇。"见索洛维约夫:《历史》,第 5 卷,第 88、89 页。

10 见索洛维约夫:《历史》,第 5 卷,第 54 页。

11 "维亚兹马、麦泽茨、舍米亚卡和莫扎伊斯克。"见《俄罗斯编年史全集》,第 4 卷,第 161、162 页;索洛维约夫:《历史》,第 5 卷,第 122、138 页。

12 石印版中还有下面一段话,作者在编写第一版时删去了:"1396 年用欺骗手法第一次从格列布·斯维亚托斯拉维奇手中夺去该城。1399 年在沃尔斯克拉河战败后,该城在 1400 年归尤里·斯维亚托斯拉维奇所有。1409 年尤里去莫斯科求援时,维托夫特又夺取了斯摩棱斯克,而尤里则跑到了诺夫哥罗德。"

13 “斯塔罗杜布公国和北方公国于1523年、Ф.姆斯季斯拉夫斯基王公于1526年最后都失去了世袭领地。”见索洛维约夫:《历史》,第5卷,第345页。

14—14 这是作者在编写第一版时加进去的一段话。见索洛维约夫:《历史》,第5卷,第346页。 421

15—15 这是作者在编写第一版时加进去的一段话,用以取代被删去的石印版的一段文字及其附注:“在分封制时代,罗斯被弄得支离破碎。在这种形势下,统一罗斯国土的思想开始在俄罗斯人的头脑里熄灭了。现在,当大俄罗斯统一在一个政权之下的时候,这个被遗忘了的关于统一罗斯土地的思想又恢复了。(这就是关于民族国家的思想。民族统一的思想保持在人民中间,而政治统一的愿望则保持在莫斯科政府人士中间。与12世纪的地方情况不同。)有趣的是,这个思想、这个愿望首先是通过对外交往和冲突在莫斯科政府人士中产生和发展的,后来才从政府人士那里传到民间。(莫斯科把民族统一的思想发展到社会各界。对外交往和冲突促进了这个愿望。莫斯科同特维尔、梁赞交锋,现在罗斯又同波兰、德国人和立陶宛交锋。以前是战争——罗斯王公们的互相厮杀,现在则是人民的斗争。)所有的交往和冲突使人们更加想到人民性和人民的国家。关于这个愿望(思想)的第一个迹象是伊凡时代的莫斯科外交活动。我们首先在莫斯科的外交文件中看到这种活动。”

16—16 这是作者在编写第一版时根据石印版的附注所加的一段话。《伊凡三世的专制思想》;《俄罗斯历史学会论文集》,第35卷,第225、380页;索洛维约夫:《历史》,第5卷,第177、186、187页。

17 “在克里米亚的声明。立陶宛方面在1494年和1503年的条约中承认全罗斯的君主,从而使这个声明合法化。战争的新性质——不是偶然的争吵,而是民族斗争。”索洛维约夫:《历史》,第5卷,第148、149页。

18—18 这是作者在编写第一版时所加的一段话。

第二十六讲

1*—1* 这是作者在编写第一版时所加的一段话,用以取代删去的石印版的一段文字:“首先,它们对莫斯科君主和大俄罗斯社会的政治觉悟产生了显著的影响。新的政策在莫斯科政府人士的头脑里引起了一系列即使不是明确的新政治概念,也是新的政治想法。”

1[a] “它的政治觉悟和它的国家权力的增长,它最初的外部和内部原因。”索洛维约夫:《俄罗斯史教程》,第 25 章。

2 “新关系”。《奇切林文集》,第 258 页。

3—3 这是作者在编写第一版时所加的一段话。

4 “就像一个工人出身的人穿着新衣服走到贵族中间一样,根据环境和衣着来选择恰当的举止和表情。”

5 索洛维约夫:《历史》,第 5 卷,第 70 页。

6 《格尔别尔什泰因文集》,第 19—22 页;索洛维约夫:《历史》,第 5 卷,第 71 页。

422 7*—7* 这是作者在编写第一版时所加的一段话。

7[a] 〔《库尔勃斯基王公传说》,圣彼得堡,1842 年,第 2 版。〕

8 “这个婚姻的新鲜之处是它的政治性,即接受了拜占庭的遗产。第三罗马:把思想或政治要求作为嫁妆。”

9—9 这是作者在编写第一版时所加的一段话。

10 索洛维约夫:《历史》,第 5 卷,第 217—220 页。

11 《帝国的继承》;《俄罗斯历史丛书》,第 8 卷,第 31—32 页。

12 索洛维约夫:《历史》,第 5 卷,第 176—178 页。

13—13 这是作者在编写第一版时根据石印版的材料及其补充所加的一段话。

14 《俄罗斯历史学会论文集》,第 35 卷,第 223 页。

15 《1497 年同沃洛茨外甥们缔结的条约》。

16*—16* 这是作者在编写第一版时根据石印版的附注所加的一段话。《俄罗斯编年史全集》,第 7 卷,第 231 页;索洛维约夫:《历史》,第 6 卷,第 228 页。

16[a] 〔《俄罗斯历史学会论文集》,第 71 卷,第 231 页。〕

16[б] 〔И. Н. 日丹诺夫:《关于瓦维隆的故事和关于弗拉基米尔王公们的传说》,圣彼得堡 1891 年版;《卡拉姆津文集》,第 2 卷,附注 220。〕

16[в] 〔《俄罗斯历史丛书》,第 6 卷,第 576 页。〕

17　索洛维约夫:《历史》,第 5 卷,第 164 页。

18　索洛维约夫:《历史》,第 5 卷,第 165 页。

19　作者在编写第一版时还删去了石印版中的下列文字:“最高权力的新基础也明确了它的新任务。”

20*—20*　这是作者在编写第一版时所加的一段话。

20[a]　〔《俄罗斯历史学会论文集》,第 71 卷,第 231 页。〕

21　索洛维约夫:《历史》,第 5 卷,第 64、65 页。

22—22　这是作者在编写第一版时所加的一段话,用以取代被删去的石印版的一段话及其附注:“也许伊凡没有用如此明确的文学形式表达自己的思想,但是根据他的行动来看,他确实有这样的思想。伊凡感到自己处于新的地位,在新的环境中活动,自己的权力来源于上帝,新的权利和义务同此有联系,因此,他确立了新的国家仪式,这样也许可以最明显不过地表明莫斯科君主政治意识的成功。伊凡以前的历任莫斯科大公只是简单地继承其父辈和祖辈的皇位。伊凡三世认为这是不够的,他确立了一种制度:接班人继承皇位必须举行隆重的宗教加冕典礼。伊凡的第一个妻子生了一个儿子,名叫伊凡。在他父亲在世时,他就有了大公的封号,但他比他父亲死得早,在1490 年就去世了。他死以后留下了一个儿子,名叫德米特里。伊凡按照新的方式立这个十五岁的孙子为继承人,而没有立第二个妻子索菲娅的儿子瓦西里。(失明王公瓦西里生前也立了拥有大公称号的继承人,以巩固这种新的继位方式。)”

23　索洛维约夫:《历史》,第 5 卷,第 73、74 页。

24　“这个行动对新制度的意义是把习惯变成了法律。1572 年的遗 423
嘱。”索洛维约夫:《俄罗斯史教程》,第 5 卷,第 73 页;第 6 卷,第 209 页;〔《卡拉姆津文集》,第 6 卷,第 172、173 栏。〕“冠状头饰、宽大的领子、项链——沙皇的这些装饰品的原件保存在当时的考古单位。”《格尔别尔什泰因文集》,第33、37 页。《卡拉姆津文集》,第 2 卷,第 90 栏,附注 220。萨比宁:《关于王公的披肩》,《俄罗斯历史文集》,第 3 卷,第 3 册,莫斯科 1839 年版,第 299、305 页;A. 维斯科瓦托夫:《俄罗斯军队的服装和装备的历史演变》,第 1 卷,圣彼得堡,1899 年版,第 17、18 页,附注 50、52,插图 20。

25　作者在编写第一版时删去了石印版中的下列一段文字和附注:

“1502年以后,伊凡不再宠爱孙子,立儿子瓦西里(生于1479年3月)为继承人。瓦西里在父亲死后也举行了隆重的加冕仪式。因此在文献中把瓦西里一世叫作天子。这种形式反映了最高当局对自己的权利和义务有了新的认识(认识到这种权力的特点、它的宗教政治意义)。”索洛维约夫:《俄罗斯史教程》,第5卷,第77页,注84;《卡拉姆津文集》,第7卷,圣彼得堡1842年版,注1。

26*—26*　这是作者在编写第一版时所加的一段话。

26ª　〔《俄罗斯编年史全集》,第4卷,第271、272页;索洛维约夫:《历史》,第5卷,第76页。〕

27　索洛维约夫:《历史》,第5卷,第173、174页;索洛维约夫:《俄罗斯史教程》,第94页。

28　《国书条约汇编》,第1集,第144条;《奇切林文集》,第254页及以后。

29　“只有长兄有封邑,长兄以下的兄弟不分封邑。”《别斯图热夫-柳明文集》,第1卷,第403、404页。

30　作者在编写第一版时删去了石印版中的以下文字和附注:“最后,(5)根据同分封兄弟达成的协定,伊凡三世第一次取得了这样的权力:只有他才能同外国打交道。分封王公同外国打交道,必须征得大公的同意。在莫斯科国家的历史上,瓦西里王公是第一个真正的政治意义上的君主(继承王位的办法——协议;关于专制的思想)。这实际上是最高当局对自己的意义、对自己的权利和义务采取新的看法的结果(在伊凡三世及其儿子执政的时代是如此)。他的孙子走得更远了。在同库尔勃斯基的论战中提出了专制的新概念。”索洛维约夫:《历史》,第5卷,第176、177页。〔《库尔勃斯基王公传说》第155页及以后。(沙皇和约翰大公……致安德烈·库尔勃斯基王公的信)〕

31*—31*　这是作者在编写第一版时所加的一段话,用以取代被删去的石印版的一段话及其附注:“后来这个观点得到进一步的发展,使辈分高的大公的地位大大高于分封王公,以致想取消分封制本身。(1547年沙皇的称号是固定的,得到东方总主教的承认。文件中的删改处。)”

31ª　(《俄罗斯历史学会论文集》,第35卷,第244、245页。)

32　“俄罗斯王国是由莫斯科国家和其他国家组成的:它们是分封的政

治单位、经济和世袭领地，统治它们的是王国、教会——国家联盟。由此可见，关于最高权力和领土的不可分割性的思想是国家组成中的新因素。对参加联盟的王公实行军事领导。下列事实产生了民族国家的思想：借助于新的 424
政治印象和实际结论把大俄罗斯人民从政治上联合起来。君主的权力有了新的因素：不可分割性、全俄罗斯的民族意义、继承拜占庭皇帝的传统、在政治上代表全世界的东正教、宗教政治权威。菲洛费对瓦西里大公说：'普天之下只有一个信东正教和基督教的沙皇。所有的基督教王国都集合于您的王国之中。'莫斯科是第三个罗马，是最高权力发展中的新阶段。"《历史文献补编》，第1卷，第146条（第249页，第2行）和第222条。普斯科夫的叶列阿扎罗夫寺院长老菲洛费致瓦西里·伊凡诺维奇大公的信，《东正教对话者》，第1集，喀山，1863年版，第337—348页。

33　索洛维约夫：《历史》，第6卷，莫斯科，1887年版，第208页。

34—34　这段话是作者在编写第一版时加上的。

35　《俄罗斯编年史全集》，第6卷，第230、231页。

36　索洛维约夫：《历史》，第5卷，第94页。

37　《圣约瑟夫·沃洛科-拉姆斯克言行录》б/М，б/г 第54—58页。

38　《1517年和1525年在莫斯科》；《格尔别尔什泰因文集》，第28页；索洛维约夫：《历史》，第5卷，第367页。

39—39　这是作者在编写第一版时所加的一段话。

第二十七讲

1—1　这是作者在编写第一版时部分根据对石印版的补充所加的一段话。

2　《俄罗斯编年史全集》，第8卷，第82页。

3—3　这是作者在编写第一版时所加的一段话。

4—4　这是作者在编写第一版时根据对石印版的补充所加的一段话。

5　克柳切夫斯基：《贵族杜马》，第3版，第239、240页。

6　克柳切夫斯基：《贵族杜马》，第3版，第236页。

7　"形势对概念和在概念中形成的感情产生了影响……"克柳切夫斯基：《贵族杜马》，第3版，第241、242页。

8 克柳切夫斯基:《贵族杜马》,莫斯科,1883 年版,第 2 版,第 261—265 页。

9—9 这是作者在编写第一版时部分根据石印版的材料所加的一段话。索洛维约夫:《历史》,第 4 卷,第 184 页及以后;第 7 卷,第 16、17 页。

10—10 这是作者在编写第一版时根据对石印版的补充所加的一段话,用以取代被删去的一段文字:"为了说明这个独特的制度,我们举两个简单的(最简单的)例子。假定布图尔林家族中的两个人叔叔和侄子被任命在同一机关服役,属于上下级关系。第一个是长辈,担任高级职务,第二个是下级。
425 可以想象,由于叔叔的辈分高于侄子,他的职务也相应地高于后者(一种计算职位的方法)。其次假定任命奥多耶夫斯基和布图尔林担任这些职务。以前,奥多耶夫斯基家族的职务一直比布图尔林家族高。现在,他们也应当是这样。在任命的时候可以设想,奥多耶夫斯基家族的地位比布图尔林家族高多少,那么某个奥多耶夫斯基的职务也应当比某个布图尔林相应地高多少。由此可见,每个贵族家族和这个家族中的每个人除了职务以外在其他贵族家族和贵族人员中间都占有一定的固定地位。这种地位不以职务为转移,是每个家族和每个人从祖先那里继承下来的。一个官宦家族和人员在其他官宦家族和人员中间所占的世袭地位叫作父氏地位。"

11 《莫斯科俄罗斯历史和古代文物协会年鉴》,第 6 册,莫斯科,1850 年版,第 16 页。

12—12 这是作者在编写第一版时所加的一段话,用以取代在编写第一版时所删去的石印版的一段文字:"家谱是从祖宗开始的家世渊源。吏书是指官职清册,其中逐年记载了名门贵族人员担任的所有职务。"(П. Н. 米柳科夫:《官方和私人的古代吏书》,1887 年版,第 2 册;П. Н. 米柳科夫:《关于编纂吏书的问题》,见《国民教育部杂志》,第 5 期,1889 年,第 165—194 页。)

13* —13* 这是作者在编写第一版时根据经过改写的石印版文字及其补充材料所加的一段话。

13[a] 《我们的法典》;索洛维约夫:《历史》,第 7 卷,第 16 页。

14 "从 1620 年起不排地位";《国书条约汇编》,第 3 集,第 52 条。

15* —15* 这是作者在编写第一版时根据经过改写的石印版文字及其补充所加的一段话。

15[а]　作者在编写第一版时删去了石印版中的以下一段话："因为系谱方面的关系同等级方面的关系并不是一致的。我认为，已经谈到的情况多少有助于弄清楚任官等级方面的关系。其实质在于：家族的官宦地位是由其祖先的官宦地位确定的，而个人的官宦地位则是由后代同其祖先在系谱上的远近确定的。在官宦家族之间存在的一系列官宦系谱关系影响到一系列职务，而且必须同后者相一致。对门第制的思想可以从这方面加以理解。"

15[б]　"限制"，索洛维约夫：《历史》，第 7 卷，第 15 页。

15[в]　作者在编写第一版时删去了石印版中的下列一段话："这种门第制的计算办法暴露了门第制中的两个倾向：(1)把高级官职限制在名门贵族的范围内；(2)按照固定的贵族门第等级分配官府的职务，依照各个人的谱系地位在官府论资排辈。因此，确定官职高低的资格审查也可以叫作贵族谱系审查。"

16　"首次任官职对子孙后代是一个必不可少的先例。"　426

17—17　这是作者在编写第一版时所加的一段话。

18*—18*　这是作者在编写第一版时所加的一段话。

18[а]　《俄罗斯编年史全集》，第 8 卷，第 82 页。

18[б]　索洛维约夫：《历史》，第 4 卷，第 186 页。

19*—19*　这是作者在编写第一版时所加的一段话。

19[а]　Г. К. 科托希欣：《论阿列克谢・米哈伊洛维奇统治下的俄国》，圣彼得堡，1859 年版，第 2 版，第 35 页。

20—20　这是作者在编写第一版时所加的一段话。

21　《吏书》，第 1 卷，圣彼得堡，1853 年版，第 206 页。

22*—22*　这是作者在编写第一版时所加的一段话。

22[а]　索洛维约夫：《历史》，第 16 卷，莫斯科，1882 年版，第 3 版，第 279 页。

第二十八讲

1　《国书条约汇编》，第 1 集，第 24 条。

2　〔《俄罗斯编年史全集》，第 8 卷，第 56 页。〕

3—3　这是作者在编写第一版时根据对石印版的补充所加的一段话。

石印版的补充部分被删去的内容如下:“作为大俄罗斯中心的莫斯科,那里的生活培养了新的政治理想和操心,但没有提供什么新的物质资料和令人依恋的东西。除了贫穷和奴役外,莫斯科没有提供别的东西。”

4—4 这是作者在编写第一版时根据石印版的补充材料所加的一段话。

5 索洛维约夫:《历史》,第5卷,第72页。

6 《卡拉姆津文集》,第7卷,第106页。

7 《卡拉姆津文集》,第8卷,第118、124—130页。《库尔勃斯基文集》,第39页。

8 《俄罗斯历史学会论文集》,第35卷,第428页。

9 《文献集——古文献考察》,第1卷,圣彼得堡,1836年版,第172号。

10 《在1518年》;索洛维约夫:《历史》,第5卷,第404—406页;马卡里:《俄罗斯教会史》,第6卷,圣彼得堡,1887年版,第2版,第159页及以后。

11 《俄罗斯和外省王公、贵族谱系册》,第1卷,莫斯科1787年版,第63页。

12 《文献集——古文献考察》,第1卷,第172号,第143页。

13—13 这是作者在编写第一版时所加的一段话。

427 14 《文献集——古文献考察》,第1卷,第172号(第142—144页)。(比较:)“库尔勃斯基论达尼尔总主教”——“骄傲的、该死的达尼尔总主教”。《库尔勃斯基文集》,第42页。

15 作者在编写第一版时删去了石印版中的下列文字:“由于在审讯时发现了这些理智的讲话,1525年别尔先被割去了舌头,在莫斯科河上被处决。”《卡拉姆津文集》,第7卷,注335;索洛维约夫:《历史》,第5卷,第71页;《伊洛瓦伊斯基文集》,第3卷,莫斯科,1890年版,第54—57页;《扎别林文集》,第603—605页。

16 《安德烈·米哈伊洛维奇·库尔勃斯基在立陶宛和沃林》,基辅,1849年版,第1卷、第2卷,第219页、第372页;《卡拉姆津文集》,第9卷,第33、34栏。

17 “库尔勃斯基写第二封信之后,接着于1579年9月2日写了第三封信,于1579年9月29日写了第四封信。这样,在1560—1570年期间便进行了令人感兴趣的通讯。伊凡的第二封信于1577年10月2日恢复了中断的

通讯。”(《库尔勃斯基文集》,第 219、226、246、250 页,注 323、319、299)

18—18　这是作者在编写第一版时根据对石印版的补充所加的一段话。《库尔勃斯基文集》,第 127、220 页。

19[*]—19[*]　这是作者在编写第一版时部分根据石印版的修订文字所加的一段话。

19[а]　索洛维约夫:《历史》,第 6 卷,第 185 页;《库尔勃斯基文集》,第 43 页。

19[б]　“对莫斯科君主历史的看法。”索洛维约夫:《历史》,第 5 卷,第 70、71 页;《库尔勃斯基文集》,第 45 页。

19[в]　“在著作界代表贵族说话的并不仅仅是库尔勃斯基。在他的营垒的其他一些人的著作中以及在他的言论中往往流露出一些隐秘的愿望和反感,不是直接地反映问题,而是对此做出间接的答复。”

20—20　这是作者在编写第一版时所加的一段话。(《库尔勃斯基文集》,第 157、161、162 页。)

21　“在这方面他持这样的观点。”

22—22　这是作者在编写第一版时所加的一段话。“这是对专制政体的新观点。正如库尔勃斯基所承认的那样,‘彼此彼此’。”《库尔勃斯基文集》,第 157、162、171、172 页。

23　“对沙皇政权任务的看法。”《库尔勃斯基文集》,第 167—169、176、194 页;索洛维约夫:《历史》,第 6 卷,第 188 页。

24—24　这是作者在编写第一版时所加的一段话。

25　《库尔勃斯基文集》,第 179 页。

26—26　这是作者在编写第一版时所加的一段话,用以取代被删去的石印版的文字及其补充:“每一方都维护没有受到对方直接公开进攻的制度或习惯。双方好像彼此都完全不了解。莫斯科君主和他的贵族之间的政治斗争(纷争)的性质就是如此:进行这种斗争显然是缺乏充分的政治理由的,而是误解所致。双方好像无法克制自己进行这种斗争,他们无法找出根据,无法说明他们为什么要进行这种斗争。如果说没有完全解释清楚这个斗争产生的起因和动机的话,但却很好地说明了斗争双方的情绪,有助于理解他们的行为。”

428 第二十九讲

1 作者在编写第一版时删去了石印版中的下列一段话:“在叙述莫斯科君主16世纪同其贵族的斗争时,我们看到了这样一个特点:进行这个斗争缺少明显的政治原因。双方都无法充分有根据地说明,他们为什么要进行这场斗争。这场斗争的结局也同样是独特的。”

2—2 这是作者在编写第一版时所加的一段话。

3 作者在编写第一版时删去了石印版中以下的一段文字:“开始出现的误解导致敌对的冲突,同时有一些心怀不满的顾问企图投奔立陶宛(西尔维斯特尔和阿达舍夫的出走)。沙皇(伊凡)的第一个妻子阿纳斯塔西娅于1560年8月逝世,使那些不喜欢皇后亲戚扎哈里英家族的顾问遭到彻底打击(使沙皇进一步远离亲信)。”

4 这是作者在编写第一版时所加的一段话。

5 《俄罗斯历史学会论文集》,第3卷,第221、222栏。《别斯图热夫-柳明文集》,第2卷,圣彼得堡,1885年版,第1版,第259页;索洛维约夫:《历史》,第6卷,第181、182页。

6—6 这是作者在编写第一版时所加的一段话。

7 《卡拉姆津文集》,第9卷,第42栏。

8 《俄罗斯历史学会论文集》,第3卷,第249栏。

9 《卡拉姆津文集》,第9卷,第44栏。

10 《卡拉姆津文集》,第9卷,第46栏,注136。

11 “新的国家权力是由许多事实的偶然凑合形成的——沙皇想吞食历史形成的权力、在人民中间试验它的力量吗?”

12 《卡拉姆津文集》,第9卷,注137。

13—13 这是作者在编写第一版时根据石印版的附注所加的一段话。

14 “麦坚、维亚兹马、苏兹达尔、乌斯丘格、老鲁萨等。诺夫哥罗德。”《卡拉姆津文集》,第9卷,第46、49栏,注137;《历史文献补编》,第1卷,第52号39。

15—15 这是作者在编写第一版时所加的一段话。

16—16 这是作者在编写第一版时所加的一段话。

17—17　这是作者在编写第一版时所加的一段话。

18　“2月4日”。《卡拉姆津文集》，第9卷，第47、48栏，注140—143。

19　这是作者在编写第一版时根据石印版的附注所加的一段话：“在阿尔巴特和尼基茨克之间的寺院后面，后来在亚历山大罗夫村。1574年在佩特罗夫卡。这个村子是极不自由的地方。”《卡拉姆津文集》，第9卷，第47、50、51等栏，注152；索洛维约夫：《历史》，第6卷，第210页，注84；K. 季洪拉沃夫：《弗拉基米尔文集》，莫斯科，1857年版（1677年亚历山德罗夫村税册第168—174页）。

20*—20*　这是作者在编写第一段时所加的一段话，而石印版中则是下列一段话和附注：“沙皇特辖区的产生是由于政治冲突所致，这些冲突促成 429
了它的形成。首先是在于沙皇特辖区的政治（经济）形式和它的政治目的。这个体制的形式是从古代的传说和习惯沿袭下来的。**这就是封邑**。‘沙皇特辖区’这个术语的本身就来源于分封制时代的语言。在14世纪王公的遗嘱中，拨归王公遗孀的封地叫特辖区。按照经济形式来说，这是宫廷机构的新的组织。直辖地就是封邑。陶贝谈到沙皇打算把特辖区交给自己的小儿子，把贵族辖区交给长子。”《卡拉姆津文集》，第9卷，注137。

20[a]　《俄罗斯帝国法律大全》，第24卷，第17906号。

21　“早在1565年、1573年就任命西梅昂·叶季格尔为贵族辖区的负责人。”《卡拉姆津文集》，第9集，注137；索洛维约夫：《历史》，第6卷，第210页。

22　索洛维约夫：《历史》，第6卷，第212页。

23—23　这是作者在编写第一版时所加的一段话。

24　（《历史文献补编》，第1卷，第222号，第372页。）

25　“外来的特辖军。”《卡拉姆津文集》，第9卷，第49栏。

26*—26*　这是作者在编写第一版时根据石印版的附注所加的一段话：“考虑以出家的形式在政治上同尘世断绝关系。”《卡拉姆津文集》，第9卷，第42—51栏；索洛维约夫：《历史》，第6卷，注84；《书记伊凡·季莫费耶夫的年鉴》，见《俄罗斯历史丛书》，第13卷，第272栏。

26[a]　（《库尔勃斯基文集》，第80、124页。）

27—27　这是作者在编写第一版时所加的一段话，用以取代石印版的下列文字:“随着封邑的取消,莫斯科君主越来越感觉到自己是罗斯国家的全权主人。随着封邑的取消,以前的大公和分封王公的后代聚集在莫斯科君主的周围,求全责备的贵族也团结在他的周围,成为统治阶级的上层,沙皇同他们一起统治着统一起来的国土。”克柳切夫斯基:《贵族杜马》,第 3 版,第 361、362 页。

28—28 这是作者在准备付排的手稿中所加的一段话。

29 克柳切夫斯基:《接班·大贵族和服役贵族》,载《俄罗斯思想》,第 1 卷,莫斯科,1899 年 12 月版。

30 见克柳切夫斯基:《古俄罗斯史教程》,尤什科夫石印版,第 203 页。

31—31 这是作者在编写第一版时根据石印版的材料及其附注所加的一段话:“伊凡什克·佩列斯维托夫致约翰的书信。个人功勋。反对农奴制。关于教会中的忠实奴仆。查达·亚布拉姆。沙皇特辖区的民主组成。主事的掌权。消灭贵族的思想。作为刽子手的特辖军无法治理国家(他们只能进行恫吓)。伊凡四世感到现行制度是一个重负,但他无法改造它,因此决定另建新制度。把自己的意志强加于另一部分人,死后掠夺他们的房屋。同贵族做斗争,丝毫不考虑人民。”《俄罗斯编年史全集》,第 4 卷,第 318 页;A. 波波
430 夫:《斯拉夫和俄罗斯著作和文章选集》,莫斯科,1869 年版,第 165—167 页;《卡拉姆津文集》,第 9 卷,第 49、53 栏,注 849、169、148;《索洛维约夫文集》,第 6 卷,注 84 页;《库尔勃斯基文集》,第 216、374 页;克柳切夫斯基:《贵族杜马》,第 3 版,第 366 页。

32[*]—32[*] 这是作者对付印的手稿所加的一段话。

32[a] 《И. С. 佩列斯维托夫致沙皇伊凡四世的呈文》,由 C. A. 别洛库洛夫编辑出版;《官方和私人的古代吏书》,第 4 卷,第 2 节,1902 年版,第 1—14 页。

32[6] 《卡拉姆津文集》,第 9 卷,注 405。

33—33 这是作者在编写第一版时所加的一段话。

34—34 这是作者在编写第一版时所加的一段话。

35 “既没有阴谋,也没有谋杀”。《卡拉姆津文集》,第 9 卷,第 57 栏以及第 57 栏以后。

36—36 这是作者在编写第一版时所加的一段话。

37 （奥杰尔鲍恩）

38—38　这是作者根据石印版的附注在编写第一版时所加的一段话："禀报者是伊凡·季莫费叶夫。"沙皇特辖区是政治阴谋。"群情激愤。以上帝的臣民为儿戏。创造了信仰两种宗教的人。"《俄罗斯历史学会论文集》，第13卷，第272栏；С. Ф. 普拉托诺夫：《关于17世纪混乱时代的古俄罗斯传说和故事——历史资料的来源》，圣彼得堡，1888年版，第136页。"人们认为皇帝直辖区是自相残杀"（《斯拉夫和俄罗斯著作和文章选集》第183页）。"造反"（索洛维约夫：《历史》，第6卷，注84）。"编年史认为沙皇的统治是无意义的。随后的一些年代是失败的：四万军人死于1579年。"（《俄罗斯编年史全集》，第4卷，第318、319页。）"库尔勃斯基的预言。"（克柳切夫斯基：《贵族杜马》，第3版，第302页。）

第三十讲

1 "倾向于戏剧性的表现。"《卡拉姆津文集》，第8卷，第102栏，第9卷，第441栏；索洛维约夫：《历史》，第6卷，注136。

2 《库尔勃斯基文集》，第183页。

3—3　这是作者根据石印版的补充材料在编写第一版时所加的一段话。

4—4　这是作者根据石印版的补充材料在编写第一版时所加的一段话："关于德意志起源的看法。"《斯拉夫和俄罗斯著作和文章选集》，第183、313页；《卡拉姆津文集》，第9卷，第8—12、20、43页，注166；索洛维约夫：《历史》，第6卷，第39—42、382、393页。

5—5　这是作者在编写第一版时所加的一段话。

6 "同时代人是如何看待伊凡的性格变化的。"《斯拉夫和俄罗斯著作和文章选集》，第183页。

7*—7*　这是作者根据石印版的部分附注在编写第一版时所加的一段话。

7а　"学习德语和波兰语。"《卡拉姆津文集》，第9卷，第151栏（注465）。

7б　"倾向于软化。"

8—8　这是作者在编写第一版时所加的一段话。"1568年同菲立普在圣母升天大教堂。"《卡拉姆津文集》，第9卷，第61栏，注195；索洛维约夫：

《历史》,第 6 卷,第 202 页。

431　9—9　这是作者在编写第一版时所加的一段话。

10—10　这是作者根据石印版的附注在编写第一版时所加的一段话。(B.O.克柳切夫斯基:《俄国史教程》,第 2 部,莫斯科,1937 年版,第 431 页,206 页附注。)

11　“关于神学的记忆具有特别的敏锐性。精通于神学写作。”《库尔勃斯基文集》,第 230 页;《卡拉姆津文集》,第 9 卷,注 157。

12—12　这是作者根据石印版的补充在编写第一版时所加的一段话,用以取代下列文字:“问题在于准确地确定莫斯科君主的专制政权同在国家中占据地位的新的莫斯科贵族之间的关系。但是在确定这种关系方面沙皇不如他的祖先。”

13[*]—13[*]　这是作者在编写第一版时所加的一段话。

13[а]　(《俄罗斯历史丛书》,第 13 卷,第 1275、1276 栏。)

13[б]　(《俄罗斯历史丛书》,第 13 卷,第 620、707 栏;《И.М.卡蒂列夫-罗斯托夫斯基文集》。)

14—14　这是作者在编写第一版时所加的一段话。

15　“当时就是这么想的。库尔勃斯基的预言。”普拉托诺夫:《关于 17 世纪混乱时代的古俄罗斯传说和故事——历史资料的来源》,第 136 页;克柳切夫斯基:《贵族杜马》,第 3 版,第 302 页。

16—16　这是作者在编写第一版时所加的一段话。(《卡拉姆津文集》,第 8 卷,第 122 栏;第 9 卷,第 258 栏。)

17　作者在编写第一版时删去了石印版中的下列文字:“我们研究了贵族在莫斯科国家的地位以后,转而研究俄罗斯社会其他阶级的情况。”

第三十一讲

1—1　这是作者根据石印版的补充在编写第一版时所加的一段话。克柳切夫斯基:《贵族杜马》,第 3 版,第 79 页。

2—2　这是作者在编写第一版时所加的一段话:“这不只是一个阶级,而是一系列平行的阶级。”

3　作者在编写第一版时删去了石印版中的下列文字:“在 15 世纪下半

叶以前，莫斯科宫廷的成员比罗斯当时存在的其他一切大公国和分封公国的成员都多。早在伊凡三世以前，为莫斯科服务的名门贵族就达四十多家，还不算中下等的臣仆。”

4 《卡拉姆津文集》，第 6 卷，注 201。

5—5　这是作者根据石印版的材料及其附注在编写第一版时所加的一段话。《俄罗斯编年史全集》，第 3 卷，圣彼得堡，1841 年版，第 201 页；索洛维约夫：《历史》，第 5 卷，第 40—42 页。

6—6　这是作者根据石印版的部分补充材料在编写第一版时所加的一段话。

7 科托希欣：《论阿列克谢·米哈伊洛维奇统治下的俄国》，第 22 页；《弗拉基米尔斯基-布达诺夫文集》，第 2 版，第 167 页。

8—8　这是作者根据石印版的材料及其附注在编写第一版时所加的一段话。《卡拉姆津文集》，第 10 卷，第 137 栏，注 402。

9 “九百一十五个家族”。《贵族系谱》，第 1 部。 432

10 “每一官阶分为若干个百人队，百人队主要由御前大臣组成。”《文献集——古文献考察》，第 4 卷，圣彼得堡，1836 年版，第 103 号；马尔热列特：《俄罗斯国家状况》，圣彼得堡，1830 年版，第 51、69 页；《卡拉姆津文集》，第 10 卷，第 137 栏。

11 《弗拉基米尔斯基-布达诺夫文集》，第 2 版，第 168 页。

12—12　这是作者在编写第一版时所加的一段话。

13—13　这是作者在编写第一版时所加的一段话。《俄罗斯编年史全集》，第 4 卷，第 319 页；弗莱彻：《论罗斯国家》，第 48、49 页；马尔热列特：《俄罗斯国家状况》，第 57、58 页；《卡拉姆津文集》，第 10 卷，第 137、138 页。

14—14　这是作者在编写第一版时所加的一段话。《格尔别尔什泰因文集》，第 76 页。

15—15　这是作者根据石印版的部分材料在编写第一版时所加的一段话。作者删去了石印版的下列内容：“边境居民已经习惯于每年遭受的进攻，喂养的牲畜很少。只有猪徘徊在回教的法律保护的广阔草原上。例如，16 世纪在莫斯科国家南部边界上又出现 11 世纪、12 世纪古基辅史所描述的那种现象，出现了贝琴涅戈人和波洛韦茨人。”弗莱彻：《论罗斯国家》，第 59、61

页;《格尔别尔什泰因文集》,第 144 页;《米哈伊尔·利特文全集》一书的摘要;《俄罗斯南部历史的回忆录》,基辅,1890 年版,第 1 版,第 11、21 等页;B. Г. 利亚斯科龙斯基:《基尔奥姆·列瓦勒·德鲍普兰及其关于俄罗斯南部的历史地理著作》,基辅,1901 年版,第 22—25 页,Д. И. 巴加列伊:《莫斯科国家草原移民简史》,莫斯科,1887 年版,第 9—11、68—89 页;B. B. 波洛佐夫的呈文清单,《俄罗斯档案》,莫斯科,1865 年版,第 19—24 栏。

16—16 这是作者在编写第一版时所加的一段话,用以取代被删去的石印版的文字:"……变成了团,而团则变成了军,其中一部分部署于弗拉基米尔附近的克利亚济马或尼日尼附近的伏尔加,另一部分部署于奥卡(科洛姆纳附近或土拉附近),还有一部分部署于乌格拉或立陶宛边境一带。"(注:)"来自贵族子弟的骑士。一万两千名射手、六千名哥萨克步兵、四千五百名雇佣的外国人、八万名骑兵,他们随时整装待命,得到固定的薪俸。"弗莱彻:《论罗斯国家》,第 49 页;《卡拉姆津文集》,第 10 卷,第 137 页;《古文献考察委员会古文献集》,第 2 卷,第 355 号,第 426 页;《7067 年吏书》,第 135 页;《辛比尔斯克选集》,第 1 卷,莫斯科,1845 年版;索洛维约夫:《历史》,第 7 卷,第 21 页。

17[*]—17[*] 这是作者根据他 1892 年 3 月 13 日讲稿的材料在编写第一版时所加的一段话。马尔热列特:《俄罗斯国家状况》,第 52 等页;И. Д. 别利亚耶夫:《论沙皇阿列克谢·米哈伊洛维奇以前,莫斯科国家波兰地区的边防》,莫斯科,1846 年版,第 7—9、38 页;巴加列伊:《莫斯科国家草原移民简史》,第 85 页;B. H. 斯托罗热夫:《17 世纪梁赞要塞书》,梁赞档案委员会著作,1890 年,第 4 号,第 48—55 页;第 5 号,第 68—74 页。

17[a]—17[a] 这是作者在编写第二版(1908 年)时所加的一段话,用以取代第一版的下列词句:"向南方发展。"

433 17[б] 作者在编写第二版时删去了第一版的下列词句:"向东南方。"

18 作者在编写第一版时删去了石印版中的下列文字:"……13 世纪的情况就说明了这一点,不过后来就变得不显著了。"

19—19 这是作者在编写第一版时所加的一段话。

20 "这样就改变了分封社会经济结构的基本成分——即享有特权的土地占有制:它从享有特权的自由地位变成了必须服役的人员的地位。每年享有薪俸。”科托希欣:《论阿列克谢·米哈伊洛维奇统治下的俄国》,第 80 页。

第三十二讲

1　在清样中,除开头部分外,讲稿缺几页(第 263、264 页)。

2*—2*　这是作者在编写第一版时所加的一段话。

2[а]　K. A. 涅沃林:《俄罗斯民法史全集》,第 4 卷,圣彼得堡,1857 年版,第 196 页。

2[б]　《古文献考察委员会古文献集》,第 1 卷,第 264 号。

2[в]　A. Д. 格拉多夫斯基:《俄罗斯地方管理史》,第 1 卷,圣彼得堡,1868 年版,第 32 等页。

3　(《国书条约汇编》,第 1 集,第 23 条。)

4　(《国书条约汇编》,第 1 集,第 40 条。)

5　作者在编写第一版时删去了石印版中的下列文字:“从没有碰到这样的事例:在 14 世纪和 15 世纪初,贵族和自由臣仆由于服务而从王公那里获得了土地。”

6　(《国书条约汇编》,第 1 集,第 87 条。)

7　作者在编写第一版时删去了石印版中的下列文字:“为了更明确地弄清楚领地占有的起源,我重新讲一下它的来龙去脉。在分封王公的宫廷里,有两种服务形式:自由的军事—行政职务;半自由的宫廷经济职务。自由的职务的报酬是赐与食邑和司法行政职务;宫廷职务的报酬是赐与土地。第一种职务是个人性质的,它的条件不扩及土地占有;第二种职务是领地性质的,它同土地占有具有密切关系,互相制约着。这样,在分封时代就形成了两种类型的王公臣仆(土地占有者)。第一种类型的臣仆叫作大贵族和自由臣仆,第二种类型的臣仆叫作宫廷臣仆。自从北俄罗斯统一起来以后,这两类人的地位发生了重要变化,使两种职务接近起来。一方面,自由臣仆的职务不再是自由的;另一方面,宫廷臣仆的职务同自由臣仆的军事—行政职务合二而一。服役人员的土地占有也发生了相应的变化。(自由臣仆的世袭领地要承担土地占有者的服役任务。兵役开始由宫廷臣仆占有的土地加以保证。)自
由臣仆由于服兵役而开始像宫廷臣仆那样享用公家的土地,而仍然享用公家 434
土地的宫廷臣仆则必须服兵役。自由臣仆的自由很快就消失了,兵役根据土

地的占有与否由所有的臣仆(以前的自由臣仆和宫廷臣仆)承担。用以保证这两种人的服役的公家土地获得了领地性质。(删去了:“与此同时,在服役的条件下,所有的臣仆都可以得到土地。这种土地就叫作领地。”)……领地只保证其占有者的兵役,而不是保证其宫廷劳役。这种变化在 15 世纪下半叶就变得明显起来。”

8—8 这是作者在编写第一版时所加的一段话。

9 (诺夫哥罗德户册。)

10 (《古俄罗斯书目》,第 8 卷,莫斯科,1798 年版,第 2 版,第 1—34 页。)

11 “早在格尔别尔什泰因时期。”《格尔别尔什泰因文集》,第 26、76 页。

12 《1556 年贵族名册》。H. 卡拉乔夫出版的《有关俄罗斯以前的历史—法律资料档案》,圣彼得堡,1861 年莫斯科版,第 3 册,第 3 部,第 25—88 页。

13—13 石印版中为《到 17 世纪下半叶》。

14*—14* 这是作者根据重新改写的石印版的部分资料在编写第一版时所加的一段话。

14[а] 《历史文献补编》,第 1 卷,第 52 号。

14[б] 司法部莫斯科档案馆出版的《历史—法律材料》,第 1 版;《领地法令汇编》,莫斯科,1889 年版。

14[в] “步兵驻军、远征野战团或营。”《卡拉姆津文集》,第 10 卷,第 138 栏。

14[г] “在第 17 世纪,每二十五户由领主出一骑兵。1680 年 3 月 14 日命令。”(《帝俄法律全书》,第 2 卷,第 806 号。)“平均主义的薪俸和 1556 年的税册。1604 年关于二百切季的命令。在需要的情况下,一百切季出两人,一个骑兵,一个步兵。”(B. H. 塔季谢夫出版的《约翰·瓦西利耶维奇君主法典》,第 133、142 页,б 段,第 238 页。)

“关于一百一十位名人。一切官员,在选举的贵族和城市贵族之前,就每年领取金钱薪俸。城市贵族子弟每六七年领取一次薪俸。”(弗莱彻:《论俄罗斯国家》,第 48、49 页;马尔热列特:《俄罗斯国家状况》,第 56、57 页。)“关于领地的资料。关于 1610—1613 年的沙皇宫廷:主事每年给贵族、全体杜马成员、服役贵族、贵族子弟发给薪俸；城市贵族子弟如果没有职务的话也发给薪俸，第五年发给的薪俸更多。”(《文献集——古文献考察》，第 2 卷，第 355 号，第 423 页；《历史文献补编》，第 1 卷，第 52 页。)

15—15　这是作者在编写第一版时所加的一段话，用以取代被删去的石印版的一段文字及其附注：“……按照一千切季和一千切季以上的标准，由于服役，这个薪俸增加了。贵族杜马的成员拥有的领地有时达一千五百、两千俄亩和两千俄亩以上(御前大臣的薪俸最多达七千俄亩耕地，少的为四百五十俄亩和现金三百五十卢布，按现在的币值计算——约等于一个外省贵族的中等薪俸，即每天五至十二卢布。)外省的贵族和贵族子弟的俸禄为一百至五 435
百切季，有时或多于或少于此数。”《格尔别尔什泰因文集》，第 26 页；马尔热列特：《俄罗斯国家状况》，第 57 页；C. B. 罗日杰斯特文斯基：《16 世纪莫斯科国家的服役人员土地占有制》，圣彼得堡，1897 年版，第 248 等页。

16　科托希欣：《论阿列克谢·米哈伊洛维奇统治下的俄国》，第 80 页。

17* —17*　这是作者根据石印版中的一些话在编写第一版时所加的。

17[a]　马尔热列特：《俄罗斯国家状况》，第 56、57 页；《格尔别尔什泰因文集》，第 26 页；塔季谢夫：《约翰·瓦西利耶维奇法典》，第 135 页。(克柳切夫斯基在这方面有不够准确的地方：(一)格尔别尔什泰因谈的不是城市贵族子弟，而是谈按户数供职的人。(二)16 世纪中叶城市贵族子弟的俸禄不是由 1550 年的法典决定的，而是由 1555 年的服役法规决定的。)

17[б]　《弗拉基米尔斯基-布达诺夫文集》，第 2 版，第 168 页。

18　作者在编写第一版时删去了石印版中的以下内容：“在这方面，政府规定：父与子、或两兄弟两人服役者分得的领地不得多于五百俄亩。如果父亲有三个或三个以上的儿子服役，那么在获得五百切季领地时，把其中的一个儿子(通常是小儿子)归父亲，其他人则另作处理。”

19　“女领主有两三个丈夫者大有人在。”

20　“1634 年的命令——20%。退役。关于领地。”《领地法令汇编》，第 105、209、210 页；《1649 年法令汇编》，第 16 章，第 30 节；(《帝俄法律全书》，第 1 卷，第 78 页；)《历史文献补编》，第 1 卷；第 47 号，第 52 页，第 12、25 段。

第三十三讲

1　在编写第一版的第三十三讲时，作者把石印版的相应部分做了很大的修改补充。

2—2 石印版还有以下字样:“从 17 世纪中叶起。”

3—3 这是作者在编写第一版时所加的一段话。

4 〔《弗拉基米尔斯基-布达诺夫文集》,第 2 版,第 170 页,基辅,1885 年版,第 3 版,第 28—32 页。〕

5 〔《弗拉基米尔斯基-布达诺夫文集》,第 3 版,第 32—34 页。〕

6—6 这是作者在编写第一版时所加的一段话。

7—7 这是作者根据对石印版的补充在编写第一版时所加的一段话。

8 作者在编写第一版时删去了石印版中的下列内容和附注:“由于这个缘故,到 17 世纪末,大批以前的领地归世袭领主所有。根据一些数字,我们可以大致估计出,到 17 世纪末有多少土地归并到服役人员的手中(十五万军人乘以一百五十俄亩,等于两千二百五十万俄亩,而欧洲俄罗斯,不算芬兰和维斯杜拉河流域诸省,共有四亿零七百万俄亩。)”科托希欣:《论阿列克谢·米哈伊洛维奇统治下的俄国》,第 118、119 页。

9*—9* 这是作者根据石印版的部分补充材料在编写第一版时所加的
436 一段话。

9[a] Н. П. 巴甫洛夫-西尔万斯基:《君主的服役人员》,圣彼得堡,1898 年版,第 216、217 页。

10*—10* 这是作者根据石印版中的一些话在编写第一版时所加的一段话。

10[a] В. О. 克柳切夫斯基:《俄罗斯的人头税和农奴制的废除》,载《俄罗斯思想》,第 5 卷,莫斯科,1886 年版,第 119 页。

10[б] В. О. 克柳切夫斯基:《古俄罗斯缙绅会议代表的组成》,载《俄罗斯思想》,第 1 卷,1892 年版,第 153、156 页;М. А. 吉雅科诺夫:《城市管家》,1900 年,国民教育部杂志,第 1 号,第 55—87 页。

11 作者在编写第一版时删去了石印版中的下列一段话:“因而举行了县级贵族的定期代表大会,其迹象在伊凡雷帝时代就已经出现了。”

12—12 这是作者在编写第一版时所加的一段话(请比较罗日杰斯特文斯基:《16 世纪莫斯科国家的服役人员土地占有制》,第 4 章)。

13 (弗莱彻:《论俄罗斯国家》,第 47 页。)

14—14　这是作者在编写第一版时所加的一段话。“16 世纪城市的形式——北方的和南方的、莫斯科以外的和草原上的。”Н. Д. 切丘林:《16 世纪莫斯科国家的城市》,圣彼得堡,1889 年版;С. Ф 普拉托诺夫:《16—17 世纪动乱时代简史》,第 1 章,圣彼得堡,1899 年版。

15* —15*　这是作者在编写第一版时所加的一段话。

15[a]　“农户的状况缓和与农奴制在经济上的解体。”

第三十四讲

在石印版中没有第三十四讲和三十五讲,这是作者在编写《教程》第一版的第二部分时所写的。在清样中,这两讲是临时插入的,稿子是用铅笔写的。这两讲是克柳切夫斯基根据下列材料写成的:《作为历史材料来源的古俄罗斯圣徒言行录》和他搜集的寺院移民和土地占有制的材料,这些材料没有列入上述论著中(现在保存在苏联科学院历史研究所手稿保存部克柳切夫斯基室)。

1　И. Н. 查尔斯基的《斯拉夫俄罗斯全集》,《俄罗斯历史和古代文物协会论丛》,第 7 卷,1848 年版,第 2 册,第 37 页。

2　第一版中还有下列字样:“从 13 世纪起”。

3　В. 伊康尼科夫:《关于俄罗斯历史中拜占庭的文化意义的研究》,基辅,1869 年版,第 102—166 页。

4　《特里方言行录》,《斯拉夫东正教对话者》,1868 年,第 10 号,第 75—80 页。

第三十五讲

1　(克柳切夫斯基:《圣徒言行录》,第 344、345 页。)

2　(И. П. 赫鲁晓夫:《约瑟夫 · 萨宁全集研究》,圣彼得堡,1868 年版,第 97、98、255—260 页。)

3　(克柳切夫斯基:《圣徒言行录》,第 342、343 页。《特里方言行录》。)　437

4　В. А. 米柳京:《论俄罗斯宗教界的不动产》,《俄罗斯历史和古代文物协会论丛》,第 4 卷,第 1 节,1859 年;第 3 卷,第 1 节,1860 年;第 1 卷,第 1 节,1861 年。

5 (赫鲁晓夫:《约瑟夫·萨宁全集研究》,第 52—54 页;《约瑟夫言行录》,第 49—52 页。)

6 (Д. Е. 科让奇科夫出版的《百章决议集》,喀山,1863 年版,第 226 页。)

7 (修士王公瓦西安·帕特里克耶夫:《论战文集》(16 世纪),《东正教对话者》,1863 年,第 3 号,第 109—110 页。)

8 (《百章决议集》,第 233 页。)

9 修道院长约瑟夫致鲍里斯·瓦西里耶维奇的书信,书目集,第 14 卷,第 2 版,第 182、183 页。

10 (《百章决议集》,第 176—178 页。)

11 〔海克卢伊特:《英吉利民族早期航海、旅行和发现集》,第 5 卷,伦敦,1809 年版,第 282 页。〕

12 (《文献集——古文献考察》,第 1 卷,第 317 号。)

13 (弗莱彻:《论俄罗斯国家》,第 78、79 页。)

14 (克柳切夫斯基:《圣徒言行录》,第 292—294 页。)

15 (《约瑟夫言行录》。)

16 (《圣父作品补充》,第 10 卷,第 505 页。)

17 (A. C. 巴甫洛夫:《俄罗斯教会土地世俗化简史》,第 1 卷,第 3 章,喀山,1871 年版。)

18 (《马克西姆·格列克全集》,第 2 卷,喀山,第 115 页。)

19 (《国书条约汇编》,第 1 集,第 200 条。)

第三十六讲

1—1 这是作者在编写第一版时所加的一段话。

2*—2* 这是作者在编写第一版时所加的一段话,只有一些词句在石印版中有。石印版中的下列一段话及其附注被作者删去了:"宫廷的每一块耕地按照法律都必须圈起来。三田轮作制是休耕地。耕地、休耕地长满了树木。在私有主的土地上通常是一百俄亩土地只有不到十俄亩的土地被耕种;教会的土地耕种得更好些,住的人更多些,一百俄亩中有不到二十俄亩的土地被耕种。"

2[a] 《莫斯科国家的税册》,H.B.卡拉乔夫编辑,第1集,第1分册,圣彼得堡,1872年版,第86页及以后。

3 《奇切林文集》,第198页;《弗拉基米尔斯基-布达诺夫文集》,第2版,第102页。

4—4 这是作者在编写第一版时所加的一段话。

5 《地租》。

6 《奇切林文集》,第201、202页。

7—7 这是作者在编写第一版时所加的一段话,用以取代被删的石印版的文字及其附注:"租赋的数额和形式是多种多样的,但是这种多样性只是表面的。特罗伊茨-谢尔基耶夫寺院1580年对自己村子的农民征收的赋税是 438
一维季收三个卢布,而1590年对另一个村子的农民不是征收租赋,而是采取另一种形式:每租寺院的一维季土地,就为寺院耕种两俄亩半秋播地和春播地(《奇切林文集》,第206页)。特罗伊茨-谢尔基耶夫寺院1590年的章程(《文献集——古文献考察》,第1卷,第348号,第11页)和《奇切林文集》指出的是五俄亩,而不是两俄亩半。根据1550年的指示,一维季给农民三十个干草堆。《莫斯科历史和古俄罗斯史学会年鉴》第20卷第41页指出:17世纪是一俄亩十堆干草,16世纪是二十堆干草(Г.И.佩列佳特科维奇:《17世纪和18世纪初伏尔加流域情况》,敖德萨,1882年版,第21页)。如果能够确定16世纪卢布同现在的卢布的比价的话,如果能够确定在上述村子的所在地耕种一俄亩土地按现在的币值计算需要多少成本的话,那就可以计算出这种劳役和赋税有多重。但是这种计算是很困难和复杂的。可以采用其他手法来确定寺院的赋税有多高。农民租一维季土地,必须为寺院耕种五俄亩秋播地和春播地。从文件中可以看出,农民拥有的土地的质量如何。假定这是好地,一维季为十八俄亩土地;农民租用一维季土地为寺院耕种五俄亩土地,这就是说,他们耕种的十八俄亩土地的收成中,必须把其中五俄亩的收成交给地主。大家知道,在三田轮作制下,每年只能从三分之二的土地上获得收成,这就是说,一维季的十八俄亩土地每年只有十二俄亩的土地可以获得收成,六俄亩秋播作物,六俄亩春播作物。如果计算一下,就可以看到:农民耕种一维季好地,要把其收入的大约百分之二十九点五作为地租交给地主。但是土地的质量也可能是中等的,因而一维季不是十八俄亩,而是二十一俄亩。这就是说,农民租用十四俄亩土地,要为寺院耕种五俄亩土地,换句话说,从十九俄亩的收入中,要把五俄亩的收入交给寺院。如果根据这个计算,就可以得出这样的结果:一维季中等土地的地租约占总收入的百分之二十六点五。最后,如果是坏地,那么按这个算法,就得出如下结果,一维季坏地的地租约占总收入的百分之二十四。由此可见,地租的多少因土地质量而异。同时要记得:按照当时的立法,合法的利率为五分之一,即五个卢布必须给一个卢布的利息(百分之二十)。由此可见,当时的地租高于当时的合法利率。但是土地所有者的收入不止是地租和劳役。弄清楚当时的币值同现今币值的比值,就可以发现,寺院加给两个村子农民的负担是同样重的。根据粮食的价格,16世纪末莫斯科的一个卢布大约至少相当于现今的五十一个卢布。由此可见,一个寺院村子的农民为一维季的土地付出六十至六十六个卢布,用这笔钱可以耕种二点五俄亩秋播地和二点五俄亩春播地。这就是说,16
439 世纪的地租是相当高的。16世纪末,特维尔县的一个宫廷乡的农民为一维季坏地(二十四俄亩)付的地租相当现今的三个卢布多一点。与此同时,乌格里茨县特罗伊茨基寺院的农民租用一维季坏地为寺院付的地租约相当于一俄亩四个多卢布。现在,在那些地方不再有如此高的地租了。”

8　见克柳切夫斯基:《古俄罗斯史教程》,石印版,尼古拉耶夫版本,第92页;纳尔多夫版本,第284页;尼科诺夫版本,第384页。

9*—9*　这是作者在编写第一版时所加的一段话。

9[a]　《弗拉基米尔斯基-布达诺夫文集》,第2版,第173、174页。

10—10　这是作者在编写第一版时所加的一段话。

11*—11*　这是作者在编写第一版时所加的一段话,用以取代被删去的石印版的一段文字:“这是古代罗斯农村社会连环保的目的。农村社会的管理机构是用捐税的办法建立起来的。乡选举长老和征税人,由他们向乡民分摊税款。长老和征税人以及农民掌管乡的土地,把地段分给新的移民,给他们以优惠条件,保护这些土地不受他人侵犯等等。这就是说,维系古代罗斯农村社会的纽带是国家的土地赋役,而不是土地本身。这是赋役的联系,财政上的联系。换句话说,古代罗斯是由村社支配土地来交纳赋税的,但还没有看到由公社占有土地。”

11[a]　《奇切林文集》,第57、58页。

11[б]　И. Д. 别利亚耶夫:《俄罗斯农村公社历史发展概论》,载《俄罗斯对话》,莫斯科 1856 年第 1 期;《评论》,第 101—146 页,着重参阅第 103 页。

12　"16 世纪以前的农民贷款。纳税人和农户的组成——流浪汉、邻居、寄食者。领地制度对农户的影响。领地军人的数目:在奥卡河一带有六万五千骑兵(见卡拉姆津的著作,第 10 卷,第 137 栏)、一万六千哥萨克兵和射手、一万五千沙皇民兵。各有三百俄亩土地,共有三千万俄亩耕地。用贷款吸引自由民来耕地。三十万乘以一百五十俄亩,等于四千五百万俄亩耕地。现在欧洲俄罗斯有一亿零六百万俄亩耕地。"

13[*]—13[*]　这是作者在编写第一段时所加的一段话,用以取代被删去的石印版中的文字:"这种贷款叫作贵族贷款,得到贷款的人叫作受款人(删去了"在 15 世纪")。自由佃农成了土地占有者的借款人。除了直接帮助外,还有间接帮助:享有特权的土地占有者有时让自己的农民享受若干年的优惠,不仅可以免除世袭领地的劳役和赋税,还可以免除对国家的税款。以后,他应当报答土地占有者的这种优待。每个离开自己耕地的农民必须向主人 440
算清账目:(一)偿还贷款,(二)偿还房租,偿还居住年代的费用。根据 1497 年的法典,居住费用的计算办法是:在那些不靠近建筑林的田间居住四年付一卢布,在森林地区付半个卢布,这就是说每年付四分之一卢布或八分之一卢布。1550 年的法典增加了居住费用,增加了六戈比。如果考虑到农民在离开主人时必须交付的大量费用(如果他在主人的土地上居住的时间很长,则更是如此),那就很容易理解,自由农和保存出走权利的农民在大多数情况下没有可能离开居住地点,没有可能付清地主的账。由此可见,在领地占有制的影响下,农民的经济地位同他们的法律地位是互相矛盾的。正是这种矛盾,促成了 16 世纪下半叶农民地位发生重大的变化(中央地带各州陷于荒芜)。"《文献集——古文献考察》,第 1 卷,第 200 号。

13[а]　《税册》,第 1 集,第 2 分册,第 360 页及以后;И. И. 拉波:《16 世纪特维尔代表大会》,第 13 页。

13[б]　马尔热列特:《俄罗斯国家状况》,第 40 页。

第三十七讲

1　《沙莫克瓦索夫言论》。

2 《文献集——古文献考察》,第1卷,第221号。

3—3 这是作者在编写第一版时所加的一段话。M.M.斯佩兰斯基:《领地制法权和农民状况变化的历史概述。俄罗斯以前历史资料和实际资料的档案》,第2册,H.卡拉乔夫出版,圣彼得堡1859年版,第35、36页。

4 M.П.波戈金:《是否应当认为鲍里斯·戈都诺夫是农奴制的奠基人》,载《俄罗斯对话》,1858年4月;《科学》,第121—125页,И.Д.别利亚耶夫:《俄罗斯农民》,莫斯科,1860年版,第105页及以后。

5—5 这是作者在编写第一版时所加的一段话。

6 关于劳役合同,请参阅M.A.吉亚康诺夫:《莫斯科国家农业人口简史》,第2部,圣彼得堡,1898年版。

7 作者在编写第一版时删去了石印版中的下列内容:"在这些劳役合同中确定了租佃的条件、劳役租赋的多少以及农民在离开地主时必须付出的代价。"

8 《法律文件集》,圣彼得堡,1838年版,第196号。

9 《奇切林文集》,第190页。

10 作者在编写第一版时删去了石印版中的下列一段话:"房东特别被认为是纳税人。其兄弟、子女和侄子属于自由人阶级,直到他们耕种一定的纳税土地时为止。从那时起,他们便纳税交赋,而国家也开始认为他们是纳税人。"

11*—11* 这是作者在编写第一版时所加的一段话,用以取代石印版中被删去的一段话:"另谋出路者必须同地主、同农民所属的那个农村社会算
441 清账。农民通常必须付清房租、其他优待费用和贷款。根据农民在他们租佃的土地上居住时间的长短,居住费用也有所增减。许多农民终生使用一块土地,甚至传给自己的子孙。这样,他们就成了老住户。这样的农民很难一次付清居住费用和其他费用。另一方面,长期居住在一块土地上使农民进一步加深了关系。很少有农民不借款的。贷款是由土地占有者和接纳他的农民社会提供的。借给钱或借给粮食是必不可少的条件,16世纪和17世纪到处都实行了劳役合同。在保存下来的世袭领地清册中也发现了同样的现象。在大的土地占有者那里,大多数农民是借钱的。基里尔·别洛泽尔斯克寺院的世袭领地清册流传到了现在,这些清册是16世纪编辑的,其中详细地描述

了经济情况，说明有多少土地、有多少农户、收多少地租。在别洛泽尔斯克县、罗曼诺夫县、沃洛格达县，寺院拥有一千五百维季土地，每一维季为三十七俄亩。根据清册，别洛泽尔斯克寺院的农民共拥有两万俄亩土地。其中农民租用的一万四千俄亩土地是用寺院的种子播种的。由此可见，约三分之二的寺院农民欠寺院的债，是靠寺院的借贷度日的。获得贷款的农民通常给土地所有者写一个字据，说明取得贷款的条件。借款字据相当于雇佣契约，使自由农民处于接近于暂时农奴的地位。借款字据在农民的土地关系中是司空见惯的现象，所以 16 世纪的农民没有土地字据者是很少的。借款字据这种债务关系具有契约的意义，使农民在人身上依附于土地所有者。土地所有者习惯于把农奴的概念同债务关系联系在一起。现在把这个概念也用于根据借款字据耕种地主土地的自由农民身上。由此可见，在 16 世纪末以前农村居民就形成了老农民阶级和农奴阶级(?)。由老农民和农奴组成的这个阶级根据他们同土地的关系而依附于土地所有者。简单地说，这是真正的农奴，他们同过去的农奴所不同的仅在于：他们的农奴地位决定于他们使用土地的情况，他们在人身上依附于地主，不再付公家的租赋。这些农民自行失去了出走的权利，但是却又产生两种其他现象：农民的输出和农民的逃跑。”

11[а]　И. 波鲍伊宁：《托罗佩茨古代史》；《从古代到 17 世纪托罗佩茨市简史》，附录 1；《1099 年的托罗佩茨章程》；《俄罗斯历史和古代文物协会论丛》，第 2 册，第 3 分册，1902 年版，第 359 页。

11[б]　《列夫申家族之前的命令、指示、文件》，第 11 卷，第 2 版，第 368—371 页。 442

11[в]　《历史文献补编》，第 1 卷，第 213 号（在这个场合是指农奴，而不是指农民）；《瓦西安文集》，第 109 页；《格尔别尔什泰因文集》，第 85 页。

11[г]　弗莱彻：《论俄罗斯国家》，第 40、41 页；《一个英国人关于 16 世纪俄罗斯的资料》，译自英文，С. М. 谢列多宁作序；《俄罗斯历史和古代文物协会论丛》，第 4 册，第 3 分册，1884 年版，第 2 页。

11[д]　《税册》，第 1 集，第 2 部，第 291—403 页。

12　《历史文献补编》，第 1 卷，第 56 号。

13—13　这是作者在编写第一版时所加的一段话，用以取代被删去的石印版的文字：“另一方面，从 16 世纪下半叶起，农民逃跑的事例显著地增多了。当地文献以及研究莫斯科国家情况的外国人提供的资料都证明了这一点。在每一个土地的字据中,除了居住的庭院外,还有许多被抛弃的庭院和荒芜的村落。由此可见,早在政府下达命令取消出走权以前,农民就已经不再享用这个权利了。他们的出走被两种情况所取代:被一个土地占有者卖给另一个土地占有者;或在不偿付欠款的情况下非法地逃跑。在研究莫斯科16世纪和17世纪的立法时,我们发现了同16世纪末以来相同的情况。”石印版中还有下列内容:“关于农奴制——它的渊源。16世纪农民的状况有两个特点:出走的权利和贷款的需要。假定16世纪末固定于土地是由于缺少权利,但却无法证明这种假设。变革是由于另一种特点,即贷款的需要而引起的,不是固定于土地,而是农奴制。两者的区别在于:前者是——(1)国家确定了农民同土地占有者的关系,因而是强制性的;(2)私人合同确定的关系只有得到国家的承认才行;后者是——(1)在某些情况下和某种范围内政权控制个人、控制个人的劳动;(2)政权没有这些条件作为合法的规范。

“奴仆和半自由奴仆——俄罗斯最古老的农奴形式。来源:(1)俘虏,(2)出卖的,(3)犯罪的,(4)私人奴仆。主要特点是不能根据奴仆自己的意志改变地位。抵押——它同农奴制不同的地方是可以改变为立卖身契的奴仆。服役奴仆的主要条件。1597年4月25日法律及其后果。立卖身契的奴仆同借债农民的共同点:贷款。”

14 作者在编写第一版时删去了石印版中的下列文字:“大土地占有者把农民从农村社会、从小地主那里运出来。但这并没有改变农民的地位,而只是改变了他们的依附关系,从对某一个人、对某一个社会的依附改变为对另一个人的依附。”

15 《弗拉基米尔斯基-布达诺夫文集》,第57条,第2版,第112页,第88条;第174页。

16—16 这是作者在编写第一版时所加的一段话,用以取代被删去的石印版的文字及其附注:“……15世纪、16世纪和17世纪上半叶(为了警察秩序、财政利益和认真服兵役)。为了国家秩序,为了使臣民认真交纳赋税,从伊凡三世起,政府就开始不仅禁止老住户出走,而且也禁止其他农民出走。”

443 17 《文献集——古文献考察》,第11卷,第20号。

18—18 这是作者在编写第一版时所加的一段话。

19 《文献集——古文献考察》,第11卷,第23号。

20—20　这是作者在编写第一版时所加的一段话。

21 《文献集——古文献考察》,第11卷,第40号。

22*—22*　这是作者在编写第一版时所加的一段话,用以取代被删去的石印版的文字:“上述的各种命令力图消除农民转移的不利后果,这些命令没有把农民的出走当作一种权利,因为对绝大多数农民来说,这种权利早已不存了,已经成为过去。保存下来的当时的外国资料在解释戈都诺夫命令的主要意思时证实:这位沙皇不仅想剥夺农民的权利,而且也试图保护他们不受土地占有者的欺侮。有一个外国人(希尔)说,鲍里斯·戈都诺夫为了照顾农民(当时的土地占有者仍然把他们看作是自己的农奴),特地做出了决定,明确规定了应当向土地占有者交多少钱,做多少工作。由此可见,16世纪和17世纪上半叶的莫斯科法律并没有证实这样的假设,即当时农民普遍固定于土地(尼古拉耶夫石印版第100页)。最后,1649年的法典直接证明,以前并没有颁布法令,剥夺农民的出走权,把他们固定于土地。法典第11章第3条确定了寻找逃跑的农民和把他们送回原处的办法,其中直接谈到:君主现在的命令并没有规定禁令,并没有规定不得接纳农民,而只是向逃跑的农民规定一定的年份,即规定寻找逃跑农民的时限。

“16世纪和17世纪上半叶的文献向我们表明的东西大概就是如此。农民的土地状况是农民的经济关系和法律关系之间的矛盾造成的。根据法律,自由农、可以迁移的农民实际上是没有土地、没有农具的工人,由于他们需要某种农具,因而有可能变成不自由的农民,承担剥夺出走自由的义务。到16世纪末,农民的地位大致如下:(一)过去的朝代,并没有颁布农民固定于土地或农奴制的法令。法律并没有取消农民出走的权利,因为对大多数农民来说,这个权利早在16世纪末以前就不再存在了,变成了另外两种形式,即把农民从一个土地占有者那里运到另一个土地占有者那里;农民不偿还费用就非法地逃离土地占有者。(二)早在16世纪,在没有得到政府协助的情况下或者在政府不注意的情况下,大多数农民就已经由于借贷义务而陷入农奴地位,但这是人身依附(事实上的依附,不是法律上的依附),而不是土地依附。(B. O. 克柳切夫斯基:《俄罗斯农奴制的起源》,第1、2节;《俄罗斯思想》,1885年版,第8号。)(三)16世纪和17世纪在法典公布以前的莫斯科立法没 444

有取消农民的出走权,而只是采取措施,反对这个权利给政府带来的不利后果,反对农民转移到大世袭领主的土地上而给小土地占有者带来破产性的混乱影响,反对农民非法的逃跑。这种立法采取这些措施,把逃跑的农民送回原处,但并没有把农民固定于土地,而只是保证农村社会和小土地占有者完成对国家的义务,阻止人身依附的发展(变成奴仆),越来越多的农民由于借贷义务而陷入这种地位。农民的被出卖和逃跑使得城市贵族和大贵族子弟的小土地日益荒芜,16 世纪的政府竭力保证他们获得领地,使之服兵役。由此可见,这个立法给农民地位带来的变化是如何同服役领地制度的后果联系在一起。”

22[а] 塔季谢夫:《约翰·瓦西里耶维奇法典》,第 240 页及以后。

22[б] 《罗马皇帝的近侍官米哈伊尔·希尔 1598 年访向莫斯科的报告》,译自德文,A. H. 谢米亚金作序;《俄罗斯历史和古代文物协会论丛》,第 2 册,第 4 分册,1875 年版,第 17 页;《卡拉姆津文集》,第 11 卷,注 28。

22[в] 《国书条约汇编》,第 2 集,第 195、200 条;《关于西俄罗斯历史的文件》,圣彼得堡 1851 年版,第 4 卷,第 180 号;《卡拉姆津文集》,第 12 卷,注 793。

第三十八讲

作者在编写第一版时彻底改写了石印版中的这一讲。

1—1 这是作者在编写第一版时所加的一段话。

2—2 这是作者在编写第一版时所加的一段话。

3—3 这是作者在编写第一版时所加的一段话。

4—4 这是作者在编写第一版时所加的一段话。

〔《税册》,第 1 分册,第 291—611 页。〕

5 作者在编写第一版时删去了石印版中的以下一段话:“乡长这样的地方官根据其行政性质来说实质上是王公的政府承包人:他根据一定的条件在一定的行政区域内收取王公的收入。甚至政府的租佃条件也酷似当时的土地承包条件。在古代,土地是按对分收成的条件出租的,所以古代北部罗斯的农民叫作“对分佃农”,甚至当地租不到总收成的百分之五十的时候,也保持这个叫法。分封时代州的统治者从王公那里分得收入的一半。莫斯科谢缅大公的遗嘱就直接指出这一点：如果有哪位贵族为王公夫人服务，管理乡务，他必须把政府收入的一半交给王公夫人。”

6 《文献集——古文献考察》，第1卷，第230、282号(第322页)。 445

7 B.B.克列斯季宁：《霍尔穆戈里市简史》，圣彼得堡，1790年版，第26页，图1。

8 《文献集——古文献考察》，第1卷，第123号。

9—9 这是作者在编写第一版时所加的一段话。

10*—10* 这是作者在编写第一版时所加的一段话。

10[a] 吏书中列举的13—17世纪的文件，第125号，《俄罗斯历史和古代文物协会论丛》，第2册，第1分册，1898年版，第106页。

11*—11* 这是作者在编写第一版时所加的一段话。

11[a] 《弗拉基米尔斯基-布达诺夫文集》，第2版，第89页，第21条。

12 K.A.涅沃林：《从约翰三世到彼得大帝俄罗斯政权的形成》，载《涅沃林全集》，第6卷，圣彼得堡，1859年版，第131页。

13—13 这是作者在编写第一版时所加的一段话。

14—14 这是作者根据对石印版的补充在编写第一版时所加的一段话。

15 《涅沃林全集》，第6卷，第143页。

16 “诺夫哥罗德、乌斯丘格、科斯特罗马、喀山、西伯利亚衙门”；《涅沃林全集》，第6卷，第174页及以后。

17—17 这是作者在编写第一版时所加的一段话，用以取代石印版的文字：“第三类是混合衙门，把某些全国性的事务同国家某些方面的专门事务混合在一起，如使节衙门把外交关系同某些县的财政混合在一起，领地事务衙门管理世袭领地和服役人员的领地，只不过是管理某些县这方面的问题，而不是管理全国这方面的问题。最后属于这一类的还有州司法机关，莫斯科、弗拉基米尔、梁赞等地的衙门，主要是管理某些县的世袭领地和服役领地方面的民法等问题。

“由此可见，在莫斯科国家形成以后，中央行政系统复杂化了。与此同时，最高政府机关的结构和性质也发生了变化，它领导着各个主管部门和君主的大贵族杜马。”

18 克柳切夫斯基：《大贵族杜马》，莫斯科，1883年版，第2版，第281、

282 页。

19 同前,第 230、252 页。

20 同前,第 273 页。

21 同前,第 423 页。

22—22 这是作者根据对石印版的补充在编写第一版时所加的一段话。

23 《弗拉基米尔斯基-布达诺夫文集》,第 2 版,第 178、179 页(第 98 条);克柳切夫斯基:《大贵族杜马》,第 3 版,第 482 页。

24—24 这是作者在编写第一版时所加的一段话。科托希欣:《论阿列克谢·米哈伊洛维奇统治下的俄国》,第 20 页;马尔热列特:《俄罗斯国家状况》,第 29、30 页。

25 克柳切夫斯基:《大贵族杜马》,第 3 版,第 408、411、412、422、455 页;第 2 版,第 444、445、462—465、483 页。

26—26 这是作者在编写第一版时所加的一段话。

446 27—27 这是作者在编写第一版时所加的一段话。

第三十九讲

1—1 这是作者在编写第一版时所加的一段话,用以取代石印版的下列文字:"莫斯科国家的州级行政系统也朝着这方面发生了变化:它也逐渐失去了分封时代政府租佃或服役人员食邑的性质,成为真正的全国管理机关。"

2 "宫廷的助手等等。司法人才。重审。"《弗拉基米尔斯基-布达诺夫文集》,第 2 版,第 95、96 页(第 38 条),152—154、156、157 页(第 62、64、68、69 条)。

"沙皇伊凡四世时代的戈比成色为九十二点五开。"M. 扎布洛茨基:《论古代俄罗斯的货币价值》,圣彼得堡 1854 年版,第 93、97 页。

3 《弗拉基米尔斯基-布达诺夫文集》,第 2 版,第 162、163 页(第 74、75 条)。

4 《弗拉基米尔斯基-布达诺夫文集》,第 2 版,第 85、89、98 页(第 8、20、43 条)。

5 塔季谢夫:《约翰·瓦西里耶维奇法典》,第 70—77 页(第 60—65 节);《涅沃林全集》,第 6 卷,第 131 页。

6 《文献集——古文献考察》,第1卷,第157号。

7*—7* 这是作者根据改写后的石印版部分内容及其补充在编写第一版时所加的一段话,用以取代被删去的石印版的文字及其附注:“……每一个司法行政区分为警察段、百人队以及五十人队和十人队,并有警察官员推选的百人长、五十人长和十人长。这是警长的执行机构,并有地方官(删去了‘在17世纪’)。从伊凡雷帝统治结束以后,通常全县选举一个(或两个)警长,在选举警长时,地方上的各个阶层都参加。缉查和捉拿歹徒由社会负责,这是它不可推诿的义务。社会不仅选举警长,而且对他的活动负责。如果在区里出现了坏人,做了坏事,那么所有的居民都要对他负责,为受害的人付出两倍的诉讼费。由此可见,地方上应当协助政府维护社会安宁和治安。最后,大约在16世纪下半叶,政府做出了更为大胆的努力:完全取消地方长官和乡长,代之以民选的社会权力机关,不仅把刑事警察交给地方社会,而且把整个地方机关和法院也交给地方社会(塔季谢夫:《法典》,第131页及以后)。不大清楚,从什么时候起开始实行这样重要的改革,即以前出席法庭的地方长官和乡长、地方长老和地方官全都变成了独立的法官,不受地方长官和乡长的制约。(涅沃林:《从约翰三世到彼得大帝俄罗斯政权的形成》,第6卷,第129页,注31。地方自治机关的主动性——1552年3月21日。)(《文献 447
集——古文献考察》,第1卷,第234号。)在征服喀山以后不久,贵族杜马就制订了总计划。(《尼科诺夫纪事》,圣彼得堡,1791年版,第7集,第197页。1552年11月8日至10日举行了为期三天的庆祝会。分发了钱和衣服等物以及四万八千卢布。至于食邑,君主则赐给整个邦。见《尼科诺夫记事》,第7集,第259页。)在这方面,我们看到这样的记载:为了消除地方长官和乡长管理机构中滥用职权和不方便的地方,君主把社会事务交给受人爱戴的长老。(在米哈伊尔沙皇以前,那里有法官和警长。‘在以前有法官和警长的城市,给督军发了清册。’《年鉴》,第3集,第3分册,第6—8页。)由于以前地方长官的收入,对城乡规定了租赋,这些租赋应当赏赐给不再享受食邑的服役人员。赏赐是按照门第官职发给的。城市(外省)贵族和贵族子弟在第四年发给,其他官职更高的人在第三年发给。(以下内容被删去了。)(从这时起,服役人员除了获得领地外,还开始得到一定的金钱薪俸,这是作为对服役人员失去食邑的补偿……根据个别文件可以看出,肩负新任务的地方长老早在

1555 年以前在各地就有了。远在夺取喀山以前,1551 年 2 月 28 日普列斯乡就有了这样的制度。改革同维持服役人员的制度联系在一起。)用受人爱戴的地方长老取代地方长官和乡长的办法不是必须实行的,而是根据当地社会的要求自愿实行的。(删去了:'远不'两字)不是所有的地方都享受了新权利。新权利成了新义务,必须向服役人员赏赐租赋。"

7[а] "这些地方代表参加法院工作最初是被动的。"《弗拉基米尔斯基-布达诺夫文集》,第 2 版,第 95、96 页(第 38 条);《文献集——古文献考察》,第 1 卷,第 123 号。

7[б] "保护真理,珍惜事业。"《弗拉基米尔斯基-布达诺夫文集》,第 2 版,第 152、153、156、157 页(第 62、68、69 条)。

7[в] "1518 年(早于 1533 年)在诺夫哥罗德。1542 年在科夫达。1532 年在德维纳。"

7[г] 《弗拉基米尔斯基-布达诺夫文集》,第 2 版,第 156、157、160、161 页(第 68、72 条)。

7[д] "从 1539 年起舒伊斯基家族统治的时期。"索洛维约夫:《历史》,第 6 卷,第 73—75 页。

7[е] "城市官吏。法官";国立列宁图书馆藏《特罗伊茨货币册》,第 527 页;罗斯托夫章程,第 27 号,第 489 页。

7[ж] 〔《俄罗斯编年史全集》,第 4 卷,第 304、305 页。〕

7[з] 〔《米哈隆文集》,第 45 页。〕

7[и] 〔《尼科诺夫纪事》,第 7 集,第 259 页。〕

7[к] 〔《文献集——古文献考察》,第 1 卷,第 234 号。〕

7[л] 〔《尼科诺夫纪事》,第 7 集,第 196、197 页。〕

8 〔《文献集——古文献考察》,第 1 卷,第 242 号。〕

9 主管部门——诉讼事务、民事审讯、部分刑事审讯、征收公家的直接
448 税。受人爱戴的长老的等级性、神职人员和服役人员,自治和选举产生的机关。民选法官的职权和参与刑事法庭的工作。(《文献集——古文献考察》,第 3 卷,第 36 号。)法院长老进行审判,最初是不收费的。(《文献集——古文献考察》,第 1 卷,第 242 号,第 262、264 页。)法典规定民选法官从事书记工作。(《文献集——古文献考察》,第 1 卷,第 250 号。)法官同好人一起进行审

判。(《文献集——古文献考察》,第1卷,第250号。)法官和民选长老在德维纳是选两人(《文献集——古文献考察》,第1卷,第250号),在佩列雅斯拉夫利渔民中是选三人,此外,还选举两个地方长官。报酬是:"今后我们和我们的土地由他们管辖,我们为他们耕地、纳悦、交贡。"(《1555年佩列雅斯拉夫利渔民章程》,载《文献集——古文献考察》,第1卷,第242号。)由选民和神职人员把民选官员名单送交莫斯科。对未参加法院工作的长老的态度(《文献集——古文献考察》,第1卷,第224号)。地方长老和刑事警察的联系(《文献集——古文献考察》,第1卷,第257号)。推选农业地方官负责征收农业税,他们也要去莫斯科(《文献集——古文献考察》,1624年版,第3卷,第132号);索洛维约夫:《历史》,第7卷,第38—41页。

10—10　这是作者在编写第一版时所加的一段话,用以取代被删去的石印版的文字及其附注:"地方长老和民选推事助理在村社的保证下由个人负责处理地方上的一切事务。如果长老和地方官在履行司法行改职务方面渎职,则处以死刑和没收其财产。被没收的财产补偿给受害者和赏给取代他们的人。选举长老和地方官的全体选民必须监督他们的工作,使他们审判公正,及时收缴公家税收,如果他们渎职、未完成任务,选民必须付出代价。1556年,诺夫哥罗德州把收缴国家税款的任务交给地方机构。为此,命令各区的所有居民各选举一名贵族子弟和三、四名优秀的地方代表(奇切林:《州级机构》,第46页;《历史文献补编》,第1卷,第94号),每个村落也各选一人,这些民选长老和优秀代表必须在社会协助下个人负责征收公款,送交诺夫哥罗德的主事(即不参加法院工作的地方长老和地方官。见《弗拉基米尔斯基-布达诺夫文集》,第2版,第156、158—161页,第68、70、72条;《文献集——古文献考察》,第3卷,第138号)。主事在征收税款方面对中央政府负责。由此可以理解伊凡雷帝实施的地方自治的政治意义。"

11　"这是最沉重的服役。忠实的地方官。地方代表对收集公款负责。"《历史文献补编》,第1卷,第49号;《文献集——古文献考察》,第1卷,第134号;克列斯季宁:《霍尔穆戈里城简史》,第44页。

12*—12*　这是作者在编写第一版时所加的一段话。

12[a]　〔《文献集——古文献考察》,第1卷,第230页。〕

13　"1571年诺夫哥罗德关税文件。刑事警察管理地方事务和维持治

安。”《文献集——古文献考察》,第1卷,第282号;《历史文献补编》,第1卷,
449 第176号;奇切林:《州级机构》,第50页。

14[*]—14[*] 这是作者根据部分石印版补充材料在编写第一版时所加的一段话。

14[a] 奇切林:《州级机构》,第48页。

第四十讲

作者在编写第一版时实际上重新写了第四十讲。

1[*]—1[*] 这是作者部分根据石印版的材料在编写第一版时所加的一段话。

1[a] 作者在编写第一版时删去了石印版中的以下内容:“地方行政系统化小以后,地方机构更加成为地方社会的中心。这些机构是根据这样的思想建立起来的:把当地居民各阶层的行政司法工作结合起来。为了选举警长而召开县级各阶层代表大会。各地在地方长老的管理体制和委托他们征收公款方面也贯彻了同样的思想。这是一个非常好的思想,证明在伊凡沙皇统治的头半期具有深刻的治国思想,不过事实上并没有完全付诸实现。”

2[*]—2[*] 这是作者在编写第一版时所加的一段话,用以取代石印版的以下内容:“在如此小的地方村社的活动中方针是不可能统一的。管辖民选的地方政权(长老和地方官)的莫斯科中央机关未能实现这种统一。它们只能监督地方政权的工作,解决地方民选统治者解决不了的问题,主要是监督长老们很好地完成征收公款的任务。在这方面如有缺陷,则由各种地方代表组成的机构加以弥补。这就是大缙绅会议,文件中通常叫作莫斯科国家全国官吏会议。第一次缙绅会议是16世纪中叶举行的,当时莫斯科政府在组织地方行政系统方面的活动显著地加强。”

2[a] 〔《百章决议集》,第31页。〕

3—3 这是作者在编写第一版时所加的一段话,用以取代被删去的石印版中的内容:“这就是说,在莫斯科举行了来自全国各省市的官吏代表会议。1549—1550年伊凡沙皇满二十岁。编年史记载了年轻的沙皇在红场上向神职人员和全体人民发表的出色的演说。当时他戴着十字架庄严地走出克里姆林宫,各城市的代表齐集红场。沙皇从高台上(在现在的圣母升天教堂附

近)向马卡里总主教讲话,要求他成为他的助手和卫士。”

4 〔《国书条约汇编》,第2集,第37条。〕

5—5 这是作者在编写第一版时所加的一段话。

6*—6* 这是作者在编写第一版时所加的一段话。 450

6[a] 普拉托诺夫:《伊凡雷帝在1550年缙绅会议上的讲话·文章》,第219—224页。

7—7 这是作者根据石印版的材料在编写第一版时所加的一段话。

8*—8* 这是作者在编写第一版时所加的一段话,用以取代被删去的石印版的内容:“沙皇在批准《百章决议集》的宗教会议上的讲话中,暗示这件事同1550年的缙绅会议有联系。沙皇谈到在那次会议上他和贵族同人民和解了。他又对神职人员说:‘我需要得到你们的赞同,才能按老办法修改法典。’同其他官吏一道出席缙绅会议的神职人员显然对沙皇此举表示赞同。(《弗拉基米尔斯基-布达诺夫文集》,第2版,第118页,第3条;B. O. 克柳切夫斯基:《古罗斯缙绅会议代表的组成》,载《俄罗斯思想》,第1卷,第154页。)但是根据这些话很难判断,究竟在缙绅会议上只是声明政府要编制法典呢,还是代表们已经宣读了新的法典,就像后来向缙绅会议宣读阿列克谢沙皇的法典一样。第二次缙绅会议是1566年为同波兰打仗的问题而举行的。我们记得,1558年伊凡沙皇为了同西欧直接打交道而征服了利沃尼亚骑士团。波兰国王西基兹蒙德-奥古斯都根据同骑士团团长缔结的条约为利沃尼亚说情。沙皇对波兰宣战,旗开得胜,拿下了波洛茨克等城市。波兰国王求和,把他夺取的利沃尼亚城市和立陶宛城市让给莫斯科。为了就是否根据波兰国王提出的条件同他议和这一问题做出决定,沙皇想征求一下地方代表的意见,为此于1566年召开了缙绅会议。这个会议的文件保存了下来,根据这个文件,我们可以了解这次会议的组成以及讨论他所提出的问题的情况。

“出席缙绅会议的既有民选代表,也有非民选的代表。后者来自两个最高机构:教会的——宗教会议;政府的——贵族杜马。它们全体参加了缙绅会议。代表们来自全国的官吏、服役人员和纳税民众。他们是莫斯科服役官员、首都官府和商界的代表。为了理解首都商界代表的组成,必须记得他们的组织情况。莫斯科市的商界是由这样一些人组成的:客商、高级商人(相当于我们现在的商业顾问)、两个商会和一些公会。参加1566年缙绅会议的有一些客商和四十名来自首都其他商界的人士。根据缙绅会议的记录来看,代表外省的代表是很少的,出席会议的只有托罗佩茨的三名地主、斯摩棱斯克市的六名公会代表和二十二名商界代表。参加1566年缙绅会议的州级代表就是这些。这些地方官员显然是被邀请参加会议的,因为缙绅会议所要讨论的问题同他们最有关系,他们是同立陶宛接壤的地区的代表。由此可见,参
451 加1566年缙绅会议的主要是首都的官员。在16世纪结束以前还召开了一次缙绅会议,但所讨论的问题只有一个。1598年费奥多尔沙皇逝世以后,留里克王朝中断了。国家陷入没有君主的境地。为了推选一个新沙皇,召开了缙绅会议。参加这次缙绅会议的地方代表比上次会议要多得多:邀请了四百五十来人。两个最高的执政机构也出席了这次会议。宗教会议的九十九人、贵族杜马和服役的莫斯科官员共二百七十二人参加了会议,除此以外还有四名军官、二十一名莫斯科客商、两名高级商会长老、十四名首都公会代表。来自州级的代表有三十四名城市贵族、来自诺夫哥罗德邦两个区的两名商人,还有来自另外两个外省城市别列夫和马别雅罗斯拉维茨的代表(B.O.克柳切夫斯基:《古俄罗斯缙绅会议代表的组成》,载《俄罗斯思想》,第1卷,第135页及以后)。这就是说,在这次缙绅会议上占极大比重的是首都的服役官员和纳税官员。首都和各州的地方代表并没有得到自己选民的任何授权。像上次的缙绅会议一样,这一次也没有讨论所提出的问题,没有进行辩论(在1566年的会议上,我们没有看到辩论)。所有的官员分成小组。每个小组由一个或几个官员的代表组成,提出自己的特殊意见,或者提出忠告或主张。在1566年的会议上,神职人员就下列问题提出意见:究竟是继续同波兰打仗,夺取整个利沃尼亚呢,还是根据波兰国王提出的条件实行和解:'维护国王庇护的利沃尼亚城市,得到它们,这是君主的意志。我们的责任是为君主祈祷上帝,而不是给君主出谋划策。'莫斯科大贵族、侍臣和官吏声称:'这是上帝和君主的吩咐……正像上帝告诉君主的那样。'而他们的思想是继续战争。莫斯科的贵族提出了这样的声明:'这是上帝和君主的吩咐,我们臣仆认为,君主应当夺取被波兰国王占领的利沃尼亚城市。'(《国书条约汇编》,第1集,第192条。)其他官员也表示了同样的意见。但是掌玺大臣维斯科瓦托夫表示了不同的意见,提出了同波兰国王进行和谈的初步条件。

"从以上列举的材料中可以看出16世纪缙绅会议的组成情况和性质。

很显然,不论是它们的组成情况,还是它们的政治权威都不是十分成熟的。有人曾设想由各邦都派代表,但是16世纪缙绅会议的实际组成(看不出充分的代表性)并不是由各邦都派代表的。我们所了解的两次缙绅会议主要是代表首都的。外省应邀与会的并不是所有城市的代表,与会的县级代表很少,主要是同讨论的问题最有关系的那些县城的代表,或者其代表正好在召开缙绅会议时在莫斯科。同样的,缙绅会议的政治意义也没有确定下来。政府向 452
1566年缙绅会议提出了同波兰交战的问题。所有的官员都主张同波兰打仗,把这个问题交给君主决定,只要君主一下命令,他们就准备为国捐躯。过了几年,于1570年开始同波兰谈判,最后媾和。媾和是在没有地方代表参加的情况下实现的,而且所根据的条件正是缙绅会议的代表以前所拒绝的。1598年的代表会议具有非常独特的性质:它具有立宪的权威,因为它撇开沙皇,把国家的最高权力集中在自己手里(这是约夫宗主教的话。索洛维约夫:《历史》,第8卷,第3页)。为了推选新沙皇,人们不再认为必须召开缙绅会议,因为人们想立为沙皇的戈都诺夫自己要求召开缙绅会议。以前,总主教同贵族和莫斯科的官员们要求戈都诺夫接受皇位,认为没有必要为此召开缙绅会议。从政府对1566年缙绅会议的态度中,我们可以看出,16世纪的缙绅会议只具有谘询性质。各邦和高级政府机构的代表们被请来提出意见:人民群众愿意不愿意承担新的负担,有没有这样的力量,长期的战争带来什么后果。由此可见,缙绅会议起着谘询性的作用,反映群众的情绪和能力。当时的社会也认为缙绅会议是起这种作用的。16世纪下半叶,莫斯科一位有才华的政论家写了一篇文章,反对寺院土地占有制。在这篇文章中,政论家要求宗教当局支持沙皇做这样一件好事:每年召集各种官员听取意见,'每天向群众了解下情'。沙皇利用这些谋士的意见,将可以了解治国的事情。'这些人可以向沙皇禀报下情,以便妥善治国。'由此可见,16世纪的莫斯科政治家们认为每年必须召见地方代表,以便沙皇了解国情民心(补充政府机构的不足)。在这方面可以看出16世纪召开两次缙绅会议的动机:(1)1550年的缙绅会议被政府用来向民众宣布它打算采取的行动方针,并调和社会各阶级的利益冲突;(2)1566年的缙绅会议表明,这种会议被政府用来了解社会各阶级的情绪和情况。这两个动机可以说明为什么16世纪莫斯科国家出现缙绅会议的原因。在16世纪中叶以前,我们在我国历史上还没有看到有这样的会议。把缙绅会议同 11 世纪和 12 世纪的老的城市维切联系起来,是徒劳的。后者是一种性质和起源完全不同的政治会议。城市维切不是地方代表机构,它是城市会议。缙绅会议不是城市代言人。16 世纪,在完成大俄罗斯
453 的统一后,莫斯科政府面临两个困难:第一个困难是统一起来的社会的组成。莫斯科政府统治的是这样一个国家:它是由各种不同的、以前互不相关的政治单位形成的,由分封公国和自由城市公社形成的。这个政府所领导的是这样一个社会:它分成许多分散的、不稳定的、利益和愿望各不相同甚至互相敌对的阶级。必须把这些五花八门的组成部分团结起来,齐心协力,共同朝一个方向努力。为此,需要把这个方针告诉全国。其办法就是召集全国各级官吏代表会议。第二个困难是缺乏适合的行政机构。政府在新任务和要求的面前感到更加困难,必须了解民情和经济情况。通常在地方和最高政府之间起桥梁作用的是地方行政机关。但是 16 世纪的莫斯科政府在地方上拥有的行政机关很少,或者不大合适。州级管理机关是服役人员,然而他们是军事人员,而不是行政官员,他们短时间待在外省,是为了靠它们维持生活,而不是去领导它们。真正的行政人员是主事和助理主事。据一个助理主事说,在阿列克谢・米哈伊洛维奇当沙皇的时代,全莫斯科国家有将近一百名书记和一千名助理主事(科托希欣:《论阿列克谢・米哈伊洛维奇统治下的俄国》,第 96 页)。在 16 世纪则少得多了。这些主事和助理主事同食邑贵族一起巡访各县,然后返回莫斯科,让另一批人再去(这是衙门官僚作风的萌芽)。由于行政机关不多,政府便把一部分行政事务和行政责任交给地方上的民选代表(长老、地方官、百人长、城市官吏)承担。中央政府通过地方上的民选代表治理国家后,当出现涉及这个或那个县或者全国的问题时,当需要了解下情时,便召集这些民选代表商量。由此可见,缙绅会议是由于下列两个原因产生的:(一)大俄罗斯在政治上的统一;(二)设立地方机构,而缙绅会议是这些地方机构的集中表现。地方自治所依据的原则是连环保,即地方村社的人人负责制。缙绅会议是全民连环保的最高形式。参加缙绅会议的地方代表通过一定的决议,保证使自己领导的选民承担决议所规定的负担。

"16 世纪的地方机构及其政治上的最高体现者缙绅会议最好不过地说明了莫斯科国家制度的性质。这个国家是从 15 世纪中叶起通过艰难的过程缓慢地形成的,到 16 世纪末成为一个完整的结构。这个结构有自己的特点。

我们看到，它所依据的原则是：在社会各阶级之间强制性地分摊国家的赋役以及由地方上的民选代表处理国家事务。由此可见，作为国家制度基础的是劳役、租赋。区分社会各阶级的是租赋的多寡，而不是权利的多少。当我们评价某一国家制度时，我们首先要问：这个制度是以集权制为基础呢，还是以 454
社会参加管理、以人民代表制、以社会各阶级的政治独立性为基础（奇切林：《州级机构》，第51页）。在莫斯科的国家结构中，这两种类型的机构都有：除了反映集权愿望的机构外，我们还看到反映地方社会独立性的机构。但是这种地方自治以及地方代表机构只不过是中央集权的顺从工具而已。这就是16世纪末莫斯科国家结构的特点。”

8[а]　（《百章决议集》，第39页。）

8[б]　（《国书条约汇编》，第1集，第192条；《文献集——古文献考察》，第2卷，第6、9号。）

8[в]　（《国书条约汇编》，第2集，第37条。）

8[г]　（《百章决议集》，第27页。）

8[д]　“瓦拉阿姆奇迹创造者圣谢尔盖和格尔曼的谈话。”（《考古委员会活动纪事》，第2分册，圣彼得堡1895年版，第10版，第29—31页。）

8[е]　（《历史文献补编》，第2卷，第222号；B. H. 拉特金：《古罗斯缙绅会议、它们的历史和组织情况》，圣彼得堡，1885年版，第86页及以后。）

8[ж]　（《同时代人关于僭王德米特里的传说》，第1卷，圣彼得堡，1831年版，H. 乌斯特里亚洛夫版，第7页。）

8[з]　（马尔热列特：《俄罗斯国家状况》，第16、88页。）

人名索引

（索引中的页码为边码）

A

Б

В

Г

З

И

Л

М

H

O

П

Р

Т

У

Ф

Х

Ч

Ш

Э

Ю

Я

地名索引

（索引中的页码为边码）

B

Г

Д

Е

Ж

З

И

К

Л

M

H

О

П

P

C

Т

У

Ф

Х

Ц

Ч

Ш

Ю

Я

图书在版编目(CIP)数据

俄国史教程.第二卷/(俄)克柳切夫斯基著;贾宗谊等译.—北京:商务印书馆,2013(2019.11重印)
(汉译世界学术名著丛书)
ISBN 978-7-100-09029-2

Ⅰ.①俄… Ⅱ.①克… ②贾… Ⅲ.①俄罗斯—历史—教材 Ⅳ.①K512.0

中国版本图书馆CIP数据核字(2012)第052655号

汉译世界学术名著丛书
俄国史教程
(第二卷)
〔俄〕瓦·奥·克柳切夫斯基 著
贾宗谊 张开 译
展凡 校

商 务 印 书 馆 出 版
(北京王府井大街36号 邮政编码100710)
商 务 印 书 馆 发 行
北京中科印刷有限公司印刷
ISBN 978-7-100-09029-2

2013年6月第1版 开本850×1168 1/32
2019年11月北京第2次印刷 印张16⅜
定价:45.00元